관음 역서 시리즈3

알기쉬운
기초 음양오행의 원리

알기쉬운

기초 음양오행의 원리

김 백 만 편저

관음출판사

머리말

오행철학?

고대 중국에서 발상된 이 오행철학(五行哲學)은 동서고금에 있어 그것과 비교될 만한 것이 없을 정도로 우수한 운명철학이다. 오늘날에는 서구에서도 이 오행철학, 즉 오행역(五行易)을 연구하기에 이르렀으니 그 심오한 경지가 어떠한지를 가히 짐작할 수 있다.

그런데 이 음양오행철학(陰陽五行哲學)에 바탕을 둔 오행역(五行易)을 동양에서는 미신으로 취급하는 경향이 있어 왔고, 또 그렇게 하는 것이 곧 지적이요, 과학적인 지성인의 태도인 양 잘못 생각하는 사람들도 많았다.

과학문명의 발상지라고 할 수 있는 서구에서는 도리어 이 역학(易學)의 연구에 힘을 기울이고 있는데 역학의 발상지인 동양에서는 이를 미신으로 규정하려 하고 있으니 실로 아이러니한 일이 아닐 수 없다.

그야 어쨌든 앞으로의 우주과학은 프린스톤 대학의 호일러 교수가 제창한 복합우주론(複合宇宙論)이라든가 음(陰)의 우주에 충만해있는 것으로 가정되고 있는 지에온의 연구를 둘러싸고 전개될 것으로 생각되는데, 5천 년 전 중국의 황하 유역에서 발전된 오행철학은 그 별명(別名)을 '음양오행설'이라 하였으며 실로 복합우주론(複合宇宙論) 바로 그것이다. 오행철학, 곧 역학의 깊은 배경도 잘 이해하지 못하고 미신이라며 무턱대고 배척하는 것은 실로 어리석은 일이 아닐 수 없다.

진리를 탐구한다는 것은 결코 쉬운 일이 아니다. 신이란 어떤 존재인가? 광대무변한 저 우주는 어떤 이유 때문에 존재하는 것인가? 인류의 궁극적인 목적은 또 무엇인가?

중세 유럽의 불가지론자(不可知論者)라 불려 온 철학자들은 인간의 두뇌는 이러한 의문에 답할 수 있도록 만들어져 있지 못하다고 주장했다. 그러나 우리는 신이란 어떤 존재인가를 모른다 하더라도 신의 속성에 대해서는 잘 알고 있다. 그것은 전지(全知), 전능(全能) 그리고 편재(遍在) 세 가지이다. 호일러 교수는 지에온을 해명함으로써 인류도 이 세 가지의 속성을 구현할 수 있노라고 주장했다.

그리고 나는 "역(易)에는 태극(太極)이 있는데 이것이 양의(兩儀; 陰陽)를 생(生)하고, 양의는 사상(四象)을, 사상은 팔괘(八卦)를 생한다"고 주자(朱子)가 《역학계몽(易學啓蒙)》에서 설파하였듯이 역학에는 반드시 이 지에온을 해명하는 열쇠가 숨겨져 있을 것으로 믿어 의심치 않는다.

무릇 역학의 기본은 이 음양관(陰陽觀)과 오행설이 그 이론적 백본을 이루고 있다.

목성지기(木性之氣), 화성지기(火性之氣), 토성지기(土性之氣), 금성지기(金性之氣), 수성지기(水性之氣) —— 이 다섯 가지의 요소가 서로 짜맞추어짐으로써〔相生·相剋〕인생의 길흉·동정·명암·성패의 정황 등 모든 변화를 예측할 수 있다. 여기서 기(氣)란 천지자연의 정기 또는 인간이 지니고 있는 에너지라고 해도 좋다.

어쨌거나 이 오행설을 바탕으로 한 것이 오행역이다. 이 오행역과 오행역의 일주론(日柱論)은 본문에서 보다 상세하게 다루었다.

사람이 이 세상에 태어날 때 타고 나는 생년(生年) 생월(生月) 생일(生日) 생시(生時)는 그 사람의 운명과 직결되는데 이를 자기가 타고난 운명의 네 기둥이라 하여 사주(四柱)라 함은 누구나 주지하는 바다. 그런데 이 사주 가운데 생년은 본인의 조상, 생월은 본인의 부모 그리고 생일은 본인 당사자의 운명을, 생시는 당사자의 자손에 대한 운명을 암시하고 있다. 그러므로 생일의 간지(干支)는 곧 본인의 운명과 직결되며, 본인에게는 가장 중요한 운명판단의 기준이 되는 것인데 그것을 풀이하는 방법을 일컬어 일주론이라고 한다.

이 일주론의 해석 방법도 사람에 따라 여러 가지여서 혼돈을 일으키기 쉽다. 이 점을 감안하여 누구나 손쉽게 자신의 앞날에 다가올 운명에 대해서 정확히 예지(豫知)할 수 있는 방법도 본문에 자세히 실었다. 그러니까 이 일주론은 사주를 모두 뽑아가지고 풀어보는 복잡한 공식이 아니라 간단한 식(式)만을 가지고 자신의 운세를 자신이 직접 점쳐 볼 수 있도록, 오행의 순서조차 모르는 풋내기라 하더라도 자신의 일주만 알면 능히 풀어볼 수 있도록 꾸며졌다.

인간은 누구나 태어나면서부터 숙명과 운명을 가지게 되는 것이고, 그 운명은 사이클을 그리며 돌아간다. 10년 주기로 돌아오는 자신의 운세를 미리 예지하기 위해서는 마지막 장을 참고하기 바란다. 그것을 미리 알 수 있게 되면 무리가 없는 장래가 활짝 열리게 될 것이다.

1993년
김백만

기초 음양오행의 원리

운명의 출발점

운명의 출발점

운명은 그날따라 바뀌는 메뉴

내일의 저쪽에는 어떤 것이 있는 것일까? 그곳에는 어떤 인생이 우리를 기다리고 있는 것일까? 인간인 이상 베일에 싸여 있는 미래의 저쪽을 기웃거려 보고 싶어하는 것은 당연한 일이다. 그러나 역(易)에서는 운명에 대한 미래는 설명해 주지만 숙명에 대해서는 설명해 주지 않는다.

숙명이란 자신의 힘으로는 어쩔 수 없는 하늘의 의지이다.

역을 만든 고대 중국인들은 왜 숙명에 대하여 하늘에 질문을 하지 않았던 것일까?

독자들 중에는 암의 고지문제(告知問題)에 대해서 이야기를 들은 적이 있는 사람도 많을 것으로 생각한다.

지난 해 폐암으로 사망한 내 친구는 끝까지 자신이 폐암이라는 것을 모르고 있었다. 그는 세상을 떠나기 2년 전, 암일지도 모른다는 진단을 받았고 정밀검사를 받은 적이 있다. 그때 그는 친구들에게 이런 말을 했었다.

"만약 암이라면 생존 기간을 분명하게 계산해야겠기에 분명한 진단 결과를 가르쳐 달라고 했지. 그래서 여러 가지 검사를 모두 받았던 것인데 암세포는 어느 부위에서도 발견되지 않았다는 거야. 솔직히 말해서 살았구나 하는 생각이 들어서 안도의 한숨을 내쉬었다구."

그때 이 친구의 몸에는 이미 암세포가 퍼져 있었고 폐는 엉망이었는데 감쪽같이 속이고 있는 의사의 속임수에는 감탄하지 않을 수 없었다. 우리나라에서는 이처럼 통상 암환자에게는 의사들이 병명을 바로 가르쳐 주지 않는다. 내 친구와 같이 생존 가능성이 없는 말기 암환자에게는 더 말할 나위도 없다. 거의 모든 말기 암환자는 자신이 암에 걸려 있는 것이 아닌가 하는 의심을 가지고 있으면서도 행여 건강을 회복할 수 있는 게 아니냐는 실낱 같은 희망을 가지고 있다가 저 세상으로 가곤 한다.

이에 비하면 구미(歐美) 각국에서는 대개의 경우 암환자에게도 정확한 병명을 가르쳐 준다. 소아암을 앓고 있는 어린이에게도 마찬가지이다. 말기 암환자에게 있어서는 사형선고라고 해도 좋을 것이다. 어차피 죽음을 맞이해야 하는 사람에게 있어서는 어느 쪽이 행(幸)이겠느냐는 의견으로 나뉘겠지만, 그 배경에 있는 의사의 윤리관의 차이라기보다 동서양의 숙명관의 차이일 것 같다.

우리나라의 경우 암의 고지에 소극적인 것은, 숙명처럼 하늘의 의지가 만들어낸 것에 대하여 인간이 함부로 손을 대서는 안 된다고 하는 동양적 숙명관이 배경에 실려 있다 해도 좋을 것 같다. 오행역(五行易)을 낳은 고대 중국인들의 음양오행사상(陰陽五行思想)도 이것에 바탕을 두고 있다.

그렇다고 해서 우리들 위에 내려지는 갖가지 재액 모두를 숙명이라고 규정지어서는 안 된다.

예컨대 1983년 9월의 KAL기 폭파사건의 경우는 생각해 볼 여지가 있다.

당시 추락한 KAL기에 탑승했다가 아까운 생명을 잃은 승객들은 숙명적이었다고 볼 수 있다. 그러나 그 사고로 희생당한 승객 한사람 한사람에 대해서 생각해 볼 경우 어떻게 될까?

승객 개개인은 여러 가지 이유에서 그 비행기를 선택했던 것이며 사고를 만나게 된 것은 실로 우연이다. 그렇게 볼 때 희생당한 사람들은 선택의 자유를 가지고 있었던 것이다. 그렇다면 희생당한 것은 숙명이 아니라 운이 나빴기 때문이라고 설명할 수 있다.

우리는 외출을 할 때 일기예보를 듣고 비가 내릴 듯하면 우산을 들고 나간다. 이와는 반대로 맑은 날씨라면 코트를 벗고 나갈 것이다.

"비가 내린다면 비를 맞고 가지 뭐."

하며 일기예보 따위에 신경을 쓰지 않는 것도 한 가지 생활태도이다. 그러나 언제 어디서 어떤 큰 사건과 맞부딪치게 되는지 모르는 것이 또한 인생이다. 가능하다면 평소부터 주의를 기울이는 것보다 더 좋은 일은 없다.

왜냐 하면 날씨가 날마다 변하는 것처럼 사람의 운명도 매일 변하기 때문이다. 오행역(五行易)은 그 인생의 일기예보이다.

역(易)이란 글자를 잘 살펴보기 바란다. 우리가 평소 사용하고 있는 한자는 상형문자(象形文字)라고 하여 사물의 모습과 형태를 따서 만든 것인데 그렇다면 역(易)이란 글자는 어디에서 생겨난 것일까?

날일자[日]와 달월자[月]를 합쳐서 역(易)이라는 글자가 되었다든가, 술을 따르는 그릇의 형태에서 생겨난 것이라든가, 예로부터 여러 가지의 설(說)이 있는데 가장 일반적인 것은 동물인 도마뱀의 모양에서 생겠다는 설이다. 영원이나 수궁(守宮) 따위의 도마뱀붙이는 중국의 경우 예로부터 십이시충(十二時虫)으로 불렸으며 십이시간(十二時間), 즉 하루 동안 빛의 변화에 따라서 그 몸의 색깔을 바꾸는 동물로 보아 왔었다.

역(易)을 만든 고대 중국인들은 인간의 운명 또한 도마뱀의 색깔처럼 시시각각으로 변한다고 생각했던 것이다. 《역경(易經)》을 영어로 《변화서(變化書 Change of Book)》라고 하는 것은 그 때문이다. 날마다 변하는 레스토랑의 메뉴처럼 운명이 시시각각 변한다. 그것이 얼마나 멋진 일인지 이제는 짐작이 갈 것으로 생각된다.

명작 《바람과 함께 사라지다》라는 영화의 라스트신을 생각해 보기 바란다.

"나를 버리고 가지 말아요……"

라며 매달리는 연인을 뿌리치고 레드 버틀러가 떠나자 넓은 저택에 혼자 남은 스칼렛 오하라는 눈물을 흘리면서 이렇게 중얼거린다.

"또 내일이 있다구. 앞으로 있을 일은 내일 생각하자."

그렇다. 오늘은 운이 없었다 하더라도 내일은 운이 좋을는지 모른다. 그렇게 생각하면서 인간은 희망을 가지고 살아가게 마련인 것이다. 이것이 숙명론자가 말하는 것처럼 인간의 운명은 전세로부터 약속사(約束事)로 정해져 있는 것이라고 한다면 인생만큼 가련한 것도 없으리라.

내일 저편에 있는 것이 무한한 가능성을 비장하고 있으면서 변화되어 가는 것이기에 우리도 또한 최선의 가능성을 찾으며 살아가는 노력을 아끼지 않는 것이다.

숙명을 올바르게 이해하기 위하여

우리가 고민하는 원인을 잘 관찰해 보면 사람들에 따라서 각기 공통

되는 경향이 있음을 깨닫게 된다.

예컨대 아무래도 나는 남성운이 좋지 못하다든가, 무슨 일을 하든지 한 박자가 늦곤 해서 기회를 놓치고 만다든가, 어느 회사에 근무하든 상사를 잘못 만나서 끝내는 충돌하고 사직해야 한다든가, 그런가 하면 한 직장에 오래 붙어있지를 못하고 전직을 자주 해야 한다든가, 또는 열심히 일을 하건만 금전과는 인연이 없어서 언제나 빚에 쫓기고 살아가야 한다든가, 혹은 자녀들의 질병 때문에 늘 고민을 해야 한다든가 등 사람에 따라서 다소의 차이는 있지만 크게 나누면 한두 가지로 집약할 수 있을 것으로 생각된다.

여기서는 육성점술(六星占術)의 원점(原点)에 입각하여 이것을 해명해 보기로 한다.

역학(易學)에서는 원기(元氣)에 대하여 다음과 같이 설명하고 있다.

원(元)이란 글자에는 세 가지 요소가 있다. 첫번째는 창조적 전체성으로서, 이것은 전체에 통한다는 뜻이다. 두 번째는 사물의 시작, 창조로서 이것은 시간의 시작을 의미한다. 그리고 세 번째는 공간의 근원이라는 의미이다. 이 세 가지의 의미를 종합해 보면 항상 창조적이며 존재의 근저(根底)가 되는 것이 바로 원기임을 알 수 있게 된다

기력이 성해 있는 것을 원기왕성이라고 하는 것처럼, 인간은 이상적인 정신을 가지고 아무리 곤란한 일에 직면하더라도 그것과 맞서서 늘 진보·향상해야 하는 힘이 필요한 법이다. 그리고 그 힘의 근원이 숙명인 것이다.

그러한 숙명과 그 원인에는 반드시 마음의 문제, 영혼의 문제가 있다는 것을 알아두어야겠다.

여기에서는 우리네 인간이 가지고 있는 숙명에 대하여 자연의 법칙〔우주의 진리〕을 바탕으로 여러 각도에서 생각해 보기로 하자. 숙명을 올바르게 이해할 수 있으면 우리가 고민스럽다고 생각하는 것도 실은

고민스러운 일이 아님을 알게 될 것이다.

숙명과 운명의 차이

숙명과 흔히 혼동되는 말에 운명이 있다. 이 두 가지 말은 비슷한 것처럼 보이지만 실은 그 의미가 전혀 다르다.

운명이란 것은 우리가 이 세상에 태어날 때부터의 문제이다. 그러므로 '생명(生命)을 운반(運搬)'한다는 의미로 쓴다. 그것에 비하여 숙명이란 생명(生命)이 깃든다[宿]로 쓴다. 깃든다라고 하면 자기가 태어나기 이전의 문제로서 부모·조부모를 위시한 조상으로부터 이어받은 것, 하늘에서 받은 것이라고 해도 좋다.

바꾸어 말한다면, 이 숙명은 자기 자신에게 그 책임이 없는 것이라고 생각하는 사람도 있을 것이다. 그렇다. 남성으로 태어날 것인지, 여성으로 태어날 것인지, 몇 번째의 자녀로 태어날 것인지 등 그 사람의 노력과 지혜만으로는 도저히 어쩔 수 없는 요소도 많이 있다.

태어난 이후의 인생을 좌우하는 운명은 현재 살아가고 있는 이 세상의 일이므로 십이지역(十二支易)을 잘 배우고 그것을 응용해 나간다면 어떻게든 바꿀 수도 있다. 그러나 숙명은 그렇지가 않다. 인생에서 차지하고 있는 비중으로 볼 때, 운명에 비할 바가 아닌 것이다. 어설프게 해서 움직여지지 않는 것이 숙명이니 말이다.

물론 운명을 바꾸어 놓는다는 것도 여간 어려운 일이 아니다. 단순히 십이지역을 배웠다고 해서 그날로부터 바꾸어 놓을 수 있는 것은 결코 아니다. 우선 자기 자신의 인생을 진지하게 돌아보면서 고칠 것은 고치고 행동 자체도 틀에 맞추어 나갈 필요가 있다. 그러나 숙명은 그것보다 훨씬 더 다루기가 어렵다.

솔직히 말해서 자신의 숙명을 바르게 알아내고 더구나 그것을 바꾸어 나가는 데는 상당한 에너지가 필요하다. 그 에너지를 몸에 익히는 데는 어떻게 하면 좋을까? 또 그것을 가능하게 하기 위해서는 어디서부터 손을 쓰는 것이 좋을까 ?

실은 그것을 설명하려는 것이 이 십이지역(十二支易)이다. '하필이면 왜 십이지역이냐?'고 묻는 독자도 있을는지 모른다. 그만큼 이 십이지(十二支)는 오해가 많이 있음을 밝혀 두는 바이다.

십간(十干)과 십이지(十二支)를 뭉뚱그려서 간지(干支)라고 하는데 십이지를 간단히 설명하면 '자연계의 법칙 중 일부를 설명해 놓은 것'이다.

이 자연계의 법칙 가운데 일부인 십이지와 숙명은 불가분의 관계가 있다. 그러므로 이것에 대한 올바른 지식을 가지고 자신의 숙명을 바르게 읽어내며, 왜 자신이 그런 숙명을 가지게 되었는지를 알게 되면 좀더 대소고소에 자기 자신을 올려 놓을 수 있으며, 현실의 사소한 고민을 숙명, 나아가서는 자연계의 법칙과 관계지을 수 있게 된다.

그리고 그렇게 하는 것이야말로 실제의 고민을 해결하는, 즉 숙명을 타개하기 위한 에너지 원이 되는 것이다. 숙명을 타개하기 위한 에너지는 영혼을 양육함으로써 자기 자신의 오체(五體) 안쪽에서 용솟음쳐 나오게 된다.

이와는 반대로 자연계의 법칙에 역행하는 생활태도로 살아가면 아무래도 쓸데없는 마찰이 일어나고 그 때문에 에너지를 뺏기고 만다. 그 결과 숙명과 정면으로 대결해 나가는 데 필요한 에너지가 부족되게 마련이다.

그런 의미로 볼 때 숙명이야말로 운명의 출발점이라고 말할 수 있을는지 모르겠다. 숙명을 이성과 지혜에 의해 올바르게 찾아내고 운명을 컨트롤할 수 있다면 운명의 방향도 자연히 정해진다. 그것이 인생을 살아나가는 데 있어 크게 플러스의 재료가 되는 것은 두말 할 나위도 없다.

그것이 인생의 멋스러움이 아니겠는가.

숙명에는 선악이 없다

숙명이라고 하면 누구나 그다지 밝은 이미지로 받아들이지는 않을 것이다. 숙업(宿業)이라든가 숙병(宿病), 숙환(宿患) 등 고맙지 않는 단어로 상징되는 것처럼, 일반적으로 숙명은 그 사람에게 있어 불행을 가져다 주는 것으로 받아들이기 때문이다.

그러나 참다운 의미의 숙명은 결코 그런 것이 아니다. 성격, 기질(氣質), 사물에 대한 사고방식, 행동 패턴…… 등도 이 숙명의 일부라고 할 수 있으리라. 혹은 또 부모와 자식, 형제, 배우자, 나아가서는 직장 등 인간관계에서 볼 수 있는 특징 등을 포함시켜도 좋을 것으로 생각한다. 바꾸어 말하면 그 사람이 가지는 가장 본질적인 부분이 바로 이 숙명인 것이다.

그리고 숙명에는 좋다든가 나쁘다든가 하는 판단과는 관계가 없다. 본디 신(神), 즉 자연계의 법칙에 따라 정해지는 것이 숙명이므로, 남성 혹은 여성으로 태어난 것, 형제 가운데 몇 번째로 태어났느냐라는 것 등은 우리가 아무리 시끄럽게 논해 보아도 어쩔 수가 없는 일이다. 그것은 그대로 받아들일 수밖에 없단 말이다. 어차피 숙명인 것은 바꿀 수가 없으니 말이다.

문제는 그것을 알고 있느냐, 알지 못하느냐이며, 그것에 따라 그 사람의 인생이 크게 변하는 경우가 있다는 사실이다. 우리들 대부분은 그러한 숙명이 어떤 것인지를 인식하는 일 없이 하루하루를 생활에 쫓기면서 살아가고 있다. 그리고 고민스러운 일 또는 어떤 문제에 조우하면 부모나 아내 혹은 남편을 원망하거나 어떤 사람을 들어 트집을 잡거나 한다.

　그러나 그러한 고민과 괴로움도 그 근본을 따지고 보면 자기 자신의 숙명에서 생겨난 것인데 그렇게 생각한다면 누구를 원망하거나 트집을 잡을 일이 아님을 이해하게 될 것이다. 엄밀히 말하면 우리가 경험하는 것 모두가 자신의 숙명과 운명이 만들어내고 있는 드라마의 한 단면일 뿐인 것이다. 그런 관점에서 본다면 남의 탓이라고 함부로 단정하는 것이 얼마나 무의미한가를 알 수 있을 것이다.

　운명도 그리고 숙명도 결국은 자기 자신이 쌓아 놓은 것이 원인이 되어 형성되는 법이다. 그것이 곧 인과법칙(因果法則)의 근본이다. 단 숙명 쪽이 운명 쪽에 비하여 압도적으로 긴 시간이 걸리는 것이다. 부모와 조부모 등 자기 이외의 인간을 매개로 하고 있는 만큼 자신의 책임이라는 것을 인식하기 어려울는지도 모른다.

　'부모의 인과가 자녀에게 미친다'는 말처럼 언뜻 보기에는 그런 숙명은 자기 부모, 나아가서는 조상들이 쌓아 놓은 언동의 결과인 양 생각된다.

　그러나 인과법칙이라고 하는, 이 우주에서 가장 확실한 원리로 본다면 그러한 집안에서, 또 그러한 부모에게서 태어날 수밖에 없었던 것 자체가 그 사람 자신의 숙명임에 다름 아니다. 누군가 다른 사람의 책임이 아닌 것이다. 모든 것은 부모와 자기 자신이 쌓아온 원인에서 생겨난 결과인 것이다.

　숙명에는 선악도 없으려니와 양부도 없다는 것을 상기하기 바란다. 인간이 자연계의 법칙에 따라 만들어진 것인 이상, 그 자연계의 법칙에 따르지 않고 비평하는 것은 잘못이다. 신을 경외하지 않는 행위라고 해도 좋을 것이다.

숙명을 낳고 그 역할을 해내는 것의 존귀성

태양이라든가 달, 지구조차도 자연의 법칙 속에서 자기에게 주어진 역할을 다 해내면서 유구한 시간의 흐름 속에서 묵묵히 살아가는〔활동해 가는〕 것이다. 하물며 그 일부에 지나지 않는 인간이 자기 멋대로 살아가는 생활방법을 주장할 수가 있겠는가. 태양이나 달, 지구 등과 마찬가지로 자기 자신에게 주어진 역할을 충실히 이행하며 하루하루를 살아가야 하는 법이다.

그러면 이 자기 자신의 역할에 대해서 생각해 보기로 하자.

우리는 이 세상에 태어난 다음 죽을 때까지 여러 장소에서 여러 가지의 역할을 하고 있다. 어렸을 때는 어린이로서의 역할, 결혼을 하면 남편(혹은 아내)으로서의 역할, 부모가 되면 부모로서의 역할, 직장에 가면 그 일원으로서의 역할 등 사람에 따라서 그 역할은 다르지만 어떤 때 어떤 장소에 있어서도 그 나름대로의 역할을 담당하고 있음에는 변함이 없다.

그런데 이 역할을 담당하는 경우, 신이 우리에게 준 숙명이란 것이 큰 작용을 한다.

예컨대 아무리 보아도 '이 사람은 어머니 복이 없을 것 같다'라든가 아무리 생각해 봐도 '저 사람은 학자 타입은 아니다'라는 말을 하는 수가 있다. 또 '남성으로 태어났더라면……'이라며 자기 자신의 경우를 탄식하는 여성도 있을 것이다. 그런가 하면 예로부터 '……의 그릇이 아니야'라는 아주 묘한 표현도 있는 것처럼 원래 그 역할을 해낼 만한 인물이 못되는 경우도 있을 수 있다.

한편 이것과는 반대로 천직(天職)이란 말도 있다. 즉 마치 그 사람을 위하여 그런 일이 있는 것처럼 꼭 들어맞는 경우이다.

전자의 케이스에 드는 사람은 굉장한 고생을 하게 될 것이다. 그러나 후자인 경우는 다시 없는 행복을 만끽할 수 있다. 무슨 일을 하든 스트레스를 받지 않겠으니 말이다. 어쨌거나 자신이 좋아하는 일을 하면서 에너지를 쏟을 수 있는 것만큼 즐거운 일은 없을 것이다.

요컨대 숙명이 가리키고 있는 방향에 맞추어서 살아가는 사람만큼 행복을 느끼는 사람은 없다. 그러기에 숙명에 대한 올바른 지식 그리고 자기 자신의 숙명을 제대로 잡아두는 것이 중요하다는 것이다.

그것을 모르는 채 아무리 분투 노력을 해 보았자, 그것은 자연계의 법칙에 맞지 않을 것인즉, 일이 부드럽게 풀려 나갈 리 만무하다. 마치 연료를 휘발유로 쓰도록 정해져 있는 자동차인데 알코올이나 등유를 넣고 달리려 해 보았자 악전고투만 할 뿐인 것과 마찬가지이다.

혹은 가전제품의 설명서에 반드시 적혀 있는 것인데 '고장이 아닌가 생각될 때에는 우선 전원이 들어왔는지를 체크해 주십시오'라고 되어 있는 것처럼, 전원을 넣지 않고 가동시키려는 것과 같은 것인지도 모른다. 그런 어리석은 짓을 할 리 만무하다고 말하겠지만 의외로 인간에게는 그런 면이 있다. 이렇게 되면 제아무리 역할을 다 해내려고 해도 해낼 수가 없는 것이다.

도리에 맞지가 않기 때문에 즉, 자연계의 법칙에 따르지 않기 때문에 결국 쓸데없는 노력과 에너지를 허비하고 마는 것이다. 그리고 자기 혼자만 하는 고생으로 끝난다면 그래도 좋겠지만 가족이라든가 친구, 동료 등 주변 사람들에게까지도 그 고생의 여파가 미친다면 사태는 나쁘게 될 수밖에 없다. 그러나 유감스럽게도 현실적으로는 이 세상에서 그런 유의 일이 아주 많이 일어나고 있다 해도 좋을 것 같다.

생년(生年) · 생월(生月)의 십이지(十二支)로 숙명을 점친다

우리네 인간이 받아가지고 있는 숙명이란 도대체 어떤 내용의 것일까? 결론부터 말한다면 그것은 그 사람이 태어난 시(時)에 따라 다르다. 그리고 그것을 올바르게 알아내기 위한 방법이 십이지인 것이다.

그와 동시에 음양상대(陰陽相對)의 원리로 본다면, 그때 그때의 공간으로부터 영향을 받는다는 것도 고려하지 않으면 안 된다. 육성점술(六星占術)의 점명반(占命盤)에도 방위(方位)가 나타나 있음을 상기하기 바란다. 자(子)의 곳이 북(北), 묘(卯)가 동(東), 오(午)가 남(南) 그리고 유(酉)가 서(西)로 되어 있을 것이다. 방위와 인간의 숙명에 대해서는 별도로 설명하기로 한다.

그야 어쨌든 십이지라고 하는 것이 동물하고는 전혀 관계가 없다는 점이 이 책 전반을 통해 이해가 될 줄로 믿으며 제6장에서 설명하게 되는 생년(生年)과 생월(生月)의 십이지 짜맞춤에 의한 성격, 기질의 차이에 대해서도 그것을 읽어나갈 때 지금까지 우리가 알고 있었던 동물과의 관련은 머리 속에서 지워버리기 바란다. 그렇지 않으면 혼란을 일으키기 때문이다.

또 한 가지 주의할 점은, 생년(生年)보다 생월(生月), 생월보다 생일(生日) 쪽이 보다 깊이 그 사람의 기질 성격에 영향을 준다는 점이다.

이 책에서는 생년과 생월만 짜맞추어 해설해 나가기로 하겠다. 생일까지 짜맞추면 너무 세분화되어 지면이 허락되지 않기 때문이다.

기초 음양오행의 원리

2

행복찾기

행복 찾기

태어난 시간의 운기(運氣)가 일생 동안 영향을 끼친다

인간이 태어난 시간(時間 ; 日. 月. 年. 음력으로 기준)에 의해서, 그 사람의 성격과 기질은 크게 영향을 받는다. 그것은 그때 그때의 기(氣)가 그 사람의 영혼에 깊은 영향을 주기 때문인 것이다.

여름에 태어난 사람과 겨울에 태어난 사람은 그 성격과 기질면에 있어서 차이가 있음은 풋내기라도 짐작할 수가 있다. 그것과 마찬가지로 자(子)의 달과 오(午)의 달에 태어난 사람은 역시 기질면에서 차이가 있는 법이다. 태어난 해가 다르면 그 차이는 더욱 커지게 마련인 것이고……

예컨대 4월에 태어난 사람이 있다고 하자. 이 시(時)에는 천지를 통하여 사월(四月)의 기(氣)라고 할 수 있는 것이 흐르고 있다. 그러므로 그 사람은 태어나면서부터 4월, 즉 십이지(十二支)로 본다면 사(巳)의 기

(氣)를 그 생명에 깃들이고 있는 것이다.

십이지와 월(月)의 관계를 다음 육성점술(六星占術) 점명반(占命盤)에 제시했다.

이 육성점술 점명반에는 각 운기(運氣)에 따라 십이지(十二支)가 제시되어 있다. 11월이 바로 자(子)로 되어 있는데, 이하 12월=축(丑), 1월=인(寅), 2월=묘(卯), 3월=진(辰), 4월=사(巳), 5월=오(午), 6월= 미(未), 7월=신(申), 8월=유(酉), 9월=술(戌), 10월=해(亥)가 된다.

◇ 육성점술 점명반

육성점술로 점을 칠 때에도 태어난 해의 십이지를 바탕으로 양(陽;＋)과 음(陰;－)으로 나눈다. 그리고 양(陽;＋)의 사람은 각 운명성(運命星)의 특징이 확실하게 나타나고, 음(陰;－)인 사람은 그것이 약간 희미하게 나타난다.

즉 운명에 관해서는 십이지가 미치는 영향이 양(陽;＋)과 음(陰;－)으로 이분될 정도로 대략적인 것이었다.

그런데 숙명의 경우는, 문자 그대로 십이지의 열두 가지 패턴으로 나누어지는 것이다.

그리고 이 숙명은 태어난 해 뿐만 아니라 태어난 달, 태어난 날에 따라서도 각각 열두 가지의 패턴으로 나누어진다. 그러므로 좀더 차원 높이 말하자면 자신의 숙명은 태어난 해의 십이지, 태어난 달의 십이지 그리고 태어난 날의 십이지를 짜맞추어 가지고 보지 않으면 안 된다.

그런데 이 짜맞추는 수를 모두 합치면 무려 1728종이 된다. 그러나 이것은 너무나도 번잡하고 전문적이기 때문에 일반 독자들로서는 다루기·어려울 것이며, 따라서 중요한 포인트를 잃게 될 위험이 따른다.

그러므로 여기서는 태어난 해의 십이지와 태어난 달의 십이지만을 짜맞추어 (이것만 하더라도 144종이나 된다) 제6장에서 소개하기로 하겠다.

십이지(十二支)와 사람의 운세는 어떤 관계가 있는가

매년 연말이 가까워지면 여기저기서 새해의 달력을 얻는다. 그리고 이 달력들에는 으레 갑자(甲子), 을축(乙丑) 등 그 해의 간지(干支)가 적혀 있고 동물의 그림이 그려져 있는 것도 있다. 예를 들면 1993년은 계유(癸酉), 즉 닭의 해로서 닭의 그림이 표지에 그려져 있다.

또 각 신문들은 연초에 앞을 다투어 금년은 닭의 해라고 소개한다.

그런가 하면 우리가 태어난 해를 그 사람의 해라고 하여, 십이지(十二支) 중 자(子)년에 태어난 사람은 쥐띠, 축(丑)년에 태어난 사람은 소띠…… 등으로 부른다. 그리고 이 띠를 가지고 우리는 일상생활 속에서

"그 사람은 뱀띠 아냐? 역시 교활하다구……."

"그럴 줄 알았어. 그 남자는 돼지띠라던데, 그가 하는 일도 그리고

여성 관계도 저돌맹진형이라니까……"
라는 말을 하곤 한다.

　즉 곰곰이 생각해 보면 그만큼 이 십이지(十二支)는 우리네의 상식(常識)이 되어 버렸다.

　그러면 이 십이지(十二支)란 도대체 무엇일까? 해마다 호랑이의 해라든가 용(龍)의 해…… 라는 것이 마치 그 해의 이름인 양 사용되는 것을 보면 아무래도 달력과 밀접한 관계가 있는 듯하다. 또 십이지가 달력에 나올 정도이니 시간하고도 밀접한 관계가 있는 것으로 추측된다.

　그야 어쨌든 그 십이지가 어찌하여 우리들의 운세와 관계가 있는 것일까? 사주(四柱)라든가 육성점술(六星占術)에서도 그 사람이 태어난 연월일시(年月日時)에 따라 그 사람의 한평생 운명을 알아낸다.

　단 여기서 알아두어야 할 것은 태어난 해만으로 운세가 정해지는 것은 아니라는 점이다. 당연한 일이지만, 같은 해에 태어난 경우 누구든지 똑같은 운명의 길을 걸어야 되겠기 때문이다.

십이지는 시간을 나타내는 일종의 기호

　십이지는 본디 시간(時間 ; 時刻 ; 日. 月. 年)에 주어진 이름이었다. 오늘날에는 오전 1시라든가 오후 5시 등 숫자로 나타내고 있는 시간이지만 조선조 후반기 때까지도 십이지로 나타냈었다. 즉,

　　자시(子時) —— 오후 11시 ～ 오전 1시
　　축시(丑時) —— 오전 1시 ～ 오전 3시
　　인시(寅時) —— 오전 3시 ～ 오전 5시
　　묘시(卯時) —— 오전 5시 ～ 오전 7시
　　진시(辰時) —— 오전 7시 ～ 오전 9시

사시(巳時) —— 오전 9시 ~ 오전 11시

오시(午時) —— 오전11시 ~ 오후 1시

미시(未時) —— 오후 1시 ~ 오후 3시

신시(申時) —— 오후 3시 ~ 오후 5시

유시(酉時) —— 오후 5시 ~ 오후 7시

술시(戌時) —— 오후 7시 ~ 오후 9시

해시(亥時) —— 오후 9시 ~ 오후 11시

현재도 이 십이지와 시간의 연관성은 남아있다. 예컨대 오전이라든 가 오후의 오(午)는 오전 11시부터 오후 1시 사이를 의미하는 십이 지인데, 그 앞과 뒤를 나누어 하루를 이분하고 있는 셈이다. 그리고 오전 12시를 정오라고 하는 것도 이 십이지와 시간의 연관성을 이해하면 납득이 갈 것으로 생각된다.

이런 점을 감안한다면 십이지점은 시대를 흘러 내려오면서 상당히 왜곡되었다는 것을 알 수 있으리라. 결단코 동물과는 관계가 없는 것이 십이지이므로 동물과 결부시키어 탁선(託宣)을 설명한다는 것은 난센스가 아닐 수 없다.

그것보다는 십이지가 가지고 있는 본디의 의미로 되돌아 가보면, 오히려 우리들 한사람 한사람의 숙명을 예지하는 것에 사용되는 것이라고 생각하는 편이 올바른 사고방식이라고 하겠다.

진짜 아버지 어머니의 역할

가령 어떤 가정에서 아버지가 그 역할을 잘 해내고 있다 하더라도 어머니가 잘 못하는 케이스도 있을 수 있다. 그 반대의 경우도 당연히 있을 수 있고……. 개중에는 양친 모두가 각기 맡은 역할을 해내지 못하는 케이스도 있을는지 모른다.

그렇게 되면 그 가정에서 자라난 어린이는 심신이 공히 건전하게 발달할 수 없다.

자연계의 법칙에 의하면 아버지의 역할, 어머니의 역할이라는 것은 분명하게 정해져 있다. 예컨대 아버지는 북방의 위치에 있는데 이 북쪽은 정신의 세계, 권위 등을 의미하고 있다.

아버지는 자기 자녀들에게 정신적인 가르침, 즉 형태가 없는 것을 무한히 전해 주는 역할을 맡고 있는 것이다. 그것이 자연세계의 법칙이다. 아버지로부터 받은 숙명이라고 해도 좋을 것이다.

아버지의 입장이나 경우는 물론 각 사람에 따라 다르게 마련이다. 학교 교사로 근무하는 아버지도 있을 수 있고, 회사를 경영하는 경우도 있다. 혹은 일개 샐러리맨일는지도 모른다.

그러나 그런 경우와 처지에 관계없이 아버지에게는 정신적인 분야를 자녀에게 가르쳐 나가는 역할이 있는 것이다.

또 북방은 그와 동시에 지(智)의 곳이기도 하다.

즉 사물에 대해서 생각하고 배운다는 것을 자녀에게 전수하고, 또 그 중요성을 가르쳐 준다는 역할도 있는 것이다.

이에 비해 볼 때 어머니의 역할은 어떤 것일까? 어머니는 동방에 위치하고 있다. 동방은 현실의 세계이다. 건강의 중요성, 봉사의 기쁨을 가르쳐 주는 것이 어머니의 역할인 것이다.

그러므로 최근 치맛바람을 날리는 어머니처럼 자녀의 교육에 발벗고 나서는 것은 언뜻 보기에 사랑에 넘치는 행동처럼 생각되는지 모르겠으나, 실은 어머니의 역할에서 한참 벗어난 짓이다.

또 동방은 인(仁)의 장소, 수비본능의 장소이기도 하다. 사회에 대하여 봉사하는 것과 혹은 지키는 것을 가르치는 것도 어머니의 역할인 것이다.

이렇게 해서 아버지, 어머니가 자연의 법칙대로 각각 그 역할을 착실하게 수행하면 그 사이에서 자라나는 자녀들은 음양의 밸런스가 잡히어, 모르는 사이에 중용을 유지해 나갈 수 있게 마련이다.

부모의 중용(中庸)이 무너지면 자녀는 어떻게 될까

예로부터 편부나 편모 슬하에서 자라난 자녀는 어딘가 모르게 비뚤어진 성격을 가지게 된다고 했다. 인정상 그처럼 차별적인 말은 하기 싫지만, 자연계의 법칙에 비추어 볼 때 그런 견해는 올바르다는 결론을 내릴 수 있다. 왜냐 하면 한 쪽 부모가 키우면 앞에서 이야기한 역할 분담의 밸런스가 잡히지 않기 때문에 중용을 유지하기가 어렵기 때문이다.

예컨대 어려서 아버지를 여읜 자녀는 아무래도 지(智)의 부분이 결여된다. 그 때문에 자기가 가지고 있는 지 부분의 성장에 치우침이 생긴다. 그렇게 되면 그 사람의 정신적 성장과 사물에 대한 사고방식에 편견이 생기게 마련이다.

학교 공부는 썩 잘하는데 처세의 지혜 혹은 사회적 상식 면에서는 유치한 사람을 이따금 보게 되는데, 그것도 역시 그런 편견의 결과이다.

또 어렸을 때 어머니를 잃은 자녀는 어떻게 될까? 현실성의 면에서 편견이 생긴다. 수비본능 혹은 그 이면인 공격본능에도 편견이 생기므로 극단적으로 온순한 아이가 되거나 그것과는 반대로 폭력적인 행동이 눈에 두드러지게 나타난다. 또 인(仁)의 부분에도 결함이 생기게 되므로 봉사하는 마음이 엷어지는 것이다.

이상 설명한 것은 부모 중 어느 한 쪽을 여의었을 경우인데 이런 편견은 어느 한 쪽이 그 역할을 지나칠 만큼 수행하는 케이스에서도 나타난다. 자녀를 떼놓지 못하고 언제까지나 끼고 도는 어머니가 최근 늘어나고 있다는 이야기를 듣게 되는데 이것도 일종의 편견이다. 이렇게 되면 처세가 극단적으로 서투르든가 썩 잘하게 된다. 그러나 이것도 어쨌든 결점인데 이런 결점투성이의 아이로 성장해 가는 것이다.

여기서도 음양상대의 사고방식은 살아 있으며 그 균형을 잃게 되면 결코 행복해질 수 없다는 것을 알게 된다. 어디 그뿐인가? 쓸데없는 고생만 할 따름이다.

이런 점을 일찍 깨달으면 손해를 적게 받고 끝나겠지만, 만년이 되어서야 깨닫거나 하면 인생의 태반을 고생의 연속으로 보내게 된다. 경우에 따라서는 때가 이미 늦은 케이스도 있을 것이다.

그러한 신산을 맛보지 않기 위해서도 우리는 일각이라도 빨리 자기 자신의 숙명을 올바르게 알고 그 위에 서서 운명을 컨트롤해 나가지 않으면 안 된다.

자신의 과거를 소중히 하는 구극의 방법

그리고 중요한 것은, 자기가 스스로 컨트롤할 수 있는 것은 자신의 운명뿐인데 앞으로 태어날 자녀에 대해서는 자신의 행동 여하에 따라서 그 숙명을 다소는 컨트롤할 수 있다. 즉 간단히 말해서 자기가 어떤 행동을 쌓아 나가느냐에 따라서 자손의 숙명이 결정된다는 말이다.

물론 당신 자신의 행동이 전부는 아니다. 그러나 중용, 즉 음양의 밸런스를 유지할 수 있으면 그것은 영원히 전달되어 간다. 당연한 일이지만, 그것은 자손의 피에도 흐르게 된다.

그러면 우리가 현실 생활 속에서 실행할 수 있는 중용이란 무엇일까?

과거를 소중히 생각하는 것이 바로 미래를 소중히 하는 것이 된다. 자손은 당신에게 있어 미래인 것이다. 그것에 비하여 과거란 당신의 조상이다. 즉 과거를 소중히 하는 것은 당신 자신의 조상을 공양하는 것,

바로 그것이다.

'뭐야, 그렇게 간단한 거야!'라고 말하는 사람이 있을는지 모르겠다. 실은 이 조상 공양에 대해서 수많은 사람들이 오해를 하고 있는 것 같다.

예컨대 당신은, '나는 한식 때와 추석 때면 꼭 성묘를 가니까, 그 정도면 충분하다구.' 또는 '아버지가 선산을 장만하실 때 나도 다소 도움이 있었으니까 그 정도면 됐지'라는 생각을 하고 있지는 않은지……. 만약 그렇다고 하면 그것은 실로 잘못 생각하고 있는 것임을 깨달아야 한다.

선조 공양에 대해서 우리는 지금까지 너무나 무지했었다. 그 때문에 갖은 오해와 편견이 난무하고 있는 것이다. 그 일의 전문가인 승려와 종교 관계자 등도 실은 조상 공양에 대한 지식이 있는지 의심스러울 정도이다.

올바른 지식이 없는 채 그런 사람들이 하는 말을 그대로 따라가다 보면 조상 공양이 아닌 종교 공양이 됨으로써 당신의 인상에 오히려 악영향을 미치게 될 것이다.

조상을 공양하는 것, 즉 과거를 소중히 하는 것은 곧 당신의 미래──이것은 자손의 장래를 포함하는 것인데──를 소중히 하는 것에 다름 아니다. 조상 공양이야말로 자연계의 법칙에 더욱 순수하게 따르는 것이요, 인간이 인간답게 살아가는 행위이다. 바꾸어 말하면, 조상 공양의 실천 없이는 인간인 것의 근거를 잃고 마는 것이다. 즉 동물과 똑같아지는 것이다.

숙명에 반(反)하는 행위는 무엇을 가져오는가

자연계의 법칙에 따르는 생활방법, 바로 그런 생활방법으로 살아가는 사람만이 행복한 인생을 향수할 수가 있다. 행복한 인생이란 금전에 여유가 있다든가, 호화저택 속에서 산다든가, 고급차를 타고 다니는 등의 물질적인 것만을 가리키는 것이 아니다.

그런 것만이 행복의 요건이라며 잘못 생각하고 있는 사람이 많은데 그렇지가 않은 것이다.

참다운 행복이란 자기 자신의 숙명을 알고 그것을 살려 나가며 생활하는 하루하루여야 한다. 어쩌면 독신으로 있는 것이 그 사람의 숙명이며 그렇게 살아가는 편이 행복할는지도 모른다. 또 집이나 토지를 안가지고 있는 것이 그 사람에게 있어 행복인지도 모른다. 혹은 자녀를 가지지 못한 것이 그 사람에게 있어 행복한 경우도 될 수 있으리라.

그러한 숙명은 우리에게 간단히 비추어 오는 것이 아니다. 그러므로 우리는 이따금, '왜 나는 결혼을 못하는 것일까?' '왜 나는 집 한 칸 없는 것일까?' '왜 나는 아이를 두지 못하는 것일까?' 등의 의문을 품게 된다.

그러나 그런 점이 그 사람 자신이 받는 숙명과 맞는다면 고민할 필요가 없다.

돈이 많다든가, 집을 가지고 있다든가, 자녀가 있다든가, 결혼을 했든가 등은 세상적 척도로 쟀을 때, '좋을 것 같다'로 보일 뿐이다. 그러나 실제로는 그것이 오히려 불행을 불러오는 원인이 되는 경우도 있다.

무리를 해서 마이홈을 세운 결과 가정에 금이 가고 불협화음이 생기는 예도 있다.

이런 예는 얼마든지 있다.

복권 당첨으로 생각지도 않았던 거금을 손에 넣은 것까지는 좋지만, 그때까지 성실했던 남편이 일은 하지 않고 경마장에 다니기 시작했다. 그리고 전 재산을 날리더니 마침내는 공금에까지 손을 댔다가 한 가족이 이산하고 만 가정을 나도 알고 있다.

그리고 장기간 입원해 있던 남편이 있는데, 의사가

"앞으로 한 달쯤……."

이라는 선고를 하자, 어떻게든 살려 보겠다며 온 가족이 총동원되어 있는 돈을 다 써가며 새 약을 투여했기 때문에 그 부작용으로 식물인간이 되어 버린 사람도 잘 알고 있다.

'숙명에 저항한다'고 하면 이상한 말로 들릴는지 모르겠으나 자연계의 법칙에 반하는 행동이란, 보기에는 아무리 좋더라도 결코 그 사람에게 행복을 가져다 주지는 않는다는 것을 잘 인식하기 바란다.

세상의 척도라는 것은 결단코 자연계의 법칙, 다시 말해서 신의 척도와 같지가 않다. 그러므로 겉으로 보이는 것에 너무 치우치다 보면 반드시 보복을 받게 되는 법이다. 그때가 되어서 후회해야 이미 때는 늦은 것이니 더욱 안타까울 뿐이다.

왜 조상 공양을 잘 해야 하나

결국 우리가 행복한 인생을 걸어가기 위해서는 무엇보다도 음양상대의 원리를 제대로 배워야 한다. 그것을 알지 못한 채 현재의 경우를 한탄해 보았자 사태는 조금도 진전되어지지 않는다.

운명과 숙명에 대해서도 똑같은 말을 할 수 있다. 운명과 숙명도 역시 음양상대의 관계에 있다.

육성점술에서 운명을 잘 컨트롤할 생각이더라도 그것이 숙명과 매치되지 않으면 결코 부드럽게 진전되지 못한다. 뒤집어 말한다면, 숙명에 대하여 올바른 지식을 가질 필요성이 바로 여기에 있는 것이다.

자연계라고 하는 것은 천(天)과 지(地) 그리고 사람으로 성립되어 있다. 천에도 태양이라든가 달의 운행이라는 숙명과 같은 것이 있다.

이와 마찬가지로 대지에는 춘하추동이라고 하는 계절이 있는데 이것 또한 일종의 숙명이라고 할 수가 있다. 그리고 이러한 숙명은 시간의 경과에 의해서 생겨나는 것들이다.

또 사람은 그 천과 지 사이에 위치하면서 살아가는 셈이다. 그런 까닭에 역시 마찬가지로 시간의 경과에 의해 숙명을 받고 있는 셈이 된다. 그런 것은 생각도 해 보지 않았다……며 고개를 가로 저어도 해결되지 않는다. 그것이 곧 자연계의 법칙인 것이다.

우리는 모두 아버지와 어머니로부터 태어났고, 그 아버지와 어머니역시 각각 부모(우리는 그분들을 조부모·외조부모라고 부른다)로부터 태어났다. 이처럼 과거로 거슬러 올라가면 누구나 무한에 가까운 수의 조상들로부터 피를 이어 받아가지고 현재를 살아간다는 것을 알 수가 있다. 이것이 시간의 경과가 아니고 무엇이겠는가 ? 조상 공양을역설하는 배경은 실로 여기에 있는 것이다.

조상 공양이라는 것은 바꾸어 말하면 자신의 과거를 소중히 한다는것이 된다. 과거와 미래를 놓고 볼 때 음양상대의 원리를 적용시킬 것까지도 없이, 그 한 쪽만은 결코 존재할 수가 없다. 과거만 있고 미래는 없는 경우도 있을 수 없고, 이와는 반대로 미래만 있고 과거가 없다는 경우도 있을 수 없다.

자신의 과거조차 소중히 할 수 없는 인간이 현재를 그리고 미래를 소중히 가꾸어 나갈 수 있을까? 자신의 과거를 무시하면서 자신의 운명을……이라든가, 앞으로도 원기차게 살아갈 수 있다는 등의 말을 함부로 하는 것은 분명히 말해서 웃기는 짓에 불과하다. 조상을 소중하게받들지 않는 것은 곧 자기 자신의 존재를 부정하고 마는 것이 된다. 그런 사람이 제아무리 십이지역을 배운다 한들 무슨 소용이 있겠는가? 그것은 난센스에 지나지 않을 것이다.

십이지를 최대한으로 살려 나가기 위해서는……

조상 공양의 의의는 실로 거기에 있다. 조상 공양을 실천함으로써 우리는 신의 가호를 받을 수가 있다. 그것을 우리 몸에 받을 때의 에너지는 그야말로 무진장이라고 해도 좋을 정도이다.

아무리 어려운 상황에 놓이더라도 그것이 괴로움이 되지는 않는다. 이것도 나 자신에 있어서의 시련에 불과하다는 강한 의지로, 혹은 나 자신을 성장시켜 주는 찬스일 것이라는 전향적 마음으로 사태에 대처해 나갈 수 있는 것이다.

남을 위해서 조상 공양을 하라고 권하는 것이 아니다. 모든 일은 자기 자신을 위해서 하는 것이다. 그리고 그 결과는 장차 당신의 뒤를 이어올 무수한 자손들을 위하는 것도 된다는 것을 잊지 말아야 한다.

이런 원리를 참다운 의미에서 이해할 수 있다면 당신은 가만히 있을 수 없을 것이다.

지금 당장에라도 조상들의 묘를 찾아가고 그 묘 앞에서 무릎을 꿇어야겠다는 생각을 할 것임에 틀림없다. 그러나 어떤 사람은 조상의 묘가 없다고 말할는지도 모른다. 혹은 묘가 있는 것은 분명한데 어디에 있는지 모르겠다며 난처해 하는 사람도 있을 것이다.

한편, 이 책을 읽은 분들 가운데 혹은 그 점 내용에 대해서 불만을 가지는 독자도 있을는지 모르겠다. 그러나 점이라고 하는 것은 어디까지나 한 가지 수단에 지나지 않는 것임을 알아야 한다. 자기 인생의 동향이 어떻게 되어갈 것인지를 알아내기 위한 수단인 것이다. 그러므로 인생을 바로 살고 자손에게 참된 행복을 물려주기 위해서는 조상 공양을 제대로 하는 길밖에 없다.

점을 그저 놀이 정도로 생각하여 맞아도 그만, 안 맞아도 그만이란 식으로 애교스럽게 넘길 수도 있다. 그러나 진지한 마음으로 접하고 살아가기 위한 지침으로 삼겠다면, 조상 공양만큼은 절대로 잊지 말기 바란다.

우리가 살아가는 목적과 사명은, '신의 지혜 = 자연계의 법칙'에 따라서 정확하게 숙명으로 새겨져 있다. 그 내용은 당연한 일이지만 각 사람에 따라 다르다. 그것을 자각한 사람이야말로 진짜 행복, 즉 입명(立命)의 길을 걸을 수 있는 표를 손에 넣는 사람이라고 해도 과언이 아니다. 그 다음에 필요한 것은 실천이다.

우리는 옛사람이 남겨준 아주 멋스러운 지혜를 지금 한 가지씩 배워갈 것이다. 오행역도 그 하나이며 오행역 일주론(五行易 日柱論)도 그러하다. 그리고 십이지라고 하는 아주 새로운 내용, 신변 가까이에서 찾을 수 있는 것을 접하게 될 것이다.

이런 기회를 꼭 활용해서 모든 독자들이 행복을 그 수중에 간직하기를 바라는 마음 간절하다.

십이지의 지혜

십이지의 지혜

역학이 밝히는 자연계의 법칙

그러면 본디 십이지에는 도대체 각각 어떤 의미가 내포되어 있었던 것일까? 그것을 알기 위해서는 고대 중국에서 확립되었던 역학에까지 거슬러 올라가지 않으면 안 된다.

역학이라고 하면 어쩐지 어려운 것이라고 생각하기 쉬운데 실은 그렇지가 않다. 요컨대 자연계의 법칙을 이론정연하게 설명해 놓은 것이라고 생각하면 된다.

그럼 자연계의 법칙이란 무엇인가? 시간과 공간 혹은 육체와 영혼의 관계를 해명해 놓은 원리원칙이다. 그리고 인간 역시 본디는 자연계의 일원이었으므로 당연한 일이지만, 그 법칙에 따라 살아가지 않으면 안 된다.

그런데도 불구하고 어찌된 일인지 역학이라고 하면 마치 점, 그 자체인 양 생각하는 사람이 많은 듯하다.

그러나 역학이라고 하는 것은 한 마디로 말하면 철학이다. 역이란 본디 '바뀌다, 바꾸다'란 의미로서 자연계의 법칙에 따른 생활방법을 취할 수 있도록 우리들 한사람 한사람이 스스로의 생활방법을 바꾸어 나가는 것을 시사하고 있는 것이다.

그런 속에서 시간과 공간의 관계를 설명하여 밝히는 데에 사용되었던 것이 이 십이지와 십간(十干)이었다. 십간은 공간을 나타내는 기호로서 전부 10종류가 있기 때문에 십간이라고 한다.

나이가 많은 노인들은 이 갑(甲)·을(乙)·병(丙)·정(丁)·무(戊) …… 등 십간의 문자로 성적표를 작성해 받았던 일을 기억하고 있을 것이다. 요즈음의 성적표는 1, 2, 3…… 등의 아라비아 숫자 혹은 수·우·미·양·가…… 등의 문자로 작성하는데, 1930년대까지는 성적표를 갑·을·병……으로 표시했었다. 제일 우수한 성적이 갑 그리고 그 아래로 을, 병의 순서로 이어졌다. 뛰어난 사람과 그 버금가는 사람을 일컬을 때 갑을이라고 하는데, 이것도 십간에서 유래된 말이다.

성적표에 사용되었던 점에서도 알 수 있는 것처럼 이 십간은 장소(좀더 어렵게 이야기한다면 공간)를 의미했었다. 성적을 석차라고도 하는데, 자신의 성적이 전체의 어느 정도 위치에 있는지를 십간이라는 사고방식을 빌려서 나타냈던 것이다.

음양의 밸런스를 잡는 것이 제일 중요

이처럼 십간은 공간(空間；장소) 그리고 십이지가 시간을 나타낸다는 것이 고대 중국인들이 정해 놓은 약속이었다. 그리고 그것을 공히 자연계의 법칙에 응용하며 여러 각도에서 생각했던 것이다.

자연계라고 하는 것은 어렵게 말한다면 분명 시간과 공간에 의해서 성립되는 것이라고 정의할 수 있다. 이보다 더 깊이 들어가면 철학적으로 들어가기 때문에 더 이상 언급하지 않겠다.

이 시간과 공간은 바로 음양상대의 관계에 있다. 음양상대란 이 세상의 모든 것은 음과 양으로 나눌 수 있다는 것을 의미한다. 더구나 그것은 어느 한 쪽만으로는 성립될 수가 없는 것이며 쌍방이 모두 갖추어지지 않으면 안 된다. 즉 상대립하면서 서로 지탱해 주고 있는 관계인 것이다.

시간과 공간 중 어느 쪽이 음이고, 어느 쪽이 양이냐는 차치하고 음양의 밸런스가 제대로 잡히어 있으면 인간의 생활은 안정된다. 이것을 중용이라고 한다.

건강과 질병, 남성과 여성, 공무와 사생활, 상사와 부하, 정신과 육체, 오전과 오후, 생과 사, 운명과 숙명…… 이 세상의 모든 것은 음양의 관계에서 성립되어지고 있다. 음양의 밸런스가 잡히고 중용이 유지된다면 그 사람의 생활은 안정됨을 보다 구체적으로 납득할 수 있을 것이다.

이 밸런스가 깨지고 어느 한 쪽으로 치우치게 되면 우리는 위화감을 느낀다. 그리고 그것이 더 높아지면 여러 가지 트러블이 발생한다. 체내의 음양 밸런스가 무너지면 질병이 생기는 것도 그 때문이며, 부부(夫婦 ; 男女)의 밸런스가 깨지면 불화가 생기고 나아가서는 이혼을 하게 되는 것도 그 때문이다.

가정 문제도 음양의 밸런스가 깨지는 것에서

이 음양상대의 사고방식으로 해결되지 않는 것은 이 세상에 단 한 가지도 없다. 예컨대 남성과 여성의 관계도 음과 양이다.

남성은 양이고 여성은 음이다. 양이란 공격을 의미한다. 또 동(動)이다. 이것에 비하여 음은 수비요, 정(靜)이다. 남성은 밖에 나가서 일을 하는 데 비하여 여성은 가정을 지키고 자녀를 기른다.

부부 사이에서 그러한 밸런스가 유지되고 있는 동안은 일가가 안정된다. 남편이 하는 일도 잘 되어가고 아내도 행복할 수 있다. 그런데 일단 그 밸런스가 무너지면 한 가정은 엉망진창이 된다.

예컨대 무리한 대출을 받아가지고 자기의 집을 신축한다. 대출금 반제(返濟)가 힘들다 해서 아내는 동네 수퍼마켓에 시간제로 출근하게 된다. 그러면 그 영향이 가정 속에 미치어, 집안 청소가 소홀해지는가 하면 식사는 외식을 하는 경우가 잦아진다. 혹은 자녀들의 버릇이 나빠지기도 한다.

자녀들은 부모가 집에 없는 것을 기회로 나쁜 짓을 하게 된다. 그러면 그 뒤치다꺼리 하기에 어머니가 골몰한다. 따라서 남편 시중을 드는 데 소홀해지고 남편은 그런 가정에서 즐거움을 찾기 어려워진다. 마침내 남편이 바람을 핀다…… 이런 식으로 그 가정의 내부에는 점점 불협화음이 생기는 것이다.

일찌감치 알아차리고 손을 쓰면 그래도 괜찮겠지만, 그 손 쓰는 것이 늦는 경우도 있다. 그리고 일이 그릇된 다음에는 이제 돌이킬 수 없게 된다.

이런 일도 그 시초를 더듬어 올라가면 음양의 밸런스가 무너진 것이 그 원인이라고 할 수 있다. 무리한 대출금으로 자기 집을 손에 넣었던 것이 그 원인이었던 것이다.

대살계(大殺界)의 진짜 의미는

자연계도 역시 그런 음양의 밸런스가 잡혀 있지 않으면 안 된다. 지진이라든가 태풍 혹은 화산의 분화 등의 천재는 자연계 내부의 균형이 현저하게 무너졌을 때 일어나는 것이다.

그리고 고대 중국인들은 시간과 공간이야말로 자연계 내부의 균형을 유지시키고 있는 근본적 요소라고 생각했었다. 그런데 공간을 나타내는 십간과, 시간을 나타내는 십이지를 비교해 보면 그것은 처음부터 숫자가 안 맞는다. 한 쪽은 10개인데 비하여 다른 한 쪽은 12개가 있다. 어려운 이론을 도입하지 않더라도 이렇게 되어가지고는 균형이 잡힐 것 같지 않다는 느낌이 든다.

이 점이 이른바 신의 지혜로서, 언제나 균형이 잡혀 있다면 이 세상은 평화만이 계속될 것이고, 그렇게 되면 도리어 인간을 위하는 길이 아니라고 생각한 것이리라. 즉 때로는 밸런스가 무너지도록 되어 있지 않으면, 인간은 현실 속에 안주하고 말 것이며 자신들도 모르는 사이에 오만해지고 사물을 개혁코자 하는 생각조차 아니 할 것이니 말이다.

그 결과는 어떻게 될 것인가? 진보도 없고 발전도 없다. 그러기에 이따금 밸런스가 무너지도록 만든 것이다. 신의 지혜란 바꾸어 말한다면 자연계의 법칙이다.

인간도 자연계의 일부이므로 그러한 '신의 지혜＝자연계의 법칙'에 해당되어진다. 그리고 인간에게 있어 이 밸런스가 무너지는 것이야말로 육성점술에서 말하는 대살계인 것이다.

그러면 이 대살계는 어찌하여 인간에게 주어졌을까?

우리가 살아가는 데 있어 시간은 있어도 공간이 없다면 실로 곤란해진다. 이 대살계인 때에는 바로 이 장소가 없는 것과 마찬가지이므로 움직이려고 해도 움직일 수가 없다. 따라서 그 시련기가 지나갈 때까지 가만히 있으면서 기다리라는 결론이 나온다.

인간은 시종 그치지 아니 하고 움직이기만 한다면 실로 숨돌릴 사이도 없을 것이다. 그렇게 되면 육체도 정신도 피로하여 질병이 되어버릴 것이다. 그러므로 때로는 쉬라는 의미로 이 대살계의 시기가 주어진 것이다.

환갑이란 육십간지가 한 바퀴 도는 것

우리네 인간에게 대살계가 있는 것처럼 자연계에도 대살계가 있다. 그 의미에는 상당한 차이가 있으나 사고방식의 기본은 마찬가지이다.

음양의 밸런스를 잃었을 때 어떤 일이 안 일어날 리 만무하다. 그런 것을 상세하게 설명해 놓은 것이 역학(易學)이며 거기에서 파생한 것이 만상학(万象學)이요, 산명학(算命學)이요 혹은 방위학(方位學 ; 相學 · 地相)이다.

그런 속에서 연(年), 월(月), 일(日) 나아가서는 시간에 의해 길흉을 점치는 술이 점점 발달해 왔다. 어째서 시간이냐고 하면, 우리네 인간은 시간을 가지고 살아가기 때문이다. 우리가 태어난다는 것은 바꾸어 말하면 시간을 갖는다는 것이다. 살아 있는 동안은 시간을 따라 움직이고, 죽으면 시간은 정지한다. 점이라는 것은 본디 우리가 살아 있는 시간을 여러 각도에서 분석한 것이다.

그리고 연(年)이라든가 월(月), 일(日), 시각에 따라서 그 운명을 점치는 열쇠를 표시해 놓았다. 그것이 이른바 십간 십이지(十干十二支)이다. 갑자(甲子), 을축(乙丑) 등이 바로 그것이다.

이 짜맞춤은 십간(十干)의 간(干)이라는 글자와 십이지(十二支)의 지(支)라는 글자를 따가지고 간지(干支)라고 한다. 또 그 수효를 합치면 60개가 되므로 육십간지(六十干支)라고도 한다.

그것을 모두 열거하면 다음과 같은 일람표가 되는데 어디서 많이 본 간지도 있을 것이다.

예를 들자면 육십간지의 첫번째인 갑자(甲子)는 갑자사화(甲子士禍), 즉 서기 1504년에 연산군이 폐위된 생모 윤씨를 위해 일으켰던 사화의 해로서, 학교에서 역사 시간에 배운 일이 있을 것이다. 그 해가 육십간지 중 갑자년이었기에 이런 이름이 붙었다.

또 을미사변은 1895년의 일로서, 민비 시해사건인데 육십간지 중

◇ 육십간지일람표

五行	十干	六十干支					
木	(陽) 甲	1 甲子	11 甲戌	21 甲申	31 甲午	41 甲辰	51 甲寅
	(陰) 乙	2 乙丑	12 乙亥	22 乙酉	32 乙未	42 乙巳	52 乙卯
火	(陽) 丙	3 丙寅	13 丙子	23 丙戌	33 丙申	43 丙午	53 丙辰
	(陰) 丁	4 丁卯	14 丁丑	24 丁亥	34 丁酉	44 丁未	54 丁巳
土	(陽) 戊	5 戊辰	15 戊寅	25 戊子	35 戊戌	45 戊申	55 戊午
	(陰) 己	6 己巳	16 己卯	26 己丑	36 己亥	46 己酉	56 己未
金	(陽) 庚	7 庚午	17 庚辰	27 庚寅	37 庚子	47 庚戌	57 庚申
	(陰) 辛	8 辛未	18 辛巳	28 辛卯	38 辛丑	48 辛亥	58 辛酉
水	(陽) 壬	9 壬申	19 壬午	29 壬辰	39 壬寅	49 壬子	59 壬戌
	(陰) 癸	10 癸酉	20 癸未	30 癸巳	40 癸卯	50 癸丑	60 癸亥

을미년에 해당하므로 이런 이름이 붙은 것이다. 인조 때 청나라가 침범해 온 병자호란의 병자는 서기 1636년의 간지이고, 인조 때 후금이 쳐들어온 정묘호란의 정묘는 서기 1627년의 간지이다.

이런 식으로 십간과 십이지를 짜맞추면 꼭 60년(60개월, 혹은 60

일)만에 한 바퀴를 돈다는 것을 알게 될 것이다.

예로부터 환갑이라 하여 사람이 61세가 된 해의 생일을 환갑이라고 하는데 이는 자기가 태어난 간지의 해가 다시 돌아온 것을 축하하기 위함에서이다.

십간(十干)과 음양오행(陰陽五行)의 관계

그런데 이 십간 십이지도 앞에서 설명한 바 있는 음양상대의 원리에 근거하여 구성되어 있다.

먼저 십간인데, 십(十)을 음양으로 나누면 각각 5개씩 된다. 이 5라는 숫자는 오행(五行)으로부터 왔다. 오행은 우리네 인간의 육체를 위시하여 모든 것, 모든 존재를 형성하고 있는 다섯 가지의 원소를 가리킴이다.

그 다섯 가지의 원소란 목(木)·화(火)·토(土)·금(金)·수(水)를 이름이다.

참으로 고대 인도 사람들은 이것을 지(地)·수(水)·화(火)·풍(風)·공(空)의 다섯 가지로 나누었는데, 고대 중국인들의 생각은 그것과 다소 달랐던 것이다. 그리고 고대 중국인들은 이 오행을 다시 각기 음(陰)과 양(陽)이 있는 것으로 생각하고 이것을 음양오행이라고 불렀다. 거기서 생겨난 것이 십간인 것이다.

십간을 음양오행에 바탕을 두고 분류해 보면,

	木	火	土	金	水
陽	甲	丙	戊	庚	壬
陰	乙	丁	己	辛	癸

앞 페이지의 도표와 같이 된다. 마찬가지로 십이지에도 이런 음양이 있다. 자(子), 인(寅), 진(辰), 오(午), 신(申), 술(戌)이 양(陽)이고, 이것에 비하여 축(丑), 묘(卯), 사(巳), 미(未), 유(酉), 해(亥)가 음(陰)이다.

자(子)라든가 축(丑)을 단순히 동물의 이름으로 결부시킨다면 그것이 음양의 관계에 있다고는 할 수 없다. 그러나 원래 이 자(子), 축(丑) 두 개는 같은 동물이었던 것이다. 다만 그것이 각각 음양으로 나뉘었던 것일 뿐이다.

자(子)가 가지는 진짜 의미는

이렇게 볼 때 우리가 흔히 그 사람의 출생년과 이른바 띠, 즉 인(寅)년생은 호랑이띠 등으로 결부시켜서 생각하는 십이지점(十二支占)은 모순된다는 것을 알 수 있다. 자년생(子年生)은 쥐띠이니까 째째하고, 축년생(丑年生)은 소띠이니까 그 행동이 둔중하고…… 운운의 분석은 그럴 듯하게 들릴는지 모르나, 실은 아무런 근거도 없는 것이다.

자(子)와 축(丑)은 본디 같은 동물로서 단지 시간의 경과와 그 특징을 의미하고 있는 데 불과하다. 단 시간의 경과라 하더라도 1일〔24시간〕, 1개월, 1년〔四季〕이라는 식으로 그 단위에 의해 설명하는 방법도 당연히 변하게 된다.

실제로 중국 고대의 문헌을 조사해 보면 자(子)에서 축(丑)에 이르는 시간의 흐름이 아주 멋지게 표현되어 있음을 알게 된다. 거기에는 다음과 같이 기록되어 있다.

자(子)라는 것은 '불어나다, 세포가 분열하여 발달해 나간다'를 의미하고 있는 한자가 바탕이 되어 있는 것인데, 이것은 무슨 일이든 제로에서 출발하기 직전의, 생명이 왕성한 상태 다시 말해서 '뿌리와 같다'는 의미인 것이다.

그러므로 시간에 비유한다면 하루의 시작인 오전 0시가 된다. 이렇게 설명하면 어떤 사람은, '그것 봐 역시 쥐처럼 번식력이 좋다는 것을 의미하는 것이 아냐. 쥐하고 자(子)는 관계가 깊은 것이라구'라는 말을 할는지 모른다. 그러나 이것은 잘못된 생각이며 원래의 의미에 맞추어서 후세의 사람들이 동물의 이름을 거기에 짜맞춘 것에 불과하다.

세포가 분열하면 여러 가지와 결합되어, 이번에는 갖가지 기관과 조직이 만들어진다. 이것이 축(丑)으로서 끈(紐)이라는 한자가 그 바탕을 이루고 있다. 이 글자는 '잇는다, 정돈한다, 기른다'는 의미이며 동물인 소하고는 아무런 관계도 없다.

또 인(寅)은 끈(紐)에 의해 만들어진 것들끼리가 서로 돕는다는 것을 의미하고 있다.

그리고 그 다음의 묘(卯)는 서로 돕는 것들끼리가 '무성해진다, 번영한다'는 의미이다.

이런 식으로 십이지의 의미를 해석해 나가면 자동적으로 시간의 경과가 가지는 본질을 이해하게 된다. 즉 시간의 경과를 십이지라고 하는, 이른바 부호에 의해 나타내고 있는 것이다.

시간의 경과를 단순하게 논해 보더라도, 그것은 너무나 추상적이고 어렵기만 하다. 그래서 고대 중국인들은 생물의 탄생으로부터 사망까지라는, 아주 가까이 있는 것을 예로 들어서 설명해 나갔던 것이다.

생명의 탄생이 세포의 분열로부터 시작되는 것은 오늘날에도 상식으로 되어 있는데 당시 사람들로서는 그것이야말로 획기적인 해석이었을 것임에 틀림없다. 누구나 모두 '과연……'이라며 납득을 했는지의 여부는 알 길이 없으나 직관력이 뛰어나고 머리가 좋은 사람은 금방 이해했으리라.

현대는 과학이다, 기술이다, 컴퓨터다 하여 수많은 사람들, 특히 지식인으로 불리는 사람들은, 역학이니 십이지니 하면 바보 취급하는 경우가 있다. 그러나 이 한 가지의 사례를 캐보더라도 고대인의 지혜는 결코 과녁을 빗나가고 있지 않음을 알게 될 것이다. 그 후 수천 년의 세월이 흘러서야 과학은 겨우 고대 중국의 역학과 똑같은 결론에 도달한 셈이다.

숨겨진 미래의 운명

숨겨진 미래의 운명

원기(元氣)가 없으면 살아갈 수 없다

우리가 살고 있는 이 넓은 우주는 과연 어떻게 해서 만들어진 것일까? 천문학자라면 '수백 억년이나 먼 옛날 빅뱅이라고 불리는 성운의 대폭발에 의해서 탄생되었다'고 설명할 것이다. 짐 어원과 같은 전도사라면, 《성경(聖經)》의 〈창세기(創世記)〉에 기록되어 있는 대로 태양과 함께 신의 의지에 의해서 탄생되었다'고 말할 것이다. 그럼 에스키모는 무어라고 말할까? 아마도 그들의 창조신화대로 '하늘의 둥근 구멍에서 불처럼 타오르는 것이 생겨났다'라고 말할 것이다.

마찬가지로 고대 중국인들은 만물창조의 시작은 하늘과 땅이 아직 나누어지지 않아서 혼돈한 상태라고 생각했었는데 그것을 태극이라고 불렀다. 이윽고 이 혼돈한 상태에서 기(氣)가 생겨났다. 가볍고 맑은 기(氣), 즉 양(陽)의 기가 상승하여 하늘이 되었으며 무겁고 탁한 기(氣),

즉 음(陰)의 기가 하강하여 땅이 되었다고 생각했던 것이다.

태극이라고 하면 우리는 제일 먼저 떠오르는 것이 우리나라 국기인 태극기이다. 태극기 한복판에 그려져 있는 태극, 그것은 우주 창조를 의미한 것이다. 중국에서 태극을 연상케 하는 것으로는 태극권이 있다.

그러면 태극 모양이 의미하는 것은 무엇일까? 그것은 음양이다. 혼돈한 태극에서 천지창조의 근원이 된 두 가지의 기(氣), 즉 음기(陰氣)와 양기(陽氣)가 생겨나는 느낌이 잘 출현되어 있다. 이것이 근원이 되는 기(氣), 즉 원기(元氣)인 것이다.

최근에는 원기찬 여성들이 매스커뮤니케이션 등에서도 대활약을 하고 있지만, 그야 어쨌든 우리의 일상생활은 원기가 없으면 살아갈 수 없다. 우리의 주변을 잠시 살펴보더라도, 지구를 둘러싸고 있는 대기는 물론이고, 공기, 전기, 자기 등의 자연현상, 춘하추동으로 바뀌는 기후, 나아가서는 서기(署氣), 한기(寒氣) 등 자연계의 모든 기(氣)에 우리는 지배당하고 있다.

어디 그뿐인가. 기(氣)는 우리의 마음 속에까지 들어와서 용기, 사기 등 여러 가지 마음을 만들어내는데, 때로는 광기, 취기 등 환영받지 못할 기(氣)가 되어지기도 한다.

이렇게 볼 때 기란 아무래도 자연계와 인간계에 충만해 있되 눈에는 보이지 않는 생명력과 같은 것이다. 그러므로 우리는 보통때와 다른 감정, 상황 등을 표현할 때, "기가 막힌다" "기가 차다" "기가 허(虛)하다" 등의 말을 자주 한다.

이 정도만 설명을 해도 원기가 얼마나 소중한 것인지를 이해했을 줄 안다. 그러나 인간은 태어나면서 죽을 때까지 줄곧 원기가 넘친다고는 볼 수 없다. 사람의 일생에는 좋을 때도 있으며 나쁠 때도 있다. 마찬가지로 자연계에도 맑은 날씨와 흐린 날씨의 파장이 있다. 이것은 음양(陰陽) 이기(二氣)가 서로 엇갈리면서 증가되거나 감소되거나 변화를 쌓아 나감으로써 생기는 것이라고 역의 세계에서는 본다. 자연도 인간도 음양의 소장에 지배되어 변화하므로 그것을 천인일리설(天人一理說)이라고 한다.

역의 작자는 이 원기를 구성하는 양(陽)을—, 음(陰)을 -- 의 기호로 표시하고 그것이 조합되어 변화하는 모습에서 천체의 운행, 인간이 짊어지고 있는 운명의 변화를 읽어내고자 했던 것이다. 일설에 의하면 — 은 남성 자신을 -- 은 여성 자신을 상징하는 것이라고 하는데, 만물의 시작이 남녀 양성에서 구분되는 것은 생각하기에 따라서는 지극히 당연한 일이라고 할 수 있다.

이 기호는 우리나라 태극기의 팔괘에서 익히 보아오는 터다. 어쨌든 이렇게 해서 탄생한 —--의 이기(二氣)는 서로 상반되는 성질을 가지고 있는데 그 근본을 더듬어 올라가면 태극이라고 하는 한 뿌리에서 태어난 것이므로 서로 끌어당기고 친밀히 왕래하며 교류를 심화시키고 혼합되기도 한다. 쉽게 생각하여 남녀간과 같다고나 할까?

이것이 음양오행의 제일 중요한 기본원리인 천리동근(天理同根), 천지왕래(天地往來), 천지교합(天地交合)의 삼원칙이다. 이 가운데 천지라는 문자는 남녀로 바꾸어도 그 의미는 같다. 요컨대 남녀 사이로 비유되는 음양의 이기는 천지창조의 역할을 공평하게 분담하고 있는 것이다.

중화인민공화국을 건국한 모택동도 이렇게 말한 바 있다.

"하늘(天)의 반(半)을 지탱하고 있는 것은 여성이다."

굳건한 신념이 있었던 모택동도 마음 속 어디엔가에 중국 고대의 음양오행사상을 가지고 있었음을 이 말에서 엿볼 수 있다.

즉 음양오행에서는 남녀평등, 남녀합일을 그 근본사상으로 삼고 있는 것이다. 이것이 구미의 남녀관과 근본적으로 다른 점이다.

그리스 신화를 보자.

인류 최초의 여성인 이브는 남성인 아담의 갈비뼈에서 탄생했다. 그러므로 이제 와서 구미에서는 남녀의 성차별을 없애라고 우먼리브들이 주장하여 소동이 일어나고 있다. 우리나라에서도 그들의 영향으로 여권 신장을 주장하는 사람이 많은데, 중국에서 들어왔던 음양오행사상을 보면, 세계에서 가장 진보된 남녀평등관이 그 속에 들어 있음을 알게 될 것이다.

신은 모든 것을 내려다 본다

경마라든가 마작 등 승부하는 일을 할 때 우리는 흔히 운수를 내세운다.

'운이 없었어. 빈털털이가 되고 말았다구.'

'운세가 사나웠던 거야. 아니 글쎄 버리는 패마다 모두 상대방만 좋게 만들어 주었다니까?' 하는 식으로 말이다. 운세도 실력 중 하나라는 말도 있지만, 이처럼 불평을 늘어놓는 것을 보면 운세가 실력보다 강하다는 느낌이 든다.

이 운세가 오락할 때만 따르는 것은 아니다. 일할 때도 아주 심각하게 따르는 수가 있는 법이다.

'이 달은 운세가 나빠 큰 규모의 계약이 한 가지도 이루어지지를 않는 걸.' 세일즈맨인 경우 이런 불평을 하는 수가 있을 것이다. 이른바 물장사라면 더 말할 필요도 없다. 잘 아는 카페의 마담은 그날 개시 손님만 보아도 그날의 운세를 짐작한다는 것이다.

"어떤 손님이 개시를 해 주면 운세가 좋습니까?"

라는 질문에 대하여 유감스럽게도 시원한 대답을 해 주지는 못했지만,

"어쨌든 족집개처럼 맞춘다니까요"

라며 득의만만한 표정이었다.

그럼 운세란 도대체 무엇일까? 고대 중국인은 이것을 하늘의 의지로

보았다. 인간은 언제나 좋은 일만 있다고 단정할 수는 없다. 생각한 일, 하는 일이 잘 풀려나갈 때도 있지만 제아무리 노력을 해도 그것이 안 풀리는 경우도 있다.

고대 중국인은 이것을 천상(天上)에 있으면서 지상(地上)의 모든 것을 지배하는 상제(上帝)의 의지로 보았던 것이다. 이렇게 말하면 고리타분한 옛날의 사고로서 과학문명이 발달한 오늘날에는 맞지 않는다고 생각하겠지만 좀더 설명을 들어주기 바란다. 이러한 사고방식은 고대 중국인들의 생각만은 아니었으니 말이다.

1971년 7월 아폴로 15호를 타고 달나라 탐색을 떠났던 우주비행사 짐 어원은 달에서 175파운드의 암석자료를 지구로 가져왔는데 그 가운데, 달에는 존재하지 않는 것으로 생각되었던 백색결정질의 회장석 샘플이 포함되어 있었다. 과학자들이 분석한 결과 이 돌은 약 46억 년 전, 지구가 탄생했을 무렵의 것으로 판명되었다.

이 돌을 처음 발견했을 때의 소감을 짐 어원은 다음과 같이 말하고 있다.

"이 돌은 마치 대좌 위에 앉아 있는 것처럼 또 하나의 돌 위에 올라 앉아 있었다……. 그리고 마치 '나는 이곳에 있습니다. 자아, 어서 가져가 주십시오'라고 그 돌이 우리에게 말하는 것처럼 보였다. 나로서는 그 돌이 그곳에 그처럼 놓여 있었던 것 자체가 신의 계시라고 생각했다. 신이 나로 하여금 지구에까지 가지고 가게 하기 위하여 그곳에 놓아 두었던 것임을 나는 확신했다."

《성경(聖經)》의 〈창세기(創世記)〉에는 천지 창조의 신화로서 지구는 태양계의 천체와 동시에 탄생되었다고 기록되어 있다. 그런데 이 돌이 달에서 발견됨으로써 이 신화가 현실과 완전히 일치되었던 것이다. 이렇게 해서 짐 어원이 가지고 돌아온 돌은 창세석이라는 이름이 붙게 되었고 현대의 기적이라 하여 일약 유명해지게 되었다.

짐 어윈은 그때까지는 일요일이 되면 교회에 얼굴이나 내미는 아주 평범한 신자였는데 이제는 신의 의지를 지상에 전하는 전도사가 되어 온 미국을 비롯, 세계 각 지역을 바쁘게 돌아다니고 있다.

짐 어윈은 이렇게 해서 신의 의지를 발견했던 것인데 인간인 이상 하늘, 즉 신의 의지에 의하여 지배당하고 있다는 생각은, 시대와 장소에 관계없이 그리고 변함없이 이어져 오고 있다는 것이 사실이다.

페르샤라고 하면 오늘날의 이란을 가리킴인데 옛날 그곳에서 이런 일이 있었다.

바그다드에 사는 돈 많은 상인이 멀리 떨어져 있는 사막을 여행하고 있을 때 본 적이 있는 사신과 맞닥뜨리게 되었다. 상인을 본 사신은,

"아니, 그대하고는 오늘밤에 만날 예정이었는데……."

라고 중얼거렸다.

질겁을 한 쪽은 상인이다. 이런 곳에서 사신에게 붙잡히는 날에는 큰일이 아닐 수 없기 때문이다. 그는 가지고 있는 돈을 모두 털어서 말을 샀다. 그 말은 이 세상에서 제일 빨리 달리는 말이었다. 상인은 이 말을 집어타고 바그다드를 향하여 쏜살같이 도망쳤다. 그의 뒷모습을 보며 사신은 안심했다는 듯 이렇게 중얼거렸다는 것이다.

"됐어. 저 정도의 속도로 달린다면 예정대로 오늘밤 안에 바그다드에서 만날 수 있을 것 같군."

이 이야기는 인간이 아무리 노력을 하더라도 하늘의 의지로부터 도피할 수는 없다는 것을 암시하고 있다. 이처럼 인간의 힘으로는 어떻게도 할 수가 없는 하늘의 의지를 우리는 숙명이라고 부른다. 그리고 오늘날 세상에서 행해지고 있는 점(占)의 대부분은 생년월일, 태어난 장소, 조상의 영이라든가 육친 관계 등 본인의 의지로는 어떻게도 할 수가 없는 이 숙명을 기초로 하여 운명을 판단하고 있는 것이다.

그러므로 아무리 미래를 예지하더라도 페르샤의 상인과 마찬가지여

서 전세 때 정해진 숙명으로부터 도피할 수는 없다. 역을 고안해 낸 중국인들은 인간에게 닥쳐올 미래의 운명에 대해서는 하늘의 의지를 물었지만, 숙명에 대해서는 묻지 않았었다. 그렇다. 역은 미래를 예지하고 그것에 대하여 어떻게 대처할 것인지를 목적으로 삼고 있는 것이다.

고대 중국 3천 년의 지혜

보이지 않는 사인에 귀를 기울이는 고대 중국의 지혜는 그럼 어떻게 해서 생겨나게 된 것일까?

고대 중국의 문헌에서는 천자(天子)란 "천상에 있고 황제의 명을 안고 지상을 지배하는 것"이라고 실려 있었다. 따라서 천자는 항상 천상의 황제에게서 하늘의 뜻을 듣고 있지 않으면 안 되었던 것이다.

고대 중국은 농업을 그 기반으로 하고 있었으므로 농작물의 풍흉을 결정하는 기후가 국가의 중대사였다. 그러므로 가뭄이 계속되면 귀갑(龜甲 ; 거북의 등딱지)이라든가 양의 견골(肩骨 ; 어깨뼈) 등을 태워서, "하늘은 언제쯤 지상에 은혜로운 비를 내려주시겠는지"라든가, 이와는 반대로 장마가 계속되면 "하늘은 지상에 재해를 언제까지 주시기를 좋아하시겠는가" 등을 물었다. 그리고 그 귀갑이라든가 양의 견골이 탄 결과를 보고 하늘의 의지가 어디에 있는지를 판단했던 것이다. 이것이 점의 시작이다.

이런 점을 계속 쳐보는 동안에 하늘의 소리 가운데 어떤 종류의 법칙성이 작용하고 있는 점을 중국인들은 알아차리게 되었다. 그 지혜를 집대성한 것이 《역경(易經)》이라는 고전이다. 이 《역경(易經)》은 두말 할 것도 없이 고대 중국을 대표하는 사상서, 사서오경(四書五經)의 하나요, 역점의 원전이다.

역점은 이 《역경(易經)》 안에 씌어져 있는 문언을 어떻게 해석하느냐가 그 단점의 기본이 된다. 이 《역경(易經)》은 중국 주나라 때 집대성되었다 하여 《주역(周易)》이라고도 하는데 오행역은 그 《역경(易經)》에 중국 고대의 음양오행사상을 첨가하고 그 변화하는 모양으로 미래의 방향을 예지(豫知)코자 하는 것이다.

오늘날 우리나라에서는 이른바 점이라는 것이 여러 가지 종류로 행해지고 있다. 관상을 비롯하여 수상, 성명판단, 성점, 쌀점, 산가지점…… 심지어는 컴퓨터점 등 헤아릴 수 없을 만큼 많이 있다. 그러나 역점으로 불리는 것은 주역점과 이 오행역뿐이다. 그 밖의 것은 모두 통틀어 잡점이라고 불린다.

그야 어쨌든 지금 주택을 산다든가 주식을 팔려고 하여 중대한 판단을 내려야 하는 경우, 당신은 어떻게 해서 그 결단을 내리겠는가?

'나는 동물적인 감이 있으니까……'라며 기분 내키는 대로 주택을 사고 주식을 파는 사람은 아마 없을 것이다. 보통 사람이라면 남으로부터 이야기를 듣거나, 신문, 잡지를 참고하거나 하여 그 문제에 대한 정보를 가급적 많이 모으고 그 데이터들을 검토한 다음 최종적인 판단을 내릴 것이다.

그러는 경우, 결정적인 수단이 되는 것은 과거의 경험이다. 주택 취득 등 처음 사는 경험이라면 그 일에 대해서 경험을 많이 한 사람의 의견을 참고로 해야 할 것이다.

즉 인간은 무엇인가 중요한 결단을 내려야 하는 경우에는 과거의 경험에 의해 행동하는 동물이다. 이것을 철학용어로 경험지(經驗知)라든가 경험칙(經驗則)이라고 한다. 오행역과 세상에 흔해빠진 잡점과의 차이는 바로 이 점에 있다. 즉 오행역은 음양오행사상이라고 하는 광대한 철학체계를 낳은 고대 중국 3천 년 지혜의 집적에서 생긴 그 경험지인 것이다.

이야기가 잠시 옆길로 새는데 이 경험지를 최대한으로 활용하는 사람이 전과자로 불리는 범죄자들이다. 빈집털이로 몇 번씩 경찰 신세를 지는 범인의 말을 들어보면 그 침입경로부터 물색하는 내용물까지가 모두 똑같다.

덕택에 경찰 쪽도 범인 색출이 쉬워서 수사에 도움이 되게 마련인데 이것이 초범인 경우는 오히려 붙잡기 어렵다는 것이다. 아무래도 인간은 붙잡는 쪽도 붙잡히는 쪽도 서로 몸에 익힌 경험칙에서 벗어나기 어려운 듯하다.

경험칙이라는 전문용어를 썼다고 해서 조금도 어렵게 생각할 필요는 없다. 미래로부터 오는 사인을 듣는다는 것은 결코 천하대사 때에만 한한 것은 아닐 테니 말이다.

'이번 휴가에는 바다로 갈까? 아니면 산으로 갈까?' '지난 주 그와 싸우고 말았는데, 내가 먼저 사과를 하는 것이 좋을까? 아니면 버티고 있는 것이 좋을까?' 등 일상생활의 소소한 일로 미혹을 당하고 있을 때, 스스로 손쉽게 하루의 의지(意志; 卦를 세우는 것)를 풀고 그 결과를 판단하는 것이 오행역이다. 그럼 이 오행역을 낳은 음양오행사상이란 무엇인가? 고대 중국의 문을 두드려 보기로 한다.

사상(四象)과 팔괘(八卦)

나는 지금 이 원고를 워드프로세스로 치고 있는데 키를 두드리면 화면에 차례로 문자가 찍어지고 필요한 한자로 교환되어 가는 기능, 그 기능의 멋스러움에 그저 감탄할 뿐이다. 컴퓨터는 모두가 이진법이므로 이처럼 복잡하고 정묘한 구조가 오로지 전류가 흐르고 흐르지 아니하는, 단 두 가지의 전기신호로 컨트롤되고 있다는 사실을 알게 되면 놀라움은 더해간다.

우리가 평소에 사용하고 있는 숫자는 10을 단위로 하여 1, 10, 100,

1000으로 증가되어 가는 십진법인데 이진법은 2에서 2로 진행되는 산법이다. 이렇게 하면 모든 숫자는 0, 1만을 사용해서 나타낼 수 있으므로 이것을 컴퓨터에 응용하면 전류가 '흐르고' '흐르지 아니하는 것'을 0 1로 대응시킴으로써 그런 계산은 물론이요, 논리의 짜맞춤도 가능하다.

워드프로세스의 이야기를 꺼냈다고 해서 결코 이야기가 옆길로 샌 것은 아니다.

64괘는 태극으로부터 양의(兩儀), 양의로부터 사상(四象), 사상이 팔괘(八卦), 즉 ☰ (건:乾), ☱ (태:兌), ☲ (리:離), ☳ (진:震), ☴ (손:巽), ☵ (감:坎), ☶ (간:艮), ☷ (곤:坤)으로 배치되어 있다. 이 여덟 개의 괘를 짜맞추어 64괘가 된다. 그리고 각 괘마다 명칭이 붙어 있는데 오행역에서는 이 괘명의 의미는 일체 사용하지 않는다. 괘에 배치되어 있는 십이지와 부모, 관귀, 처재, 자손, 형제 등을 짜맞추어 판단하는 방법이다.

실은 0, 1 등 두 개의 증감으로 모든 것을 표현한다는 컴퓨터의 원리는 태극에서 생긴 --(음) ─(양)의 두 변화로 우주를 표현하는 역의 원리와 똑같은 것이다.

태극에서 생긴 -- ─을 역의 세계에서는 양의라고 한다. 양의는 남녀 사이와 같은 것이므로 서로 합치어서 ⚏ 의 아이를 낳는다. 아이에게는 부모의 유전이 이어지게 마련이므로 태어난 아이의 모양은 ⚌ , ⚍ , ⚎ , ⚏ 와 같이 된다.

이것을 사상(四象)이라고 한다. 이 사상에서 다시 아이가 태어나면 ☰ , ☱ , ☲ , ☳ , ☴ , ☵ , ☶ , ☷ 가 된다. 아이를 낳는 것은 여기까지이다. 이것을 팔괘라고 한다. 태극기의 팔괘는 이 가운데 ☰ (건), ☲ (리), ☵ (감), ☷ (곤) 등 네 개만 쓰고 있다.

역의 작자는 이 팔괘에 자연이라든가 인간이 가지고 있는 갖가지의 성질, 즉 속성을 짜맞추어, 눈에 들어오는 모든 현상을 대표토록 했던 것이다. 그러나 이 팔괘만으로는 표현하기가 좀 불편했다. 그래서 팔괘에 또 한 개의 팔괘를 덧붙여서 육십사괘로 만들었던 것이다.

이 구조가 현대의 컴퓨터와 똑같다는 것을 최초로 알게 된 사람은 18세기 독일의 철학자인 라이프니츠였다. 물론 라이프니츠의 시대에 컴퓨터는 없었지만 1701년, 그는 북경에서 포교활동을 하고 있던 예수교 선교사인 부버가 보낸 육십사괘의 역도(易圖)를 보고 깜짝 놀랐던 것이다.

그가 발명한 이진법 산술의 0에서 64까지의 배열과 역의 육십사괘의 배열순서가 완전히 일치되었기 때문이다. 이에 대해서, 역(易)은 괘의 변화가 아래쪽에서 위쪽으로 변해 나가는데 이진법은 위쪽에서 아래쪽으로 변하므로, 반드시 일치되는 것은 아니라고 주장하는 연구가도 있다.

그러나 나는 컴퓨터가 이진법과 연관되어 무한한 세계의 문을 열어놓은 것과 마찬가지로 역의 작자 역시 팔괘를 거듭 쌓은 육십사괘 속에서 인간을 지배하고 운명의 무한대로 변화하는 모습을 찾아내려 했던 것으로 생각된다.

《역경(易經)》은 이 육십사괘에 대해서 해석을 해놓은 책이다. 그러나 그것만으로는 우주만물의 모든 것을 설명할 수가 없으므로, 그로부터 시대가 흐른 다음 공자(孔子)·장자(莊子)와 같은 철학자들에 의해 여러 가지의 설명이 첨가되었다. 이것이 《역경(易經)》의 십익(十翼)으로 불리는 것이다.

오행역은 이러한 문자의 해석으로 하는 것이 아니라 육십사괘를 둘러싸고 있는 시(時)의 흐름에서 운명의 변화를 예지하려는 것이다. 한편 육십사괘의 근본이 되는 팔괘에는 각기 그 이름이 있다. 건(乾), 태(兌), 리(離), 진(震), 손(巽), 감(坎), 간(艮), 곤(坤)이 그것이며 순서대로 나열한 것이다. 음양으로 나타내는 최초의 건(乾)은 ☰ 으로서 천(天)을 나타내고, 맨 끝의 곤(坤)은 ☷ 으로서 지(地)를 나타낸다. 그 사이의 태

(兌)는 택(澤), 리(離)는 화(火), 진(震)은 뢰(雷), 손(巽)은 풍(風), 감(坎)은 수(水), 간(艮)은 산(山)이므로 팔괘 속에 하늘과 땅 사이의 모든 현상이 포함되어 있다는 것을 잘 알 수가 있다.

옛날 사람들은 흔히 굉장한 결심을 할 때 건곤일척(乾坤一擲)이란 말을 썼는데 척은 던진다는 의미이므로 천지를 던질 정도로 목숨을 내놓는 결단을 내린다는 말이다. 하늘을 던지겠다는 것은 실로 천지가 뒤집어지는 일이니 그런 대도박을 하기에 앞서, 하늘의 의지가 어디에 있는지를 묻고 도를 찾는 것이 역의 마음인 것이다.

옛사람이 남겨준
멋스러운 지혜

옛사람이 남겨준 멋스러운 지혜

사람은 혼자서는 살아가지 못한다

이 세상을 자기 마음대로 살아갈 수만 있다면 얼마나 좋을까? 샐러리맨인 경우 그토록 미운 상사를 보지 않아도 되고 가정주부는 그토록 껄끄러운 시집 식구들 때문에 고민할 일도 없다. 그 때문인지 최근에는 샐러리맨에서 일보 전진하여 학교를 졸업해도 취직을 하지 않는 논샐러리맨 혹은 결혼을 하지 않는 여성들이 늘어나고 있는 것 같다.

그렇지 않아도 요즈음처럼 문제아들이 세상을 시끄럽게 하니, 어린이들 사이에서도 인간불신의 풍조가 더해 간다. 그러나 사람은 아무리 자기 마음대로 살아가고 싶어도, 자신이 태어난 인연관계를 끊을 수는 없다. 첫째로 부모, 형제, 육친의 인연이 있다. 친척의 인연이 있다.

'부모가 없어도 아이는 자라난다'고 하는데 부모가 없으면 아이가 태어나지 못한다. 세상에는 태어나자마자 부모가 죽거나 혹은 자식을 버렸기 때문에 부모의 얼굴조차 모르는 가엾은 아이도 있을 것이다. 그러나 아무리 육친과의 인연이 희박하다 하더라도 부모의 영향에서 도피할 수는 없다.

옛말에 '신체발부(身體髮膚)는 수지부모(受之父母)'란 말이 있는데, 머리털이나 피부를 비롯하여 성격에서부터 사물에 대한 견해에 이르기까지 부모의 영향을 받지 않은 것이 없다. 부모 또한 자신들의 부모로부터 먼 조상의 피를 이어받고 있다. 사람은 친구를 선택할 수는 있지만 부모를 선택할 수는 없다.

성장하여 사회생활을 영위하게 되면 학교에서의 은사라든가, 선배, 후배, 직장에서의 상사와 동료, 나아가서는 친구라든가 지기 등 모든 인간관계가 형성된다. 이것 또한 싫다고 해서 저 사람하고는 사귀지 않겠노라고 할 수 없는 것이 인생이다.

사람은 태어나서 자라온 자연환경, 사회환경에서도 도피할 수가 없다. 최근에는 우리나라에서도 해외여행이 자유로워져서 해외여행하는 인구가 증가 일로에 있지만, 이 세상에는 자기가 태어난 마을에서 죽을 때까지 그 마을 밖으로 나가 본 적이 없다는 사람도 많이 있다. 우리나라 사람들도 1백여 년 전 조선시대에는 그러는 것이 당연하다고 생각했었다. 그런 사람들에게 있어서는 자신이 살고 있는 그 지역만이 세계의 모두인 것이다.

오행역에서는 이처럼 인간을 둘러싼 갖가지 고삐를 다섯 개로 분류한 다음 자신을 더 합치어 육친오류(六親五類)라고 이름 붙였다. 단 오행역에서는 이 육친오류를 인간에게만 국한시킨 것은 아니다. 육친오류에는 인간부터 사물에 이르기까지의 사상이 포함되어 있어서, 무엇인가를 점칠 때면 그 강약에서 하루하루의 운세를 보기로 한 것이다.

그러므로 결혼이든 취직이든 그 점치는 테마가 오류의 어디에 분류되는지만 알면 그 다음은 그 운세를 읽기만 하면 되는 까닭에 아주 간단하다. 세상에 흔해빠진 점술 중에는, 물음에 대하여 알 듯 모를 듯한 답변을 하는 점쟁이가 많은데, 오행역이 문제의 본질을 거침없이 예언할 수 있는 것은 바로 이 육친오류가 있기 때문인 것이다. 다섯 가지의 고삐는 다음과 같이 분류된다.

첫번째의 고삐는, 자신을 낳아 준 부모의 고삐이다. 구미에서는 행운의 성 밑에서 태어난 아기를 '은스푼을 물고 태어났다'고 하는데, 세상에 그처럼 간단히 은스푼 따위가 어머니 몸 속에서 굴러다닐 리 만무하다. 어디 그뿐인가. 최근에는 이혼이 붐을 이루고 있어서 부모의 축복을 받지 못한 채 태어나는 아기도 많이 있다. 가지고 태어나는 성(星)은 사람에 따라서 가지각색이다.

자기를 낳아주는 것이므로 이 고삐는 단순히 부모 뿐만 아니라 조부모로부터 은사 등 손윗사람의 동향 그리고 여행할 때의 탈 것, 의류, 통신, 서류 등이 판단의 대상이 된다.

두 번째의 고삐는, 자기가 태어나게 하는 것이므로 자손의 고삐이다. 최근에는 독자를 두는 가정이 늘어나서 형제가 있다 해도 겨우 둘 정도 있는 것이 고작이다. 그런데 이것도 자녀와 손자에 한하는 것이 아니라, 자신이 새로 만들어내는 것, 예컨대 샐러리맨이라면 새로운 기획의 개발, 경영자의 경영전략, 예술가의 창작활동 등은 모두 이 고삐의 강약 여하에 달려 있다.

세 번째의 고삐는, 자신과 대항하는 것으로서 형제의 고삐이다. 뻐꾸기 새끼는 알에서 깨어 나오면 아직 부화되지 않은 채 둥지 안에 남아 있는 알을 등으로 밀어올리어 땅바닥에 떨어뜨림으로써 깨버린다고 한다. 형제가 많으면 먹이가 그만큼 차례가 오지 않기 때문이다. 인간사회에서도 예로부터 '형제는 남이 되는 시작'이라는 말이 있다. 자신에게 있어 경쟁 관계에 있는 것, 직장의 동료라든가 남녀간의 삼각관계 등이 그 대상이 된다.

네 번째 고삐는, 자신이 침해당하는 것, 지배당하는 관계에 있는 것이 므로, 가정에서 본다면 일반적으로 남성, 여성에게 있어서는 남편이 된 다. 요즈음에는 여성의 사회진출이 활발하므로 가정에서 여성이 실권을 잡고 있는 경우는 물론 이와 반대로 된다. 직장에서는 직속 상사, 경영 자 그리고 결혼이나 취직, 질병과 재앙 등 자기 앞을 가로막고 있는 것 모두로서 이것을 관귀(官鬼)라고 한다.

다섯 번째 고삐는, 네 번째와는 반대로 자기가 침해하고 지배하는 관 계에 있는 것으로서 처재(妻財)라고 한다. 가정으로 본다면 여성, 처 (妻)가 그 대상이 된다. 또 경제적으로 자기가 관리하고 있는 재산, 식주 (食住) 등 소비활동 모두가 그 대상이 된다.

이상이 오류(五類)이다. 이러한 오행역의 구조 속에는 음양오행관을 낳은 고대 중국의 신비적 철학사상이 깃들여져 있음이 틀림없다. 이런 신비적 사상에 귀를 기울이는 것 또한 하늘의 소리를 듣는 수단 중 한 가지인 것이다.

시간은 직선이 아니다

인간의 일생을 지배하는 시간이란 도대체 무엇일까? 《삼국지연의(三 國志演義)》의 영웅 조조는 자작시 〈단행가(短行歌)〉에서

인생기하(人生器何)는
비여조로(譬如朝露)로다
인생의 수명이 그 얼마나 되는가
비유하건대 아침 이슬과 같도다

라고 노래했다. 또 어느 시인은 흐르는 물에 시간을 비유하기도 했고 또

잠깐 피었다가 시드는 꽃에 비유한 시인도 있다. 시간을 흐르는 물에 비유해 보자. 시간은 그 누구에게도 평등하게 사라져 가는 것이다. 시간의 흐름을 강물처럼 직선으로 생각한다면 분명 지나간 시간은 두 번 다시 돌아오지 않는다. 그런데 그것은 정말로 그런 것일까?

오행역의 재미있는 바는, 이 시간은 강물처럼 직선으로 흘러가서 사라지는 것이 아니라, 사이클과 같이 원형상으로 회전하고 있는 것으로 본다는 점이다. 그렇다고 해서 '무슨 엉뚱한 말을 하는 거냐?'며 놀라지 말기 바란다. 시간을 무한으로 생각한다면 직선보다도 사이클이라고 생각하는 편이 합리적임은 중학생도 알 수 있는 이론이다. 본디 시간 그 자체는 그렇게 엄밀한 개념이 있는 것은 아니다.

지구 위에 살고 있으면 시간은 분명 누구에게도 평등하게 지나가는 것이 될는지도 모르지만, 우주선처럼 광속(光速)에 가까운 스피드로 움직이는 물체 속에서는 그 시간은 지구에 있을 때보다 훨씬 더디 진행한다. 그러므로 장기간 우주에서 생활하고 있던 인간이 지구로 돌아오는 경우 지구에서 경과된 시간보다 나이를 먹지 않게 된다는 것은 이미 아인슈타인의 유명한 그 상대성원리에서 증명되었다.

또 우리가 살고 있는 시간의 단위는 천체의 주기적 운행을 기초로 하여 만들어진 것인데, 그 천체의 운행 그 자체는 반드시 안정되어 있지 않다. 시간의 기본단위인 1초는 지난날에는 평균 태양일(太陽日)의 8만 6천 4백분의 1로 규정했었는데 매일 70만분의 1초씩 오차가 생기므로 도중에 윤초(閏秒)를 넣는다든가, 파리에 있는 국제시보국(國際時報國)에서는 해마다 그 계산의 앞뒤를 맞추느라고 여간 애를 쓰는 것이 아니라고 한다.

이런 점을 생각한다면 오행사상을 낳은 고대 중국인이 시간에 대하여 우리보다도 유연한 미래를 가지고 있었다 하더라도 그렇게 이상하다는 생각이 들지는 않는다. 중국 최초의 역사서인 《사기(史記)》 안에는

〈천관서(天官書)〉라는 항목이 있는데 그곳에서 저자인 사마천은 이렇게 말하고 있다.

"천상(天上)에는 일월(日月), 오성(五星), 항성(恒星)이 있는데 그것에 응(應)하여 지상(地上)에는 음양(陰陽), 오행(五行)의 원칙이 있다 ……"

그렇다. 우리가 살고 있는 지상은 음양, 오행으로 지배되고 있다고 고대 중국인들은 생각했던 것이다. 그리고 천체의 운행에 따라 음양, 오행이 여러 가지로 변화하는 것처럼 인간의 운명 또한 변화된다고 보았던 것이다.

행(行)이라는 글자에는 본디 움직인다든가 돈다는 의미가 있다. 오행이란 만물을 구성하는 다섯 가지의 원소가 서로 순환해 가는 작용을 가리키는 것이다. 다섯 가지 원소, 즉 오원소란 인간의 일상생활에서 빼놓을 수 없는 목(木), 화(火), 토(土), 금(金), 수(水)의 다섯 가지이다.

나는 평안북도 북쪽 지방 출신인데 그곳 역시 봄이 오면 꽃이 활짝 핀다. 길고 긴 겨울 동안 눈속 깊은 곳에서 죽은 듯이 묻혀있던 나무와 꽃과 돌들은 잔설 속에서 힘차게 싹을 틔우며 봉오리를 맺고 꽃을 피운다. 그 생명력은 가히 놀라울 정도이며, 그 모습은 가히 감동적이다.

아무리 혹한의 겨울이라 하더라도 겨울철이 지나가고 새 계절이 오면 이처럼 산하는 생기를 띤다. 사계의 돌고 도는 것은 변하는 일이 아니다.

중국 대륙의 북쪽, 사막 속의 오르도스(ordos) 고원(高原)을 흐르는 황하는 겨울이 되면 추위로 말미암아 완전히 결빙된다. 사람들은 오로지 봄이 오기만을 기다리는데, 봄이 오면 얼음이 녹고 오르도스 고원에도 푸른 싹이 트기 시작한다.

인류 최초의 황하문명을 이 강가에서 쌓아올린 고대 중국인들은 이 지독한 북방의 자연 속에서 거르는 일없이 반복되는 자연을 보며 오행의 순환사상을 만들었던 것임에 틀림없다.

겨울이 오면, 봄은 멀지 않으리

오행의 기본원리인 복환작용도 이 자연의 소식관(消息觀)을 기본으로 하고 있다. 소(消)는 쇠약해지는 것, 식(息)은 숨쉬는 것을 뜻한다. 황하의 얼음이 녹기 시작하면 봄기운이 숨쉬기 시작하고 황토고원의 황사가 하늘을 뒤덮기 시작하면 봄은 무르익는다. 이윽고 봄은 극에 이르다가 쇠해지는데 그렇게 되면 여름이 숨을 쉬기 시작한다.

그리고 수확의 계절 가을이 찾아오는데 가을이 쇠해지면 고원에 서리가 내리고 겨울이 숨쉬기 시작한다. 이런 식으로 사계는 돌고 도는 것이다. 황토고원에 사는 사람들은 이 사계의 움직임에 목(木), 화(火), 토(土), 금(金), 수(水)의 오원소(五元素)를 맞추어 적용시켰다.

이 오원소는 만물을 대표하는 것들이므로 이 세상에 존재하는 것은, 유형, 무형에 관계없이 이 오원소 중 어느 것인가에 해당된다는 사고방식이었다. 이것을 오행배당(五行配當)이라고 하는데 사계에 적용해 보면 다음과 같이 된다.

봄은 목(木)의 계절,

여름은 화(火)의 계절,

가을은 금(金)의 계절,

겨울은 수(水)의 계절,

그리고 토(土)는 계절의 환절기에 해당하는 토용(土用)이다.

이 사계가 도는 것처럼 봄의 목기(木氣)는 여름의 화기(火氣)를 낳고, 화기는 토용(土用)인 토기(土氣)를 낳으며, 토기는 가을의 금기(金氣)를 낳는다. 금기는 겨울의 수기(水氣)를 낳고, 수기는 봄의 목기(木氣)를 낳는다고 생각했던 것이다. 이것을 오행상생(五行相生)이라고 한다. 상생(相生)이란 새로운 생명을 낳아서 기른다는 것이므로 자신은 희생을 하지 않으면 안 된다.

제2차 세계대전 때 청년이었던 나는 농촌에서 감자 수확을 도와야 했던 일을 기억한다. 그때 흙 속에서 둥글고 통통하게 자란 햇감자와는 아주 대조적으로 똑같은 흙 속에서 보기에도 딱하게 썩어버린 묵은 감자(감자씨)를 보고 가슴 아파 했던 기억이 새롭다.

'하늘에 두 해가 없다'는 말이 있는데 태양이 하늘에 하나밖에 없듯이 하나의 세가 쇠약해지면 다른 세대에게 바톤을 넘기는 것은 감자든, 동물원 원숭이든, 우리의 보스든 변함이 없다. '겨울이 오면 봄은 멀지 않았다'라고 하듯이 사계의 순환 또한 반복을 계속하고 있다. 그것을 만물과의 움직임에 대표시킨 것이 오행상생(五行相生)의 순환사상(循環思想)이다.

그러나 자연의 진행은 언제나 똑같다고만은 할 수 없다. 봄이 종종걸음으로 급하게 찾아오는 일도 있거니와 언제까지나 겨울이 계속 머무르는 수도 있다. 더구나 최근처럼 지상의 탄산가스 양이 불어나면 지구 전체의 온도가 상승하여 이상기상의 횟수도 많아지는 듯하다.

고대 중국에서도 인간의 지혜로는 헤아릴 수 없는 장마와 가뭄, 냉하에 난동 등 이상기상이 많았을 것이다. 자연의 영위를 반영한 오행상생(五行相生)만으로는 해석할 수 없는 자연현상을 만났을 때, 사람들은 또 한 가지의 순환 시스템을 생각해냈다. 그것이 오행상극(五行相剋)이다.

상극(相剋)이란 마치 가위 바위 보를 하며 상대를 이겨나가는 것처럼,

목(木)은 토(土)에 이긴다,

토(土)는 수(水)에 이긴다,

수(水)는 화(火)에 이긴다,

화(火)는 금(金)에 이긴다,

금(金)은 목(木)에 이긴다는 관계이다.

표를 보면 알 수 있듯이 그 관계는 상생(相生)의 역순은 아니다. 상생이 계절의 흐름과 함께 순환하는 정상적인 관계라고 하면 상극은 계절에 구애됨이 없는 비정상적 순환이라고 해도 좋을 것이다. 말하자면 이상기상과 같은 것이다. 마찬가지로 상생이 상대를 살려주는 플러스 관계의 순환인 데 비하여 상극은 상대를 타도하는 마이너스 순환이라고 할 수 있다.

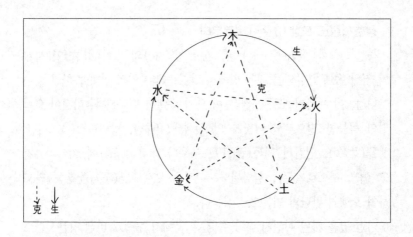

오행의 상호관계에는 이 두 가지 관계 외에 비화(比和)라고 하는 관계가 있다. 이것은 같은 원소끼리의 관계로서 그 기능이 같으므로 상호간에 침해하지도 않고 침해받지도 않으며,

목(木)은 목(木)을 본다,

화(火)는 화(火)를 본다,

토(土)는 토(土)를 본다,

금(金)은 금(金)을 본다,

수(水)는 수(水)를 본다,

고 표시하여 대항하는 역관계(力關係)를 나타낸다. 그 어느 것이나 다 오행역 판단의 기본이 되는 원리이니 머리 속에 반드시 기억해 두기 바란다. 삼라만상을 상징하는 목(木), 화(火), 토(土), 금(金), 수(水)의 오기(五氣) 사이에 계속(繼續), 단절(斷絶), 대항(對抗)하는 이 세 가지의 면이 있기에 이 세상의 모든 움직임은 균형이 잡힌 생명을 얻게 된다는 것이 오행의 순환사상인 것이다.

청춘시절도 오행(五行)으로부터

목(木), 화(火), 토(土), 금(金), 수(水)의 오기(五氣)가 사계의 영위 속에 분류되는 것은 앞에서 말했는데 자연의 변화에 한한 것이 아니라, 이 세상의 모든 사상은 이 오기 속에서 변화된다. 이것이 오행역의 독특한 면으로서 이것에 의해 색채(色彩), 방위(方位), 시간, 생물(生物), 인간의 덕목(德目)으로부터 내장(內臟)에 이르기까지 그 어느 것으로 분류, 할당된다. 이것을 오행배당(五行配當)이라고 하며 오행역 판단의 기본으로 삼는다.

이런 말을 하면 어쩐지 다락 속 깊은 곳에서 누렇게 바랜 땅문서라도 꺼내는 것으로 생각할는지 모르겠으나 실은 이 오행배당은 우리의 평소 생활 속에 뿌리를 깊이 내리고 있는 것이다.

예컨대 우리는 평소에 무심코 청춘시절(靑春時節)이라는 말을 쓰는데 이 청춘시절이 왜 청(靑)이며 그리고 춘(春)인지 생각해 본 일이 있는가? 다음의 표를 참고하기 바란다. 청(靑)도 춘(春)도 배당표의 목(木)에 배당되어 있다. 인생 가운데 가장 희망에 차고 혈기왕성한 시기에 청춘이라는 말을 맞추어 적용시킨 것은 바로 이 오행배당(五行

配當)에서 온 것이다.

> 목(木) → 봄[春] → 청색(靑色)
> 화(火) → 여름[夏] → 적색(赤色)
> 토(土) → 토용(土用) → 황토색(黃土色)
> 금(金) → 가을[秋] → 백색(白色)
> 수(水) → 겨울[冬] → 흑색(黑色)

어느 시인의 아호는 백추(白秋)인데 표를 보면 오행배당의 금기(金氣)에서 차용했음을 알 수 있다.

마찬가지로 한여름을 주하(朱夏)라고 하며 무겁게 가라앉은 기분의 겨울을 현동(玄冬)이라고 하는 것도 주(朱)는 적(赤), 현(玄)은 흑(黑)을 의미한다는 것을 안다면 이 역시 오행배당의 화기(火氣), 수기(水氣)에서 왔다는 것을 알아차리게 될 것이다. 오행배당표는 한 장의 종이에 지나지 않지만 자세히 보면 이것을 생각해낸 고대 중국인들의 수준 높은 지혜를 엿볼 수 있을 것이다.

> 동창이 밝았느냐 노고지리 우지진다
> 소치는 아해놈은 상기 아니 일었느냐
> 재너머 사래 긴 밭을 언제 갈려 하느냐

남구만의 이 시조는 입 속으로 중얼거리기만 해도 봄날 새벽의 정경이 눈에 떠오른다. 그런데 배당표의 목기(木氣)를 보면 때는 봄, 색깔은 청(靑), 방위는 동(東)으로 되어 있다. 이것에서 연상되는 것은 무엇일까?

초목 모두에 싹이 트는 봄철의 생동감, 푸르름에서는 싱싱한 젊음 그리고 동쪽에서는 막 떠오르는 아침해의 상쾌한 빛, 이 모두가 시조의 광경 그대로이다. 표의 오상(五常)을 보면 목기(木氣)에는 인(仁)이 배당되어 있다. 인(仁)이란 넓고 자애로운 마음을 의미한다.

화(火)에는 불타오르는 듯한 내음의 감각, 금(金)에는 풍요로운 가을의 결실(結實), 수(水)에는 깊게 가라앉은 겨울의 정경 그리고 토(土)에는 계절을 구분짓는 이미지인 토용(土用)이 쌓여 있다. 이 것에서 볼 수 있는 것은, 춘하추동과 오행이 평온하게 순행하면 풍작은 틀림없을 것이라고 기원하는 고대 중국인들, 즉 농경 민족들이 하늘에 비는 마음이다.

여기서는 생략했는데, 배당표에는 모든 사물이 분류되어 있다. 그것을 보면 고대 중국인들의 자연관 뿐만 아니라 인생관으로부터 우주관 까지를 짐작할 수가 있다.

◇ 오행배당표

오행(五行)	오시(五時)	오방(五方)	오색(五色)	오상(五常)	오미(五味)
목(木)	봄〔春〕	동(東)	청(靑)	인(仁)	산(酸)
화(火)	여름〔夏〕	남(南)	적(赤)	예(禮)	고(苦)
토(土)	토용(土用)	중앙(中央)	황(黃)	신(信)	감(甘)
금(金)	가을〔秋〕	서(西)	백(白)	의(義)	신(辛)
수(水)	겨울〔冬〕	북(北)	흑(黑)	지(知)	함(鹹)

본디 고대 중국에서는 용호(龍虎)는 천자(天子)를 수호하는 성수 (聖壽)로 여겨왔는데 이것에게 오행사상을 결부시켜 놓은 것이 청룡 (靑龍) 백호(白虎) 주작(朱雀) 현무(玄武)의 동서남북 사방을 지키 는 사신(四神)인 것이다. 우리나라 고구려 고분의 벽화에서 그 뚜렷한 흔적을 엿볼 수 있다.

이 오행배당을 만든 것은 기원전 2백 년경, 전한의 무제 시대의 학자였던 경방(京房)이라고 한다. 이 때문에 경방을 오행역의 시조로 보는데 만물을 목(木), 화(火), 토(土), 금(金), 수(水)의 오기(五氣)로 나눈 것은 물론 경방 혼자의 힘은 아니다.

그 이전부터 오랜 세월을 두고 사람들 사이에 뿌리를 박아오던 오행관을 집대성한 사람이 경방임에 불과하다고 나는 생각한다. 오행배당은 고대 중국인들이 오랜 세월에 걸쳐 이루어 놓은 것이며 우리에게 남겨 준, 인류의 위대한 유산인 것이다.

십이지가 말해 주는
당신의 운

십이지가 말해 주는 당신의 운

1. 자년(子年 ; 쥐띠)생(生)

머리가 좋고 순응성도 발군(拔群), 그러나 경계심도 강함

자(子)는 시간으로 보면 한밤중인 0시, 계절로 보면 겨울[12월] 그리고 방위로 보면 북(北)에 위치하고 있다. 캄캄하고 추운 세계이므로 무슨 일에든지 신중을 기하지 않을 수 없다. 따라서 경계심이 강하다고 말할 수 있다.

또 자(子)는 양(陽)의 기(氣)를 가지고 있으므로 활발하게 움직이는 성질도 갖추고 있다. 그러나 이것도 경계심이 강하기 때문에 감(感)과 느낌이 예민하고 활동력 또한 기민하기 때문이라고 할 수 있다.

또 자(子)는 오행 중 수성(水性)의 성질을 가지고 있다. 수(水)는 둥근 그릇, 모난 그릇에 따른다고 하는 것처럼 상대방에 따라서 유연하게 대응하는 성질을 가지고 있다. 그런가 하면 탁류가 되어 제방을 무너뜨리거나 전답 및 가옥을 유실시키는 무서운 힘도 가지고 있다.

인간의 성격에 비유한다면 유연성이라든가 사교성이 풍부한 반면, 그

내면에는 강인성을 비장하고 있는 것이 자년생(子年生)의 또 한 가지 특성일 것이다.

북(北)은 손윗사람, 아버지의 장소이며 인생 선도자(先導者)의 장소이다. 따라서 자년생은 위엄이 있고 의지도 강하며 개척자 정신이 넘치는 기질이 있다.

또 북(北)은 인간의 습득본능을 나타내는 위치로서 지식을 흡수하고 사물을 창조해 내는 세계이기도 하다. 지적 호기심이 왕성하고 지식의 습득에 의욕을 불태우는 타입인 까닭에 지적인 직업에 취업하면 성공할 가능성이 있다 하겠다. 머리 회전이 빠르고 경계심이 강하기 때문이다.

한 마디로 이 자년생은 어떤 일에 대해서도 경계심이 강하고 세밀하게 배려하며, 예리한 관찰력과 판단력도 갖추고 있는가 하면, 어떤 환경에도 순응하는 유연성을 가지고 있다. 또 행동적이어서 항상 앞으로 나가려 하므로 한 군데에 머물러 있지를 못한다.

―――― 자년(子年) 자월(子月 ; 음력 11월)생(生) ――――

유연성이 풍부하고 어떤 환경에도 대응할 수 있다. 인간관계는 지극히 원만하여 적을 만들지 않는다. 세심한 배려와 올바른 판단력을 겸비하고 있으므로 동성·이성에 관계없이 그 누구에게서도 신뢰를 받는 존재이다.

특히 여성은 누구에게나 차별을 두지 않고 접근하며 보살펴 주는 사람이 많은 듯하다. 가정에 들어가서는 아내로서, 며느리로서 가사와 육아에 힘쓴다.

또 조심성이 많은 노력가이기 때문에 학생 중에는 목표를 정하면 면밀한 계획을 세우고 오로지 공부에 진력할 것이다. 사회에 나온 후에도 우선 지각이나 결근을 하는 일은 없고 맡겨진 일은 책임감을 가지고 해낸다. 본래는 기가 약한 성격이라 실수나 실패를 하고 손해를 보게 되면 다시 일어서기까지는 시간이 걸리는 경우도 있을 것이다.

정의감이 강하고 지식욕이 왕성한 성질을 살려나갈 수 있는 직업은 신문기자라든가 뉴스 캐스터 등 매스커뮤니케이션 관련 분야의 일이 좋다.

——— 자년(子年) 축월(丑月 ; 음력 12월)생(生) ———

경계심이 아주 강하며 자기 자신이 납득할 때까지는 지렛대로도 움직일 수 없는 그런 사람이다. 행동이 둔하기 때문에 언뜻 보기에는 부드러운 것 같다. 그러나 내면은 그렇지 않아서 고집이 세고 어떤 괴로운 처지에 놓이더라도 꾹 참아내다가, 큰 찬스를 맞아들이는 힘을 가지고 있다.

어떤 일이든 혼자서 신중히 대처해 나가는 자세는 성실한 인품으로 높이 평가 받기도 하는데 때로는 남에게 어두운 이미지를 주는 수도 있을 것이다.

그런 면을 주위 사람들에게 이해시킬 수만 있다면 천성적으로 대중을 매료시킬 수 있는 매력을 갖추고 있는 까닭에 리더로 선발될 기회가 많을 것 같다. 그리고 사람들 위에 서서 일을 하게 되면 천성적인 성실성과 인간애를 발휘하여 일류 리더가 되겠다.

일반적으로 시시한 질병에 걸리지 않는 건강체가 도리어 건강에 대한 과신을 불러 일으키어 무리하기 쉽게 만든다. 그 결과 큰 병을 앓게될 염려가 있으니 주의해야겠다. 특히 위장병에 조심할 것.

직업은 엔지니어나 학술연구가 또는 간호사, 의사 등이 적합하다.

―――― 자년(子年) 인월(寅月 ; 음력 1월)생(生) ――――

행동력이 있으며 움직임이 민첩하므로 일단 입 밖에 뱉어 놓은 말은 끝까지 해내야만 직성이 풀리는 성격이다. 비탈길에 비유한다면 경사가 완만하고 긴 비탈길보다 경사가 급하더라도 짧은 거리의 비탈길을 언제나 선택한다. 단 실행을 해나가는 데는 누구보다도 재빠르지만, 그 결단은 신중하여 조심성이 있으므로 외견으로는 아주 보수적으로 보인다. 그 때문에 실수와 실패는 적지만, 큰 일을 해낼 수 있는 가능성은 높다고 할 수 없다.

인정이 많아서 가정이나 주변 사람들에게 신경을 많이 쓰는 타입이다. 특히 후배라든가 부하 등 손아랫사람들을 귀여워하고 보살펴 주는 경향이 강하므로 주위에는 언제든지 많은 사람들이 운집한다.

밝은 성격 때문에 이성으로부터도 사랑 받는데, 표현이 서투르므로 친구 이상의 사이가 되기는 어려우며, 자기 기분을 상대방에게 전하기 이전에 자연 소멸되는 일이 많은 것 같다. 몸은 건강하여 병으로 눕는 일은 거의 없고 장수하는 타입이다.

정치가나 실업가 등이 적합한 직업이다.

─── 자년(子年) 묘월(卯月 ; 음력 2월)생(生) ───

　남의 기분을 상하게 하는 일이 없는 유연성이 뛰어난 회화를 할 수가 있다. 조용하고 부드러운 분위기는 어떤 사람이라 하더라도 자기 편으로 끌어들이는 불가사의의 매력을 풍긴다. 남녀 공히 애교 있는 행동이 인기의 적이 되어 동성으로부터나, 이성으로부터 호감을 사게 된다.

　그런데 평소에는 온순하고 호인다운 미소를 띄고 있지만, 일단 기분이 상하는 날에는 상대방의 입장을 생각하지 않으며, 때로는 무기력해져서 투덜대는 경우가 있다. 이런 극단적인 이면성을 지니고 있기 때문에 여러 이성들로부터 호감을 사고 만날 기회가 많이 주어지는 데도 불구하고 교제 기간이 길어지면, 골인하기 이전에 와해되는 일이 적지 않은 것 같다.

　장래의 계획에 대해서는 젊었을 때부터 곰곰이 생각하는 타입이며 차곡차곡 돈을 저축하여 젊었을 때 자기집을 가지는 사람도 많을 것이다.

　예리한 감정, 풍부한 정감을 살리어 시인(詩人)이나 화가를 목표로 하면 대성할 가능성이 높다.

언제나 모험을 그리고 있는 로맨티스트이다. 행동력도 있는데, 누구나 꺼려하는 일에도 실패를 두려워하지 않고 과감하게 부딪쳐 나가는 배짱도 있다. 사람들을 끄는 불가사의한 매력을 지니고 있으므로 주위에는 수많은 지지자가 모여들게 될 것이다.

집단 속의 리더로 선발될 기회가 많은데 그렇게 되면 조직을 탄탄하게 끌고 나가는 지도력을 발휘한다. 후세에 이름을 남길 만한 조직을 만든다든가 대위업을 이룰 가능성도 높다.

그런데 한 번 비난이나 중상을 받게 되면 평소의 세가 거짓말처럼 약해진다는 약점도 지니고 있다. 그래서 주변 사람들은 그 큰 변화에 놀라곤 한다. 자기 자신의 감정을 스스로 컨트롤할 수 없기 때문에 스트레스도 쌓이기 쉽다.

큰 무대에서 자신의 힘을 충분히 발휘하는 천부적 재능을 살리는 직업, 즉 스포츠 선수가 적합한 직업이라고 할 수 있다.

───── 자년(子年) 사월(巳月 ; 음력 4월)생(生) ─────

이 사람이 있으면 이상하게도 따뜻한 기분이 되어 그 장소가 부드럽고 훈훈해진다는 평을 받는, 밝고 따뜻한 인품의 소유자이다. 누구에게나 차별없이 부드러운 언동과 양식이 있는 행동으로 대하며 남에게 안심을 주어 주위에는 자연히 사람들이 모여든다.

머리 회전이 빠르고 모든 일을 신중히 검토한 다음에 실행하므로 치명적인 실패는 하지 않는다. 일단 결정을 내리면 노력을 아끼지 않으면서 착실하게 성과를 올린다.

그런데다가 어떤 입장에 처하더라도 곧 적응하는 유연성이 있는 까닭에 찬스를 놓치지 않을 뿐더러 뜻밖의 위업을 달성하는 수도 있다. 단 남을 밀어내고서라도 지위를 얻어야겠다는 욕심이 없기 때문에 스스로 흐름을 만들어 나가기는 어려울 것 같다.

교제비가 많이 지출되는 일도 있어서 젊었을 때는 돈이 모아지지 않는다. 정열가로서 행동력이 있으므로 빠른 시기에 가정을 갖는 일이 많은 것 같다.

한 가지 기예에 뛰어난 사람이 많으므로 작가나 화가 등 감성을 살리는 직업을 고르면 성공할 것이다.

―――― 자년(子年) 오월(午月 ; 음력 5월)생(生) ――――

　개방적이며 무엇보다도 인간관계를 소중히 한다. 친구도 많고 판단력
과 행동력이 뛰어난 까닭에 어려서부터 그룹의 리더로 뽑히는 수가 많
은 것 같다. 그러나 어느 누구와도 사귈 수 있는 성격이기에 도리어 친
척처럼 가까이 사귈 수 있다는 인상을 주지 못하고, 또 참된 친구라고
부를 수 있는 친구를 갖지 못하는 것 같다.

　자존심이 강하고 멋진 것을 좋아하는 까닭에 때로는 질투나 시기를
당하는 수도 있다. 특히 이성과의 교제는 발전적이고 적극적이다. 본인
은 진지하게 대할 생각이지만, 그 상대를 쉽게 바꾸므로, 그 태도는 때
로 사회적인 신용을 잃게 만드는 수도 있다.

　돈을 모으는 데도 적극적이어서 모든 저축 테크닉을 시도해 본다. 단
위험이 큰 투기로 깜짝 놀랄 실패를 하게 될 운세가 있으니 주의할 일
이다.

　대중을 선동하는 능력이 뛰어난 까닭에 사업가나 혁명가로 살아가는
것이 적합할 것이다.

─── 자년(子年) 미월(未月 ; 음력 6월)생(生) ───

있는지 없는지조차 모를 만큼 온순하며, 어딘지 기품이 고고한 인상을 준다. 체형도 성격 그대로여서 포동포동하게 살찐 사람이 많은 듯하다.

온후하여 다투기를 좋아하지 않는 까닭에 눈에 뜨이는 존재가 되는 것을 피하려 한다. 그것이 매력이어서 주위에 사람들이 모여든다. 그것은 주위에 대한 배려를 철저히 함과 동시에 한사람 한사람을 소중히 생각하는 인정이 있기 때문이기도 하다.

그러므로 여성은 가정적이며 가사를 척척 처리해 나가는 주부가 된다. 매일의 메뉴 짜기와 육아도 스스로 생각해 내면서 즐거워한다.

신중하여 돌다리도 두드려 본 다음에야 건너는 타입으로서, 단번에 큰 돈을 잡을 수는 없지만 일생을 통하여 꽤 많은 재산을 남기게 된다.

건강면에서는 신경 계통의 질병에 주의를 하여야겠다.

외견으로는 부드러운 것처럼 보이지만 속은 강하며, 주어진 일에 노력을 아끼지 않는다. 직업으로는 전문성이 철저하게 요구되는 연구원이 적합하다.

────── 자년(子年) 신월(申月 ; 음력 7월)생(生) ──────

성격이 밝은 사교가가 많고 어떤 장소에 있더라도 사람을 매료시키어 눈길을 끈다. 유머와 기지에 빼어난 회화는 상대방을 기분 좋게 만들어 줄 것이다.

한 번 입 밖에 낸 말은 주변의 도움을 얻어가지고 반드시 실천하고자 노력을 한다. 정확한 판단력과 보기 드문 신뢰성으로 주위 사람들로부터 신용을 얻는데 그 결과 뒤따르는 사람이 많게 된다. 리더로서의 재능이 개화되면 큰 조직을 쌓을 수 있다.

단 본디는 기가 약한 면도 가지고 있는 까닭에 허세를 부리면서 견실한 노력을 아끼는 태도를 취했다가는 생명에 위협을 받는 수도 있을 것이니 주의를 요한다.

정열적이어서 단기간에 불타오르는 연애를 여러 번 경험하는데 장기간 계속되지는 못한다. 비록 골인한다 하더라도 상대방을 아끼겠다는 생각을 잊으면 실패한다.

직업은 남에게 고용당하기보다 스스로 리더십을 잡는 편이 성공한다. 특히 시대의 최첨단을 걷는 분야가 좋을 것이다.

　다음에는 무엇이 유행할 것인지, 또 어떤 세대가 올 것인지 정확하게 예측할 수 있는 눈을 가지고 있다.

　그 때문에 행동은 계획적이어서 낭비가 없고 착실하게 한가지 한가지를 추진해 나간다.

　평소에는 온순하여 남의 눈에 뜨이지 않으려고 마음을 쓰지만 때로는 아무도 예상하지 못한, 아주 기발한 아이디어를 고안하여 모든 사람을 놀라게 한다. 특히 패션에는 말이 많은데, 여성은 언제나 최신의 옷을 센스있게 입고 다닌다. 남성 역시 넥타이를 비롯한 소품에 유행을 의식한 색상을 고르는 사람이 많을 것이다.

　머리가 좋아서 자기 자신의 센스에 자신감이 있는 만큼, 너무 흐리멍덩한 사람을 보면 낯을 찡그리지만, 남의 복장을 체크한다거나 남편에게 잔소리하는 일이 거듭되다가는 상대방을 화나게 만드는 결과가 된다.

　수수하고 안정된 생활을 원한다면 의식주의 도락은 다소 삼가는 편이 좋을 것이다. 시대를 예측하고 앞서가는 교묘한 재능은 하는 일에도 큰 도움이 되는 법이다. 패션계나 인테리어계 등의 직업이 적합하다.

───── 자년(子年) 술월(戌月 ; 음력 9월)생(生) ─────

결코 거짓말을 하지 못하는 정직한 성격이다. 약속한 일은 반드시 지키며, 때로는 자기가 희생을 해서라도 상대방의 기대에 부응코자 한다. 의리가 굳은 자세로 평생을 두고 교제하자고 맹세하는 친구를 많이 사귄다.

인생의 스승으로 삼고자 하는 사람이 많은데, 자기가 존경하는 사람을 발견하면 그 사람을 위해 정성을 쏟는 데서 삶의 의의를 느끼며 어떤 일이 있더라도 배신하는 일이 없다.

그 반면, 너무나도 남들의 의견에 따르므로 주체성이 없는 사람처럼 받아들여져서 손해를 보는 수도 있다.

원래 직감력과 날카로운 감성 그리고 든든한 체력을 갖추고 있으므로 상성이 좋은 파트너를 만나면 직장에서도 재능을 발휘할 수 있다. 연애도 애정을 오로지 쏟을 수 있는 반려자를 선택하도록 노력할 일이다. 또 저축도 젊었을 때 계획을 세워두면 착실하게 불어난다.

신뢰할 수 있는 상대를 찾아서 공동출자로 사업을 시작하는 것도 좋다.

────── 자년(子年) 해월(亥月 ; 음력 10월)생(生) ──────

저돌맹진이라는 말 그대로, 한 가지 일을 결의하면 물불을 가리지 않고 밀어붙이는 면이 있다. 그처럼 솔직하고 직선적인 언동은 많은 사람들로부터 신뢰를 얻게 될 것이다.

사람들을 통솔해 나가는 지혜와 행동력은 아주 멋진데, 거기에다가 어떤 난문제도 처리해 나가는 기전과 유연성까지 지니고 있다.

오로지 지도자로서의 입장을 생각하는 그 자세는 리더로서의 비범한 소질을 엿보이게 한다. 그런데 그 열의도 도가 지나치면 자기 자신이 무엇을 하고 있는지조차 알지 못하며, 끝내는 폭주하고야 만다.

집단 속에서 고립하게 되면 자신감을 잃고 낙오되는 까닭에 언제나 냉정한 눈으로 자기 자신을 바라보는 자세를 잊어서는 안 되겠다. 돈이나 이성에 대해서도 그런 점을 소홀히 하다가는 한평생 오점을 남기게 될 것이니 정신 차려야 한다.

탐구심이 있으며 정감이 풍부한데 그런 특질을 살리기 위해서는 음악가나 시인을 목표로 삼을 것을 권하고 싶다.

2. 축년(丑年 ; 소띠)생(生)
주변 사람들을 매료시키는 발군의 인간적 매력

시간은 한밤중인 오전 2시 전후이며 새로운 하루가 시작되었으므로 아직 그 앞은 긴 시간대가 남아 있다. 축(丑)은 계절로 보면 12월, 12월 은 화합의 달로 본다.

생각해 보면 따뜻한 화로를 둘러싸고 한 가족이 단란하게 앉아서 봄 을 기다리며 내부에 스태미나를 축적해 나가는 시기, 아무리 무거운 짐 을 지더라도 견디어 내는 힘, 최후까지 해내는 강인한 끈기를 비축하는 시기이다.

자(子)와 마찬가지로 시간은 한밤중이고 계절은 겨울, 방위는 북(北) 인 까닭에 경계심이 강하다는 특징을 갖고 있는데 양(陽)인 자(子)에 비해서 축(丑)은 음(陰)이므로 그 양상은 꽤 다르다.

음(陰)에는 '정(靜) 혹은 지키다'라는 의미가 있으므로 행동은 그다지 활발하지 못하며 항상 수동적인 자세이다.

또 음에는 정(情)이라는 의미도 있으므로 인정이 많고 애정이 풍부한 사람이라고 할 수 있다. 그러므로 안정감과 동정심이라는 이미지가 떠오르고 중후감과도 결부된다.

축(丑)은 오행 중 토성(土性)으로서 토성은 매력의 세계를 나타낸다. 그러므로 축년생인 사람은 태어나면서부터 대중을 매료시키는 인간적 매력을 갖추고 있는 듯하다. 거기에다가 음기를 가지고 있는 까닭에 여성적인 느낌을 준다.

일반적으로 남성이 공격적인 데 비해서 여성은 수비가 견고하고 중심이 굳은 것 등이 특징이다. 이 내면의 중심이 굳음으로써 내측에서 빛나는 매력이 축년생 사람의 특징과도 연관된다.

따라서 축년생인 사람은 경계심이 강하고 행동도 신중하며 대중 속에서의 단결력을 강하게 발휘한다. 또 애정과 인정이 많은 면으로 인하여 정신적 면에서 신뢰를 얻으며, 다소 곤란한 국면을 당하더라도 끈기있고 착실하게 인생을 풀어나가는 힘을 갖추고 있다.

─────── 축년(丑年) 자월(子月 ; 음력 11월)생(生) ───────

　태도와 언행이 부드럽고 깊은 배려를 하는 사람이다. 회화도 아주 잘하여 남의 마음을 풀어주는 사람이기도 하다. 멋부리기를 좋아하지는 않지만 언제나 주변에 사람들이 모여든다.

　외견으로는 느긋하여 낙천적으로 보이지만 날카로운 관찰력을 지니고 있으며 그 장소의 분위기를 금방 캐치하는 재능을 가지고 있다. 그 반면 다른 장면에서는 이렇게 말하고, 저 사람에게는 다른 얘기를 하자는 생각들이 선행될 우려가 있다.

　또 신경질적이고 경계심이 강한 까닭에 근심 걱정을 앞당겨서 하는 폐단도 있다. 저축은 적은 돈을 차곡차곡하여 조금씩 확실하게 불려나가는 타입인 까닭에 빚을 지고 쩔쩔매는 일은 없는, 안정된 생활을 해나갈 수 있다. 연애는 로맨틱한 분위기를 중요시하는 무드파로서 수많은 로맨스를 경험할 것이다.

　사물을 꿰뚫어 보는 직관력과 호인적인 성격을 살리어 패션 어드바이서라든가 광고 제작 일에 관여하면 즐거운 가운데 일을 해나갈 수 있을 것이다.

─── 축년(丑年) 축월(丑月 ; 음력 12월)생(生) ───

남들이 싫어하는 일이더라도 일단 맡겨 주면 혼자서 꾸준히 해나간다. 사물에 대하여 끈질긴 면을 보이며, 놀랄 만큼 집중력을 발휘해서 어떤 일이더라도 최후까지 해내고야 만다. 그렇게 하지 않으면 직성만 풀리는 타입이다.

꾸준히 노력을 쌓아 나가는 모습은 성실 그 자체로서 호감을 주는데, 움직임이 둔하여 행동적인 사람이 보면 따분하다고 느껴지는 수도 있다. 유연성이 모자라므로 상황에 맞추어 태도를 바꿀 수 없다.

그다지 점잖다고 할 수도 없고 또 사교적이지도 않지만 한 번 친해지면 인정 많고 사려 깊은 사람이므로 누구나 신뢰할 수 있는 친구가 되어 준다. 외견으로는 부드럽고 중심은 부동이어서 중후한 인격을 쌓아 나간다.

견실한 금전감각은 만년에 큰 재산을 모을 수 있게 되며 가정도 원만해질 것이다.

정감을 전해 주는 일로써 작가라든지 영화 감독 등이 적합한 직업이라고 할 수 있다.

—— 축년(丑年) 인월(寅月 ; 음력 1월)생(生) ——

　무슨 일이든지 연구를 열심히 하는데, 그 일에 열중해 버리면 다른 일
은 전연 눈에 들어오지 않는 타입의 사람이다. 한 번 손에 댄 일은 아무
리 어려운 일이더라도 꾸준한 노력을 쌓아 나감으로써 완수해 낸다. 또
행동적이고 세가 있으므로 남의 부탁을 받으면 거절하지를 못한다. 인
정이 있어서 친구들로부터는 말할 것도 없고 손윗사람들로부터도 신뢰
를 받는다.

　또 자신의 역량을 돌보지 않고 돌진하다가는 뜻하지 않은 함정 속으
로 빠져드는 케이스도 적지 아니 하다. 타협을 모르는 고집스러운 면은
좋지만 때로는 남의 충고에 귀를 기울이는 것도 필요한 일이다.

　저축은 무리를 하지 않고 계획을 세워서 해나가면 오랜 시일이 흐른
후에는 큰 재산이 된다. 생활은 만년이 될수록 안정되어 갈 것이다. 연
애도 상대방에게 정성을 다함으로써 성취되어진다. 소화기계의 질병에
걸릴 우려가 있으므로 주의를 요한다.

　정이 두텁고 활동적인 성격을 충분히 살려나가기 위해서는 자신이
흥미를 가지는 분야에서 사업을 시작하는 것이 좋을 것이다.

온화하고 부드러워서 그 옆에 있기만 해도 마음을 편하게 해 준다. 적을 만들기를 싫어하고 주변 사람들을 자연스럽게 내 편으로 끌어들이는 불가사의한 매력을 가지고 있는데 그것은 천성적인 것이다. 애교가 있으며 유머스러운 대화를 하는데 그런 테크닉은 그 자리를 부드럽게 만들곤 한다.

그 누구에게도 귀여움을 받으므로 대단히 원만한 성격의 소유자로 취급되지만, 그 반면 팔방미인적이고 우유부단한 사람으로 취급되어 반감을 사는 일도 있을 것이다.

원래는 어떤 일에도 견디어 내는 끈질긴 성격인데 무슨 일을 당하더라도 자신의 의지를 단단히 가질 필요가 있다.

자칫 남의 꼬임에 빠져서 돈을 함부로 쓰면 아무리 세월이 흘러도 저축 액수가 불어나지 아니 한다. 목표를 세우고 계획적으로 돈을 쓸 일이다. 연애도 상대방이 호의를 표시해 오더라도 자신의 마음을 충분히 털어 놓지 못하면 정에 치우쳐서 실패하고 만다.

직업은 남의 마음을 풍요롭게 해 주는 디자이너라든가 건축가 등이 적합하다.

──── 축년(丑年) 진월(辰月 ; 음력 3월)생(生) ────

평소에는 얌전하고 말수가 적어서 무엇을 생각하고 있는지 전연 알수 없는 사람, 즉 감을 잡을 수 없는 사람인 양 보이는데, 일단 리더로 활약할 수 있는 처지에 놓여지면 보통사람 이상의 열성을 가지고 일에 임한다.

머리 회전이 빠르고 향상심(向上心)이 강하기 때문에 목표를 달성해 나가는 데는 누구보다도 빠를 것이다. 또 남들의 기대에 부응할 만큼 힘도 발휘하는 사람이다.

단 사물에 너무 열중하는 나머지 어떤 일이든 자기 생각대로 그 일을 추진하려는 면이 있으므로 그 점은 주의를 해야겠다. 남들로부터 비난을 받더라도 강한 인내력이 있기 때문에 여간해서는 충돌이 없겠지만, 그 일로 인하여 찬스를 잃는 경우도 있겠다.

저축은 허세를 부리며 낭비를 하지 않으면 연령과 환경에 따라 안정된 돈이 항상 손안에 남을 것이다. 연애는 너무 이상을 높게 잡으면 혼기를 놓치겠다.

많은 인간을 통제할 수 있는 힘이 있으므로 종교계에서 활약하는 것이 좋겠다.

안정되고 부드러운 분위기는 주위 사람들에게 안심을 준다. 어떤 장소에서도 논리 정연한 말투로 대화를 하는데, 이 점이 때로는 차갑다는 인상을 주는 수도 있다. 그러나 내면은 따뜻하고 인정이 깊은 면도 있으므로 곤경에 처한 사람을 보면 가만히 있지를 못한다.

그리고 좋은 인간관계와 성실한 자세는 주위 사람들로부터 신뢰를 받는다. 조직의 리더로서 대성할 수 있는 사람도 적지 아니 하다.

주의해야 할 일은 아무리 새로운 것과 접하더라도 본질적으로는 보수적인 생각을 버리지 못하는 까닭에 폐쇄적인 사람이 되기 쉽다는 점이다. 큰 일에 도전할 때에는 과감하고 대담한 행동을 일으키는 것이 벽을 허무는 열쇠가 된다.

재운이 아주 좋아서 악착같이 애쓰지 않더라도 재산이 손에 들어온다. 따뜻하고 부드러운 분위기는 이성을 매료시키는데, 질투심을 억제하지 않으면 실패하는 일이 있겠다.

대중을 매료시키는 재능을 살리면 예술계에서는 스타가 될 것이다.

──── 축년(丑年) 오월(午月 ; 음력 5월)생(生) ────

　호기심이 왕성하여 새로운 것을 무척 좋아한다. 언제나 스케일이 큰 것만을 생각하며 차례로 큼직한 기획을 해내는가 하면 업무와 놀이를 병행시켜 나가고자 한다.

　대인관계도 좋고 유머와 기지에 뛰어난 회화로 주변을 밝게 만든다. 사람들을 모아서 파티 등을 열 때는 없어서는 안 될 존재일 것이다. 또 밝고 개방적인 인품 때문에 인간관계는 풍요롭고, 멋을 좋아하며 누구하고나 친해지길 잘하지만, 때로는 비밀을 공유(共有)할 수 없는 사람이라는 인상을 주는 경우도 있겠다.

　어쨌든 외견을 장식하고자 하는 경향이 있으므로 허영심을 채우기 위한 산재에는 주의를 요한다. 또 일확천금을 하겠다는 도박은 대단히 위험하다. 자기 인생을 몽둥이로 두드려 패는 결과가 될는지도 모르기 때문이다.

　연애는 열정적이어서 수많은 이성으로부터 호감을 사겠지만 분위기에 취해 버리기 쉬우므로 바람을 거듭 피게 될 것이다.

　단체의 선두에 서서 사람들을 지휘하는 실업가라든가 정치가를 목표로 하면 성공하겠다.

—— 축년(丑年) 미월(未月 ; 음력 6월)생(生) ——

친절하여 남의 일을 잘 돌보아 주되 조용해서 눈에 잘 뜨이지 않는다. 그러면서도 손윗사람으로부터는 귀여움을 받고 손아랫사람으로부터는 신뢰를 받는다. 의리가 깊고 인정이 많으므로 한 번 입은 은혜는 잊는 일이 없다.

또한 세세한 일에까지 신경을 쓰는 사람이므로 주변 사람들에게도 충분한 배려를 한다. 한가지 한가지의 행동을 신중히 하는 모습은 인품의 고귀함을 느끼게까지 만든다. 그러면서도 내면으로는 중심이 강하여, 일단 정한 일은 저돌적으로 밀어붙인다. 한 번 그 표면에 격렬함을 표출하면 인간관계도 복잡하게 되기 쉬우니 충분한 검토를 하도록 배려해야겠다.

경제관념은 견실하고, 안정된 수입을 얻게 된다. 계획적인 저축을 하도록 마음 쓰면 평생을 통하여 큰 재산을 만들어 나갈 수 있겠다.

이성과의 교제는 그다지 적극적이지는 못하지만, 결혼을 한 후에는 따뜻하고 행복한 가정을 만들어 나갈 수 있다.

혼자 재치있게 세상을 헤쳐 나가는 타입은 아니지만, 참모역으로서의 재능은 가히 천성적인 것이어서, 부사장이나 비서역 등 세컨드의 지위를 가지면 좋을 것이다.

───── 축년(丑年) 신월(申月 ; 음력 7월)생(生) ─────

　머리 회전이 빠르고 무슨 일에서든지 재치를 부릴 수 있는 사람이다. 또 감수성이 풍부하고 온화한 분위기를 가지고 있으므로 사람들을 즐겁게 해 주는 일로 삶의 보람을 찾을 것이다. 그러다 보면 자연히 그 주변으로 사람들이 모여들 것임에 틀림없다.

　단 대중들 앞에서 말하는 것이 서투르기 때문에 마음이 맞는 친구들 틈에서 헤어나오지를 못한다. 그래서 교제 범위는 그다지 넓을 수가 없다. 또 기가 약하기 때문에 남들로부터 호감을 사고 싶다는 생각 혹은 마음에도 없는 생각, 누가 보아도 제멋대로 하는 생각 등을 자기도 모르는 사이에 입 밖으로 쏟아 놓곤 한다. 그 결과 '말뿐이지 신용할 수 없는 사람'이라는 평을 받게 된다.

　또 금전보다는 애정을 우선으로 생각하는 까닭에 감정 쪽으로 흐르는 경향이 있다. 인간관계의 늪 속으로 빠져들었다가 거기서 헤어나오지 못할 염려가 있다. 항상 시원시원하되 선(線)을 하나 그어 놓는 인간관계를 가지도록 마음쓸 필요가 있을 것이다.

　대중을 리드하고 자비의 정신을 살려나갈 수 있는 정치가라든가 종교가 또는 텔리비전의 디렉터나 영화 감독 등이 적합한 직업이라고 할 수 있다.

─────── 축년(丑年) 유월(酉月 ; 음력 8월)생(生) ───────

선견지명이 있어서 남보다 한 걸음 앞서는 사고방식의 소유자이다. 시대를 앞서가고 남들보다 유행에도 민감한 까닭에 전무한 상태에서 기획을 해내는 등 예술적·독창적 분야의 업무라면 크게 그 실력을 발휘한다. 자기 자신에게 가장 적합한 분야 그리고 자기 자신에게 가장 플러스가 되는 일을 계산하면서 강한 인내심으로 선택해 나갈 것이다.

그러나 마음이 딴 데로 쏠리기를 잘하므로 어떤 일을 성취시키는 데는 시간이 걸린다는 난점이 있다. 특히 연애면에서는 화려한 것을 좋아하는 면이 있는 데다가 언제나 양다리를 걸치고 불륜의 사랑에 빠지기를 잘하여 남녀간의 트러블이 그치지 아니 한다. 그것이 원인이 되어 몸을 망치게 되는 일도 있을 것이다.

이 축년 유월생인 사람에게 있어 결혼을 서두르는 것은 금물이다. 결혼을 서두르지 않다가 만혼을 하는 편이 오히려 행복한 가정을 꾸미는 데 도움이 될 것이다.

직업 그 자체가 유행을 선도하는 것 즉, 패션 디자이너라든가 인테리어 코디네이터 또는 유행 상품의 기획 등을 선택하면 재능을 발휘할 수 있다.

―――― 축년(丑年) 술월(戌月 ; 음력 9월)생(生) ――――

솔직하고 밝으며 서민적인 분위기를 가지고 누구에게나 차별없이 애정을 쏟는다. 그런데다가 의리가 두텁고 책임감이 강하며 한계를 분명하게 지으므로 비상식적인 행위와 질서를 문란케 하는 일 등은 용서하지 않는다. 그 때문에 융통성이 없는 완고한 사람이라는 평을 받기도 한다. 그러나 정의감이 넘치는 리더로서의 자질을 갖추고 있다.

또 일단 마음을 허용한 사람이라든가 신뢰한 상대방에 대해서는 끝까지 충성심을 발휘코자 한다. 그러나 상하관계에 너무 구애되는 면도 없지 않아 있다.

그러므로 직장의 상사라든가 선배 그리고 결혼 상대나 친구의 선택을 잘못하면 생각지도 않은 방향으로 치닫게 되는 수가 있다. 그래서 어느 정도 자신의 능력을 믿고 자신감을 가지는 것이 개운의 열쇠가 된다.

평생을 통하여 사물을 추구하는 직업 예컨대 연구직, 변호사, 간호사, 보모, 교사 등이 적합한 직업이다.

연애, 업무 등 어떤 일에 있어서도 적극적이어서, 이것이라고 생각되면 도중에 그 생각을 굽히는 일이 없다. 단 주위와 협조하여 일을 추진해 나가지를 못하므로 주위 사람들로부터 융통성이 없는 고집쟁이라는 인상을 받게 될는지도 모른다.

호불호의 감정이 지나친 데다가 타협을 모르기 때문에 일단 의견이 충돌되면 결론이 나오기까지 철두철미하게 논쟁을 벌인다. 악의가 있는 것은 아니니까 하찮은 일로 인간관계에 금이 가는 일이 없도록 주의를 해야 한다.

좋게 보면 시원시원한 성격이고 나쁘게 보면 자기 멋대로 사는 사람인데, 뒤가 있는 것은 아니고 어떤 일에 꼭 구애되어 있는 것도 아니다. 또 상대방에 따라서 그런 태도를 바꾸는 일도 없으므로 연하인 사람들로부터는 특별히 신뢰 받는다.

그런가 하면 예술 방면의 지식욕이 왕성하므로 작가라든가 시인, 작곡가 화가 등을 직업으로 택하면 그 분야에서 이름을 남기게 될 가능성이 있다.

3. 인년(寅年 ; 호랑이띠)생(生)
덕을 쌓으면 사람 위에 서는 기량의 소유자

인(寅)은 하루의 시간으로 본다면 오전 3시부터 5시 사이, 계절은 1월로서 추위로 얼어붙었던 땅이 녹기 시작하고 초목의 새싹이 봄볕을 기다리며 얼굴을 내밀려는 시기에 해당한다.

그러므로 인년(寅年)생 사람의 특성은 세가 있다고 본다. 일단 입 밖에 내놓은 말은 절대로 번복하는 일이 없고, 무슨 일이든 시작을 하면 밀어붙여서 끝을 내야만 직성이 풀린다.

조심성이 많은 것 같지만, 내심(內心)은 낙천적이어서 따뜻한 봄을 맞게 되지 않는 겨울은 없다는 것이 신조이다. 그리고 불타오르는 것 같은 정열로 무슨 일이든 과감하게 도전한다. 더구나 인(寅)은 양(陽)이므로 그 움직임이 형태가 되어 나타나고 성장의 속도가 손에 잡히듯 알게 되는 특질을 갖추고 있기도 하다.

그러나 그 싹은 아직 연약하여 조금만 힘을 가하더라도 금방 꺾이고 말며, 찬서리라든가 돌풍 등 환경의 변화에 의외로 약한 면도 있다. 즉 인년생인 사람은 본질적으로 남에게 발목을 잡히기 쉬운 약점을 지니고 있는 것이다.

또 인(寅)의 방위(方位)는 동북동(東北東)으로서 동서남북(東西南北) 사방(四方)으로 분류해 보면 동쪽에 해당된다. 이 동쪽은 전진의 장소이며 어머니의 장소이기도 하다. 오행 중에서는 목성(木性)의 성질을 가지며 인덕 제일의 봉사 세계로 본다.

그러므로 인년(寅年)생은 어머니와 같은 애정과 동정심 그리고 덕성에 의해 남들을 위해서 봉사하는 세계 속에서 성공할 가능성을 비장하고 있다 해야 할 것이다.

봉사는 항상 인간 교류 속에서 생겨나는 것이므로 인(寅)의 수비 본능은 교류의 수비가 되는 것이며 폭 넓은 인맥을 형성함으로써 자기 자신을 지키고자 한다.

고대 중국에서는 '인년(寅年)생은 대기이다. 정치 경제면에서 길하다'고 했는데, 덕을 분명하게 쌓으며 대중에게 봉사코자 하는 마음가짐을 갖는다면, 인년(寅年)생의 사람은 정치가라든가 실업가로 대성할 수 있을 것이다.

―――― 인년(寅年) 자월(子月 ; 음력 11월)생(生) ――――

정직하고 솔직한 성격이 남들로부터 호감을 사게 되고 숱한 친구를 사귀게 된다. 특히 집단 속에서는 그 누구하고도 사이좋게 지낼 수 있을 것이다.

밝고 활동적이면서 그 행동은 실로 신중하며 어떤 일에든 벽돌을 쌓아올리듯 소중히 행동한다. 단 너무나 신중을 기하다가 결단을 늦추어서 찬스를 잃게 되는 수도 있다.

또 결벽하여 남의 변명 따위를 듣지 아니 하므로 동료들로부터 따돌림을 당하는 경향이 있다. 본질적으로는 무사태평한 성품인데 낙천적으로 사물을 생각하는 버릇이 있다. 한 가지 일에만 집착하여 생각을 하지 않도록 할 일이다.

태어나면서부터 금전운이 좋으므로 악착같이 일을 하지 않더라도 큰 재산을 가질 수 있다. 이성을 매료시키는 아주 독특한 매력을 가지고 있는 까닭에 많은 구애를 받게 되는 데 한눈을 팔다가는 진짜를 잃게 될 우려가 있다.

한 가지 일에 착수하면 전 에너지를 쏟는 타입으로서 집중력을 필요로 하는 컴퓨터 프로그래머가 가장 적합한 직종이다.

　어떤 일을 대하건 간에 신중하고 진지하게 임한다. 예리한 감의 소유자이므로 재능을 발휘할 곳을 얻게 된다면 남들이 높은 자리에 추천하게 될 것이다.

　신중한 면은 장점임에 틀림없지만 묵묵히 혼자서 일하는 모습은 자칫 거만하게 보일는지도 모른다. 고고한 인품을 과시하는 것으로 보이겠기 때문이다. 사교적인 면도 세련되었다고는 할 수가 없으므로 회화가 서투르다.

　그런데다가 융통성도 없는 편인 까닭에 뜻밖의 오해를 초래하는 수도 있다. 그런 때에는 자신에게 악의가 없었음을 당당하게 주장할 일이다. 원래가 어두운 성격은 아니므로 자신을 제대로 표현할 수만 있다면 많은 동료를 가질 수 있다.

　큰 재산을 남길 수는 없겠지만, 중요한 때에는 누군가가 도와주기 때문에 경제적으로 곤란한 일을 당하지 않는다.

　연애는 애정 표현을 잘 하지 못하므로 결혼을 할 때는 중매 형식을 취하는 것이 무난할 것이다.

　샐러리맨이나 공무원이 가장 적합한 직종이다.

—— 인년(寅年) 인월(寅月 ; 음력 1월)생(生) ——

일단 입 밖에 낸 말은 번복하거나 취소하지 않는 사람이 바로 이 인년 인월생인 사람이다. 어쨌든 성격이 강인하여 무슨 일이든 시작을 하면 끝까지 밀어붙이지 않으면 직성이 안 풀리는 면을 가지고 있다. 그 때문에 주위의 반발을 사는 일도 이따금 있을 것이다.

그러나 근본적으로 남의 일을 돌보아 주기를 좋아하는 성품인 까닭에 자기 일을 뒤로 밀더라도 남을 위하여 봉사하기를 잘한다. 그러므로 차츰 인망을 모으게 될 것이다. 근본적으로 낙천가이기도 하므로 아무리 역경에 처해도 항상 전향적으로 일을 풀어나간다.

단 무슨 일에서든 자기가 중심이 되지 않으면 직성이 풀리지 않는 우두머리의 기질과 그때 그때의 기분에 따라서 태도가 변하는 면이 난점이다. 특히 남들의 의견에 귀를 기울이지 않는다든가, 부탁 받은 일에 자기 멋대로 대응하는 경우가 있으므로 언제나 성실성을 잊지 않도록 마음 쓸 필요가 있다.

사람들 위에 서서 일을 하되 남을 위하여 봉사함으로써 대성하는 것이 특징이므로 정치가나 경영자, 배우 등으로 실력을 발휘한다.

──── 인년(寅年) 묘월(卯月 ; 음력 2월)생(生) ────

　남녀 공히 애교가 있으며 화려한 반면 부드러운 분위기를 지니고 있다. 특히 파티 등 사람들이 잔뜩 모이는 곳에서는 풍부한 화제로 사람들의 마음을 사로잡는다. 또 누구에게도 자애에 넘치는 애정을 표시하므로 적을 만드는 일이 없다. 대인관계가 좋은 것은 천성적이다.

　단 묘월생(卯月生)의 사람은 사물에 대하여 수동적이어서 남의 의견에 좌우되기 쉬운 면이 있다. 무슨 일을 하든 여러 사람에게 동의를 얻지 않으면 행동으로 옮기지 못하는데, 이처럼 기가 약한 것이 단점이라고 할 수 있다. 그러나 일단 주위 사람들이 납득을 해 주면 다른 사람이 된 것처럼 강력하게 추진한다.

　예술면이라든가 창조적인 분야가 적합한데 수입면에 보증이 없으면 실력을 발휘하지 못한다. 자유인으로는 일을 제대로 해나갈 수 없을 것이다.

　회사 조직 속의 디자인부라든가 광고부 등 전문적인 부서가 적당한 직장이라고 하겠다.

───── 인년(寅年) 진월(辰月 ; 음력 3월)생(生) ─────

강력한 신념으로 돌진하는 것은 좋지만 전진(前進)만이 있을 뿐, 중요한 장면에서는 용두사미로 끝나버리기 쉬운 것이 특징이다. 왜냐 하면 성질이 급하고 자아를 지나치게 주장하며 남의 의견을 받아들이지 않는 면이 있기 때문이다. 그 때문에 주위 사람들로부터 반발을 사게 되는데 꼭 필요한 때에 그 누구의 협력도 얻지 못하는 약점을 지니고 있다.

단 사물에 구애되지 않는 성격이므로 어떤 일에 처하더라도 그것이 누구 탓이라며 원망하는 일없이 자신의 희망을 향하여 돌진해 나간다. 생각하는 스케일이 크고, 꿈과 낭만을 지니고 있는 것이 매력이어서 많은 사람을 매료시킬 것이다.

그것은 때로 제삼자로서는 이해가 안 되는 행동으로 비칠 수도 있겠으나 그것이 한층 더 현실을 초월한 것 같은 인상을 주어 매력이 된다.

그러므로 영업이라든가 기술직의 분야보다 기획이나 조사 분석 등 사무적인 일로 그 재능을 발휘한다.

───── 인년(寅年) 사월(巳月 ; 음력 4월)생(生) ─────

두드러지게 멋스럽다든가 화려함은 없지만, 중심이 강하고 내면에 신념을 관철시키고자 하는 정열을 불태우고 있다. 그리고 누구에게나 친절하며 봉사정신도 왕성한 까닭에 직장이나 가정 등에서 신뢰를 받고, 겉으로 드러나지 않는 실력자의 존재가 된다.

단 이상이 너무 높기 때문에 여간해가지고는 현상(現狀)에 만족하지를 못한다. 그 결과 전직(轉職)과 전거(轉居)를 자주하여 목적과 목표를 잃고 말 우려가 있다.

중요한 것은 최후까지 해내는 인내력을 갖추고 있는 까닭에 상황을 잘 판단하고 방향을 제시해 줄 수 있는 연상자의 존재가 필요하다는 점이다.

특히 가족이라든가 상사의 의견은 겸허한 마음으로 받아들일 일이다. 그렇게 하면 젊어서 큰 재산을 모으는 데 성공하리라.

이 인년 사월생인 사람은 말과 문자 혹은 예술면에서 자신을 표출시키는 힘이 뛰어나므로 소설가, 시인, 서예가, 화가, 조각가, 일러스트레이터, 만화가 등 창조적인 분야에서 한평생 동안 일을 하면 좋다.

—— 인년(寅年) 오월(午月 ; 음력 5월)생(生) ——

밝고 화려하여 정열적인데 그렇다고 해서 고고하지는 아니 하고 부드러운 한편 친밀하여 사귀기 쉽다는 인상을 준다. 또 낯가림을 하는 일도 없고 스스로 사람들 속으로 들어가는 적극성이 있으므로 가는 곳에서마다 친구를 많이 사귀게 된다.

개방적으로 누구하고도 친구가 되는데 어딘지 육친이 되어 상담에 응해 주는 타입이라는 인상을 주기도 한다. 또 어렸을 때에 한 쪽 부모를 잃는다든가 동료나 친구로부터 배신을 당하는 등 인복은 없는 경향이 있다.

그런데 이성문제에 있어서는 이와 반대여서 자기 자신이 접근하지 않더라도 호감을 가지고 다가오므로 연애 상대 때문에 부자유스러움을 겪지는 않을 것이다. 단 본질적으로 뜨거워지기 쉽고 차가워지기 쉬운 까닭에 차례로 연애의 대상을 바꾸어 결혼으로까지 이어지지 않는 것이 곤란한 점이다.

직업에 대해서는 자유로운 입장에서 화려함을 필요로 하는 가수라든가 탤런트, 아나운서, 음악 프로듀서, 패션 디자이너 등이 적합하다.

─── 인년(寅年) 미월(未月 ; 음력 6월)생(生) ───

온화하고 대인관계가 좋아서 친숙해지기 쉽다는 분위기를 가지고 있다. 다소 경계심이 깊은 면도 있기는 하지만, 자기에게 호감을 가지고 대해 오는 사람에게는 곧 마음의 문을 열고 사귀며, 사귄 지 얼마 안 되어서 십년지기(十年知己)인 양 대해 준다.

모성본능이 남보다 강한 까닭일까? 믿음성 없는 이성에게 마음을 주고 결혼을 하여 만년이 된 다음에는 고생할 가능성도 있다. 또 가족이라든가 피붙이를 소중히 여기는데, 어렸을 때부터 누가 가르치지 않아도 조상 공양을 실천한다.

단 우유부단하여 어떤 일에 대해서 결론을 내릴 때는 자신감이 없다. 투덜투덜 불평을 늘어 놓으므로 주위까지 어두운 분위기를 만들 염려가 있으니 주위가 요망된다.

또 이 인년 미월(未月)생인 사람은 재치있게 몇 가지 일을 해낼 수 있는 타입은 아니다. 한 가지 일을 꾸준히 견실하게 하여야 하는 향토사 연구가, 시나리오 작가, 피아노 교사, 미용사, 스타일리스트, 보석감정사 등의 직업이 적합하다 하겠다.

—— 인년(寅年) 신월(申月 ; 음력 7월)생(生) ——

관대하고 서글서글한 면을 가지는 한편, 의심 깊고 질투심이 강하다는 이중인격적인 면이 있다. 겉으로는 언제든지 부드럽고 따뜻하여 동정심에 가득한 발언을 하는 데 비해서, 마음 속으로는 비난과 중상을 하며 냉혹하게 경멸하는 등 표리가 있는 것이 이 인년 신월생 사람이다.

그러나 일단 존경한 상대방에게는 고집스러울 만큼 충성을 맹세한다. 이성에 대해서도 마음을 주면 오로지 애정을 쏟고 결혼을 한 후에도 헌신적으로 봉사하는 타입이다.

기본적으로 재치가 있으므로 어떤 일을 하더라도 나름대로 해낼 수가 있는데, 특히 흥미를 가지는 일에는 집중력을 발휘한다. 단 생각한 대로 되지 않으면 금방 포기해 버리고 만다. 이 인년 신월생인 사람에게 있어서는 한 가지 일에 열중하며 추구해 나가는 끈기가 대성의 비결이라고 할 수 있다.

학자, 엔지니어링, 카메라맨, 무대 감독이라면 만년에 이르러 각각 그 방면의 대가가 될 것이다.

─── 인년(寅年) 유월(酉月 ; 음력 8월)생(生) ───

　자존심이 강한 때문일까? 신경질적이면서도 멋진 이미지를 풍기는데 이야기를 나누어 보면 의외로 부드럽고 여러모로 배려를 하는 사람이라는 인상을 주위 사람에게 준다. 품위를 갖추고 있으면서도 신뢰감을 주는 것이 이 인년 유월생인 사람들의 특질이라고 할 수 있다. 단 지나치게 신중한 까닭에 좋은 찬스를 놓치고 마는 일도 종종 있다. 대담한 판단을 내리도록 마음 쓰는 것이 개운의 열쇠라고 할 수 있다.

　그러나 그 관용한 태도와 사려 깊은 인품은 어디서나 리더십을 발휘한다.

　오만을 떨지만 않는다면 그 누구에게서도 신뢰를 받아서, 상당한 지위에까지 승진하게 될 것이다.

　특히 사람을 길러내고 사물을 정리하는 데 재능이 있으므로 회사 조직 속에서도 인재를 양성하는 부서라든가 교사, 보모 등 교육관계 또는 인테리어 코디네이터라든가 그래픽 디자이너 등이 적합한 직업이다.

─── 인년(寅年) 술월(戌月 ; 음력 9월)생(生) ───

의지가 강하여 자기가 정해 놓은 목표는 어떻게 해서든지 달성시키고자 하는 강렬한 정열의 소유자이다. 비록 눈앞에 여러 개의 큰 장해가 있더라도 이지적인 판단력을 발휘하여 하나하나 뛰어넘어 갈 것이다.

그러나 자존심도 강하고 승벽이 많으므로 자칫하면 자신의 일에만 너무 사로잡히어서 남에게 상처를 준다. 그러고도 그 사실을 깨닫지 못해서 소중한 사람을 잃고 마는 수도 있을 것이다.

또 이상이 높은 만큼 눈앞의 일에만 사로잡혀 있게 되어 무엇을 하더라도 피상적으로 되기가 쉽다. 한 가지 일을 성취시키겠노라고 생각을 하더라도 좀처럼 주위의 협력을 얻을 수 없는 것이 바로 이 인년 술월생의 사람이 지니고 있는 단점이다.

그런 면에서 볼 때 남녀 공히 실력 제일의 세계에서는 그 수완을 발휘할 수 있다.

회사 안에서도 성적을 올리어 눈부신 승진을 해 나가는 것은 바로 이 인년 술월생이다. 또 경영자로 독립을 해도 좋을 것이다. 관공리, 의사, 변호사, 출판 관계의 일을 해도 대성할 수가 있다.

　의리와 인정이 두텁고 도움을 받는 사람을 위해서는 온갖 정성을 다 쏟는다.

　주어진 일은 서투른 일이든, 남들이 하기를 꺼리는 일이든 군소리 한 마디 하지 않고 착수한다. 마음이 통하면 그 사람의 의견에도 귀를 기울여 줄 뿐 아니라 뒤를 보아주는 등 성실한 면도 있다.

　무슨 일에든지 완벽을 요구하며 적당한 선에서 타협하지는 않는다. 최후까지 해내지 않으면 직성이 풀리지 않는 완전주의자이다. 그러므로 중요한 대목에서 브레이크를 잘 걸지 못하는데 이로 말미암아 오버런 하며, 그것이 주위 사람들로부터 반감을 사게 되는 원인이 되고 만다.

　외견으로는 고집스러운 것처럼 보이지만 내심은 정에 약한 면이 있다. 목표에 도달할 수 없다는 것을 알게 되면 그때까지 찾고 있던 것은 간단히 잊으면서 비탄에 빠질는지도 모른다. 자기 혼자서만 노력하면 된다는 사고방식은 버리고, 유사시에는 원조해 주는 인간관계를 만들어 나가는 것이 중요하다 하겠다.

　그런 특성을 살리어 세무사, 설계사, 만화가, 일러스트레이터 등 독자적 개성을 추구하는 전문직이 좋을 것이다.

4. 묘년(卯年 ; 토끼띠)생(生)

자세는 수동적이지만 자애(慈愛)의 정신이 넘침

시간은 오전 5시부터 7시까지의 사이로서 태양이 막 지평선으로 그 얼굴을 내미는 시각이다. 계절은 봄[春二月], 태양이 떠오를 무렵이므로 방위(方位)는 물론 동쪽이다.

그런데 묘(卯)도 인(寅)도 마찬가지로 동방(東方)의 기로서 목성(木性)의 질(質)을 가지고 있지만, 인(寅)이 양(陽)인 데 비하여 묘(卯)는 음(陰)의 기(氣)이다. 이 음과 양의 차이는 여성과 남성의 차이라고 생각하면 좋으므로, 여성적인 봉사라는 의미가 내포되어 있다.

남성의 봉사인 경우는 많은 사람에게 하는 봉사인데, 여성의 봉사는 남편이라든가 자녀 등 개인에 대한 봉사인 까닭에 개인적으로 봉사하다, 즐겁게 해 주다, 돕다 등의 특질을 가지고 있는 셈이 된다.

또 동쪽의 방위는 어머니의 장소이므로 고대 중국인들은 묘년생(卯年生)인 사람의 특성을 자애의 봉사로도 보았다.

현대에는 자애라는 말을 '동정심이 깃든 사랑, 귀여워하는 것' 등의 의미로 사용하고 있는데 고대 중국에서는 물이 초목을 생생하게 성장시키는 것처럼 유형인 것을 '키우다, 양육하다' 등의 의미로 사용했었다고 한다.

그래서 묘년생인 사람은 자애심이 넘치는 온화하고 따뜻한 마음으로 사람들의 기분을 북돋워 주고 편안하게 해 주는 일, 예컨대 의사가 되어서 무의촌이나 개발도상국에서 질병으로 고통받고 있는 사람들을 위하여 봉사하면 신뢰와 존경을 한몸에 모을 수 있게 될 것이다.

인년생인 사람은 양의 기질 그대로 강인하게 돌진하는 타입인데, 묘년생인 사람은 적을 만드는 일을 무엇보다도 싫어한다. 그러므로 어떤 경우에도 결코 강인한 태도나 일방적인 행동은 취하지 않는다.

따라서 묘년생인 사람은 수동적인 태도를 취하게 마련이다. 그 때문에 남이 하는 말은 무엇이나 듣는, 예스맨으로 취급 받을지도 모른다.

—— 묘년(卯年) 자월(子月 ; 음력 11월)생(生) ——

순종파로서 그 누구도 미처 깨닫지 못하는 세세한 일까지도 배려할 수 있는 사람이다. 사교성도 풍부하며, 부드럽고 서글서글한 태도는 어쩐지 고상한 인품임을 느끼게 한다. 특히 여성은 신비적인 분위기로서 이성을 사로잡고야 마는 소악마와 같은 매력을 가진 사람이 많은 것 같다.

그것이 커다란 매력으로 평가될 때는 좋지만 칭찬을 많이 받은 나머지 으스대는 언동이 두드러지기 시작하면 동료들이 상대도 하지 않게 되어버린다. 자기 멋대로의 언동은 삼가고 협조성을 살려 나가면서 일에 임하도록 하자.

일도 즐기면서 한다는 타입이므로 안정된 수입을 얻게 된다. 또 뜻밖의 횡재, 즉 복권이라든가 도박으로 돈을 따는 운세가 있으므로 사치스런 생활만 피한다면 상당한 재산을 모을 수 있게 된다.

연애도 이성(異性) 쪽에서 접근해 오는 수가 많고 이런 저런 훼방만 없다면 결혼은 비교적 일찍 하게 된다.

어딘지 미워할 수 없고, 또 손윗사람들로부터 귀여움을 받게 되므로 출세를 할 수도 있다.

—— 묘년(卯年) 축월(丑月 ; 음력 12월)생(生) ——

온후하고 안정감이 있어서 대인의 분위기를 풍기는 사람이다. 거짓말을 싫어하고 언제나 정직한 생활을 하려고 마음쓰고 있다.

성실하고 얌전한 외견을 보아 가지고는 상상도 할 수 없을 만큼 중심이 강하여 확고부동한 주관를 가지고 있다. 그러므로 여간해 가지고는 자신의 신념을 굽히지 아니 한다. 주장해야 할 일은 단 한 명의 처지에 놓이더라도 끝까지 주장하는 타입이다.

그처럼 강력한 중심은 믿음직스러운 반면 집단의 결속을 흐트리는 전횡으로 받아들여지는 경우가 있다. 일단 입에서 나간 말에 대하여 끝까지 집착하는 것보다 상대방을 포용하는 아량이 아주 중요할 것이다.

견실한 성격이라는 점을 감안한다면 돈을 저축할 수 있을 것 같은데, 허영과 체제상의 낭비가 많은 듯하다. 그것을 억제할 수 있으면 상당한 재산이 손에 들어오게 될 것이다.

연애는 좋은 이성을 만나게 되고 이상적인 가정을 꾸려나가게 된다. 한 자리에 꾸준히 있으면서 한 가지 일에 열중해서 성공하는 학자가 적합한 직업이다.

―――― 묘년(卯年) 인월(寅月 ; 음력 1월)생(生) ――――

　언뜻 보기에는 시원시원한 인상을 주는데 실제로는 인정이 두텁고 눈물도 많은 서민파 타입의 사람이다. 봉사정신도 강하고 남을 돌보아 주기를 잘하는 까닭에 주변 사람들로부터 호감을 사게 된다. 사귀기 쉬운 사람이란 것을 간파하게 되면 자연히 그 주변에 사람들이 모여들 것이다.

　또 찬스인지 아닌지를 정확하게 분별하는 재능은 발군이어서 가치가 있다고 생각한 것은 전력을 기울여서 손에 넣는다. 일확천금을 노리다가 성공하는 것도 이 묘년 인월생인 사람에게 많은 것 같다.

　단 무슨 일이든 시작할 때는 열심인데 싫증도 쉽게 느끼어 오래 지속하지를 못한다. 남을 돌봐 주는 것도, 또 하는 일도 최후까지 책임있게 추진하지를 못하므로, 애써 쌓아올린 신뢰관계도 자기쪽에서 무너뜨리고 마는 수가 종종 있다. 특히 유소년기에 비교적 좋은 환경에서 자라난 사람은 성질이 너무 급해서 도중하차하는 일이 더 많다.

　회사에 근무한다면 증권회사, 신문사, 출판사, 광고대리점 등 변화가 많은 직종일 경우 장기근속할 수 있다.

──── 묘년(卯年) 묘월(卯月 ; 음력 2월)생(生) ────

이 묘년 묘월생인 사람은 머리 회전이 빠르고 날카로운 감수성과 예술적 센스에 넘쳐 있는 사람이다. 고상한 인품을 갖추고 있는데, 거기에다가 대인관계까지 좋아서 누구에게나 호감을 준다. 이성으로부터는 동경의 대상이 될 것이다. 특히 손윗사람으로부터 귀여움을 받게 되며, 정신적으로도 경제적으로도 원조를 받게 되는 등 복운을 가지고 있다.

단 변덕이 있어서 한 가지 일을 오래 해나가지 못하는 것이 결점이다. 성실하게 노력하면 손윗사람의 원조를 얻어서 반드시 성공하여 이름을 떨치고 경영자로서 숱한 재산을 손에 넣을 가능성이 있는데, 집착력의 부족과 끈기가 부족되는 점이 화근이 되어, 애써 잡은 찬스를 살려나가지 못하는 경우도 종종 있다.

여성은 집안에 조용히 틀어박혀 있지 못하는 성격이므로 결혼을 한 후에도 다시 취직하기를 희망하는데 그것도 한 가지 특징이다. 로맨티스트로서 미적인 센스도 뛰어나므로 메이크업 아티스트, 브디크 경영, 콤패니언 등 화려한 직업이 적격이다.

남의 말에 민감한 반응을 일으키는 순진한 면이 있는가 하면, 생각난 일은 금방 행동으로 옮기는 활동적인 면도 가지고 있다. 또 모험심이 왕성하여 로맨티스트적인 면이 있는 반면, 조금이라도 자신을 잃으면 금방 항복해 버리는 겁쟁이적인 면도 가지고 있다.

정의감이 강하여 누구에게나 무상으로 애정을 쏟기를 아끼지 아니하는데, 그런 호인성은 외견으로는 이해하기가 여간 어려운 것이 아니다. 더구나 마음을 솔직하게 표현하지를 못한다. 그러므로 자칫 오해 받기가 쉽고, 오래 사귄 사람이어야 비로소 그 사람 됨됨이가 좋다는 것을 안다.

또 사람들 밑에서 일하기를 좋아하지 않는다. 회사 등 조직에 들어가더라도 일을 배우면 곧 뛰려는 타입이다. 능력 여하에 따라 일할 수 있는 스포츠 선수, 자유 기고가, 이벤트 프로듀서 등이 적합한 직업이라고 할 수 있다.

─── 묘년(卯年) 사월(巳月 ; 음력 4월)생(生) ───

　요염한 무드를 즐기며 독특한 섹스어필로 이성을 매료시킨다. 이 묘년 사월생 사람의 주변에는 항상 색정에 대한 소문이 그치지 않는다고 해도 과언이 아니다. 그리고 누구보다도 정열적이어서 한 번 좋아하게 되면 어떤 희생을 치르더라도 상대방에게 봉사하는 성격이 있다.

　단 신경이 너무나도 섬세하고 감수성이 강하므로 주위의 상황에 휘말리는 일이 적지 않다. 기가 약하다고 치부한다면 더 말할 것이 없겠지만, 어쨌거나 머리 회전은 빠르고 어떤 일에든지 임기응변으로 대처해 나갈 수 있는 재치의 일면도 가지고 있다.

　선천적으로 지성과 교양을 갖추고 있다 해도 좋을 정도로 이성이 풍부하며 직장에서는 상사나 선배들로부터 인정 받는 존재가 될 것이다.

　단 이 묘년 사월생의 사람에게 있어 높은 수입이 생기더라도 격한 육체노동을 강요당하는 일이라든가 도박적인 요소가 강한 일은 하지를 못한다. 교사, 공무원, 은행원, 박물관 직원, 다도가, 번역가 등 수수한 직업이 적격이다.

────── 묘년(卯年) 오월(午月 ; 음력 5월)생(生) ──────

　명랑 쾌활하고 화려한 것을 좋아하는데 사람들이 잔뜩 모이는 파티 라든가 이벤트에는 틀림없이 얼굴을 내밀 정도로 사교성이 뛰어난 성 격이다. 그러나 그것은 고독가의 반영이기도 하며 실제로는 고독에 약 한데 사람들의 틀 속에서 벗어나지 않기 위하여 그러는 것이다.

　그러므로 상대방이 마음에 들지 않더라도 그 쪽이 슬픔에 젖어 있으 면 유머가 듬뿍 섞인 이야기로 그 마음을 풀어주는 사람이 바로 이 묘 년 오월생의 사람인 것이다.

　또 정열적이며 이상을 추구하는 타입인 까닭에 때로는 도를 넘는 행 동을 하기 쉽다. 특히 연애면에서는 지나치게 자유분방하기 쉬워서 삼 각관계와 불륜으로 구렁텅이에 빠지기 쉬운 타입이다. 언제나 절도 있 는 행동, 상식적인 행동을 취하도록 마음쓸 일이다.

　시대를 앞서가는 재능이 있고 상재에 뛰어나다는 점을 고려하여 인 테리어 디자이너, 스타일리스트, 카피라이터 등의 직업을 택할 일이다. 또 성악가라든가 연주가 등 음악 관계에서도 빛을 볼 것이다.

―― 묘년(卯年) 미월(未月 ; 음력 6월)생(生) ――

착실하며 세세한 점에 이르기까지 신경을 쓰며 남을 돌보기를 좋아한다. 또 순종파로서 온화한 성격이므로 친구와 연하인 사람들로부터 존경받고 사랑도 받는다.

단 책임지는 일에는 약하여 조금이라도 책임이 요구되는 입장이 되면 몸을 빼고 회피해 버린다. 비록 일이 잘 풀려 나가다가도 뜻밖의 장해가 생기면 의심암귀(疑心暗鬼)에 사로잡히고 끝내는 뒷걸음질을 치는 등 소극적으로 돌아서는 것이 흠이라고 하겠다.

또 경계심이 강하고 신중한 것은 좋지만 결단력이 부족하여 찬스를 종종 놓치는 일이 있다. 그러므로 조직이나 팀의 톱 자리에 오르는 것보다는 넘버 투맨이나 실력자의 보좌역 자리에 앉는 것이 무난할 것이다.

임기응변적인 대응이 요구되는 직업보다 한 우물을 파는 직종인 작가, 수필가, 건축가, 도예가, 원예가, 대학교수, 도서관 사서 등이 적합한 직업이다.

무슨 일을 시키더라도 척척 해내는데 그 빠른 기전은 가히 천성적이라고 할 수 있다. 어딘지 모르게 화려한 분위기가 있으며 화술도 교묘하므로 자연히 그 주변에 사람이 모여든다.

또 보통 사람과는 비교도 안 되는 발상력으로 멋진 아이디어와 기획 등을 짜내는 것은 좋지만 지나치게 앞서 가므로 주위에서 따돌림을 당하게 되는 수도 있다. 극단적인 경우에는 단지 꿈을 좇는 몽상가가 되고 말 것이다.

결점은 마음이 변하기 쉽다는 점이다. 또 끈기가 부족되는 까닭에 여러 가지 일을 하더라도 금방 도중하차로 끝나는 경우가 많다.

이처럼 끈기가 없으면 유혹에도 약해지는 법이다. 따라서 술이나 이성의 달콤한 말에는 충분한 주의를 필요로 한다. 그렇지 않으면 인생을 망치게 될 염려가 있다.

영화, 음악, 텔리비전 등의 프로듀서, 각종 컨설턴트, 잡지 편집자, 광고 관계 등 발상력과 풍부한 사교성을 살리는 직업이 적격이다.

—— 묘년(卯年) 유월(酉月 ; 음력 8월)생(生) ——

유월생인 사람은 주위의 공기를 누그러뜨리고 부드러운 분위기를 가
지고 있으며 또 언행의 부드러움과 밝은 미소로 상대방의 마음을 사로
잡는다. 관용적인 태도와 깊은 사려는, 알고 보면 자신감이 없음을 표출
하는 것이며, 가급적 적을 만들지 않기 위하여 누구에게나 상냥하게 행
동하고 있다. 그러나 때로는 그런 자기 자신을 혐오하는 일도 있다.

또 우유부단하여 결단력이 떨어지기 때문에 주위에서 밀어주어도 찬
스를 놓치고 마는 일도 많다. 만약 적극적으로 도전하지 않으면 인생을
크게 발전시켜 나갈 수 없을 것이다.

대인관계가 좋고 남 이야기를 잘하므로 이성에게 호감을 줄 수 있다.
단 소극적인 태도와 필요 이상으로 남의 눈을 의식하기 때문에 연애로
발전하는 데는 시간이 걸릴는지도 모른다.

금융, 보험의 세일즈, 패스트 푸드라든가 훼밀리 레스토랑 등의 서비
스업, 패션 관계의 판매 등이 적합한 직업이다. 그러나 최종적으로 자기
가 결단을 내리지 않으면 안 되는 직종이라든가 포스트는 유감스런 일
이지만 적격이 아니다.

―――― 묘년(卯年) 술월(戌月 ; 음력 9월)생(生) ――――

전형적인 수동적 체질로서 주어진 일은 열심히 해낸다. 머리도 나쁘지는 않으므로 상사가 기대하는 것 이상으로 일을 해낸다. 그러나 그만한 힘이 있으면서도 스스로 자진해서 일을 하려 들지는 않으며, 분명하게 자기 주장을 하는 일도 없다.

왜 그렇게 하는 것일까? 우선 자신의 능력을 과소평가하기 때문이다. 또 자존심이 너무 강하기 때문에 실패하여 자존심을 상하게 되는 일을 심히 두려워하기 때문이다.

묘년 술월생인 사람이 크게 비약하기 위해서는 어쨌든 자기 자신에 대하여 자신감을 가질 것과 쓸데없는 허영을 버릴 일이다.

보수적인 데다가 규율을 잘 지키는 이 술월생은 애정 표현도 결코 스마트하지는 못하므로 오히려 소박성과 성실성이 상대방의 마음을 끄는 무기가 될 것이다.

샐러리맨이라면 경리 등 사무 관계, 그 밖에 공무원, 은행원, 철도관계 직종이 적합하다.

——— 묘년(卯年) 해월(亥月 ; 음력 10월)생(生) ———

선천적으로 사물에 신중하고 사려가 깊으며 일 또한 잘하므로 소중히 여김을 받는다. 그러나 자아가 강하고 자기 본위의 사고방식으로 밀어붙이려는 고집스러움이 있다. 이것이 이 해월생의 최대 결점인데, 일은 열심히 책임감을 가지고 끝까지 해낸다.

남으로부터 간섭 받기를 싫어하는 데다가 무슨 일이든 적당히 요령 있게 해내지를 못하고, 주변 사람들과 쉽게 융합하지를 못하기 때문에 따돌림을 당하는 일도 있다.

그러나 의리와 인정이 두터워서 신세진 사람을 위해 봉사하며, 남의 일을 돌보아 주기를 좋아하므로 그런 점이 알려지게 되면 누구든 사귀려고 할 것이다.

외곬으로 나가는 성격이기 때문에 생각하는 바를 모두 털어 놓는데, 마음에 있는 상대에게는 어찌된 일인지 솔직하게 털어 놓지를 못하고 짝사랑으로 끝나는 수도 있다. 그러나 격렬한 열정의 소유자이므로 표현은 비록 서툴더라도 열렬한 연애를 하게 될 것이다.

직업을 말한다면 전통적인 제조법을 지켜 오는 술이나 조미료, 직물 또는 판소리, 민요 가수 등 전통 예능 계통이 적합하다.

5. 진년(辰年 ; 용띠)생(生)

모험이라든가 낭만을 꿈꾸는 스케일 큰 인물

고대 중국의 책에 "진(辰)은 진(震)이다. 삼월(三月) 양기(陽氣)에 움직이고 뇌전(雷電)을 떨친다. 백성의 농시(農時)이며 모든 것이 살아난다……"라고 있는 것처럼 진은 대지의 양기가 활발해지는 것, 즉 지상의 모든 것의 움직임이 활발해지면서 다시 세가 강해지는 것을 나타낸다.

이것을 하루의 시간에 적용하면 아침 해가 겨우 그 빛을 더해가는 오전 7시부터 9시 사이……. 계절은 춘삼월(春三月)이다. 앞에서 예로 든 고대 중국의 책에는 3월로 되어 있지만 양력으로는 4월로 본다.

또 방위(方位)는 동남동(東南東;東)이 된다.

양춘(陽春)이라고 하면 대지에는 아지랑이가 피어오르고 수평선에는 신기루가 보인다. 지금까지 대지와 수면 밑에 숨어 있었던 양기가 드디어 밖으로 나와서 활발한 활동을 시작하는 계절이다.

이 양기와 신기루는 그 실체가 없는 것이므로 붙잡을 길이 없다. 따라서 고대 중국인들도 진년생의 사람에게 이런 이미지를 그대로 적용했었다. 즉 스케일이 큰 몽상가로서 언제나 모험과 낭만을 동경하는데, 담백하고 사물에 구애 받지 않는 대범한 성격의 사람으로 보겠다.

또 오행에서는 진을 진의 성질로 분류했으니, 축년생과 마찬가지로 태어나면서부터 대중을 매료시키는 인간적 매력을 갖추고 있다.

축이 음으로서 가정 등 애정의 세계에서 매력을 발휘하는 데 비하여 진은 양이므로 남성적인 세계, 즉 사회라든가 조직 속에서 그 매력을 발휘한다.

더구나 이 진에는 사물의 중심이라든가 하늘에 오른다는 의미도 있으며 이것을 인간에게 적용하면 회사나 조직, 단체 등의 리더가 된다는 것을 뜻하기도 한다.

그러므로 진년생인 사람은 무엇을 생각하는지 알 수 없는 것처럼 보이지만, 한 번 활약의 장을 얻게 되면 자신이 가지고 있는 힘을 충분히 발휘하여 대성공을 거두게 될 가능성을 비장하고 있는 것이다.

──── 진년(辰年) 자월(子月 ; 음력 11월)생(生) ────

정의감이 아주 강하고 항상 상대방을 긍휼히 여기는 것을 잊지 않는 자비스러운 성격이다. 평소에는 누구하고도 가볍게 대화할 수 있는 상냥한 사람으로 보이고 또 얌전하고 순종파인 사람처럼 보이지만 유사시에는 자기 자신과 동료를 지키기 위하여 분투한다.

행동을 일으키면 신념에 따라서 대담하게 돌진하며 마지막까지 책임을 지면서 노력한다. 그러나 지나칠 만큼 자기 생각에만 집착하는 까닭에 의견의 차이가 있으면 비록 친한 친구라 하더라도 용서하지를 않는다. 평소에는 순응성이 있는 밝은 성격의 사람으로 보이는 만큼 그 갭에 주위 사람들은 깜짝 놀라고 말 것이다. 항상 자성을 해야 한다.

승부를 거는 일에는 운이 없으므로 일확천금을 노리다가는 게도 구럭도 다 잃게 된다.

연애는 너무나 이상이 높다. 그러므로 결혼은 연애보다 처음부터 자기 조건에 맞는 사람을 고를 수 있는 중매 쪽이 좋을 것이다.

지식욕이 왕성하고 행동력도 있는 까닭에 신문이나 잡지 등의 기자직이 적합한 직업이다.

─────── 진년(辰年) 축월(丑月 ; 음력 12월)생(生) ───────

시행착오를 반복하며 계획하는 바를 실행으로 옮기기까지는 상당한 시간이 걸리게 되는 사람이다. 깊이 생각하는 것은 좋지만 동료가 있을 때는 그 동료를 초조하게 만든다. 그런 데다가 융통성이 부족하기 때문에 대단히 완고하다는 이미지를 준다.

그러나 막상 실행에 옮길 때가 되면 확실하게 한걸음 한걸음 걸어 올라가는데, 그 자세는 대단히 힘차고 자신감에 넘쳐 있다. 걸음걸이는 늦더라도 그 어느 누구보다도 착실하게 성장해 나가는 모습에 주위 사람들은 그저 완고한 사람만은 아니라는 것을 인정할 것임에 틀림없다.

젊었을 때에는 그 완고함이 벽이 되는 경우도 있겠지만, 나이가 들어감에 따라서 성실한 성격이 인정된다. 대기만성형의 인생을 보내는 사람이 많을 것이다.

불필요한 지출은 가급적 절제해 나가는 타입이므로 저축도 조금씩 불어나게 될 것이다. 단 교제비를 아끼면 교제 범위가 점차 좁아지게 될 것이므로 이 점은 주의해야겠다. 이성과의 교제는 화려한 것을 좋아하지 않는 상대를 고르면 잘 되어가겠다.

직업은 공무원, 경찰공무원, 대학교수 등이 적합하다.

착실한 노력가로서 도중하차를 아주 싫어한다. 그런 성격은 대인관계
에서도 나타나는데, 애매한 관계를 싫어한다. 서로의 입장을 분명하게
하지 않으면 진지하게 사귀려고 하지 않는다. 남보다 경계심이 아주 강
한 까닭에 그 누구와도 가벼이 사귀려고 하지 않는다.

형식에 구애를 받고, 무드 조성에도 서투르므로 고지식하다는 인상을
주고 말며 때로는 이성으로부터 따돌림을 받는 수도 있다. 그러나 성실
하고 예의를 중시하는 자세가 연장자로부터 귀여움을 받게 되는 요인
이 될 것이다.

단 경제관념이 희박한데도 불구하고 남에게 잘 보이기 위하여 체면
을 차린다든가, 허세를 부린다든가 하여 후회하는 일도 적지 않겠다. 효
율성이 있는 저축법을 생각할 필요가 있겠다.

하는 일도 대의명분이 있는 일을 좋아하며 공적인 입장에 서면 지니
고 있는 힘을 모두 발휘할 수가 있다. 공무원, 정치가 등이 적합한 직업
이다.

마음이 맞는 친구와 대화하기를 좋아하는 타입으로서, 얼굴을 마주하면 몇 시간이고 화제가 이어질 정도이다. 그러나 하지 않아도 좋은 말까지 입 밖에 내는 수가 많아서 문제를 일으킨다거나 남의 마음에 상처를 주는 예가 많이 있다. '입은 재앙의 근원'이란 말이, 이 진년 묘월생의 사람들을 위해서 있다고 해도 과언이 아니다.

또 아무리 중대한 문제가 일어나더라도 방심하면서 가벼이 보는 경향이 있으며 그 때문에 목적을 완수하지 못하는 수가 있다. 그리하여 몇 번씩 패배감과 좌절감을 맛보아야 할 것이다. 그러나 본디 꿈을 크게 가지고 있는 로맨티스트이기 때문에 아무리 궁지에 몰리더라도 다시 일어나는 강력한 힘을 가지고 있다.

정보 수집의 센스가 발군인 까닭에 텔리비전이나 라디오, 신문, 잡지 등 매스미디어의 일이 적격이다.

―――― 진년(辰年) 진월(辰月 ; 음력 3월)생(生) ――――

패기도 있고 재능에도 뛰어나므로 남들에게서 인정을 받게 되며 일찍부터 두각을 나타낸다. 그러나 주어진 일에 만족하지를 못하는 데다가 생각한 대로 일이 추진되어지지 않으면 자기 멋대로 행동을 해버리기 때문에 실패하는 수도 있다.

언뜻 보기에는 흐리멍덩한 인상을 주기도 하는데, 일단 일에 착수하면 믿기 어려운 힘을 발휘하는 일도 있다.

진년생 중에서도 진월생은 특히 이면성이 심하며 대담하고 적극적인가 하면, 소심하고 겁쟁이적인 면도 있다. 어제는 친절했는가 하면 오늘은 냉혹한 모습을 보이기도 하는 것이 이 진년 진월생 사람의 성격이다. 정신력을 단련하여 변화하기 쉬운 감정을 잘 컨트롤하는 것이 무엇보다도 중요하다.

예능계라든가 스포츠계, 자유기고가 등 자기 자신의 힘이 그대로 평가되는 직종이 적합하다.

―――― 진년(辰年) 사월(巳月 ; 음력 4월)생(生) ――――

대단히 억센 성품으로서 남에게 뒤지거나 남에게 고개 숙이는 것을 싫어한다. 또 시의심이 강하고 정서가 불안정해지기 쉬운 까닭에 남들과 협조하는 일은 서투르다.

겁쟁이로서 남에 대해서는 항상 경계심을 가지고 있다. 그러므로 모처럼 좋은 사람을 만나더라도 마음을 열지 않기 때문에 손해 보는 수가 있다.

그러나 사물에 대하여 깊이 생각하고, 의문이 있으면 납득할 때까지 추구하는가 하면, 시작한 일은 끝까지 밀고 나가는 끈기를 가지고 있는 고로 대인관계가 서투르더라도 상사나 선배로부터 인정을 받아서 의리로 출세를 하는 수도 있다.

그러나 재능은 그다지 있는 편이 아니고 스트레스 발산도 아주 서투르다. 그 때문에 주색에 빠져드는 사람도 있는데, 적당히 절제하지 못하면 인생을 망가뜨리고 말 것이다.

회사에 근무하는 것보다 독립을 하는 편이 좋을 것이다. 그러나 도박성이 있는 직업, 투기사업 등은 적합하지 않다. 문필가, 교육자, 정치가 등도 적합한 직종이다.

활발한 데다가 사교성도 있으므로 남에게 호감을 주는 경우가 많다. 그러나 하찮은 재능을 자랑하기 좋아하므로 쓸데없는 말을 많이 하고 감정이 선행하기 때문에 상대방에게서 반감을 산다거나 경원당하는 수도 있다. 또 남들의 감언을 가벼이 믿다가 뜻밖의 손해를 보는 수도 있으므로 주의해야 할 일이다.

어쨌든 돌아다니기를 좋아하는 성품인 까닭에 일이 끝나더라도 곧 집에 돌아가려고 하지 않으며 동료들이나 후배들을 유혹하여 술을 마시러 가거나 놀러 가곤 한다.

보스적인 기질이 있어서 기분이 좋으면 선심을 쓰며 으스대기를 잘 한다. 그러나 실제로는 마음이 약하며, 입 밖에 낸 말대로 실행이 따르지 못하는 경향이 있으며 집안에서는 잔소리가 많다. 또 지나친 조심성 때문에 쓸데없는 걱정을 하기도 한다.

이성에 대해서는 로맨티스트로서 언제까지나 이상을 추구하기 때문에 결실을 맺지 못하는 사랑을 되풀이하기가 쉽다.

투어콘닥터, 스포츠계 등이 적합한 직종이다.

—— 진년(辰年) 미월(未月 ; 음력 6월)생(生) ——

사려가 깊고 분별력이 있으며 무슨 일에든지 신중하여 결코 경솔한 행동은 하지 않는다. 그러므로 하는 일에서 실패하는 경우는 없는데, 너무 신중을 기하다가 큰 일의 찬스를 놓치고 마는 수도 있다. 젊었을 때에는 진로를 찾아 헤매다가 시행착오를 반복하는데 일단 목표가 설정되면, 지니고 있는 인내력과 향상심(向上心)으로 금방 두각을 나타낸다. 전문적인 기술을 필요로 하는 분야에서 실력을 발휘하게 될 것이다.

수수한 타입인데 배짱이 두둑한 일면도 지니고 있다. 그 때문에 남을 돌보기도 잘하는데 의기투합하면 손득에 관계없이 남을 위해서 봉사한다. 단 친구의 영향을 받기 쉬우므로 나쁜 친구에게 끌려가느냐 좋은 친구에게 끌려가느냐에 따라서 그 인생이 180도 달라지게 될 것이다.

결혼에 대한 원망이 강하며 비교적 젊었을 때에 배우자를 찾는데 감정이 딱 들어맞는 상대를 만나게 되는 것은 30대가 된 다음일 것이다.

예능 관계, 스포츠 선수 등 개성적인 직업이 적합하다.

──── 진년(辰年) 신월(申月 ; 음력 7월)생(生) ────

　선천적으로 재능이 있으므로 무슨 일이든지 수준 이상으로 척척 해
낸다. 또 발상이 유니크하여 차례로 재미있는 아이디어를 내놓는 그 재
능은 실로 대단하다.

　언뜻 보기에는 부드러운 분위기를 풍기지만 내심은 강하며 야심적인
사랑이 많다. 지위라든가 명예를 얻기 위해서는 수단과 방법을 가리지
않는 강인성이 있으며, 자기 척도대로 사물을 판단하기 쉬우므로 내 편
보다 적을 많이 만들고 만다.

　일이 순조롭게 풀려나갈 때는 좋지만 조금이라도 뒤엉키게 되면 당
신의 적들이 달려들어서 다리를 잡고 늘어질 것이다. 자기 중심적인 생
활태도를 취하면 언젠가는 보복이 닥쳐온다는 것을 각오하고 있어야
한다.

　흥청거리고 화려한 것을 좋아하기 때문에 이성관계도 화려하다.

　실업가 타입이기는 하지만 너무 젊었을 때 독립하는 것은 좋지 않다.
유니크한 발상을 살려나갈 수 있는 카피라이터, 디자이너, 방송작가,
만화가 등이 적합한 직업이다.

―――― 진년(辰年) 유월(酉月 ; 음력 8월)생(生) ――――

　부드러운 인품과 유머러스한 센스 그리고 교묘한 화술로 친구나 서
클 등에서는 항상 중심적인 존재가 된다. 상냥한 까닭에 손윗사람들로
부터 호감을 사고 회사에서도 출세가 빠른 편이다. 단 자기 주장이 강
하여 무슨 말이든지 분명히 하는 성격이기 때문에, 자신은 그럴 생각이
아니더라도 상대방의 마음에 상처를 주는 수가 흔히 있다. 상대에 따라
말을 골라서 하는 분별력이 몸에 익어지면 더욱 크게 비약하는 것도 가
능하다.

　앞일을 내다 보고 구체적인 대책을 차례로 쓰는 까닭에 업무면에서
는 확실히 실적을 올려 나간다. 그러나 자기 자신의 진보나 관계가 없
는 일에 대해서는 흥미를 가지지 않는 면도 있고 자기 주장을 너무 강
력하게 하기 때문에, 한 사람의 아이디어로 승부를 낼 수 있는 일 말고
는 적합하지가 않다.

　적합한 직업은 매스커뮤니케이션 관계, 리조트 개발사업, 이벤트 프
로듀서 등이다.

―――― 진년(辰年) 술월(戌月 ; 음력 9월)생(生) ――――

　좋아하는 상대에게는 인정도 잘 베풀지만 초대면인 사람에 대해서는 외견(外見)이라든가 감정으로 호불호를 판단하기 쉬우므로 중요한 사람과의 인연을 스스로 끊어버리는 수도 있다. 술월생인 사람은 좋은 상사와 지도자를 만나기 쉬우며, 일찌감치 운기가 열리는 까닭에 인간관계를 중시하여야 한다.

　견실한 생활방법으로 살아가는 반면 꿈과 모험을 동경한다. 일은 일대로 열심히 해나가는 한편, 꿈의 실현을 위한 준비를 착실하게 쌓아나가는 끈기도 있으므로 시간이 걸리더라도 그 꿈을 이룰 수 있을 것이다.

　결혼은 연애형이 많고, 적령기까지는 좋은 상대를 발견하게 되는데 캐리어우먼으로 불리는 사람들 속에는 이상이 높아서 평생을 독신으로 지내는 사람도 있다.

　견실한 데다가 책임감이 있으므로 상사(上司)에게 신뢰 받고 회사에서는 순조롭게 출세할 것이다. 건축가, 엔지니어, 교사, 공무원 등이 적합한 직업이다.

―――― 진년(辰年) 해월(亥月 ; 음력 10월)생(生) ――――

　정직하고 정의감이 강하며 무슨 일이든 열중하는 자세로 임하는 까
닭에 게으른 사람을 보면 잠자코 있지를 못하고 비난을 퍼붓는 수도 있
다. 또 자존심이 강하기 때문에 남들로부터 비판 받는 것을 싫어하고
남의 의견을 받아들여서 자신의 생각을 바꾸려 들지도 않는다. 그러므
로 인간관계는 엉클어지기 쉽다.

　젊었을 때는 인간관계 등을 상관치 않으며 저돌맹진형인 행동을 하
다가 고립되기 쉬운데 그 시기에 취하는 인간관계의 좋고 나쁨이 해월
생 사람에게 있어서는 후일에 큰 의미를 가지게 된다. 따라서 가급적
자제하여 좋은 인간관계를 맺도록 마음 써야 한다.

　대인관계로 좌우되는 일은 아무리 노력을 하더라도 고생만 하는 수
가 많다. 그것보다는 학자나 신제품 개발 등의 연구직이 좋을 것이다.

　결혼은 늦는 편인데 성실한 성격 탓으로 애정이 넘치는 가정을 꾸며
나가기 위하여 전력투구한다.

6. 사년(巳年 ; 뱀띠)생(生)

인간애(人間愛)가 넘치어 남에게 평안함과 따뜻함을 줌

사(巳)는 시간으로 본다면 드디어 하루의 활동이 본격적으로 시작되는 시각, 즉 오전 9시부터 오전 11시까지이며 계절은 신록이 선명해지는 4월이다. 그리고 방위는 남남동(南南東 ; 南)이다.

원래 사(巳)에는 '일어나다'라든가 '분기(奮起)하다' 등의 의미가 있었다. 즉 모든 것이 성장 발전하는 계절, 자연계(自然界)가 활발하게 움직이며 뻗어나가고 자라나는 모습을 나타내고 있었던 것이다.

그러므로 사년생(巳年生)인 사람은 탐욕스럽다고 할 만큼 향상심이 있으며 실력 이상의 것에도 도전하여 그것을 해낸다.

그 어떤 어려운 일에 직면하더라도, 그리고 커다란 저항이 있더라도 그것에 굴하지 않는 아주 강력한 정신력의 소유자이다. 그리고 사년생인 사람은 관습이라든가 전통이라는 틀 속에 사로잡히지 않는, 자유스러운 발상도 겸비하고 있다.

십이지 속에서 사(巳)와 오(午)는 화성(火性)의 질(質)을 가지고 있는데 오(午)의 양화(陽火)에 비하여 사(巳)는 음화(陰火)가 된다.

양화는 한여름의 태양과 같이 따가운 더위를 가리키는 것이며, 음화는 화롯불처럼 따스한 것으로서 사람들에게 훈훈하고 평안함을 준다.

그 때문에 사년생인 사람은 주위에 평안함과 따뜻함을 주며, 정신적으로 안정된 분위기를 천성적으로 가지고 있다.

또 애정이 많은 사람이 이 사년생에 많은 것이 특징이며, 인간애에 의해 수많은 사람들을 고뇌와 고민 속에서 구해 주어야겠다는 마음을 언제나 마음 속에 지니고 있다.

그리고 화성(火性)에는 보도, 전달, 자기 표현의 세계 등의 의미가 있으므로 문자나 음악, 회화 등을 통하여 자기 세계를 세상에 전하고 싶어하는 욕구가 있다. 그러므로 작가나 화가 등 예술가라든가 정치가가 되면 역사에 남는 작품과 업적을 남길 수 있을 것이다.

───── 사년(巳年) 자월(子月 ; 음력 11월)생(生) ─────

  두뇌가 명석하며, 행동을 일으킬 때는 먼저 계획을 면밀히 세우되 성
공률이 높은 방법을 선택한다. 자기 자신의 역량을 깊이 이해하고 있으
므로 시험을 치를 때라든가 큰 일에 착수할 때는 역량 이상의 것을 바
라지 않는다. 따라서 실패하는 경우는 거의 없다.

  대인관계가 좋은 데다가 인간관계 역시 원만하여 동료들의 평판은
좋기만 할 뿐이다. 단 자기는 자기, 남은 남이라며 선을 긋고 생각하기
때문에 친구는 많더라도 마음을 주고 받는 진짜 친구를 사귀기는 어렵
다.

  젊었을 때부터 착실한 경제관념을 가지고 있는 까닭에 생활을 해나
가는 데 어려운 점은 없다. 다소의 파란은 있다 하더라도 반드시 뛰어
넘을 수 있다.

  연애도 일찌감치 상사상애(相思相愛)하는 사람과 만날 수 있다. 환
경의 차이도 상호 노력에 의하여 해결시켜 나갈 것이다.

  성실하고 끈기있는 인품은 금융관계의 일에 적합하다.

깔끔하고 밝은 성격이다. 사물에 집착하는 일없이 남성적인 사고방식을 가지고 있다. 결단이 빠르기 때문에 상담역이 되어 주는 경우도 많고, 여성인 경우에는 두목의 기질이 많은 것 같다.

자기 자신에게 엄격한 것은 좋지만 결벽한 성격 때문에 남에게도 그렇게 되기를 요구한다. 복잡하고 석연치 않은 감정을 제대로 이해하지 못하기 때문에 때로는 친구의 고민되는 일을 듣더라도 돌보지 않는 경우가 많다. 온순하고 따뜻한 마음의 소유자이지만, 자기와 남을 반드시 생각하는 바가 똑같지 않다는 것을 머리 속에 넣어둘 필요가 있다.

금전에 대해서는 담백한데 호주머니가 텅텅 비어서 곤경을 치르게 되는 예는 없고 만년이 되어감에 따라서 안락한 생활을 할 수가 있다.

연애는 열정적인데 중요한 찬스를 놓치고 마는 수가 많으며 결혼과 연결되는 것은 역시 중매이다.

행동력이 있는 데다가 마음 바닥에는 따뜻함이 깔려 있다는 점에서 국민학교의 선생님, 보모 등이 적합한 직업이다.

―――― 사년(巳年) 인월(寅月 ; 음력 1월)생(生) ――――

　머리 회전이 빠르고 사물을 척척 처리해 나가는 활동가이다. 무엇인
가를 선택할 때도 이것 저것 궁리하지 않으며 그때의 기분에 따라서 시
원하게 결정하는 타입이다. 그러므로 리더가 되어 조직이나 사람들을
움직이는 데는 아주 적임자이다.

　단 한 가지 사물을 여러 가지의 시점에서 볼 줄 모르는 까닭에 왕왕
치우친 생각에 빠져들게 마련이다. 폭넓은 아이디어를 가진 보좌역 혹
은 무슨 일이든지 상담할 수 있는 선배를 갖는 것이 대성할 수 있는 비
결이라고 하겠다.

　그런데 자신의 일에 대해서는 너무나 신중한 까닭에 조금도 전진하
지를 못하는 것이 난점이다. 특히 연애면에서는 늦되는 경향이 있어서
마음을 털어 놓기까지는 시간이 많이 걸리므로 기회를 놓치고 마는 수
도 있다.

　이 사년 인월생인 사람은 색채 감각이 뛰어나므로 그래픽 디자이너,
스타일리스트, 인쇄업 등의 직업에 적합하다.

—— 사년(巳年) 묘월(卯月 ; 음력 2월)생(生) ——

　로맨티스트로서 분위기 조성을 하는 데 뛰어난 점은 천하일품이다. 파티라든가 회식, 연회 등의 간사를 시키면 누구나 다 만족할 만큼 진행해 나갈 것이다. 평소에도 자기 주변 사람들이 평안한 마음을 갖도록 노력하며 자신이 희생을 해서라도 접대에 힘을 기울이는 면이 있다.

　단 그러한 서비스 정신이 그 누구에게든 상관없이 발휘되기 때문에 전연 생각지도 않았던 이성으로부터 '나에게 마음이 있는 것이 아닐까'라는 오해를 받기도 한다. 업무나 특별한 교제 이외인 때는 그처럼 상냥스런 대응은 억제하도록 마음써야겠다.

　그러나 장본인인 경우, 이성에 대한 이상은 아주 높으며, 특히 외견에 신경을 많이 쓰는 편이다. 호불호가 너무 뚜렷한데 상성이 좋은 상대를 만나더라도 '이 사람도 좋지만 그 사람도 좋아'라는 식으로 결정을 내리지 못한다. 변덕스러운 면도 있으므로 마땅한 사람을 놓치지 않는다는 보장도 없다.

　직업으로는 아나운서, 배우 등이 좋다.

─── 사년(巳年) 진월(辰月 ; 음력 3월)생(生) ───

성미가 급하고 경솔한 면이 있는데 일을 열심히 하고 또 무슨 일에든 지 성실하게 임하므로 손윗사람들로부터 신용을 얻고 출세 코스를 달리게 된다. 발상도 전향적이며, 건설적이다.

더구나 연구에 열심인 면도 있고 이해관계를 잘 조정하는 테크닉도 있으므로 한 가지 사업을 이루어 나가는 자질을 충분히 갖추고 있다 하겠다.

단 자존심이 강하고 일이 잘 풀려나가면 으스대는 경향이 있다. 그런가 하면 듣기에 거북스런 신랄한 말도 가끔 하는 까닭에 남들의 마음에 상처를 주는 경우도 적지 않다. 말이 많은 것은 버릇이므로 고치기가 어렵다손 치더라도 할 말인지 아닌지를 구별하는 조심성이 꼭 있어야겠다.

한편 진월생인 사람에게는 알코올을 좋아하는 사람이 많다는 것이 특징이다. 이상과 현실의 차이 때문에 스트레스를 많이 받게 되는데 이런 때에는 아무래도 술의 힘을 빌리고 싶은 것이리라.

남녀 공히 주거지나 일자리를 전전하는 수가 있으며 결혼도 만혼이 되기 쉽다.

원예라든가 토목 건축 관계 외에 수퍼마켓이나 식당 등 대중을 상대로 하는 장사가 적합한 직업이다.

—— 사년(巳年) 사월(巳月 ; 음력 4월)생(生) ——

화려한 면은 없지만 표현하기 어려운 포근함으로 주위에 평안함과 안정감을 준다. 비범한 재능을 비장하고 있으며 탐욕스러울 만큼 향상심을 가지고 있는 데다가 치밀한 계획성 그리고 끈질긴 면도 가지고 있다. 따라서 한 가지 일에 철저하면 큰 업적도 올릴 수 있을 것이다.

그러나 강한 자존심과 지기 싫어하는 면이 인간관계에 영향을 끼치고, 뜻밖의 적을 만들며, 그 때문에 그만 도중에서 좌절할는지도 모른다. 자기 억제에 노력하고 주위 사람과 협조토록 마음쓰지 않으면 생각한 대로 일이 발전되지 않을 것이다.

두뇌가 명석하고 감수성도 풍부하므로, 자신감을 가지되 겸허함을 몸에 익히고 지성과 교양을 닦아나가면 사람들로부터 존경받게 되고 높은 평가도 얻게 될 것이다.

이성과의 문제는 우여곡절을 겪겠지만 성실한 애정의 소유자인 만큼 최후에는 행복한 결혼에 골인할 수가 있다.

직업으로는 화가, 음악가, 작가, 정치가 등이 적합하다.

─── 사년(巳年) 오월(午月 ; 음력 5월)생(生) ───

지기 싫어하는 성격이기 때문에 일단 행동을 일으키면 투쟁심을 발휘하며 힘껏 노력한다. 그러나 출발은 좋지만 끈기가 모자라는 결점이 있어서 성취 직전에 그만 좌절하고 만다.

호기심이 왕성하여 여러 가지 일에 흥미를 나타내는 것은 나쁜 일이 아니다. 그러나 안이하게 손을 대고 도중에 팽개치는 일을 반복하다가는 성공을 거둘 수가 없다. 신중히 생각하면서 나아갈 길을 정하는 것이 좋다.

얌전하고 순진한 면이 있어서, 사랑을 베풀어 주는 상대방을 완전히 신용하다가 속아 넘어가는 수도 있으므로, 사람을 꿰뚫어 보는 눈을 길러야 하겠다. 또 다소 변덕스럽고 정열적이기 때문에 이성문제로 트러블을 일으키는 사람도 적지 아니 하다. 그 때문에 대성할 운기를 망치는 일도 있으니 자제하도록 마음쓸 일이다.

정치나 종교가, 평론가 등 대중을 리드하는 직업이 적격이다.

───── 사년(巳年) 미월(未月 ; 음력 6월)생(生) ─────

외견(外見)으로는 온순하고 느긋한 인상을 주지만 남을 위해서 하
는 배려(配慮)는 대단하여, 한 번 만난 사람이면 누구나 마음이 이끌
리게 된다. 다른 사람과의 관계를 대단히 소중하게 생각하며 이해관계
를 떠나서 교제하는 까닭에 그 인간관계가 두고 두고 인생의 귀중한 보
물이 될 것이다.

재치가 있지는 못하지만 타고난 인내력을 바탕으로 하여 꾸준히 노
력하므로 견실한 인생을 보낼 것임에 틀림없다. 꿈과 낭만 등 막연한
것은 자신의 인생에 끌어들이지 않으면서, 현실주의적인 생활방법을
따른다.

두루 마음을 쓰고 또 동정심도 많기 때문에 이성으로부터도 환영을
받는다. 결혼을 하면 남성은 가족의 행복을 지키는 남편이 되며, 좋은
아버지가 된다. 여성은 현모양처의 타입으로서 자녀에 대해서는 과보
호(過保護)의 어머니가 될 것이다.

공무원, 은행원, 교사 그리고 농업이나 축산업 등이 적합한 직업이
다.

───── 사년(巳年) 신월(申月 ; 음력 7월)생(生) ─────

　기민한 행동력과 탁월한 지도력을 가지고 있다. 그 위에다가 사교성이 뛰어나고 선견지명이 있으므로 착실하게 노력하면 대성할 운세인데 이것 저것에 손을 대면 도중하차하는 일을 반복하기 쉽다.

　또 남을 돌봐주기 좋아하고 빈틈이 없다는 점에서 상사나 유력자의 눈에도 들게 마련이다. 그러나 그런 점을 기회로 하여 으스대다가는 도리어 신용을 떨어뜨리고 만다.

　교제 범위는 넓은데 그것은 겉으로만의 교제이며 더구나 그 날의 기분에 따라서 변하기 때문에 친밀한 관계를 만들어 나갈 수가 없다. 그러므로 곤경에 처했을 때는 도와주는 친구가 없어서 비극을 맞게 된다. 평소부터 자신의 재능을 과시하지 말고, 상대방의 입장을 존중하는 태도를 취하도록 마음쓰는 것이 무엇보다도 중요하다.

　이성문제를 포함한 인간관계의 트러블이 많은데 그것은 술좌석에서 일어나기 쉬우니, 비록 술을 마시더라도 마시지 않는 양 행동할 일이다.

　증권 관계기관, 영업이나 세일즈, 매스커뮤니케이션 광고 관계 직종이 적격이다.

―――― 사년(巳年) 유월(酉月 ; 음력 8월)생(生) ――――

　금전감각이 발달되어 있는 사람으로서 손해를 보는 일에는 절대로 손을 대지 않는다. 돈이 떨어지면 기분이 침체되는 경향이 있기 때문에, 지갑을 단단히 닫고 단돈 10원도 소홀히 쓰지 않는다.

　남을 돌보기 좋아하는데, 지금 은혜를 베풀어 두면 장차 도움이 될 것이라며 주판을 튕기고 있다. 그러므로 이용가치가 없으면 남에게 도움을 주는 일이 없다.

　이렇게 설명하면 대단히 교활한 사람 같겠지만, 유머도 있고 임기응변의 화술도 있으므로 미워할 수가 없다. 머리 좋은 점을 득의로 하는데 그야 어쨌거나 내 편을 만들어 놓는다면 든든한 존재가 될 것이다.

　연애는 납득시킬 때까지의 과정을 즐긴다는 경향이 있으며, 연애와 결혼은 전혀 별개의 것이라고 주장하는 것이 이 사년 유월생인 사람의 특징이라고 할 수 있다.

　적합한 직업으로는 실업가, 금융관계, 회계, 경리사무 방면 그리고 소매업도 좋을 것이다.

―――― 사년(巳年) 술월(戌月 ; 음력 9월)생(生) ――――

정직하고 착실한 성격이다. 눌변(訥辯)으로서 겉치레 인사도 제대로 하지 못한다. 무엇인가 이야기를 하려고 해도 앞뒤가 안 맞는 말을 지껄일 뿐이다. 또 내성적이어서 교제는 서투르다.

그런데 자기가 이렇다고 믿는 일은, 누가 뭐라고 하든 간에 자기 주장을 굽히지 않는 고집을 가지고 있다. 자신의 세계를 중요시하는 결과 어느 날 갑자기 주위 사람들이 기절할 정도의 일을 저지르는 경우도 적지 아니 하다. 한 마디로 말해서 옛날의 공장(工匠) 기질을 가지고 있다고나 할까…….

언뜻 보기에는 인생을 잘못 사는 소처럼 보인다. 놀이에는 아주 뛰어난 소질을 보이고……. 예컨대 혼자서 술을 마시러 가기도 하는데 악한으로 보일 만큼 호스티스를 꾀는 화술은 대단한 능변이다. 그러나 생활 자체를 놀이의 희생으로까지 삼는 일은 없다.

적합한 직업은 기술자, 인쇄관계, 경비원, 건축관계, 사회사업가 등이다.

공명정대하고 정의감이 강하기 때문에 옳지 않다고 생각되면 비록 상대방이 상사라 하더라도 대드는 성격이다. 더구나 의리가 두텁고 인정이 많은 임협(任俠) 정신의 소유자인 까닭에 회사 등에서 사건이 일어나면 자신의 이해에 관계없이 약자의 편에 서는 강직한 면도 있다. 그러므로 부하들로부터 사랑을 받게 된다.

이러한 직정경행(直情徑行)의 성격은 자칫 주위 사람들과 마찰을 일으키기 쉽다. 또 쓸데없는 말을 많이 하기 때문에 적을 만들기 쉬운 것도 난점이다. 가급적 자기 주장을 억제하고 원활한 인간관계를 쌓아 나가도록 노력하지 않으면 결과적으로 큰 손해를 보게 될 것이다.

노력을 아끼지 않고 정열적으로 행동하는 장점을 살려 나가기 위해서도 컨트롤을 잘해 주는 파트너가 필요하다. 연애도 일방통행이 되기 쉬우므로 상대방의 진심을 추찰하는 여유를 가져야 하겠다.

변호사나 검사, 정치가, 교육자, 종교가 등이 적합한 직업이다.

7. 오년(午年 ; 말띠)생(生)

인생에 대하여 적극적이고 대중을 리드하는 타입

오(午)도 사(巳)와 마찬가지로 남쪽에 위치하며 하루의 시간에 적용하면 한낮[오전 11시부터 오후 1시까지]으로서 계절은 초여름인 5월이다.

식물이 쑥쑥 자라나고 그 생장에 필요한 태양빛도 1년 중, 그리고 하루 가운데 제일 성(盛)한 시기, 시간대를 나타내고 있다. 물론 태양의 빛이 제일 강하지는 않으며 방위는 정남(正南)이다.

이 남쪽 방위에는 자녀의 장소라는 의미가 있으며 그 때문에 오년생(午年生)인 사람은 숨기지를 못한다, 비밀을 가지지 못한다는 성격을 가지게 된다.

좋게 말한다면, 개방적이어서 어떤 사람과도 교제할 수 있으므로 친구를 많이 가지게 된다.

또 오(午)는 양(陽)의 기질을 가지고 있기 때문에 활발하고 행동력이 넘치며 남에게 뒤지는 것을 무척 싫어하는 즉 승벽을 가지고 있다. 그것은 마치 내리 쪼이는 태양빛과 같은데, 어쨌든 인생을 살아나가는 데 적극적이다.

오행으로 볼 때 오(午)는 사(巳)와 마찬가지로 화성(火性)이며 전달본능에 속해 있다. 더욱이 양(陽)의 기(氣)이므로 표현에 의한 선동, 혹은 광보(廣報) 활동의 우수성이라는 성격도 갖추고 있다.

그 때문에 오년생(午年生)인 사람에게 적합한 것은 많은 사람들을 리드하며 한 방향으로 이끄는 일일 것이다. 예컨대 혁명가라 하더라도 그저 이론을 내세우는 것이 아니라 스스로 선두에 서서 실제의 행동을 통하여 대중을 지도해 나가는 타입이다.

그러나 표현에 의한 선동에는 '시끄럽다, 성급하다'는 의미도 포함되어 있다. 그 때문에 상황을 잘 파악하지 않은 채, 주위 사람들을 모으고 그저 시끄럽게 떠들다 말 경우도 있을 수 있다.

머리 회전이 아주 빠르고 세세한 일에까지 신경을 쓴다. 사교성도 있어서 좋은데 사람들이 없는 곳에서는 안심을 하지 못하는 겁쟁이 기질도 있다.

언제나 성급하게 돌아다니기 때문에 수선스럽다는 느낌을 주기도 하는데 원래는 사려가 깊어서 큰 실수나 실패는 하지 않는다.

사람들 위에 서서 일할 기질을 가지고 있으며 톱의 자리에 오를 찬스도 있는데, 다소 욕심이 많은 면도 있고 그것이 겉으로 노출되면 신용을 잃게 될 것이니 주의해야 한다.

돈을 모으는 것이 첫번째의 실적이라고 생각하는 경향이 있으므로 평생 동안 견실하여 생활에 곤란을 겪는 일은 없을 것이다. 단 재산 증식에는 서투른 사람이다.

이성으로부터의 유혹에 약하여 감정에 흐르면 트러블에 말려들게 되기 쉬우니 독단적으로 하는 행동은 피하고 결혼 등의 문제는 신뢰할 만한 사람과 상담할 일이다.

언제나 성적이 1등이 되도록 노력하는 까닭에 영업 등이 적합한 직업이라고 할 수 있다.

——— 오년(午年) 축월(丑月 ; 음력 12월)생(生) ———

인내력이 있으며 한 번 손을 댄 일은 최후까지 해내는 강한 의지력도 갖추고 있다. 그런가 하면 책임감도 강하여 주변 사람들로부터 인정을 받는 존재이다.

믿을 만한 사람이라는 인상을 주며 무슨 일이든지 털어 놓을 수 있는 친구를 가지고 있다. 그러나 그 대신 친구를 많이 사귀지는 않는다. 융통성이 없는 면이 있기 때문에 임기응변에 대응하지 못하여 인정이 박한 사람이라는 인상도 준다.

사교성이 모자라지만 원래는 활발한 성격이므로 한사람 한사람과 가급적 오래 교제하면 내 편을 늘려 나갈 수 있겠다.

평소부터 저축에 마음을 쓰고 있기 때문에 정해 놓은 목표액을 하회하는 일은 없다. 축재 대상으로는 부동산이 좋다.

연애의 찬스는 많은데, 그 성격이 온화하고 부드러워서인지 중매도 많이 들어오겠다.

책임감이 강하고 인내력도 있으므로 의사, 간호사 등을 원하게 될 것이다.

—— 오년(午年) 인월(寅月 ; 음력 1월)생(生) ——

　자존심이 강하고 남에게 지기 싫어하는 성격이므로 주위 사람들과
동조하기를 거부하며 고독한 생활을 택한다. 그렇게 하면 안 되겠다고
생각하면서도 주변 사람과 일치되지 않는 의견을 털어놓지 않으면 직
성이 안 풀린다고 편굴(偏屈)된 생각을 하고 있다.

　더구나 한 번 생각을 정해 버린 연후에는 주위 사람들의 의견에 귀를
기울이지 않고 독주해 버린다. 반감을 사는 경우도 종종 있는 까닭에
적(敵)을 만들기 쉬운 타입이라고 할 수 있겠다.

　그러나 일찍부터 주도권을 잡고 활약한다는 운세이므로 그처럼 독주
하는 행동에 주의하면 승진과 축재의 찬스를 잡을 수 있다.

　또 연애에 있어서도 상대방의 기분은 고려하지 않고 자기 기분대로
밀어붙이는 경향이 있다. 너무 세세한 점에 구애받는 것은 좋지 않지만
상대방의 기분을 고려하는 마음가짐이 필요하다.

　피아니스트, 배우, 가수 등이 적합한 직업이다.

─────── 오년(午年) 묘월(卯月 ; 음력 2월)생(生) ───────

끈기가 모자라며 이마에 땀을 흘리는 일은 잘 하지 못한다. 장래의
목표를 향하여 하루하루 꾸준히 노력하는 스타일은 아니다. 나이가 들
어도 내일의 일보다는 오늘을 즐겁게 보내면 된다는 식의 찰나적 사고
방식을 하는 경향이 있다.

남에 대해서는 밝게 대해 주고 최대한으로 신경도 써 주지만, 가족에
대해서는 감정을 노출시키고 자기 마음대로 대하는 등 어디까지나 자
기 본위이다. 악의는 아니겠지만 표리(表裏)가 있는 성격으로 보이기
쉬우므로 신뢰를 얻기 힘드니 주의를 해야겠다.

또 동성보다는 이성과 자연스럽게 교제를 한다. 놀이 친구든, 고민을
상담하는 친구든 어찌된 일인지 이성 쪽이 많은 것이 바로 이 오년 묘
월생 사람들의 특징이다. 그것은 동성에 대하여 왠지 쌀쌀하게 대하고
이해해 주지 않으려고 하기 때문일 것이다.

부동산업, 레저 시설 경영 등 다소 투기성이 있는 직업이 적합하다.
재산을 남겨 주려는 생각을 한다면 나름대로 성공도 거둘 수 있겠다.

178

―――― 오년(午年) 진월(辰月 ; 음력 3월)생(生) ――――

　모험심이 왕성하고 항상 높은 이상을 품고 있다. 또 자존심이 강하며 승부욕이 강하여 남에게 지기를 싫어한다. 그런 까닭에 그러한 성격이 좋은 방향으로 발휘되면 뜻하지 않았던 큰 사업을 달성할 수도 있다.

　그러나 자칫하면 자기 중심적인 사고방식이라든가 자기 멋대로의 태도를 취하기 쉬워서 일단 자기 입에서 나온 말은 무조건 최후까지 관철시키고자 한다. 특히 호불호(好不好)의 감정을 분명하게 얼굴이나 태도에 나타내거나, 상대를 가리지 않고 대들기를 잘하므로 주위에서 오해를 받거나 신뢰를 잃는 수가 있다. 특히 여성에게 그런 방향이 많을 것으로 생각된다.

　본래는 개방적이고 교제성도 좋은 까닭에 사람을 매료시키는 매력을 가지고 있다. 그러므로 자제심을 기르고 상대방에게 동정하는 자세를 키워나간다면 리더가 되어 사람들 위에 설 수도 있을 것이다.

　사람들 밑에서 일하는 것을 좋아하지 않으며, 일정한 틀 속에 속박당하는 것도 참지 못하는 타입이므로 능력에 따라 활약할 수 있는 예능계라든가 프로 스포츠 세계가 활동하는 데 적합한 세계이리라.

—— 오년(午年) 사월(巳月 ; 음력 4월)생(生) ——

　표면은 부드럽고 대인관계도 좋아서 부드러운 분위기를 가지고 있으며 남들을 평안하게 해 준다. 탐욕스러운 향상심과 행동력이 있으며 일단 목표를 정하면 어떤 일이 있어도 굴하지 않고 이루어내는 그 파이팅과 정열은 가히 일품이라 하겠다.

　또 온화한 외관에 어울리지 않을 만큼 그 내면에는 격렬한 투쟁심을 비장하고 있는데, 목적을 위해서는 수단을 가리지 않는 행동을 취하므로 남들로부터 경원당하기 쉽다.

　본질적으로는 비범한 재능이 있으므로 자신을 이끌어 주는 사람, 원조해 주는 사람을 만나게 되면 그 재능을 크게 발휘하여 대성공을 거둘 수 있을 것이다.

　남들에게 잘 보이기 위하여 허세를 부리려고 하는 까닭에 생활도 화려해지기 쉽다. 그러므로 수입이 있어도 지출이 많으며 저축이나 축재하고는 인연이 그다지 없다 하겠다.

　신경이 날카롭고 감수성이 예민하며, 거기에다가 자존심도 높기 때문에 회사에 근무하기보다 자유업, 특히 지적인 직업을 택하면 가지고 있는 재능을 충분히 발휘할 수 있을 것이다.

—— 오년(午年) 오월(午月 ; 음력 5월)생(生) ——

개방적으로 남들과 교제를 잘하되 항상 흉금을 터놓고 대하므로 친구들이 많다. 행동력이 넘치고 활발하며 남에게 지기 싫어하는 성품이다. 또 활발한 성격으로서, 인생을 적극적으로 살아가는 타입이므로 그 생활은 화려해지기 쉽다.

단 숨기기를 싫어하는 성격 탓에 무슨 일에든지 비밀을 지켜내지 못한다. 그 때문에 진심으로 신용할 수 없다는 인상을 남에게 줌으로써 동료나 부하에게서 존경을 받지 못하게 되고, 가정적으로 불우하게 되는 등 고독한 인생을 보내는 경향이 있다.

정열가로서 항상 변덕이 심한 고로 이성 관계로 문제를 일으키기 쉽다. 그 결과 대성(大成)을, 운기(運氣)를 놓치게 될는지도 모르니 인내력을 기르고 자제하도록 마음 쓸 일이다.

감이 예민하고 독창성도 있으므로 창조적인 분야에서 일을 하는 것이 좋다. 매스미디어 관계, 일러스트레이터, 디자이너 외에 예능계도 좋다.

────── 오년(午年) 미월(未月 ; 음력 6월)생(生) ──────

　외견(外見)과는 달리 중심이 아주 강하므로 일단 결정한 일은 요지 부동이다. 어떤 의미에서는 융통성이 없는 타입이 많은 것이 이 오년 미월생인 사람의 특징이다.

　오년생답지 않게 인내력이 강한 타입이며 어떤 일을 착수하면 꾸준히 일을 해나간다. 그러나 스피드가 요구되는 일은 아주 서투르다.

　그러므로 재치있게 세상을 살아나가지는 못한다. 이 일 저 일에 손을 대지 말고 한 가지 일에 열중하면 큰 실적을 남길 수 있을 것이다.

　온화하며 남의 일을 돌보기 좋아하는 성격으로서 남을 의심하는 일도 없으므로 일단 마음의 문을 연 상대에게는 성심성의껏 봉사한다. 남의 곤경을 보면 참지 못하는 성격이므로 주위 사람들로부터 크게 신뢰를 받는다. 단점이 있다면 우유부단하여 결단력이 모자란다는 점이다. 그 때문에 모처럼 찾아온 기회를 놓치는 일도 적지 아니 하다.

　착실히 노력하는 타입이므로 학자라든가 의사, 교육가, 기술자 등이 적합한 직업이다.

―――― 오년(午年) 신월(申月 ; 음력 7월)생(生) ――――

　머리 회전이 빠른 데다가 구변이 좋고 더구나 행동의 민첩성은 가히
발군이다. 단 싫증을 잘 내고 변덕스러운 면이 있어서 무슨 일이든 오
래 지속해 나가지 못하는 경향이 있다.

　또 자신이 무엇이든지 척척 해낼 수 있으므로 자신의 스피드를 따라
오지 못하는 사람을 이해해 주지 못한다. 즉 수수한 노력을 우습게 여
기며 바보 취급하는 것이다. 이렇게 되면 소인배적으로 작은 이익을 챙
길 수 있지만 대성할 수는 없다.

　처세도 교묘하게 하고 거기에다가 애교도 있으므로 교제의 폭은 넓
다. 그러나 그만 호언장담을 하다가 남들로부터 미움을 사기 쉽다.

　이성에 대한 관심도 강하고 색정(色情)에 빠지기 쉬우므로 자칫 애
정문제 때문에 장래를 망치는 일도 있으니 주의를 요한다.

　변덕스런 결점만 고치면 선견지명도 있고 사업운도 강하니까 실업가
로서 성공을 거둘 것이다. 또 세일즈맨에 아주 적합한 성격이다.

───── 오년(午年) 유월(酉月 ; 음력 8월)생(生) ─────

　생각하는 것보다는 먼저 행동이 앞서는 사람이 많은 오년생 중에서 이 유월생인 사람은 그 행동이 계획적이고 착실하여 낭비가 없다.

　밝고 개방적이며 사교성도 뛰어나다. 그런데다가 태도가 부드럽고 남을 위한 배려도 지극하므로, 어떤 모임에서도 자연히 중심적 존재가 될 것이다.

　단 재치가 있는 반면 성급하게 서두르기 쉬우므로 주변 사람들이 볼 때 경솔하다는 평을 하기 쉽다. 그런가 하면 남을 내려다 보는 버릇 때문에 인망(人望)을 잃기 쉬우니 조심하여야 한다.

　증권 따위의 투기에 손을 대면 뜻하지 않은 실패가 따른다. 일확천금은 꿈도 꾸지 말고 인간관계를 소중히 하여 표면적인 화려함에 흐르지 않고 착실하게 생활을 해나가면 일시적인 경제적 괴로움이 있다 하더라도 만년에는 남들이 부러워할 정도로 행복하게 살아갈 수 있으리라.

　착실하다는 면에서 금융기관의 직종이 적합하다. 또 대인관계가 좋으므로 서비스업도 적격이다.

──── 오년(午年) 술월(戌月 ; 음력 9월)생(生) ────

　개방적이고 대인관계가 좋은데, 자기가 일단 마음을 허락하고 신뢰한 상대에게는 평생을 두고 변치 않는 우정으로 대한다. 결코 배신하는 일이 없는 것이다. 또 부담감을 주지 않는 그 밝은 표정은 누구에게서도 호감을 사게 된다.

　그 반면 완고하고 융통성이 없는 면도 있으며, 사소한 일에서도 자신의 의견을 따르지 않으면 화를 내며 난폭하게 구는 일이 있다. 특히 알코올이 들어가면 그러한 경향이 강해지므로 자중을 요한다.

　때로 폭발하기 쉬운 감정을 억제할 수만 있다면, 책임감이 강하여 주어진 일을 헌신적으로 해내기 때문에 상사의 신뢰를 얻게 될 것이다. 그리고 상사의 지원을 얻어 출세의 길을 달리게 될 것이다.

　남녀 공히 금전감각은 다소 뒤지는 편이며 낭비하는 버릇이 있다는 점이 신경에 걸린다. 적합한 직업은 책임감과 충성심을 살려나갈 수 있는 경찰관이라든가 공무원, 교사 등이다.

―――― 오년(午年) 해월(亥月 ; 음력 10월)생(生) ――――

밝고 상냥한 성품의 소유자로서 남의 일을 돌보기 좋아하는 면도 가지고 있다. 또 남에게 뒤지기 싫어하는 성미여서 목적을 달성하기 위해서는 아무리 어려운 일이 있더라도 밀고 나가는, 강인한 신념과 의지를 가지고 있다.

그러나 남에게 애교부리거나 남의 비위를 맞추는 일 등에는 소질이 없어서 인간관계를 망가뜨린다거나 오해를 받는 일도 있다. 신념과 의지가 강한 것은 좋지만 남의 의견을 솔직하게 들어주는 귀를 가지지 않으면 고립당하여 실패로 끝나게 되는 수도 있을 것이다.

외견으로는 강인한 것처럼 보이지만 하찮은 일로 인하여 자신감을 잃는다든가 고민하는 일도 있다. 유사시에는 의지할 수 있는 사람을 만들어 두는 일이 무엇보다도 중요하다.

일에 대해서는 의욕적이어서 실로 잘 해낸다. 어떤 분야에서도 나름대로 힘을 발휘하는데 자기가 선두에 서서 깃발을 흔들어야 하는 위치에 놓이면 앞뒤 생각하지 않고 열심히 일을 한다. 그러므로 실업가, 정치가가 적격이다.

8. 미년(未年 ; 양띠)생(生)

인내력이 발군(拔群)이고 이면(裏面)에서 힘을 발휘함

미(未)라는 글자에는 '아직~없다'는 의미가 있는 것처럼 행동을 일으키기 전 잠시 쉰다는 내용이 담겨져 있다. 계절로 본다면 한여름철인 6월로서 식물은 완전히 생장하고 드디어 열매를 맺으려는 때이다. 하루의 시간으로 본다면 오후 1시에서부터 오후 3시까지의 점심시간 후인 휴식의 한때이고, 방위는 남남서(南南西 ; 南)쪽이다.

그러나 열매를 맺으려는 계절은 수확의 기대와 함께, 태풍이 혹 불어오지 않을까, 벌레는 먹지 않을까, 물이 부족되지는 않을까 하여 여러 가지로 불안과 걱정이 따르는 시기이기도 하다.

그리고 잡초 제거와 방충대책, 귀중한 물의 관리 등 매일매일을 그야말로 땀투성이가 되어 일을 하지 않으면 안 된다.

그러므로 미년생인 사람에게는 그처럼 방심은 금물인, 견실한 행동력과 인내력이 천성적으로 갖추어져 있는 것이다.

대인관계가 부드러운 외견만 보아가지고는 상상도 할 수 없을 만큼 그 중심이 강하므로 보좌역이나 참모역, 혹은 인생의 안내역 등 이른바 이면적(裏面的)인 역할과 업무에 적합하다.

한편 미(未)는 축(丑)과 마찬가지로 음(陰)의 기(氣)와 토성(土性)의 질을 가지고 있다. 축과 다른 점은 방위뿐으로서 축이 북(北)에 위치하는 데 비하여 미(未)는 남(南)에 위치하고 있다.

그러므로 미는 축과 마찬가지로 매력의 세계에 살며 또 여성적, 가정적인 인간의 매력을 발휘하는데 미년생이 가지는 매력에는 집단에서의 놀이라든가 제사, 축제 등의 의미도 포함하고 있다.

결론적으로 말할 수 있는 것은 미년생인 사람은 그 표면은 온순하지만 속에 비장하고 있는 강한 중심은 상당하다. 또 여유를 부리면서도 주위의 모든 것에 대하여 주도면밀한 배려를 잊지 않는다. 그리고 세상 움직임을 예견하는 재능도 가지고 있다.

──── 미년(未年) 자월(子月 ; 음력 11월)생(生) ────

인정이 두텁고 온순한 성격이다. 자기를 의지하는 사람이 있으면 그 사람을 위해서 끝까지 노력해 준다. 언제나 남을 위하여 동분서주하는데, 바로 그 점이 여러 사람들로부터 호감을 사게 된다.

그 때문에 폭넓은 인맥을 가지며 원래 가지고 있는 재능을 발휘할 수 있는 찬스를 얻게 된다. 인내력도 어느 정도 있는 편이어서 한 군데에서 꾸준히 일을 한다면 누구나 모두 부러워하는 엘리트 코스를 밟게 될 것이다.

다소 자신감이 붙게 되면 으스대는 경향이 있으므로 문제가 되는데 어디까지나 겸허한 자세를 무너뜨리지 않도록 신경을 써야 한다.

겉으로 보기에는 그렇지 않은데 허세를 부리는 면이 있으며, 수입이 있어도 낭비하기 때문에 재산이 남아 있지를 않는다. 그러나 축재에는 다소 재능이 있어서 견실한 이식(利殖)을 고려하면 재산 증식의 기회가 없는 것도 아니다. 연애는 열중하는 날에는 맹목적인 행동으로 치닫기 쉽다.

날카로운 감(感)과 부드러운 마음씨는 접객업에 적합하다. 여성이라면 스튜어디스가 안성맞춤이다.

────── 미년(未年) 축월(丑月 ; 음력 12월)생(生) ──────

인정이 많아서 남의 일을 돌보아 주기를 좋아한다. 그런데다가 극히 상식적이어서 의리를 배반하는 일은 없다. 동정심이 많은 성품으로서 친구들 사이에서도 팬이 아주 많은 인기인이다. 또 착실한 노력가이기도 하다.

자립심도 왕성하여 일찍부터 부모의 슬하를 떠나는 사람도 많을 것이다. 그러나 심신이 공히 자립하고 있다는 점 때문에 동료·친구들로부터는 협조성이 모자라는 고집쟁이로 보이는 수도 있을 것이다.

따뜻한 마음의 소유자이므로 더욱 마음을 크게 가지고 상대방을 포용하는 태도를 취한다면 집단 속에서 힘이 있는 리더가 된다.

남을 위해서 사용하는 돈은 자연히 들어오게 될 것이다. 사치를 억제하고 검약할 수 있다면 풍요로운 만년을 맞게 된다. 사교가 썩 좋지 못한 고로 연애는 발전시키기 어렵다. 결혼은 중매결혼 쪽을 생각해야겠다.

남을 돌보기 좋아하고 얌전한 성격을 감안할 때, 보모나 유치원 선생님이 적합한 직업이다.

―――― 미년(未年) 인월(寅月 ; 음력 1월)생(生) ――――

이상을 높이 잡고 그것을 향하여 언제나 최선을 다 하는 자세는 주위로부터 존경의 대상이 된다. 특히 뛰어난 사고력에 과감한 행동력이 합쳐져서, 어디에 있더라도 리더로서의 인망을 모을 것임에 틀림없다.

단 현실적으로 사물을 생각하는 능력이 부족하여 들떠있는 인상을 주기 쉽다. 그리고 현실과 이상의 차이 때문에 고민을 하고, 현실로부터 도피하려 드는 경향이 있다. 사회에서 그 나름대로의 성공을 거둔 사람이 돌연 드롭아웃(dropout)되고 마는 수가 있는데, 그런 위험을 안고 있다 해도 좋을 것이다.

또 태어나면서부터 재운(財運)이 있어서 생활고로 고생할 염려는 없는데, 의리상 돈을 지출하는 일이 중복될 염려가 있으니 주의할 일이다. 유니크한 발상을 필요로 하는 평론가, 수필가, 이벤트 프로듀서 등이 적합한 직업이다.

───── 미년(未年) 묘월(卯月 ; 음력 2월)생(生) ─────

　무엇을 하더라도 대인관계를 중요시하므로 항상 많은 친구들에게 둘러싸여서 밝고 즐거운 생활을 보낸다.

　그러나 비록 그 친구가 속마음을 드러내 보일 만큼 친한 사이라 하더라도 자신의 신념과 의지, 감정 등을 표면에 나타내는 일이 없다. 또 서로 이해하는 사이라고 해서 무리한 부탁을 한다거나 자기 고집을 세우는 일은 없다. 친한 사이일수록 예의를 지킨다는 예스러운 사고방식을 좋아하는 것이 이 미년 묘월생의 사람들이다.

　또 학문이나 기술 등의 습득 능력이 뛰어나므로 어렸을 때부터 전문적으로 배운 피아노라든가 성악 등의 음악관계, 클래식 발레나 야구, 골프 등 스포츠 분야에서 프로패셔널이 될 가능성을 보인다. 또 재능이 있는 데다가 예술적인 센스도 갖추고 있어서 미술학원이나 피아노학원 등을 경영하는 것도 적당한 직업이 되겠다.

─────── 미년(未年) 진월(辰月 ; 음력 3월)생(生) ───────

정의감이 강하고 남을 긍휼히 여기는 마음의 소유자이다. 온화하고
부드러운 성격인데 의외로 신경질을 부리는 일도 있어서 때로 친형제
나 상사와 다투기도 한다. 그리고 그것이 원인이 되어 일찌감치 집에서
가출하거나 회사에서는 좌천을 당하는 경우도 있다.

소심하여 겁쟁이인 반면 제삼자에게는 이해가 안 될 만큼 대담한 행
동을 취해 보인다거나 신경질적이다가 착실한 면을 보이는 등 파악이
안 되는 이면성이 있다. 그러므로 조직 속에서 융합되기는 힘들고 자기
만의 세계로 만족을 하는 사람이다.

기인, 변인(變人)이라고 말하는 사람이 있을는지도 모르겠으나 빼
어난 재능을 비장하고 있는 까닭에 자신이 살아나갈 길이 정해지면 굉
장한 세로 출세의 길을 달려가게 될 것이다.

성격상 남에게 고용당하거나 반대로 고용을 하는 일 등은 잘 맞지 않
는다. 혼자서 자유로이 활동하는 화가라든가 도예가 등 예술 분야 그리
고 저술업, 변호사 등이 적합한 직업이라고 할 수 있다.

  어떤 일에든지 꾸준하게 임하는 인내력과 한 번 결심한 일은 최후까지 밀어붙이는 강한 의지는 실로 멋지다고 할 수 있다. 단 그것이 고집이 되어 때로는 실현 불가능한 것에도 무리하게 도전했다가 실패하는 수도 있으므로 주의할 일이다.

  젊었을 때부터 자립심이 강하여 독립정신이 왕성한 사람이 될 것이다. 부드럽고 동정심이 많은 성격으로서 대인관계가 좋지 않은 데다가 자립심에 의해 자아가 강해지고 그것이 자기 주장이 되면 사람들로부터 경원당하게 되는 수도 있다.

  치밀한 두뇌와 예술적 센스가 있는데, 그 비범한 재능을 개화시키면 크게 성공할 수도 있다. 그러나 무대의 표면에 나서는 것보다 이면에서 철두철미하게 일하는 것이 실력을 충분히 발휘할 수 있다.

  남녀 공히 가족들을 굉장히 위하는 타입이므로 결혼하면 아기자기한 가정을 가꾸어 나갈 수 있다.

  적당한 직업은 개성과 예술적 센스를 살릴 수 있는 화가라든가 작가 또는 종교가, 정치가 등이다.

──── 미년(未年) 오월(午月 ; 음력 5월)생(生) ────

밝고 화려한 데다가 싹싹한 면도 있어서 누구에게서나 호감을 받는 타입이라고 할 수 있다. 그러나 착실하여 자질구레한 것에도 신경을 쓰고 또 남의 일을 돌보아 주기를 좋아하므로 오히려 귀찮다는 말을 듣는 경향도 있다.

모험심이 있는 반면 유사시에 결단력이 부족되므로 모처럼 얻은 찬스를 놓치는 것도 바로 이 미년 오월생의 사람들이다. 또 스트레스를 받기 쉬운데, 기분전환을 잘 하는 방법을 습득해야 할 필요가 있다.

표면은 얌전한 대신, 내면에는 격렬한 정열을 비장하고 있는데 이 정열이 연애할 때 불타오르는 수가 있다. 그러나 너무나도 자기 본위이기 때문에 결국에는 짝사랑으로 끝나는 수가 많다. 단숨에 타오르는 불과 같은 정열은 연애 혹은 결혼 문제에서 트러블을 일으키기 쉬우므로 신중하게 대응하는 배려를 잊어서는 안 되겠다.

어느 정도 자신의 재량으로 일을 할 수 있는 매스미디어 관계, 디자이너, 카메라맨 등이 적합한 직업일 것이다.

—— 미년(未年) 미월(未月 ; 음력 6월)생(生) ——

책임감이 왕성하고 어떤 일에든지 진지한 자세로 임하는 것은 커다란 장점이다. 요령이라든가 스피드는 없지만 무엇이든 일단 손에 댄 것은 정성껏 해낸다.

그러나 평온한 생활을 원하는 마음이 강하기 때문에 찬스를 눈앞에 두고도 우유부단하게 굴다가 그 기회를 놓치는 일도 적지 아니 하다.

남을 위해서 하는 배려와 동정심이 보통 사람보다 갑절은 되므로 대인관계는 아주 자연스럽게 이루어진다. 단 주위의 평가를 너무 의식하는 경향이 강한 까닭에 때로는 팔방미인이라는 말도 듣게 된다.

단점은 지레짐작으로 앞일을 지나치게 걱정하는 나머지 무슨 일에든 소극적이 되어버린다는 점이다. 그러므로 실패는 성공의 어머니라며 실패를 두려워하지 말고 적극적으로 인생을 살아나가는 자세가 무엇보다도 필요하다 하겠다.

무슨 일에든 착실하게 임한다는 점에서 의사, 학자, 교사, 공무원 등이 적합한 직업이다.

196

──── 미년(未年) 신월(申月 ; 음력 7월)생(生) ────

감수성이 예리하여 자질구레한 일까지 신경을 쓰므로 어디서나 인기를 모으게 된다. 또 섬세한 신경을 가지고 있는 데다가 애정도 풍부한데 표면의 부드러움과 온화함에 반하여 내면은 기가 강하고 질투심도 대단히 격렬하다. 그 때문에 자신의 의견에 반대하는 자가 있으면 감정을 폭발시키는 경우도 있다.

유행에 민감하고 새로운 것을 선취(先取)하는 센스도 있다. 세상사에 밝기도 하고 손윗사람의 통솔도 있고 해서 앞길이 밝은데 자의식의 과잉과 자기 멋대로의 변덕스러움이 큰 결점이라 하겠다.

재치가 있고 무슨 일을 하더라도 손색없이 해내는 재능은 발군이다. 그러나 그런 재능이 오히려 화근이 되어 일예(一藝)에 빼어난 사람은 많지가 않을 것이다. 이것 저것에 손을 대지 말고 한 가지 일에 열중하는 끈기를 보인다면 행복한 인생이 기대되리라.

화술도 좋지만 설득력도 뛰어나므로 세일즈 등 영업면과 서비스업 또는 아나운서라든가 사회자 등도 적합한 직업이다.

──── 미년(未年) 유월(酉月 ; 음력 8월)생(生) ────

　온화한 인품과 부드러운 태도 그리고 활달한 행동력은 사람들의 마음을 사로잡는 매력이 된다. 화술도 교묘하고 주위의 분위기를 밝게 해주는 재능도 있으므로 사교성은 실로 좋다 하겠다.

　사려가 깊고 보통 사람보다 한 걸음 앞서는 사고방식을 가지고 있으며 기획하기를 좋아한다. 그 때문에 상사 등 손윗사람에게 인정을 받으며 동기 중 제일 빠르게 출세하는 찬스를 잡기도 한다. 단 앞일을 너무 지레짐작하여 이것 저것에 손을 대는 일이 없도록 하여야겠다.

　언뜻 보기에는 낙천적이고 경박한 것 같지만 생활태도는 진지하여 어떤 일에도 노력을 아끼지 아니 한다. 그러므로 싫증을 내기 쉬운 면과, 조금만 실패를 해도 뒤로 물러서고 마는 소극성을 극복하기만 한다면 풍부한 결실의 인생을 가꾸어 나갈 수 있을 것이다.

　시대의 흐름을 읽어내는 날카로운 감각과 표현력을 가지고 있으므로 신문기자, 뉴스 캐스터, 평론가 등이 적합한 직업일 것이다.

—————— 미년(未年) 술월(戌月 ; 음력 9월)생(生) ——————

　한 번 신뢰한 상대는 절대로 배신하지 않는 기질을 가지고 있다. 특히 자신의 주인이라든가 존경하는 사람에 대해서는 어떤 자기 희생이 있더라도 성심성의껏 모신다.

　교사나 상사가 하는 말은 순수하게 따르고 또 결정된 일은 착실하게 지키며 자기 멋대로의 행동은 취하는 일이 없으므로 어떤 환경에도 적응해 나갈 수 있다.

　말수도 적고 조용한 인상을 주는데, 내면에는 강한 의지력과 책임감을 비장하고 있다. 웬만한 장해가 있어도 그것에 구애받지 아니 한다.

　단 정직하고 결백한 성격 때문에 사람들과의 대응에서는 끝내 본성을 드러냄으로써 반감을 사는 수도 있다. 다소 마음에 안 드는 사람이더라도 넓은 포용력으로 감싸 안도록 마음 쓸 일이다.

　남을 위하여 애쓰는 봉사정신이 왕성하다는 점을 살려나가기 위해서도 사회사업가나 교사, 간호사, 경찰, 소방 관계 직종이 적합한 직업이다.

─── 미년(未年) 해월(亥月 ; 음력 10월)생(生) ───

상냥한 성품인데 목적을 달성할 때까지는 열심히 일해 나가는 끈기도 갖추고 있다. 대인관계에서는 호불호가 두드러지게 나타나는데 남의 일을 돌보아 주기 좋아하므로 그 사람과 마음이 통하게 되면 이심전심 간담상조(肝膽相助)하는 사이가 된다.

그러나 너무나 솔직한 탓일까? 결코 악의가 있는 것은 아니건만, 상대방의 마음을 생각하지 않고 함부로 말을 한 다음 나중에 후회를 하는 경우도 적지 아니 하다.

또 하찮은 실수나 실패에도 고민을 하는 소심한 면도 있어서 속히 기분전환을 할 필요가 있다. 정에 약하고 눈물이 많으므로 호인 타입이라 할 수 있는데, 가정에서는 좋은 아버지, 좋은 어머니가 될 것이다. 특히 자녀에 대해서는 과보호로 보일 정도로 애정을 쏟는다.

자존심이 강하고 완고한 면이 있으므로 단결심이 필요한 일에는 적합하지 않다. 프로 스포츠라든가 예능계 또는 다도 등의 선생님이 적합한 직업이다.

9. 신년(申年 ; 원숭이띠)생(生)

기회를 포착하는 데 민감하고 발군의 판단력과 행동력

　신(申)이라는 글자에 인(人)변을 붙이면 신(伸)이 되는데 이 글자는 사람이 개성이나 재능을 점점 신장시켜 나간다는 의미를 가지고 있다. 또 신축자재하며 유연성이 있는 사고방식과 행동과도 통한다.

　그러므로 신(伸)은 계절로 본다면 한여름의 7월로서 식물이 막 결실하려는 시기에 해당한다. 시간으로 본다면 오후 3시부터 오후 5시까지의 사이로서 태양이 서쪽으로 기울어가는 시간대이다. 방위는 서남서(西南西 ; 西)쪽이다.

　그런데 뻗어 나간다〔伸〕는 것은 좋은 방향으로만 뻗는 것이 아니라 나쁜 방향으로 뻗어 나가는 수도 있다. 또 동물과 식물 등 모든 생물은 생장이 멎을 경우, 그 다음에는 하강 곡선으로 접어들게 마련이다. 그런 의미로 볼 때 좋은 방향으로 뻗어 나간다는 것은 동시에 나쁜 방향으로 뻗어 나가기 시작한다고 볼 수 있다.

또 오후 3시부터 오후 5시까지의 시간대는 해가 나와 있으면 따뜻하지만, 해가 구름 속에 들어가 있으면 기온이 급하게 내려가듯이 경우에 따라 달라지는 시간대이기도 하다. 이런 이면성을 갖추고 있는 것이 신(申)의 시간이자 계절인 것이다.

그 때문에 무슨 일에서든 트러블을 없애기 위해서는 해가 나와 있는 동안에 해야 할 일을 재빨리 끝내지 않으면 안 된다. 여기에서 신년생의 기회를 포착하는 데 민감하다는 성격이 생겨났다.

신(申)은 오행에서는 금성(金性)의 질(質)을 가지고 있는 것으로 보는데, 또 공격본능의 세계에 속해 있다. 신년생의 사람이 한 군데에 진득이 있지를 못하고 항상 돌아다니는 것은 바로 이런 이유에서이다. 또 신(申)은 양(陽)의 기(氣)를 가지고 있는 까닭에 그 성격은 밝고 항상 전향적으로 살아가려는 적극성이 있다.

그러므로 신년생인 사람은 시대의 전환기라든가 동란기 등에는 전진해야 하고 방향성을 찾아낼 수 있는 까닭에 대중이나 조직을 리드해 나가는 입장에 서면 그 재능을 충분히 발휘하여 사람들을 행복으로 이끌어 갈 수 있을 것이다.

───── 신년(申年) 자월(子月 ; 음력 11월)생(生) ─────

정의감이 강하고 공명정대한 인품은 언제나 주위 사람들의 눈길을 끄는데, 다만 대중 속에서 혼자 있는 것만으로는 만족할 수가 없다.

회화도 잘 하는 데다가 행동 범위도 넓으며 손아랫사람에 대한 배려도 잊지 않는다. 천성적으로 리더로서의 소질을 타고 난 사람으로서 주변 사람들도 신년 자월생인 사람을 그대로 놓아둘 리 만무하다. 자연의 흐름 속에서 최고의 자리에 오를 수 있게 될 것이다.

단 올바른 판단으로 행동해 나갈 때는 좋지만, 일단 길을 잘못 들게 되면 머물러야 할 곳을 알지 못한다. 독단적으로 행동하는 것은 피하는 편이 현명하다.

꾸준하게 일을 하고 차곡차곡 모아가는 타입이므로 해를 거듭해 갈수록 재산은 점점 늘어난다. 연애는 이성과의 만남이 많고 이상적인 사람과 교제할 기회가 있다. 단 정에 치우치면 실패할 가능성이 높으므로 주의를 요한다.

상재(商才)가 있으며 사람들을 통제하는 능력도 있으므로 자신이 스스로 장사를 시작하면 성공한다.

―――― 신년(申年) 축월(丑月 ; 음력 12월)생(生) ――――

책임감이 강하며 자기가 한 말에 대해서는 상당한 집착을 가지고 임한다. 정의감도 강하여 구부러진 것을 싫어하므로 주위 사람들에게는 경골한(硬骨漢)이라는 인상을 주기 쉽다. 따라서 폭넓은 교제는 하기가 쉽지 않고 많은 사람 앞에 서면 자신의 껍질 속으로 들어가 숨는 경향이 있다.

그러나 일단 마음을 준 상대에 대해서는 웅변가가 된다. 집안에서는 본심을 털어 놓지만 한 발짝 밖으로 나가면 원칙론을 편다. 그러므로 종종 '그럴 싸하다'고들 하지만 그것은 사람을 잘못 보고 하는 말일 뿐이다.

남녀 공히 재운이 좋기 때문에 어려서부터 돈 때문에 곤란을 겪는 일은 없다.

그런데도 불구하고 밑바닥 일도 마다하지 않고 열심히 일하므로 수입도 좋고 저축도 많이 한다. 수수한 직업을 택하더라도 놀랄 만큼 재산을 남기게 될 가능성이 있다.

계리사, 경리사무, 증권 투자가 등 금전에 관계되는 직업이 행운을 가져다 줄 것이다.

─────── 신년(申年) 인월(寅月 ; 음력 1월)생(生) ───────

　자존심이 강하고 남에게 지기 싫어하는 성격이다. 사물에 대해서 깊이 생각한다기보다는 좋으냐 싫으냐라는 감정이 앞서는 타입이다. 또 유연성이 부족한 까닭에 어떤 일이 계기가 되어 주위 사람들과 충돌을 잘 한다.

　단 기본적으로는 낙천가이므로 고생을 고생이라고 생각하지 않는다. 주위에서 버림을 받고 그 결과 아무리 곤경에 빠지더라도 대단한 손해는 받지 않는 것이다. 항상 '어떻게 되겠지'라는 마음의 소유자이다.

　그것이 오히려 건방지다는 인상을 주고 무신경하다는 인상을 주기도 하는데 본인은 그런 것에 구애받지 않는다. 그런 의미에서는 대단한 배짱이고 대담한 성격의 소유자라고도 할 수 있다.

　골프, 수영, 스키, 장거리 육상선수 등 개인 플레이를 하는 스포츠 선수로서 프로 패셔널을 목표로 삼는다면 좋을 것이다.

──── 신년(申年) 묘월(卯月 ; 음력 2월)생(生) ────

　명랑 쾌활하고 유머가 풍부한 데다가 부지런하며 인정이 두터운 성격이므로 사람들로부터 호감을 굉장히 받게 된다. 또 남녀 공히 애교가 있으며 사람들을 매료시키는 화술도 갖추고 있는 까닭에 어디를 가든지 중심적 존재가 될 것이다. 행동력은 발군(拔群)이고 머리 회전도 빠르며 직감력과 선견력도 가지고 있기 때문에 실로 멋진 기획력과 아이디어를 창출해 낸다.

　그러나 머리 회전이 빠르기 때문에 지레짐작을 하여 경솔한 행동을 하는 일도 적지 아니 하다. 또 변덕스러운 면도 있어서 눈앞의 변화에 곧 손을 대곤 하는데 그것이 오래 가지 못하는 경우가 많은 것 같다.

　허세를 부리기 좋아하고 화려한 것을 좋아하는 까닭에 돈이 아무리 많더라도 부족을 느낀다. 사치를 부리거나 충동구매를 하게 되면 생활 그 자체가 파탄을 맞게 되므로 주의를 많이 해야 한다.

　풍부한 사교성을 살릴 수 있는 분야, 예컨대 외교관이라든가 호텔 등의 서비스업, 각종 컨설턴트업 등이 적합한 직업이다.

―――― 신년(申年) 진월(辰月 ; 음력 3월)생(生) ――――

정의롭고 타산이라고는 모르는 정직한 성격 그리고 약자에 대한 동정심을 가진 사람이다. 또 내면에서 스며 나오는 지성(知性)의 빛남은 어느 곳에 있더라도 눈에 뜨이는 존재가 되며 리더가 될 소질을 겸비하고 있다.

한 번 목적을 설정하면 지니고 있는 실력을 발휘하여 곧 행동으로 옮긴다. 그러나 기세 좋게 시작하는 것까지는 좋지만 지구력이 모자라므로 도중에 포기하고 마는 수도 있다.

일단 좌절을 한 다음에는 강력한 태도에서 일전(一轉)하여 허무적이 되며 완전히 다른 사람이 된 것처럼 변해 버린다. 재능과 행동력이 뛰어나므로 싫증을 내는 버릇과 변덕스러운 버릇을 고치면 어떤 세계에서도 성공할 수 있을 것임에 틀림없다.

의사라든가 변호사, 종교가 등 남들을 위해서 하는 일을 직업으로 택한다면 살아가는 보람도 느끼며 열심히 일하게 될 것이다.

────── 신년(申年) 사월(巳月 ; 음력 4월)생(生) ──────

집념이 강하고 생기도 있으므로 자신이 세운 목표를 달성하기까지는 안이한 타협을 하지 않으며 돌진한다. 무슨 일에든지 탐욕하여, 실력 이상의 것에 도전하는데 그것을 해낼 수 있는 기개도 가지고 있다.

그러나 자존심이 강하여 남에게 머리를 숙이지 못하는 데다가 호불호(好不好)가 심하기 때문에 대인관계는 그다지 좋은 편이 아니다. 그 결과 하는 일에도 지장을 초래하는 예가 있다. 내면에는 부드럽고 온화한 면이 있으므로 자존심을 억제하고 포용력을 길러 나간다면 남들로부터 오해 받는 일은 없어질 것이다.

이상이 높은 것은 좋지만 처음부터 무리임을 알면서도 무모하게 대들면 모처럼 찾아온 운도 쓸모없이 만들어 버린다.

냉정하게 상황을 판단하고 또 겸허하게 남의 의견에도 귀를 기울이면서 판단하는 자세가 비범한 재능을 개화시키는 열쇠가 될 것이다.

최후까지 해내는 끈기가 있으므로 사업이나 장사를 시작해서 성공하는 사람이 많다. 개성을 살려 나갈 수 있는 예능 관계라든가 패션 관계가 적합한 직업일 것이다.

───── 신년(申年) 오월(午月 ; 음력 5월)생(生) ─────

남을 돌보기 좋아하며 자질구레한 일에도 신경을 쓴다. 또 양기(陽氣)여서 무엇이든지 숨길 수 없는 성격이므로 누구하고도 친해지는 장점을 가지고 있다.

공부, 업무, 취미, 스포츠…… 등 어느 것에나 적극적으로 임하는 것은 좋지만, 한 가지를 오래 지속하지 못한다는 결점을 가지고 있다. 취미라든가 놀이라면 그래도 상관없겠지만, 맡은 일을 이처럼 오래 지속하지 못한다면 무책임한 인간이라는 오해를 받게 되어 손해를 보게 되는 수가 많을 것이다.

재능이 풍부하여 모든 일에 흥미를 나타내는 호기심도 남보다 훨씬 강하다. 그 때문에 이 일 저 일에 손을 대다가는 실패를 거듭하기 쉽다. 이 신년 오월생인 사람에게 필요한 것은 한 가지 일에 집중하여 오래 밀고 나가는 인내력을 기르는 일이다.

이성문제에서도 다혈질인 것이 화근이 되어 불륜이나 삼각관계 등의 트러블을 일으키기 쉬운 경향이 있다. 적합한 직업은 텔리비전이라든가 라디오의 디렉터, 잡지 기자, 카피라이터 그리고 이른바 물장사라고 속칭하는 음식 장사일 것이다.

─── 신년(申年) 미월(未月 ; 음력 6월)생(生) ───

　온화하고 의리와 인정이 깊으며 남의 일을 돌보아 주기 좋아하므로
많은 사람들로부터 존경받고 사랑 받는다. 인간관계도 원활하고 인품
이 좋은 까닭에 인맥을 넓혀 나가는데, 거기에서 행운을 가져다 주는
사람이 나타난다. 그 반면 보증인이 되거나 하여 손해를 보게 되는 수
도 있다.

　신년생인 사람 중에서는 비교적 인내력이 있는 편이므로 무슨 일을
시작하든지 도중에서 중단하지 않고 최후까지 밀고나갈 것이다. 단 스
피드를 필요로 하는 일은 제대로 해내지 못한다. 우유부단한 대신 움직
이려고 노력한다는 이면성(二面性)이 있어서 때로는 엉뚱한 행동으로
나와, 주위 사람들을 깜짝 놀라게 하는 일도 있다.

　낭만이나 모험 등은 그다지 원치 않으며 평범한 생활로 만족하는 타
입이다. 평범한 가운데서도 창의연구하여 자기 나름대로의 세계를 구
축해 나간다.

　은행원이라든가 공무원 등 건실한 직업이 적합할 것이다.

─── 신년(申年) 신월(申月 ; 음력 7월)생(生) ───

두뇌가 명석하고 재치도 있으며 투지력도 갖추고 있다. 또 남의 눈에 띠고 싶어하는 욕심이 있으므로 남의 눈에 띄기 위한 연출이라든가 표현력에는 천부적인 자질을 지니고 있다. 성격도 부드럽고 누구든지 포용할 수 있는 관대한 마음을 가지고 있으므로 천성적인 리더의 자질을 갖추고 있다 해도 좋을 것이다.

그러나 표면의 온화함과 부드러움에 반하여 내면은 기(氣)가 강하고 또 그 마음에는 변덕스러움이 있기 때문에, 자신의 뜻에 따르지 않으면 그 사람을 냉혹하고 무정하게 밀어내는 격한 감정도 가지고 있다.

자신의 재능에 만족하고 그것에 빠지면 대성을 바랄 수 없다. 그러므로 항상 목표를 높이 세우고 전진할 것과 성급하게 치닫지 말며, 주위의 반감을 사지 않도록 마음 쓰도록 하여야 한다.

처음부터 큰 조직에 들어가는 것보다 작더라도 벤처 비즈니스나 컴퓨터 소프트웨어 개발 등 가급적 남의 눈에 띄는 일, 시대의 최첨단을 달려가는 일 등이 적합한 직업이다.

—— 신년(申年) 유월(酉月 ; 음력 8월)생(生) ——

　사려가 깊고 허리가 낮은 태도를 취하는 가운데에도 화려한 무드를 지니고 있는 사람이다. 화술이 좋아서 자기 표현을 잘하며 주위 분위기를 밝게 만드는 재능도 있는 까닭에 사교성은 더 말할 나위도 없다.

　교제는 화려하며 복장과 액세서리는 돈을 많이 들인 것이 아니면 만족하지 아니 한다. 돈 버는 재주도 뛰어난데 절도 있게 쓰지 않으면 빚의 지옥에 빠지고 말 것이다.

　어쨌든 재능을 과시하기 쉬운데, 그것이 주위의 반감을 사게 되는 수도 있으니 남에게 대해서는 언동을 주의해야 한다. 여성은 자기 멋대로이고 남에게 의지하는 마음이 강하다는 결점을 고치지 않으면 남성과 교제하더라도 도중에 쓴 잔을 마셔야 할 것이다.

　앞을 내다 보는 힘과 일에 열중하는 태도 그리고 대인관계가 좋다는 점은, 어떤 분야에서도 정리정돈하는 역할을 하게 되며 없어서는 안 될 존재가 될 것이다. 프로듀서, 코디네이터 등의 직종이 가장 적당한 직업이다.

──── 신년(申年) 술월(戌月 ; 음력 9월)생(生) ────

정직하고 의리가 깊은데 완고하고 융통성이 없는 면도 있다. 자신이
이렇다고 생각한 것은 남의 의견을 조금도 받아들이려고 하지를 않는
다. 그런데다가 화를 잘 내기도 하는 까닭에 대인관계에서는 이따금 마
찰을 일으키곤 한다. 그러나 자기가 신용한 상대에 대해서는 평생 동안
친구로 사귀어 나간다는 훌륭한 장점도 가지고 있다.

책임감이 강하여 주어진 일에는 전력투구로 임한다. 다만 스스로 미
지의 세계에 뛰어들어서 성공해 보겠다는 패기는 부족하다.

남녀 공히 섹스어필에 넘치어 이성의 관심을 끄는데, 자기 마음을 있
는 그대로 전달하는 데는 서투르므로 기회를 놓치는 수가 있다.

완고함과 결벽증이 재앙이 되어 괴로운 처지에 놓이는 경우도 있지
만 지니고 있는 충성심을 소중히 해 나간다면 행복한 인생을 걸어나가
게 될 것이다.

끈기가 필요한 계리사, 세무사, 번역가 그리고 미용사, 이용사 등이
적합한 직업이다.

─── 신년(申年) 해월(亥月 ; 음력 10월)생(生) ───

일단 목표를 설정하면 아무리 어려운 일이 있다 하더라도 관계치 않고 그것을 달성하기까지 밀어붙이는 강한 의지력을 가지고 있다. 양증(陽症)에 멋진 타입은 아니고 음증(陰症)인 분위기를 풍기는데 공명정대하여 정의감이 강하고 의리와 인정이 두터우므로 남들로부터 신뢰받는다.

단 남에게 신뢰를 받기는 하지만 대인관계는 서투르다고 해도 좋을 것이다. 왜냐 하면 자존심이 강하고 고집이 센 까닭에 타협을 할 줄 모르기 때문이다. 가정적으로는 그다지 행복하지 못한데 그러한 고생을 견디어 내는 것이 후일 그 인생에 있어서 큰 도움이 된다.

하는 일도 가정도 자기 본위로 생각하지 말고 주위 사람들과의 협조에 마음을 쓰도록 노력하면 일확천금이라고까지는 말할 수 없어도 상당한 재산을 모아서 안정된 인생을 보낼 수 있게 될 것이다.

지식욕이 왕성하여 연구도 열심히 하므로, 학자라든가 기술자가 적합한 직종이다. 또 군인, 경찰관, 감시인 등의 일도 잘 맞겠다.

10. 유년(酉年 ; 닭띠)생(生)
정보에 민감하고 시대를 앞서가는 천부적 능력

유(酉)는 계절로 말한다면 8월이다. 하루의 시간으로는 일몰하는 오후 5시부터 오후 7시까지에 해당하며, 태양이 지려고 할 때이므로 방위(方位)는 정서(正西)가 된다.

고대 사람들에게 있어 밤이라는 것은 낮과 비교할 때 전혀 별세계로 생각했었다.

해가 지면 야행성 동물들이 활발하게 움직이기 시작하고, 칠흑 같은 어둠 속에서 인간에게 습격 당하는 일도 있었을 것이다. 불만이 유일한 빛이었으며 무기였던 당시의 사람들에게 있어 밝음이 사라진 어둠의 세계는 문자 그대로 공포의 세계이기도 했던 것이다.

사람들은 은은히 들려오는 동물들의 울음소리와 나무가 흔들리는 소리, 벌레 우는 소리에 귀를 곤두세우면서 어둠 속의 세계, 그 세계의 상태를 열심히 파악하려고 했었을 것이다.

그런데 이 유년생의 사람들은 보통 사람보다 정보에 민감한 능력, 즉 어떤 종류의 예지능력을 몸에 익히고 있다 한다. 그러므로 선견지명이 있으며 시대를 앞서가는 감각은 발군(拔群)이다. 또 앞일을 내다볼 수 있기 때문에 그 행동은 계획적이고 착실하여 시간의 낭비가 없다.

단 그 선견지명이 오히려 화근이 되어 초조해 하거나 신경을 너무 써서 주위 사람들로부터 고립되는 경향도 있다.

한편 유(酉)도 신(申)도 똑같이 서(西)에 위치하고, 금성(金性)의 질(質)을 가지고 있는데 신(申)은 양(陽)이고 유(酉)는 음(陰)인 까닭에 똑같은 공격본능의 세계이더라도 신(申)의 무인(武人)·무관(武官)에 비하여, 유(酉)는 문인(文人)·문관(文官)의 이미지를 풍긴다.

즉 무인이나 무관처럼 군대 혹은 무기를 사용해서 공격하는 것이 아니라 경제적인 압력이나 외교상의 조약 혹은 정보 등을 사용해서 공격하는 것이다.

이러한 본능을 가진 유년생의 사람에게 적합한 역할은, 앞일을 내다보는 힘과 착실한 면 그리고 대인관계가 좋다는 점을 살려나갈 수 있는 해결역, 정리정돈역이며 그런 세계에서는 크게 성공을 거두게 될 것이다.

양증(陽症)이며 자유를 사랑하는 모험가이다. 한 군데에 진득하게 있지를 못하고 항상 자기가 힘을 쏟을 수 있는 곳을 찾아 행동하고 있다. 새로운 것에 대한 감도 예민하여 유행되고 있는 놀이라든가 패션은 재빨리 흡수하여 자기 것으로 만든다. 재치가 있고 취미도 풍부한 까닭에 친구도 많고 뒤를 돌보아 주는 지원자도 있을 것이다.

단 금방 싫증을 내어 변덕을 부리는 면도 있다. 특히 사회에 나온 다음에는 정신을 차리어 느긋하게 행동하지 않으면 주위의 신용을 잃게 되어 아무도 상대해 주지 않을 위험이 있다.

축재의 능력은 있지만, 취미생활을 하기 위한 지출의 억제를 해야 할 필요가 있다. 변화를 찾는 욕구가 강하여 연애나 결혼생활에서도 마찰이 많은 것 같다. 또 속도 감각에 흥미를 나타내는 사람이 많으므로 사고에 대한 주의는 항상 해야 할 것이다.

속박 당하기를 싫어하므로 자유로운 시간을 가지고 일할 수 있는 자유기고가, 디자이너가 적합한 직업이다.

───── 유년(酉年) 축월(丑月 ; 음력 12월)생(生) ─────

　양증(陽症)인 데다가 쾌활하여 이 유년 축월생이 있는 곳은 분위기가 부드럽다. 화제가 풍부한가 하면 화술 역시 풍부하므로 남들을 즐겁게 해 주는 데는 이 사람을 따를 사람이 없다. 모험심도 왕성하여 젊었을 때도, 나이가 든 다음에도 갖가지 스포츠나 취미로 도전하면서 정열을 불태운다.

　다만 남을 기쁘게 해 주기 위해서는 사소한 일에도 신경을 쓰지만 그러는 한편으로는 생각한 일을 무신경하게 내뱉으므로 사소한 말 때문에 대인관계에 금이 가게 만들 염려가 있다.

　이성간에 있어서도 하찮은 일로 자기 주장만 내세우다가 본심은 털어 놓지도 못하고 비뚤어진 사람이라는 인상을 주는 경우도 적지 아니하다.

　직업에 있어서는 모든 일을 합리적으로 척척 처리해 나갈 수 있으므로 임기응변을 필요로 하는 비서나 전화 교환원 등 접대업무와 서무적인 직종에서 높이 평가될 것이다.

─── 유년(酉年) 인월(寅月 ; 음력 1월)생(生) ───

　한 번 목표를 정하면 한눈 파는 일없이 매진해 나가는 타입으로서 위로 위로 뻗어나가는 생명력이 대단히 왕성한 사람이다. 그런데다가 결단을 내릴 때에는 반드시 여러 각도에서 신중히 검토하지 않으면 직성이 안 풀리는 신중파이기도 하다. 자신의 신념이라든가 사고방식을 이론적으로 체계화시키기를 잘 하는 까닭에 행동으로 옮길 때는 반드시 주위 사람들을 납득시킬 수가 있다.

　또 정확하게 찬스를 잡는 감(感)도 뛰어난 까닭에 비즈니스의 세계에서 젊은 나이로 성공하는 사람은 이 유년 인월생의 사람이 많은 것 같다.

　그러나 튀어나온 못이 얻어맞기를 잘하듯이 자기를 억누르려는 상사나 선배 앞에서는 쉽게 좌절하고 마는 약점을 지니고 있다. 선대(先代)에서 모아 놓은 재산을 모두 없애는 경우도 적지 아니 한 듯하다.

　그러므로 이미 깔려 있는 제일 위를 달리는 것이 아니라 개척력, 창조력이 요구되는 직업을 선택할 일이다.

────── 유년(酉年) 묘월(卯月 ; 음력 2월)생(生) ──────

대단한 유연성을 가지고 있는 까닭에 인간관계는 부드러운데 뒤집어 보면 주체성이 부족하다. 남의 의견에 좌우되거나 유혹에 빠져들기 쉬울 것이다.

본질적으로 예스맨이기 때문에 상사나 손윗사람으로부터는 귀여움을 받겠지만, 자칫 동료라든가 후배들로부터 질투와 반감을 사게 된다. 스스로 자신의 사업이나 장사를 시작하는 것보다 남에게 고용당하는 편이 좋으며, 그런 때 힘을 발휘하는 타입이다. 자기가 책임있는 입장에 서게 되면 미혹에 빠져서 스트레스를 받게 된다.

허세를 부리기 좋아하고 사치하기를 좋아하며 후배와 여성에게 좋은 점만 보여 주려고 하다가 산재(散財)하므로 돈이 아무리 많이 있다 하더라도 부족할 것이며 빚으로 쩔쩔 매게 될 염려도 있다.

이성에 관심이 강하고 불륜이라든가 오피스 러브에도 저항감이 없는 까닭에 이성문제로 실패하는 수가 있다. 바람기가 있는 묘월생이지만 본질적으로는 가정을 중시한다.

샐러리맨이더라도 영업이나 개발 부문은 적합하지 않고 총무 부문이 적합한 타입이다.

―――― 유년(酉年) 진월(辰月 ; 음력 3월)생(生) ――――

안정성이 있으며 담백하고, 사물에 구애받지 않는 대인의 풍격을 느끼게 해 준다. 그러나 다정다감하여 이상을 추구하는 경향이 강한 까닭에 자기가 하고 싶은 일이라든가 인생의 목표를 얼른 정하지를 못한다. 패기도 있고 뛰어난 재능도 비장하고 있으므로, 목표가 정해지면 큰 힘을 발휘할 수 있을 것이다.

단 사람에 따라서는 너무 자존심이 강하기 때문에 그것으로 인하여 인간관계에서 마찰을 일으키기 쉽다. 신용을 잃으면 극단적으로 침체되며 다시 일어서기까지는 상당한 시간이 걸리게 될 것이다.

남녀 공히 교제를 부드럽게 하므로 이성에게서는 호감을 사게 될 것이다. 그 때문에 함부로 말을 건넨다든가 식사를 하자고 유혹하면 상대방이 오해를 하는 수도 있겠다. 그리고 뜻하지 않은 결과가 되는 수도 있을 것이므로 이성에 대해서는 신중하게 대처할 일이다.

남녀 공히 미적 감각이 뛰어나므로 화가, 패션 디자이너, 인테리어 디자이너, 스타일리스트 등이 적당한 직업이다.

——— 유년(酉年) 사월(巳月 ; 음력 4월)생(生) ———

독립독보(獨立獨步) ——— 자신의 길을 걸어가는 타입으로서 기성 가치관이나 관례에 사로잡히는 일없이 행동한다. 그러므로 주위 사람들이 이상한 눈으로 바라보는 수가 있다.

속박 당하는 것을 싫어하여, 하는 일 뿐만 아니라 무엇이든 오래 지속해 나가지 못하는 변덕스러운 면도 있다. 따라서 남들이 흉내낼 수 없는 유니크한 발상이 있더라도 그것을 살려 나가지 못하는 것은 실로 유감스러운 일이라 하겠다.

너무 이상에 치우치지 말 것과 현실을 직시할 것과 자기 자신의 일을 잘 돌봐 주는 이해자를 만들 것 등이 자신의 인생을 개화시켜 나가는 데 있어 대단히 중요하다.

연애에 대해서는 맹목적이고 더구나 독점욕과 질투심이 강하기 때문에 한 사람에게만 치우치는 행동 혹은 태도로 나가다가 상대에게 혐오감을 주는 수도 있으므로 주의해야겠다.

고정관념에 사로잡히지 않고 독자적인 세계를 창조해 나간다는 점에서 영화라든가 무대 감독, 만화가, 시나리오 작가 등이 적합한 직업일 것이다.

222

───── 유년(酉年) 오월(午月 ; 음력 5월)생(生) ─────

 온순하여 남과 다투기를 좋아하지 않는 유년생 중에서, 오월에 태어난 사람들은 제멋대로 행동을 하며 남에게 지기 싫어하는 성격을 가지고 있다. 그러므로 남에게 고용당하는 것을 싫어하기 때문에 비교적 일찍 독립하는 사람이 많다.

 또 이상주의자로서 호기심도 왕성하므로 여러 가지 일에 손을 대는데 싫증을 잘 내어 오래 계속하지를 못하기 때문에 모두 도중하차로 끝이 날 염려가 있다.

 자의식(自意識)이 강하여 명분보다는 감정을 앞세우는 성격인 까닭에 자신이 알아차리지 못하는 사이에 상대방에게 마음의 상처를 주는 일도 더러 있다. 그러므로 인간관계에서 쓴 잔을 마시게 되는데, 그것은 피할 수 없는 일이라 하겠다.

 단 젊어서부터 고생을 하여 그것이 몸에 배면, 인간적으로도 단련이 되어 나이가 들어감에 따라 실력을 붙이고 대성할 수도 있다.

 적합한 직업은 잡지의 편집자라든가 광고의 디렉터 등 매스미디어 관계 또는 통역, 여행업 등도 좋을 것이다.

───── 유년(酉年) 미월(未月 ; 음력 6월)생(生) ─────

　태어나면서부터 금전과 물질의 복이 있기 때문에 여유를 부리게 되
며 무슨 일에든지 악착 같은 정신으로 임하지 않는다. 그 때문에 인생
에 있어서 비약의 기회를 놓치는 경우도 있다.

　생활방법 그 자체가 재치가 있지는 못하므로 장사를 시작하더라도
그렇게 큰 발전은 기대할 수가 없다. 샐러리맨이라면 영업보다 연구실
에서 꾸준히 신제품의 개발에 임하는 편이 좋을 것이다.

　물질적으로 복을 타고 나서인지 정신적인 것을 중시하는 경향이 있
다. 원래 문학이나 미술에 흥미가 있으며 학문과 예술의 분야에서 한
가지 주제를 발견하면 지칠 줄 모르는 탐구심으로 역사적인 업적을 올
리게 될 가능성도 있다.

　한평생을 통하여 먹는 것에는 곤경을 모르는 재운의 소유자인데 자
기 뜻에 맞지 않는 일을 하는 것보다 자기가 하고 싶은 일로 도전하는
편이 후회스럽지 않을 것이다.

　시인, 배우, 미술 평론가, 학자 등이 적합한 직업이다.

—— 유년(酉年) 신월(申月 ; 음력 7월)생(生) ——

언뜻 보기에는 안정된 인상을 주지만 의외로 경솔한 면도 가지고 있다. 밝은 성격에 화제도 풍부하게 가지고 있으며 주위의 일을 곧잘 보살핌으로 사람들로부터 호감을 사게 된다.

빈 틈이 없고 재치가 있는 것은 좋지만 빈틈 없는 것이 화근이 되어 눈앞의 것에만 사로잡히어 대국을 놓치게 될 우려가 있다. 큰 목표를 세우고 그것을 위해 지금 무엇을 할 것인지 생각한 다음 행동할 일이다.

머리가 좋기 때문에 자칫하면 자만이라든가 자기 본위의 언동을 하기 쉽다. 또 변덕을 부리며 자기가 좋아하는 대로 일을 처리한다거나 직업을 전전함으로써 성공으로 가는 길을 스스로 막는 일도 있다. 자신의 재능을 과신하지 말고 겸허한 태도로 일에 임해야겠다.

견실한 생활에 싫증을 느끼거나 방종스런 생활을 동경하기도 하는데 가벼운 행동은 하지 않도록 반드시 주의해야 할 일이다.

사무적인 일보다는 몸을 움직이는 쪽을 잘 해내므로 운송업이라든가 유통업이 적합한 직업일 것이다.

──── 유년(酉年) 유월(酉月 ; 음력 8월)생(生) ────

사려가 깊고 품위를 갖춘 가운데서도 화려한 분위기를 지니고 있는
데 그런 점에다가 대인관계의 부드러움을 더하여 사람들의 마음을 끌
기에 충분한 매력을 가지고 있다.

총괄적으로 말해서 선견지명이 있으며 남보다 한 걸음 앞서는 생각
을 한다. 장래에 대한 예견이 어느 정도 맞아 떨어지기 때문에 행동은
계획적이고 꼼꼼하여 낭비가 없다.

그러나 머리 회전이 빠르다는 점이 도리어 급한 성미가 되어, 자기
속도를 따라오지 못하는 사람을 무시하는데, 이런 태도가 주위 사람들
로부터 반감을 사게 되어 고립하게 될 것이다.

이 일 저 일에 너무 많이 손을 대는데, 그 결과 '재주 많은 사람 배
가 고프다'는 속담처럼 될 염려가 있다. 그런데 득의의 분야에서 특기
인 미적감각의 뛰어남과 센스가 좋은 점을 살려 나갈 수 있다면 독자적
인 세계를 구축해 나갈 수도 있을 것이다.

젊었을 때는 외관에 사로잡히어 행동하기 때문에 연애에 실패하는
수도 있다.

자기 주장이 강하므로 자기 아이디어를 가지고 승부를 할 수 있는 일
이 적격이다. 구체적으로는 매스미디어라든가 패션 관계가 좋겠다.

226

──── 유년(酉年) 술월(戌月 ; 음력 9월)생(生) ────

무슨 일이든 혼자서 해보려는 용기가 부족하여 자신의 재능이라든가 행동력에 자신감을 가지지 못하는 결점을 가지고 있다. 그 때문에 크게 비약하지 못하는 숙명을 지니고 있다.

예컨대 업무면에서 큰 기회가 바로 눈앞에 있는데도 불구하고 자기 자신의 힘으로는 무리라며 해보려 하지도 않고 포기해 버린다. 이런 일은 공부에서도 그리고 연애에서도 마찬가지이다.

그러므로 적극성을 몸에 익힘과 동시에 진심으로 신뢰할 수 있는 사람을 사귀고 무슨 일이든지 그 사람과 상담하면서 일을 해나가도록 하는 것이 좋다. 꾸준하고 착실하게 노력하는 타입인 까닭에 이윽고 때를 만나면 크게 개화할 수도 있다.

결벽하고 내성적인 고로 스트레스를 받기 쉽고, 그 결과 정신적으로 불안해지기 쉬운데 좋은 면으로 생각해 나갈 일이다.

사무처리 능력은 뛰어나므로 회사에서는 경리라든가 영업전무 등의 자리가 적합할 것이다.

―――― 유년(酉年) 해월(亥月 ; 음력 10월)생(生) ――――

    정의감이 강한 데다가 의리와 인정이 두텁고 대인관계에서는 이해득실을 따지지 않는 고로 주위 사람들로부터 받는 신뢰는 절대적이다.

    그런데 정의감이 강하다 하더라도 무조건 대드는 것이 아니라 상대방과 그 상황을 잘 보고 방책을 강구한다는, 심사숙고를 하곤 한다. 그리고 숙려(熟慮)한 결과 나서야겠다는 판단이 서면 그때는 실패할 것을 무릅쓰고서라도 그것을 밀고 나가는 저돌맹진형의 장점을 그대로 발휘한다.

    역경에 처하더라도 그것을 뛰어넘는 힘을 가지고 있으므로 자신의 힘을 과신하지 않으면 비교적 빠른 시기에 성공할 가능성이 있다.

    격렬한 정열의 소유자로서 열렬한 연애를 하는데, 결혼을 하면 성실하고 애정에 넘치는 가정을 구축해 나간다.

    지니고 있는 힘과 에너지를 살려 나가기 위해서는 토목 건축 관계의 현장 감독이라든가 프로 스포츠 선수가 적합할 것이다.

11. 술년(戌年 ; 개띠)생(生)

호인(好人)으로 파트너로서는 최고의 존재

술(戌)은 시기로 말한다면 오후 7시부터 오후 9시까지이고, 방위(方位)는 서북서(西北西 ; 西), 계절은 중추(仲秋)인 9월, 들도 산도 순란함과 적적함이 맞물려 있는 조락(凋落) 직전의 아름다운 시기이다.

이 중추의 계절은 초목이 생장을 끝내고 익은 열매가 떨어지려고 하는 때로서 생장(生長)·발전(發展)·분화(分化)의 상징인 양(陽)의 기(氣)가 정점을 이루다가 이윽고 지하로 들어가려고 하기 직전이라고 생각하면 좋겠다. 단 아직도 생장이 완전히 멎은 것은 아니고 초목 자체에 다소는 생기가 느껴지고 있는 상태이다.

그리고 이러한 수목이 겨울철의 엄동에 견디어 내고 이듬해 봄에 눈을 트게 하기 위해서는 그 나름대로의 준비가 필요하다. 즉 불필요한 지엽(枝葉)을 떨어뜨리는 일로써 그것은 또 소중한 뿌리를 지키는 일이기도 하다.

바꾸어 말하면 쓸데없는 지엽을 희생시킴으로써 그 뿌리는 계속해서 살아갈 수 있고 이듬해 봄에는 다시 새싹을 낼 수 있는 것이다.

그래서 술년생인 사람은 자기가 일단 마음을 허용한 상대에 대해서는 한평생을 두고 우정이 변치 않는다. 즉 스스로 배신하는 일은 결코 없는, 그런 기질을 갖추고 있다. 특히 자기 주인이라든가 존경하는 사람에 대해서는 어떤 희생을 치르더라도 어디까지나 충성을 다한다.

또 술(戌)은 양(陽)의 기(氣)와 토성(土性)의 질(質)을 가지고 있으므로 밝고 활동적인 사람이다. 또 대중을 매료시키는 인간적 매력이 있으며 섹스 어필도 넘친다.

그러므로 술년생인 사람은 누구에게서나 호감을 사는 성격의 소유자인 것이다. 더구나 서쪽의 방위는 '보좌의 장소'라는 의미도 있어서 충성심이 보다 강하게 나타나므로 공동사업의 파트너로서는 최고의 상대이다.

결점을 든다면 너무나 사람이 좋은 까닭에 남의 말에 속아 넘어가기 쉽다는 점과 주체성이 다소 결여된다는 점이다.

───── 술년(戌年) 자월(子月 ; 음력 11월)생(生) ─────

정직하고 사심이 없으며 적을 만드는 일을 아주 싫어한다. 사교성도 있어서 그 부드러운 인품으로 많은 사람을 매료시키고 호감을 사게 된다.

조심성이 있고 남들을 결코 배신하는 일이 없는 성실한 성격이므로 가까이 지내는 친구가 많다. 연배의 사람들 뿐만 아니라 손윗사람에게도 지극히 충성을 하므로 이끌어 주는 사람이 많이 있다.

어떤 일에든 참을성 있게 견디어 내는데 너무나 신경이 예민하기 때문에 정신적 고통이 떠나지를 않는다. 꾸준히 노력하면 언젠가는 반드시 응분의 보응이 있을 것으로 믿고 견디는 마음자세가 중요하다.

착실하게 조금씩 재산을 늘려 나갈 수는 있겠으나 원래 사람이 좋아서 남의 말에 속기 쉬우므로 달콤한 말에는 주의를 요한다. 연애는 좋은 인연을 만나겠다. 이야기를 신중히 추진해 나간다면 모두에게 축복받으며 결혼으로 골인할 수 있다.

손윗사람이 이끌어 줄 것을 기대할 수 있으므로 사무직이라 해도 큰 기업을 선택하는 것이 좋다.

──────── 술년(戌年) 축월(丑月 ; 음력 12월)생(生) ────────

   부드러운 분위기가 있는데 가려운 곳을 잘 긁어주는 식의 배려를 하는 사람이다. 특히 가족에 대해서는 헌신적으로 봉사한다. 왜냐 하면 어렸을 때 부모와 사별(死別)했다든가 부모가 이혼을 하는 등 가족운이 안 좋았던 고로 따뜻한 가정에 대한 동경이 남보다 강하기 때문이다.

   표면은 여유가 있는 낙천가적 인상을 주지만 그것과는 정반대로 내면은 한 번 결정한 일은 지레로도 움직일 수가 없을 정도로 굳건한 의지를 지니고 있다. 또 외견으로는 상상도 할 수 없을 만큼 섬세한 감수성을 가지고 있는 까닭에 정신적인 질병으로 고생할 우려가 있다. 자기 나름대로의 기분 전환 방법과 완화하는 방법을 터득해야 좋을 것이다.

   돌다리도 두드리며 건너는 주도면밀한 성격이므로 재빠른 판단을 필요로 하는 일이라든가 개발적인 직종에는 적합하지 않다. 그러나 사무적인 처리에는 착실하므로 비서나 매니저, 경리, 총무 관계 등의 업무에서 그 수완을 발휘하게 될 것이다.

―――― 술년(戌年) 인월(寅月 ; 음력 1월)생(生) ――――

행동력이 넘치고 정의감이 남보다 강하며, 자신에게 이익이 되는 일
이면 어떤 수고도 아끼지 않는데, 어떤 책임도 그리고 높은 직책도 주지
않으면 도중에서 하던 일을 팽개치는 결점을 가지고 있다. 출처진퇴(出
處進退)가 분명하므로 도망가는 명분 또한 뚜렷하다.

또 애교가 있는 순정파로서 감수성도 넘치므로 이성으로부터의 접근
이 뒤를 잇는다. 이 술년 인월생인 사람은 이상을 추구한다기보다 현실
을 중요시하는 고로 누구하고나 사귀어 보고자 한다.

'찾아오는 사람은 거절하지 마라'는 속담처럼 동시에 몇 사람의 이성
과 사귀기도 하고 헤어지더라도 금방 다른 사람을 또 사귀게 되므로 경
박하게 보이기 쉽다. 그러나 그 사이에 정에 흐르는 일없이 자신의 생각
에 맞는 결혼 상대를 취사선택하고 있는 것이다.

또 결혼을 한 후에는 마음이 안정되며 가정을 소중히 하는 타입이다.
직업은 안내자, 호텔맨 등 서비스 업 그리고 남에게 봉사하는 직종이 적
합하다.

───── 술년(戌年) 묘월(卯月 ; 음력 2월)생(生) ─────

언어와 행동에 어딘지 모르게 목눌(木訥)한 분위기를 풍기는 사람이다. 결코 남을 속이거나 거짓말을 하는 것은 아니지만 첫 인상은 그다지 좋지가 않다. 그러나 차츰 그 소박한 인품에 매료되어 갈 것이다. 진실되어 언제든지 무슨 일에든지 꾸준히 임한다. 직장에서도 주어진 일에 열중하기 시작하면 누가 무슨 말을 하든 관계하지 않고, 어느 사이에 그 분야에서 두각을 나타내다가 마침내는 사내에서 제일인자라는 평판을 듣게 된다.

애교부리는 짓은 하지 않는데 열심히 노력을 쌓아 나간다면 사회적으로 큰 신용을 얻을 수 있을 것이다. 단 변덕을 부리고 심술을 부리다가는 잘 이루어져 나가던 인간관계를 망가뜨릴 염려도 있는데 그런 면을 지니고 있는 것이 이 술년 묘월생이기도 하다.

가족들을 끔찍이 사랑하는 타입으로서 처자를 위하는 일이라면 어떤 일도 다 한다는 멋진 장점도 가지고 있는데, 주위에서 보더라도 따뜻한 가장임에 분명하다.

착실하고 책임감도 강하여 공무원, 교사, 종교가, 보모 등의 직업에 적합하다.

───── 술년(戌年) 진월(辰月 ; 음력 3월)생(生) ─────

　현실적으로 착실한 생활에 만족하고 있는 것처럼 보이지만, 내심으로는 꿈과 낭만을 동경하고 있다. 단 세상 사람들의 눈을 너무 의식하는 나머지 그 꿈을 꿈으로만 끝내는 사람이 아주 많은 것 같다.

　그러나 어떤 일에 자극을 받아서 꿈을 실현코자 생각하면 평소에는 상상도 할 수 없었던 무서운 행동을 일으키어 주변 사람들을 아연실색케 한다.

　본질적으로는 순진하고 동정심이 많은 성격인데 수줍어서 자신의 감정을 그대로 표현할 수 없기 때문에 오해를 초래하는 일이 많은 것은 실로 유감스러운 일이라 하겠다. 빼어난 재능을 가지고 있으므로 자신감을 가지고 무슨 일에든지 대처할 일이다.

　이성에 대해서는 지나치게 이상을 추구하기 때문에 아무래도 현실과의 갭이 생기기 쉽다. 이 점을 잘 생각하지 않으면 어떤 상대하고도 교제를 오래 해나갈 수 없다.

　감수성이 예민하고 신경도 예민하므로 직물이라든가 조각 등의 전통 공예를 다룬다면 그 길에서 명성을 떨칠 수 있을 것이다.

―――― 술년(戌年) 사월(巳月 ; 음력 4월)생(生) ――――

조용한 태도에 비하여 생기는 왕성하여 불가능할 것으로 생각되는
일도 적극적으로 도전하여 최후까지 해내는 투지를 가지고 있다.

세상 상식은 분별할 수 있지만 틀에 잡히지 않는 자유스러운 발상도
가지고 있다. 탄력적이고 창조적인 정신을 발휘하면 유니크한 발명과
발견도 할 수 있을 것이다.

신경질적인 데다가 감수성도 예민하고 더구나 결벽한 면도 있어서
대인관계는 원만하지 못한 편이지만, 한 번 신뢰한 상대방에게는 헌신
적으로 봉사하기 때문에 손윗사람으로부터 사랑을 받고 원조도 받게
된다.

자기 멋대로 행동하는 면과 호불호의 격한 감정을 억제할 수 있다면
비교적 재운도 따르게 될 것이니, 독립해서 성공할 확률도 높다고 할 수
있다.

학자, 정치가, 신문기자가 적합한 직업이다. 또 실업가로서 대성할 가
능성도 크게 있다.

―――― 술년(戌年) 오월(午月 ; 음력 5월)생(生) ――――

　남에게 지기 싫어하는 성격이며 남의 말을 액면 그대로 듣지 않는 성격이다. 그 때문에 사람들과 융화가 잘 되지 않으며, 자기 마음에 들지 않는 일이 있으면 금방 화를 냈다가 후회하는 일도 이따금 있다.

　한평생을 통하여 강운이므로 평생 동안 안정되고 행복한 인생을 살아가기 위해서는 단독전횡(斷獨專橫)을 삼가고 주위 사람들과 협조하도록 노력할 일이다.

　감(感)이 예민하고 독창성이 있으므로 창조적인 분야의 일이나 독특한 재능을 살려 나가는 전문직이 적합하다. 자신의 재량으로 자유롭게 일할 수 있는 직장이라면 최고로, 물을 얻은 물고기처럼 생생하게 활약할 수 있을 것이다. 책임감도 강하여 주어진 일에는 온 힘을 기울이어 임하므로 리더가 될 수도 있다.

　그러나 생활과 하는 일이 안정되면 이성이라든가 술의 유혹에 빠지기 쉬운 면도 있으므로 주의해야 한다. 적합한 직업은 디자이너, 일러스트레이터, 각종 컨설턴트업, 편집자, 카피 라이터 등이다.

──── 술년(戌年) 미월(未月 ; 음력 6월)생(生) ────

한 마디로 말해서 신중한 생활태도를 취하는 타입이다. 위험을 피하여 돌다리도 두드리며 건너는 식이 아니면 무슨 일에도 손을 대지 않는다. 바꾸어 말하면 우유부단하며 시행착오를 거듭하는 나머지 하던 일을 집어치우는 경우가 많으며 큰 기회를 놓치는 수도 있다.

인간적인 재미는 그다지 없지만, 타고난 끈기를 가지고 꾸준히 실적을 쌓아 올려 나가므로 나이가 더해감에 따라 믿음직한 사람이란 평가를 받게 될 것이다. 화려한 일보다 수수한 일을 중요시하므로 세상에 알려지지 않은 그늘에서 실력자로 일을 했던 것이 만년에는 반드시 인정되는 숙명을 가지고 있다.

소극적이고 진실한 태도는 누구에게나 호감을 준다. 연애도 멋지지는 않지만 하나의 사랑을 꾸준히 가꾸어 나간다. 남성은 가정을 위하여 아낌없는 사랑을 쏟고 여성은 모성본능을 아낌없이 발휘하여 남들이 부러워하는 가정을 만들어 나갈 것이다.

견실을 모토로 하는 까닭에 금융보험관계, 의사, 공무원 등이 적합한 직업이다.

───── 술년(戌年) 신월(申月 ; 음력 7월)생(生) ─────

변덕이 있고 싫증을 잘 낸다는 점에서 마음 속에 미혹이 일어나며 언동(言動)이 우유부단해지기 쉽다. 영화를 구경하러 가자고 약속했는데 당일이 되자 드라이브를 하자는 식으로 태도가 돌변하므로 주위 사람들은 언제나 당황하게 마련이다.

보통 사람 이상으로 재능과 활동력이 있기는 하지만, 눈앞의 욕망에 넘어가면 새로운 일을 시작하더라도 실패를 거듭하게 마련이다. 어쨌든 끈기를 기를 일로 그것이 성공하기 위한 조건이라고 할 수 있다.

양증인 데다가 자기 어필에 뛰어나므로 친구들 사이에서는 눈에 두드러지는 존재가 된다. 단 허세 부리기를 좋아하고 사치에 빠지기 쉬우므로 수지(收支)의 균형을 생각하여 분수에 맞는 생활을 하지 않으면 경제적인 파탄으로 가정의 붕괴에까지 연결된다.

업무의 내용보다도 사람들로부터 주목 받을 수 있는 직업을 동경하므로 텔리비전을 위시한 매스미디어 관계, 예능계, 패션계 등의 직종이 좋다.

──── 술년(戌年) 유월(酉月 ; 음력 8월)생(生) ────

　재능과 감각이 뛰어나고, 상대방이 싫증을 느끼지 않을 만큼 화술도 교묘하므로 인간관계는 잘 이루어져 나갈 것이다. 머리 회전도 빠르고 무슨 일이든지 척척 해내는 재능이 있어서 콧대가 높아진다. 그러나 이 사람을 내 편으로 만든다면 이만큼 힘이 있는 사람이 없다고 해도 좋을 만큼 힘을 발휘해 줄 것이다.

　단 자기 멋대로 하는 행동은 곤란하다. 특히 연애를 하는 중에 독단적인 행동으로 나오는 까닭에 때로는 상대방의 마음을 헤아리는 배려를 잊어버리고 만다.

　어쨌거나 인생을 즐기는 타입이므로 식사라든가 패션, 레저 등에서 호기있게 돈을 쓰는 경향이 있다. 가급적 낭비를 하지 않도록 주의해야 한다. 멋쟁이여서 센스가 있기로는 발군(拔群)인데, 그런 특성에 맞는 직업을 선택하는 것이 충실한 인생을 보내게 되는 지름길이다.

　복식과 보석 등의 디자이너, 미용사, 스타일리스트, 레스토랑 등 음식 관계, 서비스업 따위가 적합한 직업이다.

활발하고 구김살이 없는 명랑성 그리고 사람을 가리지 않는 솔직한 성격은 누구에게서나 호감을 받게 된다. 또 일단 믿은 상대방에 대해서는 끝까지 교제하며 실수로라도 자신이 배신을 하는 예는 없으므로 공동의 사업을 하는 파트너로는 적격자라고 할 수 있다.

단 난점을 지적한다면 너무나도 호인이어서 자칫 주체성이 모자라는 점이다. 그 때문에 남에게 속기도 하고 업무면에서는 계약 불이행을 당하는 등 믿었던 동료에게 배신을 당하는 일도 있고 공로를 빼앗기는 경우도 있다.

그러나 어떤 일을 당하더라도 남을 원망하지 않는 것이 최대의 장점인데, 선천적인 명랑함과 좋은 인품을 손상시키지 않는다면 반드시 원조해 주는 사람이 나타나게 될 것이다.

이러한 성격의 소유자이므로 이성에게도 사랑을 받아서 연애할 기회는 많다. 그러나 정에 치우치고 의리를 저버리면 나중에 후회하게 될 것이다.

적합한 직업으로는 기술자, 출판관계, 회계 경리, 사회복지사업 등이며 여성이라면 간호사도 좋은 직업이 될 것이다.

—— 술년(戌年) 해월(亥月 ; 음력 10월)생(生) ——

　자기 주장이 강하여 남과 타협할 줄 모르므로 때로는 오해도 받고 건
방지다는 욕도 먹는 수가 있다. 인간관계에서 마찰이 생기는 것은 피할
수가 없다.

　강의(剛毅)한 반면 의리와 인정이 두텁고 또 재치가 있다. 그러므로
남에게 약점을 보이기 싫다는 태도만 고치면 오해 받는 일도 그만큼 줄
어들 것이다.

　가정적인 문제로 젊었을 때부터 고생하는 사람이 많을 것이다. 그러
나 편부 혹은 편모 슬하에서 고생을 하며 자라는 편이 대기(大器)로 자
라날 가능성이 많다고 할 수 있다. 이와는 반대로 어렸을 때 행복한 가
운데서 응석을 부리며 자라나면 불평불만투성이인 인간이 되기 쉽다.

　한 가지 일에 철저하게 매달리는 집중력은 대단한 것이어서, 자질구
레한 일은 생각하지도 말고 큰 목표를 세운 다음 그것에 매진하면 어떤
세계에서도 성공할 수 있을 것이다.

　여성도 직업을 갖는 경향이 있으며 남녀 공히 실업계에서 수단을 발
휘한다. 그 밖에 변호사라든가 판사, 대학 교수, 작가 등이 적합한 직업
이다.

12. 해년(亥年 ; 돼지띠)생(生)
확고한 신념을 가진 의지력이 강한 사람

해(亥)가 위치하는 방위(方位)는 북북서(北北西 ; 北)쪽, 하루의 시간
으로는 오후 9시부터 오후 11시까지이며 계절은 만추(晩秋)인 10월이
다. 10월이라는 시기는 식물의 과실이 딱딱한 핵(核)을 형성하는 때로서
고서(古書)에도 "해(亥)는 백물(百物)을 수장(收藏)한다"든가 "성물개견
핵(成物皆堅核)"이라고 씌어 있다. 즉 해(亥)는 핵(核 ; 식물의 종자)이라
는 의미로 있었던 것이다.

식물의 종자는 땅 속에 들어가서 이듬해 봄을 맞으면 싹을 낼 에너지
를 비축한다. 거기에서 해(亥)에는 '뿌리 내리다, 싹트다, 조짐이 보이다'
라는 의미도 생겨났다.

또 10월이라고 하면 본격적인 겨울을 맞기 위한 준비 시기이기도 하
므로 만전을 기하고 어떤 일에 대해서도 '준비한다'는 의미와도 연관되
어 있다.

해년생인 사람의 특질이라든가 본성을 보는 경우도 이러한 해(亥)의 의미를 합쳐서 생각하는 것이 좋을 것이다.

즉 핵(核)과 심(芯), 인간으로 말한다면 신념을 확고히 가지고 있는, 즉 의지력이 강인한 사람이란 뜻이 된다. 그러므로 어떤 일에 대해서도 자신감이 넘치는 태도로 임하며, 자신의 그룹을 부드럽게 이끌어 나가는 리더십도 갖추고 있는 것이다.

한편 해(亥)의 오행은 자(子)와 마찬가지로 수성(水性)의 질(質)을 가지고 있다. '수(水)는 방월(方月)의 그릇에 따른다'고 하는 것처럼 대단한 유연성이 있다.

또 북쪽 방위는 습득본능(習得本能)의 세계이기도 하므로, 해년생의 사람은 대체적으로 머리 회전이 빠르고 재치가 있다.

단 자(子)가 공격적인 데 비하여 해(亥)는 함부로 자기가 공격을 하는 예는 그다지 없다. 이 해년생의 사람이 공격을 가할 때는 진짜로 화가 났을 때이며 그만큼 상대방은 위협을 받게 될 것이다.

그러한 해년생의 사람에게 적합한 일거리와 역할은 역시 지식의 습득에 강한 흥미를 가지며, 그것을 인간애로서 전파하고 싶어하는 생각을 가지고 있으므로 화가, 음악가, 시인, 문필가 등의 예술 방면이 좋다.

명랑하고 쾌활한 행동가이다. 언젠가 자기 자신에 대하여 자신감이 있으며 당당한 태도로 일에 임한다. 남녀 공히 의지할 만한 사람이 많고, 그룹 속에서는 리더로 선출되는 경우도 많을 것이다.

또 낙천적인 인품은 사람들의 마음을 온화하게 만들어 준다. 그 반면 '어떻게든 되겠지'라며 무책임한 생각과 행동을 하는 경우도 있다.

무슨 일이 일어나더라도 금방 고쳐 나가는 강인함을 지니고 있는데, 리더로서 사람들 위에 섰을 경우에는 이처럼 애매한 행동은 치명적인 것이 될 것인 즉 주의해야겠다.

돈에 대한 집착은 그다지 없는데 이상하게도 쓴 돈 만큼은 꼭 들어오는 금전운이 있다. 이성으로부터 호감을 사며 결혼한 후에는 평온한 가정을 가지게 된다.

오로지 자기만의 길을 걸어가는 타입이므로 집단 안에서 일하는 것보다 개인적으로 노력을 쌓아가지고 법률이라든가 계리(計理) 관계의 사무실을 여는 등 사회적으로 지위가 있는 직업을 목표로 삼는 것이 좋다.

──── 해년(亥年) 축월(丑月 ; 음력 12월)생(生) ────

　명랑하고 낙천적인 인품이어서 누구에게서나 호감을 사며, 항상 화제의 중심이 된다. 또 호기심이 왕성하며 행동적인 면은 많은 친구를 만들 수 있을 것이다.

　그러나 좋아하는 사람 앞에 가면 이야기가 달라진다. 마치 꾸어다 놓은 보릿자루처럼 입을 다물고 있는 것이다. 애정 표현을 제대로 할 수 없기 때문에 자기 본심을 그대로 전하지 못하는 것이다. 그러므로 짝사랑으로 끝나는 경우도 더러 있다.

　또 쓸데없이 허영을 부린다거나 자신의 실력을 과신하는 경우가 있어서 스스로 궁지에 빠져들고 만다. 자신의 능력을 객관적으로 평가할 수 있을 때까지는 손윗사람의 조언에 귀를 기울이는 마음가짐이 필요할 것이다.

　차례로 새로운 발상을 전개시키고 개척해 나가는 힘을 가지고 있으므로 탤런트, 뉴스 캐스터, 리포터 등 화려하고 창조적인 분야에서 소질을 발휘할 수 있을 것이다.

─────── 해년(亥年) 인월(寅月 ; 음력 1월)생(生) ───────

　의지가 강한 대단한 노력가인데, 그러한 정열을 함부로 표면에 나타
내지는 않는다. 왕성한 독립심을 가지고 있기는 하지만, 자아가 강한 점
이 결점이라고 할 수 있다.

　그러나 일단 결정한 다음에는 자신의 인생을 모두 걸고서라도 관철
시키고자 하며 그 일을 위하여 매일같이 노력을 아끼지 않는다. 그런 점
으로 본다면 자기 본위여서, 주위 사람과의 인간관계에 협조를 필요로
하는 회사원에는 적합하지 않다 하겠다.

　또 남에게 엄하고 자신에게는 관대한 성격이어서 서클이라든가 팀의
리더가 되면 그 멤버들은 시종 불만을 토로하게 될 것이다.

　세세한 점에도 신경을 쓰고 현실적으로 어려운 계산도 척척 해낼 수
있으므로 자영업이 적합하다. 특히 레스토랑, 양품점이라든가 액세서리
상점, 잡화점 등의 가게를 권하고 싶다.

―――― 해년(亥年) 묘월(卯月 ; 음력 2월)생(生) ――――

산뜻한 성품에다가 대인관계도 좋고 또 변설(辯舌)이 멋지므로 남들로부터 호감을 산다. 그러므로 인간관계로 마찰을 일으키기 쉬운 해년생 가운데 이 묘월생만은 그런 걱정을 할 필요가 없다.

이처럼 사교성이 풍부한 데다가 손윗사람에게는 순종하는 성품이어서 상사의 눈에 들게 되고 또 상사가 이끌어 주게 마련이다. 그리고 천부적인 예술적 감각과 갖추고 있는 재주를 살려 나갈 수 있는 분야에서라면 일찍이 성공할 수 있을 것이다.

수동적인 체질인데 마음 바탕에는 사람들 위에 서고 싶다는 원망(願望)이 있으며, 그 때문에 독립해서 어떤 일을 시작하는 사람도 있으나 이해심이 있는 스폰서라든가, 당사자의 결점을 보완해 줄 만한 파트너가 없으면 성공하기는 매우 어렵다.

이성에 대하여는 선택의 호불호가 심하고 이상을 지나치게 추구하는 나머지 만혼하는 경우가 많은 경향이 있다. 적합한 직업으로는 이벤트 프로듀서, 연출가, 각종 컨설턴트업 등이다.

감수성이 예민하고 순수한 마음의 소유자이다. 더구나 로맨티스트로서 언제나 모험과 꿈을 추구하고 있다. 꿈을 크게 갖는다는 것은 멋진 일이지만, 문제가 되는 것은 이따금 생각하는 바가 현실에서 유리(遊離)되기 쉽다는 점이다. 비현실적인 세계를 자기 마음 속에 멋대로 만들어가지고 그 속에서 놀려고 하는 공상벽이 있는 것이다.

또 자신의 꿈과 현실이 너무나 떨어져 있으면 좌절감을 느끼게 되고 안달하게 되며 자포자기에 빠질 염려도 있다. 신경질적인 면이 다분히 있으므로 스스로 자신의 마음을 언제나 조절할 수 있도록 마음쓸 일이다.

연애에 있어서도 자신의 감정을 조절할 수가 없어서 쓴 잔을 마시는 경우가 있을 것이다.

기우장대(氣宇壯大)하고 행동이 멋스럽다는 점을 감안하면 금전적으로 고통받지 않을 것으로 생각되지만 실제로는 자질구레한 계산도 할 수 있는 경제관념의 소유자인 것이다.

적합한 직업으로는 예술, 예능관계, 스포츠계, 의사, 저술업, 검사 등이다.

―――― 해년(亥年) 사월(巳月 ; 음력 4월)생(生) ――――

탐욕스러울 만큼 향상심(向上心)이 강하고 또 신념도 강한데, 거기에
다 더하여 끈기도 남보다 갑절이나 강하므로 한 가지 일을 시작하면 아
무리 어려운 처지에 놓이더라도 끝까지 해낸다.

그 투지와 에너지는 남의 추종을 불허하는 면이 있는데 융통성이 다
소 부족되므로 주위 사람들과의 사이에 틈이 벌어지기 쉽다. 신념이 굳
은 것은 좋지만 남의 의견에 귀를 기울이는 순수성이 없으면 실패한다.

저돌맹진적인 성격은 사랑에 빠져들면 맹목적이 되어버리는 타입이
다. 또 독점욕이 강하기 때문에 질투심으로부터, 때로는 자기 멋대로의
행동으로 나오기 쉽다. 어느 정도 이해해 주는 사람을 만나지 않는 한
사랑이 성취되기는 어려울 것이다. 조혼보다는 만혼, 연애보다는 중매
결혼인 편이 오히려 잘 되어 가겠다.

새로운 사업이나 산업을 일으키는 데에 참여하면 역량을 유감없이
발휘할 수 있을 것이다. 또 토목 건축관계 등 도로와 거리를 만드는 일
이 적합한 직업이다.

───── 해년(亥年) 오월(午月 ; 음력 5월)생(生) ─────

활발하고 행동력이 넘치며 항상 남보다 한 걸음 앞서 가지 않으면 직성이 안 풀리는 타입으로서 승부욕이 강한 사람이다. 창조력도 있으므로 새로운 분야를 개척한다거나 사업을 시작하는 경우에는 그 장점을 충분히 발휘할 수 있을 것이다.

자신과잉으로 남을 무시하거나 좋고 싫은 감정을 그대로 표면의 태도에 나타내기 때문에 생각지 않았던 곳에서 반감을 사고 원한을 산다. 자기 중심적인 사고방식을 가급적 억제하고 많은 사람들과 교제하도록 힘쓸 일이다.

수입은 꽤 있는데, 허세를 부리고 외면에 신경을 너무 쓰기 때문에 나가는 돈도 많아서 저축이 되지 않는다. 착실하게 계획을 세우지 않으면 금전 문제로 인한 고생이 그치지 아니 한다.

이성 관계는 상대를 자꾸 바꾸므로 화려하게 보이지만 뜨거워지기도 쉽고 차가워지기도 쉽다는 점에서 볼 때, 변덕이 많은 편이며 마음은 항상 불안전한 상태이다.

예술이나 출판 광고 관계, 디자이너, 일러스트레이터 등 창조적인 분야의 일이 적합하다.

─────── 해년(亥年) 미월(未月 ; 음력 6월)생(生) ───────

실로 인내심 강하게 일을 하는 사람으로서 어떤 일에 임해도 가리지 않고 꾸준히 노력을 한다. 요령이 있는 것은 아니고 끝까지 포기하지 않으며 해내는 그 뚝심은 가히 일품이며 그 사람의 장점이기도 하다. 남과 다투는 것을 좋아하지 않는, 아주 온화한 성격으로서 인정이 있기 때문에 남의 일을 돌보아 주기를 좋아한다. 그런 점 때문에 인간관계는 원활하며 주위의 신뢰도 두텁게 얻게 된다.

단점은 결단력이 모자란다는 점인데, 우냐 좌냐는 식의 양자택일을 해야 하는 때는 그만 우유부단해져서 어찌 할 바를 몰라 한다.

톱보다는 보좌역으로 철저하게 일하는 편이 오히려 능력을 충분히 발휘할 수 있다. 대기만성형으로서 한 가지 일을 견실하게 해나가면 결국에는 큰 꽃을 피우게 되리라.

동정심이 많으며 성실한 인품이므로 남녀 공히 이성에게 호감을 준다. 남성은 동년배나 연상의 여성과 결합될 가능성이 짙다.

배우, 프로 스포츠계, 공무원, 변호사 등이 적합한 직업이다.

───── 해년(亥年) 신월(申月 ; 음력 7월)생(生) ─────

어떤 일에든지 자신감이 넘치는 태도로 임하며 자신의 그룹을 부드럽게 끌고 가는 리더십도 있다. 진지하게 노력하며 한 가지 일에 철저히 임하면 대성할 수 있는데 현실에 만족하지 못하고 전직을 하거나 하면 도중하차로 끝날 가능성도 있다.

또 일확천금을 꿈꾸고 도박이나 투기 등에 손을 대면, 빚이 눈덩이처럼 불어나서 파멸의 길을 걷게 될 것이다. 이 점 특별히 조심해야겠다.

자존심이 강하지만 그것을 입 밖에 내거나 하지는 않는다. 사교성도 있으므로 인간관계는 자연스러운데 변덕스러움이 최대의 결점이다. 그 결과 진심으로 신뢰하며 사귀는 사람이 줄어들게 될 염려도 있다.

이성 관계는 화려한 편인데 사귀고 있는 중에도 금방 다른 상대에게 마음이 옮겨가기 때문에 연애에서 결혼으로 자연스럽게 성공하는 경우는 그다지 많지 않을 것이다.

영업이라든가 세일즈에 적합하며 나이가 들어감에 따라 안정을 찾게 되면 실업가로 대성할 가능성도 있다.

수재(秀才) 타입으로서 더구나 운동 신경도 발달되어 있으므로 어렸을 때부터 공부와 스포츠 쌍방에서 두드러지는 존재였을 것이다. 그것이 과신이 되면 오만스러움이 언동에 나타난다.

더욱 곤란한 일은 본심을 함부로 드러내면서, 남의 기분은 고려하지 않은 채 즉흥적으로 말을 하는 까닭에, 인간관계를 망가뜨리는 일이다.

자질이나 능력이라는 점에서는 결코 남에게 뒤지지 않지만 선견지명이 있는 만큼 생각을 지나치게 하다가 모처럼 찾아온 기회를 놓치고 마는 수도 많이 있다.

그러므로 앞일을 지나치게 생각하다가 출발이 늦어진다거나 능력을 과신하여 오만한 태도를 취하지 않도록 주의할 필요가 있다.

좋아하는 상대에게는 정열적으로 접근하는데, 어딘지 타산적인 면도 있는 듯하다.

조직 속에서 보다는 자유로이 그리고 자신의 개성을 살려나가는 일이 적합하다. 구체적으로는 화가라든가 음악가 등 예술관계나 적어도 자신이 직접 경영하는 일을 찾아야겠다.

주어진 일은 최후까지 손을 떼지 않고 해내는 책임감과 강한 의지를 가지고 있다. 손윗사람의 신용을 얻어서 운기를 열어갈 수 있으므로, 훌륭한 지도자라든가 조언자하고 성실한 인간관계를 유지해 나가는 것이 성공의 조건이다.

그 반면, 자존심이 강하고 자질구레한 일에 사로잡힌다든가 강한 의지력이 고집으로 나타나서 남들과 충돌하는 예도 적지 아니 하다. 그러므로 팀워크가 필요한 업종이나, 대인관계가 중요한 접객업, 영업 관계 등의 업종에는 적합하지가 않다.

표면적으로는 차가운 사람처럼 보이고 이성에 대해서도 무관심을 가장하고 있지만, 내심은 아주 정열적이어서 이성으로부터 환영 받는 경우가 많은 것 같다. 연애운은 비교적 양호하며 연인이 없더라도 적적해 하는 일은 없을 것이다. 단 자존심이 방해 작용을 하여 자신의 마음을 있는 그대로 전하지를 못하므로 마음에 있는 사람을 놓친 다음 후회하는 일이 있다.

적합한 직업으로는 변호사, 계리사, 미용사, 이용사, 디자이너 등 자격과 기술을 살려 나갈 수 있는 직종이 좋다.

—— 해년(亥年) 해월(亥月 ; 음력 10월)생(生) ——

대쪽같이 곧고 산뜻한 성격의 소유자로서 어떤 일에도 그 목적을 달성할 때까지는 물러서지 않는 의지력을 가지고 있다. 더구나 날카로운 직감력과 판단력도 갖추고 있기 때문에 사람들 위에 서서 일하는 리더도 될 수 있다.

가식 없는 정직한 성격은 남의 비위를 맞추지 못하고 또 애교부리는 말도 하지 못한다. 그 때문에 대인관계에서는 오해를 받기가 쉽다. 그러나 신의가 두텁고 남을 돌보아 주는 등 우두머리의 기질도 가지고 있다.

외견으로는 강의(剛毅)하게 보이지만, 그 내면은 정에 약하고 눈물도 많으므로 고민하는 일도 많다. 그런 까닭에 자기만의 힘으로 고집스럽게 애쓸 일이 아니라 유사시에 믿고 의지할 만한 사람을 만들어 둘 필요가 있다.

결혼은 늦는 편인데 한 가지 일에 열중하는 성격 그대로 결혼한 후에도 성실하여 애정이 넘치는 가정을 꾸려 나간다.

학교 선생님을 위시하여 서예 선생님 등 남에게 가르치는 일이 적합한 직업이다.

미래를 찾아 나서는 여행

미래를 찾아 나서는 여행

육십간지와 오행역

앞에서 설명한 바 있는 오행역의 이론과 구조는 실은 우리네 일상생활과 끊을래야 끊을 수 없는 관계에 있다. 또 이 오행역은 십간(十干) 십이지(十二支)를 알아야 점칠 수 있는 것이다. 그럼 십간 십이지, 즉 육십간지(六十干支)란 무엇인가? 간단히 설명해 보기로 한다.

십간(十干)은 고대 중국의 역법에서 1개월을 10일 단위로 나누고, 즉 삼순(三旬)으로 나누고 그 순서를 나타내는 기호로서 탄생된 것이며, 그 것은 다음 열 가지이다.

갑(甲), 을(乙), 병(丙), 정(丁), 무(戊), 기(己), 경(庚), 신(辛), 임(壬), 계(癸). 이것에 비하여 십이지(十二支)는 하늘을 12등분하고 그 방위를 정할 때 썼던 기호로서 다음의 열두 가지이다.

자(子;쥐), 축(丑;소), 인(寅;호랑이), 묘(卯;토끼), 진(辰;용), 사(巳;

뱀), 오(午;말), 미(未;양), 신(申;원숭이), 유(酉;닭), 술(戌;개), 해(亥;돼지). 앞의 십간(十干)과 오행(五行)의 연관성은 다음과 같다.

　갑(甲)—목(木)의 양(陽)

　을(乙)—목(木)의 음(陰)

　병(丙)—화(火)의 양(陽)

　정(丁)—화(火)의 음(陰)

　무(戊)—토(土)의 양(陽)

　기(己)—토(土)의 음(陰)

　경(庚)—금(金)의 양(陽)

　신(辛)—금(金)의 음(陰)

　임(壬)—수(水)의 양(陽)

　계(癸)—수(水)의 음(陰)

　이 십간과 십이지를 짜맞추어 육십간지를 만들어서 연호에 적용시킨 것은 기원전 11세기에서 12세기에 걸친 주나라 왕조 때라고 한다. 우리는 보통 서력(西曆)의 연호를 사용하고 있는데 이 육십간지는 그리스도 탄생보다 훨씬 전부터 60년 주기로 반복되어 왔던 것이다.

　육십간지와 오행의 관계는 다음 표와 같다.

木 —	1 甲子	11 甲戌	21 甲申	31 甲午	41 甲辰	51 甲寅
木 --	2 乙丑	12 乙亥	22 乙酉	32 乙未	42 乙巳	52 乙卯
火 —	3 丙寅	13 丙子	23 丙戌	33 丙申	43 丙午	53 丙辰
火 --	4 丁卯	14 丁丑	24 丁亥	34 丁酉	44 丁未	54 丁巳
土 —	5 戊辰	15 戊寅	25 戊子	35 戊戌	45 戊申	55 戊午
土 --	6 己巳	16 己卯	26 己丑	36 己亥	46 己酉	56 己未
金 —	7 庚午	17 庚辰	27 庚寅	37 庚子	47 庚戌	57 庚申
金 --	8 辛未	18 辛巳	28 辛卯	38 辛丑	48 辛亥	58 辛酉
水 —	9 壬申	19 壬午	29 壬辰	39 壬寅	49 壬子	59 壬戌
水 --	10 癸酉	20 癸未	30 癸巳	40 癸卯	50 癸丑	60 癸亥

표를 보면 육십간지가 우리네 생활과 깊은 관계를 가지고 있다는 것을 잘 알 수 있다. 재작년(1991년)은 양(羊)의 해인 신미년(辛未年)이므로 작년(1992년)은 임신년(壬申年), 즉 원숭이의 해이다. 우리나라의 인구 통계를 보면 1966년, 병오년(丙午年) 태생의 인구가 그 앞뒤의 해보다 많이 줄어들어 있음을 볼 수 있다. 이 해는 60년마다 찾아오는 병오년이다. 병(丙)은 화(火)의 양(陽), 오(午)는 난폭한 말처럼 손을 쓸 수 없는 것을 연상시키는 데다가 오행에서도 화기(火氣)가 배당되어 있는 까닭에 화(火)가 중첩되어 있다. 그래서 병오(丙午)는 '뜨거워서 컨트롤할 수 없을 것'을 가리키게 되었으며, 특히 여성의 경우는 '성미가 거칠어서 시집가기 어렵다'는 속설이 생겨났다.

그러나 독자들 가운데 병오년생의 여성이 있다고 해서 그런 것에 신경을 쓸 필요는 없다. 역과 이러한 속설 사이에는 아무런 관계도 없다. 오행역에서는 인간의 운명이 태어나면서부터 정해지는 것이 아니라 일월(日月)의 움직임에 따라 변화되는 것으로 보기 때문이다.

병오년이든 아니든 신경을 쓰지 않아도 된다. 요컨대 사람은 어떻게 살 것이냐는 길을 찾아내는 것이 오행역인 것이다.

육십간지는 인생을 재보기 위한 자와 같은 것이다. 요즘에는 환갑잔치를 하는 사람이 많지 않지만, 지난날에는 환갑 잔치를 하는 사람이 많았었다. 환갑이란 문자 그대로 태어난 해의 육십간지가 다시 돌아온 해이다. 금년은 계유년(癸酉年)이므로 금년에 환갑을 맞는 사람은 1933년의 계유년 태생이 된다.

이 육십간지의 최초에 해당하는 해가 갑자(甲子)이다. 우리는 이 광대무변한 우주가 언제 탄생했는지, 그 우주의 기원에 대해서는 알 길이 없지만, 육십간지의 최초에 갑자를 정해 놓음으로써 만물의 시작을 상징케 했던 것이다.

오행역에서는 역점을 볼 때 모든 괘를 이 육십간지에 귀납시키어 판단한다.

그래서 '갑자(甲子)에 귀납한다'고 하여 이를 납갑(納甲)이라고 한다. 납갑은 오행역을 완성시킨 전한의 학자, 경방이 만들었다고 하는 오행역만의 특수한 역점법이다. 이 책에서도 뒤에 육십사괘의 운세를 게재하겠는데 경방의 납갑표(納甲表)를 바탕으로 하여 점단(占斷)을 내린 것이다.

점이 맞는 이유는

'점은 어찌하여 맞느냐'는 질문에 간단히 대답할 수 있는 사람은 역점가 중 없을 것이다. 운명감정가로 자처하며 거리에 나와서 앉아 있는 점쟁이 중에는 '맞으니까 맞는 것이지'라는 식으로 적당히 얼버무리는 사람도 있겠지만, 그것은 결코 정답이 될 수 없다. 예로부터 '맞는 것도 점이요, 안 맞는 것도 점'이라는 것이 역자의 세계이다. 점단의 결과는 맞는 것도 있고 안 맞는 것도 있다.

일찍이 명의로 꼽히던 모 대학병원 내과과장 K박사는 퇴직할 때,
> "돌이켜보건대 의사로서의 생애를 통한 오진율(誤診率)은 50%에 이를 것으로 생각한다."

고 말하여 세상을 깜짝 놀라게 만들었다. 그 과장은 젊었을 때 저지른 실수와 일부 오진했던 것을 과장해서 한 말이겠지만, 이 말은 무슨 일에서든지 완전(完全)을 바란다는 것이 얼마나 어려운 일인지를 생각나게 한다.

역의 세계에서도 '몇 월 며칠에 어떤 일이 일어난다'는 식의 세세한 점까지 완전하게 요구한다면 당연한 일이지만 맞추기 어려워진다. 그러나 점단을 반복해 나가다 보면 차츰 맞추는 확률은 높아지게 마련이다. 이것도 수련을 쌓으면 잘 된다는 점에서는 의사라든가 운동선수와 마

찬가지이겠지만, 그렇다고 해서 '점은 어찌하여 맞느냐?'는 물음에 대한 정답이 될 수는 없다.

'저녁노을이 붉게 물들면 그 다음날은 맑다'고 하는데, 이것은 오랜 경험에서 생겨난 일기 예보의 속담과 같은 것이다. 옛날 사람들은 붉은 저녁놀이라고 하는 조짐을 보고 다음 날 일기를 맑다고 예측했던 것——과학 기술이 발달한 오늘날에도 기상대에서는 다음날 일기를 예보할 때, 노련한 직원이 옥상으로 올라가서 한 쪽 손으로 햇빛을 가리며 하늘을 쳐다본 다음, 기상을 판정하는 자료로 삼고 있다. 이것을 기상용어로 '관천망기'라고 하는데 조짐을 보는 것임에 다름아니다.

역이 생겨난 계기도 역시 사물의 조짐, 즉 전조(前兆)를 읽어내는 것에서 시작되었을 것으로 생각된다. 《역경(易經)》 속에

"이상(履霜)하면 견빙(堅氷)이 지(至)하리라."

즉 '서리를 밟고 서서, 장차 굳은 얼음이 얼 것을 안다'는 말이 있다. '붉게 타는 저녁 노을을 보고 다음날의 날씨가 맑다'는 것을 아는 것과 마찬가지로 '서리가 내리는 것을 보고 추운 겨울의 도래를 예측했던 것이다.' 그러나 이것만으로는 다음날의 일기 정도는 예측할 수 있겠지만, 3일 후, 5일 후, 나아가서는 1개월, 1년 후의 먼 장래에 일어나는 일은 예측할 수가 없다.

그러므로 공자(孔子)도 《역경(易經)》의 해설 속에서,

"知幾其神乎(그것을 아는 것은 신이란 말인가?)"

라고 썼다. 기(幾)란 조짐이란 말이니 조짐을 보아 사물을 예측하는 것은 신(神)의 영역이라며 한탄했다. 여기서 등장한 것이 오행역의 천인일리설(天人一理說)이다. 오행역에서는 지금까지 설명해 온 것처럼 천(天)과 지(地) 사이에 어떤 종류의 상관관계가 있는 것을 점단의 기본으로 삼고 있다.

아침이 되면 해가 떠오르고, 사계가 돌고 도는 것처럼 자연 현상 속에

는 확실한 법칙성이 있다. 우리는 '붉게 타는 저녁노을=맑음'이라는 것처럼 경험에 의해서 그것을 예지해 온 것인데 '하늘에 지배당하고 있는 인간에게도 똑같은 법칙성이 있는 것이 아니겠는가? 그렇다면 마찬가지로 예지할 수 있는 것이 아니겠느냐?라는 것이 오행역의 입장이다.

그리고 생각해 낸 것이 지금까지 소개한 목(木), 화(火), 토(土), 금(金), 수(水) 등 자연계의 오원소(五元素)가 순환, 윤회하고 상생(相生), 상극(相剋)과 그리고 대항하는 관계인 비화(比和)의 세 작용이다. 이에 비하여 인간계에는 자기를 중심으로 하여 낳고, 낳음을 믿으며, 침해하고, 침해함을 받으며, 경합하는 관계에 있는 육친오류(肉親五類)가 생겨났다.

오행역의 점단은 점치는 목적이 되는 육친오류가 자연계의 오행순환(五行循環)에 의해 어떻게 변화하느냐를 육십사괘(六十四卦) 속에 나타난 괘(卦)에서 읽고 미래의 운명을 예지코자 하는 것이다. 그런 점으로 볼 때 점단의 기초가 되는 괘를 얻는 데 있어, 어떤 괘를 얻느냐는 것은 실로 우연에 지나지 않는다. 극단적으로 말한다면 어떤 괘가 나오느냐는 주사위의 어떤 눈이 나오느냐 하는 것과 다를 바 없다. 확률로 볼 때는 64분의 1의 우연이 된다.

역점의 세계에서는 이것을 우연이라고 생각하지 않는다. 예컨대 여기서 괘를 세우고 뇌택귀매(雷澤歸妹)의 괘를 얻었다고 하자. 이밖에 육십삼괘가 있는데 왜 뇌택귀매의 괘가 아니면 안 된다는 것인가? 우연이라면 다른 괘가 나와도 좋을 것이다. 그 의미를 생각해 보도록 하자

여기에 길을 걸어가다가 교통사고를 당한 사람이 있다고 하자. 사고를 당한 것은 전연 우연의 일이다. 그러나 그 사람으로서는 그 시간에 그곳을 걸어가지 않아도 좋았으리라는 선택의 자유가 있었을 것이다. 그런데도 불구하고 사고를 당했다는 것은, 이 사람에게 있어서 그 사고

는 피할 수 없는 운명이었다는 말이 된다. 바꾸어 말한다면 필연이었던 것이다.

이와 마찬가지로 육십사괘 가운데서 뇌택귀매의 괘를 얻은 것은 우연이 아니라 필연, 즉 그 사람의 운명으로 보아야 한다. 그리고 그 근본에 있는 것이 무심(無心)이다.

하늘의 소리는 무심(無心)의 소리

"이 세계는 광대(廣大)하며 만물이 갖추어져 있고, 구름이 움직이며 바람이 불고 천변만화하는데, 만약 유(有)를 근본으로 한다면 그만큼 많은 것을 가질 수가 없을 것이다."
라는 것이 《역경(易經)》에 있는 우주관이다. 따라서 미래로부터 사인을 듣는 데 이것 저것 이론은 필요치 않다.

자기 자신을 가급적 무(無)로 하고, 하늘의 소리를 듣는다는 자세가 중요하다. 어렸을 때 꾼 꿈이 잘 맞았던 것도 잠자기 전에 어른들처럼 이것 저것 쓸데없는 생각을 하지 않고, 이 무심의 경지에 있었기 때문이다.

운명감정가를 찾아가서,
"오는 주말에는 경마장에 가려고 하는데 몇 번 말의 마권(馬券)을 사면 좋겠습니까?"
라는 질문을 하는 사람도 있고 또,
"이 주식을 파는 것이 좋겠습니까? 아니면 더 사들이는 것이 좋겠습니까?"
라고 묻는 사람도 있다.

무심의 경지와는 거리가 먼 심경으로 '경마라든가 주식을 가지고 한탕 하려는 사심'이 있다면, 하늘의 소리를 들을 수는 없다. 어느 역점가는 다음과 같이 말했다.

"경마라든가 주식 문제로 상담하러 오는 사람이 많습니다. 그럴 때 나는 상담자가 몇 번의 말을 꼽고 있는지 혹은 주식을 팔려고 하는 것인지 사려고 하는 것인지, 그 의지를 확인한 다음 그 가부를 하늘에 묻지요. 하늘은 그것에 가(可) 또는 부(否)의 모양으로 대답해 주는데 '당첨될 복권(福券)의 번호를 맞추게 해달라'는 식의 엉뚱한 질문에는 불응괘(不應卦)가 나올 뿐 대답해 주지 않습니다."

즉 하늘이 어떻게 대답하느냐는, 어디까지나 상담자의 괘에 대한 자세에 의한다.

'풋끗발이 사람 잡는다'는 도박판의 은어가 있다. 경마에서도 증권에서도 도박장에서도 처음 시작으로 손을 댄 풋내기가, 전문가를 뺨칠 만큼 재미를 본다는 의미로서 초심자의 승리를 가리키는 말이다.

초심자가 왜 이기는 것일까? 그 이유를 가리켜 무욕의 승리, 무심의 승리라고 한다. 그 증거로 첫번째에는 승리를 하지만, 두 번째 이후로는 대패하는 경우가 많은 것 같다. 첫번째에는 무심으로 달려들었는데 두 번째가 되면, '그렇다. 풋내기로 처음 손댔건만 그토록 대승을 거두었으니 이번에는……'이라며 색기(色氣)가 나오기 시작한다.

역의 세계도 이와 똑같다. 하늘에 물을 때 사심이라든가 색기가 섞여 있으면 하늘은 그에게 정당한 답변을 해 주지 않는다.

'아무리 그런 말을 하더라도 나는 성인 군자가 아니므로 간단히 사심을 버릴 수가 없소' 하며 거부반응을 일으키는 사람이 많을는지 모르겠다. 그것도 무리가 아니다.

그런 때는 '군자표변(君子豹變)'이란 말을 생각하기 바란다. 이 말의 의미는 '세상에서는 훌륭하다는 평판을 받고 있는 사람이라 하더라도 자신에게 사정이 안 좋을 때는 태도를 바꾼다'. 즉 기회주의의 대표인 것처럼 생각되지만, 실은 정반대의 뜻이 있는 말이다. 즉 '훌륭한 사람일

수록 올바른 가르침에 접하면 표범이 그 무늬를 바꾸듯 그것에 따른다'는 의미인 것이다.

《역경(易經)》속에 있는 유명한 말인데 올바른 가르침이란 하늘의 소리라고 해도 좋을 것이다. 애써 들을 기회를 만든 하늘의 소리도 받아들이는 쪽에게 사심이 있다면 아무 소용도 없게 된다. 미래로부터의 사인을 정확하게 듣기 위해서는 군자와 같이 크게 표변(豹變)할 일이다.

'그럼 천진난만하게 괘를 뽑으면 되겠다'면서 마치 여러 친구들과 트럼프 점을 치듯, 자신의 마음에 드는 괘가 나올 때까지 몇 번이고 괘를 뽑는 사람도 있다. 그런 식으로 괘를 뽑으면 하늘은 역시 그를 상대해 주지 않는다. 《역경(易經)》속에도,

"성의를 다한 물음이라면 최초의 괘(卦)에 대답을 해 줄 것이나, 두 번 세번 뽑으면 괘를 더럽히고 만다. 더럽혀진 괘에 올바른 대답이 있을 리 만무하다."

라는 의미의 글이 씌어져 있다.

역점가 중에는 자기 멋대로,

"내 말을 믿으라."

며, 자신의 감정 결과를 상담자에게 신봉토록 강요하는 자가 있는데 이 것 또한 곤란한 일이다. 역점은 종교가 아니다. 결단을 내리는 쪽은 어디까지나 상담자 자신이며 역점가는 조언자에 불과하다. 오행역의 즐거움은 자신이 괘를 세우고, 미래로부터의 사인을 받되, 그 의미를 자신이 판단하고 자신이 그 결론을 알아내는 데에 있다. 이 받침 접시가 무심의 경지이다.

이것을 점기(占棋)라고 한다.

동전 속에 미래가 있다

그럼 오행역의 구조와 이론을 이해했을 것이다. 이제 미래를 찾아나서는 여행을 시작하기로 하자. 준비할 것은 동전이나 주사위 중 한 가지에 이 책 한 권만 있으면 충분하다. 단 메모를 하기 위한 종이와 연필만은 준비하도록 하자.

준비가 되었으면 점칠 대상을 정하자. 점이라고 하면 대개는 즉석에서,

"장차 출세할 수 있느냐?"

"금전운(金錢運)은 있겠는가?"

"결혼운(結婚運)은 어떻겠는가?"

등을 묻는 사람이 있는데 이처럼 막연한 질문은 마치 사막에서 신기루를 좇는 것과 같은 것이어서 잡힐 리가 만무하다.

한 마디로 출세라고는 하지만 사람에 따라서 그 생각하는 바는 가지각색이다. 같은 샐러리맨이라 하더라도, 부장이나 이사 따위는 문제가 아니고 톱인 사장의 자리에 남아야 출세했다는 생각을 하는 사람도 있을 것이며, 이와는 반대로 계장이나 주임도 좋으니 부하직원을 거느리는 자리라면 만족하겠다는 사람도 있을 것이다.

혹은 사내의 지위 따위에는 눈길도 돌리지 않고, 취미가 있는 사진이라든지 도예 등의 예술작품에서 인정을 받고 출세하겠다는 사람도 있을는지 모른다. 금전운(金錢運)이나 결혼운(結婚運) 등에 대해서도 출세운과 똑같은 말을 할 수 있다. 점치는 대상을 점적(占的)이라고 하는데 점적은 가급적이면 구체적으로 압축시킬 일이다.

예컨대 'A, B 두 가지의 길이 있는데 어느 쪽을 선택할 것인지 갈피를 못잡고 있을 때'는, 그냥 있을 것이 아니라, 자신의 마음이 어느 쪽에 기울고 있는지 가슴에 손을 대고 깊이 생각해 본 다음 '나로서는 A를 선택하고 싶은데, 그것이 옳은지 그른지'라고 묻는 편이 하늘의 의지를

잘 읽을 수 있는 첩경이 된다.

물론 3년, 5년 앞의 장래에 대하여 괘를 구해 보는 것은 자유이지만, 전문가들도 어려운 이 문제에 대해서 풋내기들이 해 본들 막연한 답밖에 돌아오지 않는다. 처음에는 '오른쪽이냐, 왼쪽이냐'는 식의 간단한 질문이더라도 몇 번씩 반복해서 오행역의 구조에 익숙해지면 시기라든가 방각(方角) 혹은 플러스냐 마이너스냐 등의 세세한 내용도 차츰 읽어나갈 수 있게 된다.

점적(占的)이 정해졌으면 다음에는 점법(占法)이다. 점법에 동전이나 주사위를 사용한다는 말을 들으면,

"아들 아니면 딸이라는 식의 점을 믿을 수 없다."

며 비웃는 사람도 있다. 그러나 실은 이것이 아니면 저것이라는 것에야말로 점의 진수가 있는 것이다.

거리에 앉아 있는 운명감정가 중에는 갖가지 소품을 늘어 놓고 신비스런 분위기를 조성하여 '이래도 안 믿겠느냐'는 식으로 무게잡고 앉아서 감정하는 사람도 있다. 또 《주역(周易)》의 경우에도 정식으로 점칠 때는 서죽서구라든가 산목(算木) 등의 서구를 준비하고 장시간에 걸쳐 괘를 낸다.

따지고 보면 이런 점법은 예의범절의 한 유파에 불과한 것이며, 오랜 세월 동안에 점의 본질인 간략함을 잃은 것으로서, 형식만을 내세우는 것이라고 해도 좋다.

본디 점을 고안해 낸 중국 사람들은 화폐를 공중에 집어던진 다음 떨어진 동전을 보아 그 안팎으로 길흉을 판단하면서 즐겼던 것이다. 역점 역시 궁극적으로는 음(陰)이냐 양(陽)이냐, 기수(寄數)냐 우수(偶數)냐, 둘 가운데 하나를 고르는 것이다. 비유가 좋지 못할는지 모르겠으나 이처럼 단순명쾌한 편이 오히려 박력이 있다는 점에서는 돈도, 점도 본질적으로 다를 바가 없다.

인생에 있어서는 이판 사판의 큰 도박을 하지 않으면 안 될 때도 있다. 이 이판 사판이란 말은 건곤일척(乾坤一擲)과 같은 말이다. 즉 이 말이 내포하고 있는 의미는 '건(乾)의 괘가 나오든 곤(坤)의 괘가 나오든 모든 운명을 하늘의 판단에 맡긴다'는 것이다.

역점가 중에는 팔면체의 주사위를 가지고 하늘의 의지를 묻는 사람이 많다. 그렇게 하는 편이 순간적으로 신기(神機)를 잡기가 쉽기 때문이다. 이 팔면체의 주사위를 구하기 어려운 독자들을 위하여 여기서는 육면체인 보통 주사위에 의한 점법을 소개하기로 하겠는데 그 기본은 다를 바 없다.

미국의 저명한 역연구가인 J. 머피도 그의 저서 속에서 다음과 같이 기록하고 있다.

"서죽을 사용하는 방법은 시간이 아주 많이 걸리는 데다가 화폐를 던져서 하는 방법보다 나은 실제 이익은 아무것도 없다. 이 수순(手順)의 모든 것은 당신의 정신적 태도에 달려 있다. 역에 관하여 서죽을 사용하는 복잡한 방법은 전연 필요치 않다."

다른 점의 도구를 쓰는 것도 똑같다. 동전이나 주사위를 사용한다고 해서 결코 가벼이 보지 말기 바란다. 그럼 다 준비된 것으로 알고 시작해 보겠다.

동전법(銅錢法)

먼저 손에 100원, 혹은 500원 짜리의 같은 동전을 세 개 들도록 한다. 한국은행의 표시가 있는 쪽이 바깥쪽이고 없는 쪽이 안쪽이다. 바깥쪽을 양(陽)으로 보아 —, 안쪽을 음(陰)으로 보아 -- 를 나타내는 것으로 생각한다.

준비가 다 되었으면 세 개의 동전을 양 손으로 싸듯이 쥐고 눈을 감는다. 그리고 오행역을 관장하는 하늘의 역신(易神)에 대하여 질문을 한다. 그런 다음 손 안에 있는 동전을 서서히 상하로 흔들면서 동전을 한 개씩 떨어뜨리되 떨어진 순서에 따라 아래에서 위쪽으로 늘어 놓는다. 배열된 동전을 음양으로 나타내면 다음과 같이 된다.

① 바깥 바깥 바깥 ☰ 건(乾), 천(天)

② 안쪽 바깥 바깥 ☱ 태(兌), 택(澤)

③ 바깥 안쪽 바깥 ☲ 리(離), 화(火)

④ 안쪽 안쪽 바깥 ☳ 진(震), 뢰(雷)

⑤ 바깥 바깥 안쪽 ☴ 손(巽), 풍(風)

⑥ 안쪽 바깥 안쪽 ☵ 감(坎), 수(水)

⑦ 바깥 안쪽 안쪽 ☶ 간(艮), 산(山)

⑧ 안쪽 안쪽 안쪽 ☷ 곤(坤), 지(地)

만약 바깥, 바깥, 안쪽이 나왔다면 ⑤의 손(巽)의 괘가 나온 것이므로 종이 위에 괘를 기록하고 다시 한 번 똑같은 동작을 반복한다. 두 번째로 안쪽, 바깥, 바깥이 되었다면 ②의 태(兌) 괘를 얻는 것이 된다. 이 두 가지의 괘를 합친 ⑤—②가 당신이 얻은 운세이다. 이번에는 납갑배당표(納甲配當表)를 보고 ⑤—②의 299페이지 풍택중부(風澤中孚) 23의 운세를 읽도록 하라.

만약 동전이 한 개밖에 없을 때는 똑같은 동전을 세 번씩 2회, 합계 여섯 번을 반복하여 괘를 얻도록 한다. 단 이렇게 하는 경우 도중에서 마음이 산란해지지 않도록 정신을 통일할 일이다. 그리고 반드시 아래에서 위쪽으로 괘를 놓아 나가는 것을 잊지 말기 바란다.

다이스 법(dice 法)

시판하는 육면체 주사위를 네 개 준비한다. 네 개의 주사위를 손에 들고 동전으로 점칠 때와 같이 조용히 흔들면서 하늘을 향하여 묻는다. 그 다음에 주사위를 던지는데 이때 네 개의 주사위 눈을 합친 것이 8

미만인 경우에는 그 수(數)가 바로 최초의 괘수(卦數)가 된다. 9에서 24까지의 숫자가 나온 경우에는 8로 나눈다. 똑 떨어지게 나누어진 경우는 8이, 나누어지지 않는 경우는 1에서부터 7까지의 나머지 숫자가 구하려는 괘가 된다.

예컨대 주사위 네 개의 눈이 1, 1, 2, 3으로서 합계가 7이 된 경우는, 구하려는 팔괘(八卦)는 ⑦의 간(艮), 3, 4, 4, 6의 경우는 합계가 17이므로 8로 나눈 나머지 1이 되므로, 팔괘의 수는 ①인 건(乾)이 된다. 또 6, 6, 6, 6의 경우는 합계가 24로서 8로 나누어지는 까닭에 ⑧인 곤(坤)이 된다.

이와 똑같은 방법으로 두 차례 반복해서 괘를 얻되, 첫번째 것이 ④이고 두 번째 것이 ⑤라면 ④ — ⑤의 운세를 얻게 된 것이다. 그 다음에는 납갑배당표(納甲配當表)를 보고 해당되는 난의 운세를 읽으면 된다.

만약 주사위가 한 개밖에 없을 경우에는 1, 3, 5의 기수(奇數)가 나왔을 경우는 양(陽), 2, 4, 6의 우수(偶數)가 나온 경우는 음(陰)으로 생각하고 세 번씩 두 차례, 합계 여섯 번, 주사위를 흔들어서 괘를 낸다. 그 경우, 정신을 집중시키고 하되 나온 숫자를 아래쪽에서 위쪽으로 배열해 올라가는 것은 동전 점으로 괘를 얻을 때와 똑같다.

당신의 운세

당신의 운세

미래에서 오는 사인을 읽는다

오행역(五行易)의 점단(占斷)은 점단할 때의 연월(年月)이라든가 일시(日時)에 의해 각각으로 변화되는데, 여기서는 동전법, 다이스법(dice; 주사위법)에 의해 얻은 괘(卦)를 십간십이지(十干十二支)에 맞추어(이 것을 畎甲이라고 한다) 오행(五行)과 오류(五類)의 변화를 좌우에 배당한 것을 기재했다.

괘는 6개의 ---로 구성되며 아래쪽부터 위쪽으로 변화된다. ---의 표시는 효(爻)라고 하며 아래쪽부터 초효(初爻), 이효(二爻), 삼효(三爻)로 부르고 제일 위쪽 것은 상효(上爻)라고 한다. 효(爻) 밑에 붙어 있는 ㄷ은 점단(占斷) 자체의 운세를 나타내며 ㄹ은 오류에 포함되지 않은 점적(占的)을 나타낸다.

우선 최초의 기본운은 괘에 배당된 오행과 오류(五類) 소장(消長)으로부터 점친 시점에서 당신이 가지고 있는 운세의 대략적인 방향을 암시하고 있다. 이 괘에 의해서 점친 문제에 대하여 하늘의 의지가 어느 근처에 있는지 판단하는 재료로 삼기 바란다.

다음으로 표시한 희망, 애정, 금전, 건강은 가장 일반적인 점(占)의 테마에 대하여 방향을 제시한 것이다. 이 네 가지에 포함되어 있지 않은 개개의 운세는 희망의 항목에서 희망대로 되는지 안 되는지에 따라서 판단하기 바란다.

또 결혼식의 시기라든가 교섭사(交涉事)의 방각(方角) 등 구체적인 판단을 내리고 싶을 때는 84페이지의 〈오행배당표(五行配當表)〉를 참고하면서 괘의 우측에 배당되어 있는 오행(五行)을 읽기 바란다. ㄷ은 점단자(占斷者)의 운세를 나타내는 것이므로 만약 ㄷ에 금(金)이 배당되어 있으면 금의 오행배당인 이미지를 가을〔秋〕, 방각은 서(西)이므로 그 계절이라든가 방각은 길하다고 판단한다. 배당표에서는 다루지 않았지만 일시(日時)를 비롯한 세세한 문제도 마찬가지로 판단한다.

또 복잡한 판단을 원할 때에는 좌측의 오류배당(五類配當)을 보고 ㄷ과 ㄹ의 관계를 읽는다. 예컨대 ㄷ에 손(孫), ㄹ에 부(父)가 배당되어 있는 경우라면 부(父)는 손(孫)에게 있어 지배적인 관계이므로 희망하는 바를 이루기 어렵다고 본다. 같은 경우는 배당대로이며 역(逆)의 경우는 유리하다고 본다.

물론 오행역(五行易)의 점단(占斷)은 정묘(精妙)한 것이므로 실제로 판단할 때는 여러 가지의 요소가 가미되어 복잡하게 변화된다. 그러나 처음으로 오행역을 다루어 보려는 여러분이 판단하는 데는 이것으로 충분할 것이다. 처음에는 시간도 걸리겠지만 익숙해짐에 따라 오행, 오류의 움직임을 잘 읽을 수 있게 되고 역점 효과도 있게 된다.

건위천(乾爲天)

1. 부서져 흩어지는 파도

土	金	火	土	木	水
—ㄷ—	—	—	—ㄹ—	—	—
父	兄	官	父	才	孫

◇ **기본운**—바닷가에서 부서져 흩어지는 하얀 파도처럼 당신의 재능이 모래밭으로 빨려들어 가고 있다. 노력이 결실되지 않는 아쉬움은 있으나 목적을 분명히 세우고 시간을 들여 힘쓰면 길이 열린다.

☆ **희망**—학문 연구를 비롯한 학자, 수험생, 기획 개발 등에는 길하다.

☆ **애정**—생각했던 대로는 안 된다.

☆ **금전**—북쪽과 동쪽 방향에 이익이 있다.

☆ **건강**—질병에 걸리면 오래 간다.

천풍구(天風姤)

2. 광야의 장미

土	金	火	金	水	土
—	—	—ㄹ	—	—	—ㄷ
父	兄	官	兄	孫	父

◇ **기본운**—광야에 핀 한 떨기 장미와 같이 여러 가지의 시련을 만나게 되는데 강한 의지로 지탱해 나간다. 젊은이에게는 길(吉)하나, 고령자는 문제를 해결하려면 상당한 시간이 걸린다.

☆ **희망**—소소한 훼방은 있겠으나 성취된다.

☆ **애정**—균형이 난잡하고 조화가 안 되는 것은 불연의 인연이다.

☆ **금전**—교섭 상대의 배신으로 손해를 본다.

☆ **건강**—신경을 너무 쓰다가 위장에 부담을 준다.

천산돈(天山遯)

3 아득하도다 산들이여

土	金	火	金	火	土
—	—ㄹ	—	—	—ㄷ	—
父	兄	官	兄	官	父

◇ **기본운**—위만 쳐다보면서 걸으면 돌뿌리를 발끝으로 차게 된다. 이것 저것에 모두 들떠 있는 마음가짐이라 그 어떤 일도 잘 풀려 나갈 수가 없다. 현실적인 자세로 인망을 얻게 된다.

☆ **희망**—강력한 라이벌이 있으며, 일보 후퇴하면 길하다.

☆ **애정**—두 사람이 좋아하지만 결혼은 성립되기 힘들다.

☆ **금전**—지출을 억제하는 것이 선결문제이다.

☆ **건강**—질병에 걸리지만 가볍다.

천지비(天地否)

4. 초원의 빛

```
土   金   火   木   火   土
─ㄹ─  ──  ──  ─ㄷ─  ──  ──
父   兄   官   才   官   父
```

◇ **기본운**—한낮 초원의 빛과 비슷하여 모든 것이 반짝반짝 빛나지
만 지평선(地平線)에 운우(雲雨)가 소용돌이치고 있다. 문제되는
것의 해결은 빠르면 빠를수록 길하고 오래 끌면 끌수록 흉하다.

☆ **희망**—제삼자의 협력이 열쇠이다. 희망대로 된다.

☆ **애정**—상대방이 좋아하여 결혼도 성립된다.

☆ **금전**—교섭하는 일, 돈 버는 일 모두가 길하다.

☆ **건강**—심로(心勞)가 질병의 원인이 된다.

풍지관(風地觀)
5. 집짓기 놀이의 집

木	火	土	木	火	土
—	—	—ㄷ	—	—	—ㄹ
才	官	父	才	官	父

◇ **기본운**—계획은 훌륭하지만 땅바닥에 발이 닿지 않으므로 마치 집짓는 놀이도구로 지은 집 같아서 허물어지기 쉽다. 팀워크를 짜 가지고 기초부터 쌓아 올리는 노력이 중요하다. 스포츠와 연구직 은 길하다.

☆ **희망**—주변의 협력을 얻지 못하여 이루기 어렵다.

☆ **애정**—덧없는 때를 만나, 결혼은 성립되지 않는다.

☆ **금전**—예상 밖의 지출이 거듭된다.

☆ **건강**—작은 부상에 주의하라.

산지박(山地剝)

6. 풍성한 결실

木	水	土	木	火	土
―	―ㄷ―	―	―	―ㄹ―	―
才	孫	父	才	官	父

◇ **기본운**—지금까지 해온 노력이 열매를 맺고 결실의 가을을 맞아 수확하는 것마다 무슨 일이든지 순조롭다. 주변 사람들의 지원을 얻어서 명성도 높아가고 재운도 따르게 된다.

☆ **희망**—희망하는 바가 실현된다.

☆ **애정**—여성은 상대방으로부터 사랑받지만 남성은 곤란하다.

☆ **금전**—지출이 늘지만 수입이 그것을 상회한다.

☆ **건강**—느긋한 마음이 건강을 지탱시켜 준다.

화지진(火地晋)

7. 뜨거운 모래밭

```
火    土    金    木    火    土
―    ―    ―ㄷ   ―    ―    ―ㄹ
官    父    兄    才    官    父
```

◇ **기본운**—무위(無爲)로 지내온 안일의 시간들이 누적되어 있으므로 생각하는 바와 같이 풀려나갈 수 없다. 불타는 것처럼 뜨거운 모래밭처럼 발 붙이지 못하는 지경이 되기 전에 사태를 개선하는 결단이 필요하다.

☆ **희망**—경쟁상대의 출현으로 이루기 어렵다.

☆ **애정**—주위의 훼방으로 파국을 맞는다.

☆ **금전**—기대했던 일은 어긋난다. 새 계획이 이롭다.

☆ **건강**—휴양을 충분히 취할 일이다.

화천대유(火天大有)

8 광야를 개척한다

火	土	金	土	木	水
—르	—	—	—ㄷ	—	—
官	父	兄	父	才	孫

◇ **기본운**—낡은 겉옷을 벗어 버리고 새 것을 목표로 삼는 기본운이
　다. 길은 결코 평탄하지 않지만 좋은 협력자를 얻게 됨으로써 좋은
　결과를 낳게 된다.

☆ **희망**—결과가 좋은 것을 꿈꾼다면 모두가 좋다.

☆ **애정**—서로가 서로를 사랑하고 사랑받는다.

☆ **금전**—지출을 수입이 따르지 못한다.

☆ **건강**—질병이 크게 번지지는 않는다.

감위수(坎爲水)

9. 고갯마루의 산길

水	土	金	火	土	木
—ㄷ—	—	—	—ㄹ—	—	—
兄	官	父	才	官	孫

◇ **기본운**—교섭하는 일은 훼방을 받게 되고, 계획한 일은 예상이 빗나간다. 무슨 일이든 어그러져서 마치 고갯마루의 산길을 오르는 것처럼 지지부진할 뿐 성과가 없다. 초조해 하는 것은 금물이니 끈기있게 기다리면 길하다.

☆ **희망**—시간이 지나면 성취된다.

☆ **애정**—마음이 상대방에게 통하지 않는다.

☆ **금전**—거래관계에서 손해를 본다.

☆ **건강**—몸의 상태에 큰 변화는 없다.

수택절(水澤節)
10. 풍성한 수로(水路)

水	土	金	土	木	火
—	—	—ㄹ	—	—	—ㄷ
兄	官	父	官	孫	才

◇**기본운**―풍요로운 수로(水路) 위에 뜬 배가 유유히 흘러 내려간다. 전신에 생기가 넘치며 주위의 협력을 얻게 되어 무슨 일이든 순조롭게 진전되어 나간다. 그처럼 편안한 기본운이다.

☆ **희망**―때의 흐름에 몸을 맡기고 있으므로 잘되어 간다.

☆ **애정**―흡족한 사랑에 찾아드는 권태감이 있다.

☆ **금전**―부동산을 움직이면 길하다.

☆ **건강**―충실한 기분이다.

수뢰둔(水雷屯)
11. 비오기 전

水	土	金	土	木	水
―	―ㄹ	―	―	―ㄷ	―
兄	官	父	官	孫	兄

◇ **기본운**—한 줄기의 비가 올 듯하면서도 좀처럼 오지 않는다. 그처럼 짐작이 안 가는 하늘의 모양처럼 앞길이 불투명한 기본운이다. 하는 일은 도중하차하게 되고…… 마음의 안정을 꾀하면서 한 걸음 양보하여 사물을 처리하면 플러스가 될 것이다.

☆ **희망**—크게 바라면 파탄이 온다.

☆ **애정**—찾기보다도 찾음을 받는 사랑이다.

☆ **금전**—부자유스럽지는 않다.

☆ **건강**—전신에 넘쳐 흐르는 활력으로 강건해진다.

수화기제(水火旣濟)
12 파도 사이의 작은 배

土	金	火	金	水	土
─ㄹ	─	─	─ㄷ	─	─
父	兄	官	兄	孫	父

◇ **기본운**─파도 사이를 표류하는 작은 배처럼 목표가 정해지지 않은 기본운이다. 우유부단이 문제의 해결을 늦추고 만다. 인간관계의 개선이 이익과 연관된다.

☆ **희망**─교섭하는 일은 훼방을 받게 되어 성립될 수 없다.

☆ **애정**─뜻이 맞지 않는 상대가 나타나며 열매를 맺지 못하는 사랑을 한다.

☆ **금전**─기대한 성과는 얻어시시 않는다.

☆ **건강**─체력은 하강의 기미를 보인다.

택화혁(澤火革)

13. 타오르는 불꽃

土	金	水	水	土	木
—	—	—ㄷ	—	—	—ㄹ
官	父	兄	兄	官	孫

◇ **기본운**—불꽃과 같은 정열이 넘치므로 항상 무엇인가를 추구하지
않으면 안정되지 못하는 분주한 기본운이다. 상대방을 이롭게 하
는 수가 많고 지출도 쌓이게 된다. 움직임을 억제하면 길하다.

☆ **희망**—희망하는 바는 잘 이루어지지 않으며 차선의 희망이 이루
어진다.

☆ **애정**—경쟁자가 출현한다.

☆ **금전**—사업은 예상이 빗나간다.

☆ **건강**—스트레스가 쌓여 있다.

뇌화풍(雷火豐)

14. 구름 틈의 맑은 하늘

土	金	火	水	土	木
―	―ㄷ―	―	―	―ㄹ―	―
官	父	才	兄	官	孫

◇ **기본운**―머리 위에 낮게 드리워진 비구름처럼 여러 가지의 중압
(重壓)이 걸려 있다. 신뢰할 만한 선배, 상사의 협력을 얻어 문제
해결의 실마리를 찾게 된다.

☆ **희망**―여행과 비즈니스 관계의 희망은 이루어진다.

☆ **애정**―뜻이 미칠 수 없으니 포기하는 것이 선결문제이다.

☆ **금전**―교섭상대에게서 손해를 입게 된다.

☆ **건강**―변화가 없다.

지화명이(地火明夷)

15. 먼 곳의 봉화(烽火)

金	水	土	水	土	木
―	―	―ㄷ	―	―	―ㄹ
父	兄	官	兄	官	孫

◇ **기본운**―먼 곳, 성채에서 봉화가 오르고 있다. 이윽고 전쟁이 일어
나려고 하는데 꿈 속을 헤매듯 그 어떤 일도 생각한 것처럼 되어
가지 않는 기본운이다. 원점으로 돌아가서 다시 고쳐야 할 필요가
있다.

☆ **희망**―작은 장해가 많아서 이루기 어렵고 상대방의 호의에 의지
해야 한다.

☆ **애정**―물거품 같은 꿈이며 오래 지속되지 못한다.

☆ **금전**―임시 수입이 있다.

☆ **건강**―가벼운 질병이 있다.

지수사(地水師)
16. 가로로 길게 뻗친 안개

金	水	土	火	土	木
一ㄹ	一	一	一ㄷ	一	一
父	兄	官	才	官	孫

◇ **기본운**—멀리 봄안개가 가로로 길게 뻗쳐 있어서 자연도 그리고 인간도 만족 속의 한때가 지나간다. 그처럼 편안한 기본운이다. 사물에 대해서도 큰 욕심을 안 내면 그런대로 잘 되어간다.

☆ **희망**—대체적으로 실현된다. 여성의 경우는 특히 좋다.

☆ **애정**—여성이라면 사랑받고 결혼은 성립된다.

☆ **금전**—사랑, 승부 등으로 예상 외의 수입이 있다.

☆ **건강**—가벼운 부조(不調)가 있다.

간위산(艮爲山)
17. 비비 꼬인 새끼

木	水	土	金	火	土
—ㄷ	—	—	—ㄹ	—	—
官	才	兄	孫	父	兄

◇ **기본운**—길흉은 꼬여 있는 새끼와 같다고 하는데 호조(好調), 부조(不調)의 파도가 분명한 기본운이다. 서프보드의 파도타기처럼 호조로 파도를 잘 타면 뜻밖의 행운을 잡을 수도 있다.

☆ **희망**—계책을 쓰면 실패한다. 수험관계(受驗關係)는 좋다.

☆ **애정**—여성에게는 꽃가마를 탈 기회이나 남성은 훼방을 받는다.

☆ **금전**—수입은 있지만 깊이 빠지면 손실이 있다.

☆ **건강**—피로가 쌓였으므로 정양(靜養)이 필요하다.

산화비(山火賁)

18 산 위에 또 산

木	水	土	水	土	木
―	―	―ㄹ	―	―	―ㄷ
官	才	兄	才	兄	官

◇ **기본운**―겨우 산 정상에 올랐는가 했더니 저 건너에 또 산이 있다. 더구나 그 사이에는 깊은 골짜기가 가로놓여 있고 그러나 불어닥치는 일진의 바람처럼 시점을 바꾸면 새 전망이 열린다.

☆ **희망**―당면한 장해를 뛰어넘으면 성취된다.

☆ **애정**―훼방이 따른다.

☆ **금전**―기대했던 수입은 떨어지지 않는다.

☆ **건강**―다리와 허리의 강화(强化)가 포인트이다.

산천대축(山天大畜)
19. 들판 속의 소나기

木	水	土	土	木	水
―	―ㄹ	―	―	―ㄷ	―
官	才	兄	兄	官	才

◇ **기본운**─들의 한복판에서 소나기를 만나면 함빡 젖을 뿐이다. 때로는 아무리 노력을 하더라도 어쩌지 못하는 문제도 있다. 무심의 경지가 다음의 기회를 낳는다.

☆ **희망**─장해가 많아서 이루어지기 어려우며 협력자가 필요하다.

☆ **애정**─오래 지속되지 못한다. 오해를 낳기 쉽다.

☆ **금전**─많은 것을 구하면 손실이 따른다.

☆ **건강**─몸의 상태는 하강기이지만 질병은 없다.

산택손(山澤損)
20. 갈라진 대지(大地)

木	水	土	土	木	火
—ㄹ—	— —	— —	—ㄷ—	— —	— —
官	才	兄	兄	官	父

◇ **기본운**—가뭄이 계속되어 대지는 바싹 말랐건만 훼방이 따라서 물을 댈 수가 없다. 상대방의 힘이 상회하고 있으므로 마음 먹은 대로 일이 풀려나가지 않는다. 지금은 조용히 있으면서 힘을 비축할 때다.

☆ **희망**—창의 연구가 새로운 전망과 연관된다.

☆ **애정**—경제적인 장해가 일어난다.

☆ **금전**—교섭하는 일은 진전되지 않는다. 지출이 많다.

☆ **건강**—질병은 곧 회복된다.

화택규 (火澤睽)

21. 넘치게 쏟아지는 빛

```
火   土   金   土   木   火
─   ─   ─   ─ㄷ  ─   ─ㄹ
父   兄   孫   兄   官   父
```

◇ **기본운**─해는 하늘 높이 떠 있고 햇빛은 가득 넘치며 활력에 찬 기본운이다. 지나치게 나서다가는 윗사람이 제동을 걸게 되므로 요주의……. 절도 있는 행동력이 힘을 더욱 나게 한다.

☆ **희망**─교섭하는 일은 진전되지 않는다. 주위의 협력이 필요하다.

☆ **애정**─사랑하고 사랑받지만 결혼에는 장해가 있다.

☆ **금전**─상대방에 의해 손해를 입게 된다.

☆ **건강**─기력(氣力)의 충실이 플러스가 된다. 몸의 컨디션은 최상이다.

천택리(天澤履)

22. 중천(中天)의 달

土	金	火	土	木	火
―	―ㄷ	―	―	―ㄹ	―
兄	孫	父	兄	官	父

◇ **기본운**—달은 스스로는 빛을 비출 수 없어, 태양의 빛을 받아가지고 비춘다. 천시(天時)와 지리(地利)의 은혜를 받아가지고 실력 이상의 힘을 낼 때 겸허함은 힘으로 나타난다.

☆ **희망**—교섭하는 일은 제삼자의 협력이 필요하다. 가족과 가사(家事) 관계는 이루어진다.

☆ **애정**—복수(複數) 관계가 생긴다. 여성에게는 길하나 남성에게는 흉하다.

☆ **금전**—예상 밖의 임시 수입이 있다.

☆ **건강**—힘이 넘친다.

풍택중부(風澤中孚)

23 산에 부는 바람

木	水	土	土	木	火
―	―	―ㄷ	―	―	―ㄹ
官	父	兄	兄	官	父

◇ **기본운**─높은 산에서 불어 내리는 초겨울의 한 바람처럼, 차디찬 바람의 훼방을 받아서 생각했던 일이 잘 풀려나가지 않는다. 포기하지 말고 북풍에 맞서는 투지가 길에 연결시켜 준다.

☆ **희망**─재삼(再三) 반복해 가며 이루어진다.

☆ **애정**─강력한 경쟁자가 있다. 통하지 않는다.

☆ **금전**─계획과 기대가 어긋난다.

☆ **건강**─옛 질병의 재발에 주의가 필요하다.

풍산점(風山漸)
24. 봄의 산들바람

木	火	土	金	火	土
━━ㄹ	━━	━━	━━ㄷ	━━	━━
官	父	兄	孫	父	兄

◇ **기본운**─봄철의 들에서 부는 산들바람처럼 주위 사람들에게까지
 풍요로운 마음을 미치게 하는 기본운이다. 연하의 파트너와 짝을
 지으면 어디고 무적(無敵)이다. 무슨 일이든 성취한다.

☆ **희망**─작은 문제는 있지만 잘 이루어진다.

☆ **애정**─여성에게는 인연이 닿지만, 남성은 불연이다.

☆ **금전**─육친(肉親)의 협력으로 이익을 보며 사업은 성공한다.

☆ **건강**─체력은 상승세에 있다.

진위뢰(震爲雷)

25. 바닷가를 치는 파도

```
土   金   火   土   木   水
ー ㄷ ー ー ー ㄹ ー ー ー
才   官   孫   才   兄   父
```

◇ **기본운**—한밤중부터 거칠어진 풍우로 바닷가를 치는 파도 소리가
점차 높아지게 되었다. 그런 파도와 같은 기본운이다. 계획은 처음
부터 재검토하고 문제점을 체크해 나갈 때이다.

☆ **희망**—제삼자의 개입으로 인하여 이루어진다.

☆ **애정**—여성으로부터 사랑 받고 혼담이 결정된다.

☆ **금전**—다툼이 있으나 이익을 본다.

☆ **건강**—과로가 질병의 원인이 된다.

뇌지예(雷地豫)
26. 푸르른 화원(花園)

土	金	火	木	火	土
━	━	━ㄹ	━	━	━ㄷ
才	官	孫	兄	才	孫

◇ **기본운**—꽃들이 만발하여 향기를 자랑하는 꽃밭에 단꿈을 따라 나비떼가 모여들듯이 사람들이 사모하며 찾아드는 기본운이다. 그러나 그 가운데 누가 진짜로 믿을 만한 상대인지 분별하는 눈이 필요하다.

☆ **희망**—대체적인 일은 이루어진다. 혼자서 행동하는 것이 길하다.

☆ **애정**—사랑하고 사랑받지만 인연은 멀다.

☆ **금전**—교섭 상대로부터 큰 이익을 얻는다. 끊는 시기가 중요하다.

☆ **건강**—피로가 쌓여간다. 질병은 가볍다.

뇌수해(雷水解)
27. 골짜기의 급류(急流)

```
土  金  火  火  土  木
─  ─ㄹ ─  ─  ─ㄷ ─
才  官  孫  孫  才  兄
```

◇ **기본운**─바위를 내리치고 물보라를 일으키며 흐르는 골짜기의 급
   류처럼 눈부시게 변화하는 기본운이다. 대인관계에서는 여러 가지
   잡음이 들려와서 뜻대로 되지 않는다. 기회를 놓치지 않는 배려가
   중요하다.

☆ **희망**─이루어지기는 하는데 그에 대한 대상(代償)이 따른다.

☆ **애정**─남녀 공히 인연이 좋으며 여성은 꽃가마를 타게 되는 기회
   이다.

☆ **금전**─크게 바라면 불가능하다. 작은 것은 이익이 있다.

☆ **건강**─스트레스가 쌓이게 될 기미이다.

뇌풍항(雷風恒)
28. 먼 데서 들려오는 우레 소리

土	金	火	金	水	土
—	—ㄹ	—	—	—ㄷ	—
才	官	孫	官	父	才

◇ **기본운**—구름 한 점 없는 맑은 하늘인데 먼 곳으로부터 들려오는 우레 소리, 큰 변화의 조짐을 예고하는 듯한 기본운이다. 경쟁자라든가 경쟁상대와의 갈등이 표면화되어 있다. 냉정한 판단이 필요한 때이다.

☆ **희망**—문제를 하나로 압축해 놓으면 길하다.

☆ **애정**—깊고 조용히 진전된다.

☆ **금전**—지원자의 출현으로 이익을 얻게 된다.

☆ **건강**—하반신(下半身)의 강화가 선결조건이다.

지풍승(地風升)
29. 여름철의 불꽃놀이

金	水	土	金	水	土
―	―	―ㄷ	―	―	―ㄹ
官	父	才	官	父	才

◇ **기본운**—표면은 눈부시지만 금방 타서 사라져 버리므로 나중에 남는 것은 희미한 공허뿐이다. 그런 기본운, 즉 불꽃놀이에나 비유할 듯, 오래 지속되지 못하는 기본운이다. 침착하게 다룰 필요가 있다.

☆ **희망**—훼방하는 자가 끼어들어서 이루기 어렵다. 방향전환을 기도할 일이다.

☆ **애정**—경쟁자의 출현으로 불화가 생긴다.

☆ **금전**—지출이 많아지므로 끊어야 할 시기를 택하는 것이 중요하다.

☆ **건강**—식사 관리로 건강을 지속시켜야 한다.

수풍정(水風井)
30. 폭포의 물보라

水	土	金	金	水	土
—	—ㄷ	—	—	—ㄹ	—
父	才	官	官	父	才

◇ **기본운**—언제나 길을 잃고 헤매기만 하며 동료들로부터 따돌림을
받게 된다. 때로는 물에 흠뻑 젖을 각오로 사물에 도전하는 용기도
가져야 할 필요가 있다. 적극적으로 행동하면 길하다.

☆ **희망**—지인(知人)의 중상(中傷)을 받게 되어 이루기가 어렵다.

☆ **애정**—애정은 혼선(混線)한다.

☆ **금전**—가족의 문제로 뜻밖의 지출이 있다.

☆ **건강**—몸의 상태는 하강기미이다. 식사에 주의해야 한다.

택풍대과(澤風大過)
31. 이웃의 잔디밭

土	金	水	金	水	土
—	—	—ㄷ	—	—	—ㄹ
才	官	父	官	父	才

◇ **기본운**—손질이 잘 되어 보기 좋은 잔디밭은 지나가는 사람들의
눈까지도 즐겁게 해 주는 법이다. 평범하지만 그런 잔디밭처럼 평
온한 기본운이다. 쓸데없는 대인관계로 고민거리가 생길 것 같다.

☆ **희망**—무책(無策)이 최선의 책(策)이다. 무리는 금물이고.

☆ **애정**—연인 사이에 작은 파란이 인다. 남성의 혼담은 부조(不調)
하다.

☆ **금전**—임시 수입이 있다.

☆ **건강**—불섭생(不攝生)이 소화기 장해를 일으킨다.

택뢰수(澤雷隨)
32. 저 멀리의 지평선

土	金	水	土	木	水
—ㄹ	— —	— —	—ㄷ	— —	— —
才	官	父	才	兄	父

◇ **기본운**─좇아가도 또 좇아가도 가까워지지 않는, 멀고 먼 지평선을 목표로 하여 여행을 계속하는 것과 같은 기본운이다. 작은 마찰도 일어나는데 신경쓰지 말고 꾸준하게 행동하면 길하다.

☆ **희망**─훼방하는 자가 생긴다. 허둥대면 이루기 어렵다.

☆ **애정**─주변이 어수선하다. 여성은 찾으면 길하다.

☆ **금전**─내 길을 걸어 나가면 이익이 있다. 도움은 얻지 못한다.

☆ **건강**─심신(心身)이 공히 신선하다.

손위풍(巽爲風)
33. 오후의 권태

```
木   火   土   金   水   土
━┳  ━   ━   ━┛  ━   ━
兄   孫   才   官   父   才
```

◇ **기본운**—새로운 것에 착수하려는 의욕이 있는가 하면 어쩐지 몸
　이 나른해지는 오후처럼 멍청해지는데 그러다가는 주변 사람들로
　부터 따돌림을 당한다. 그러한 기본운이려니와 실력은 충분하니
　재능을 살려나갈 것이다.

☆ **희망**—도중에서 좌절한다. 계획을 다시 세워야겠다.

☆ **애정**—경쟁 상대의 출현으로 헤어지게 된다.

☆ **금전**—가정 문제로 지출이 많다.

☆ **건강**—허리와 다리의 질병에 주의를 해야겠다.

풍천소축(風天小畜)
34. 숲속의 소로(小路)

木	火	土	土	木	水
—	—	—ㄹ	—	—	—ㄷ
兄	孫	才	才	兄	父

◇ **기본운**—의욕은 많으나 힘이 따르지 못하여 마치 숲속의 오솔길에서 헤매는 것처럼, 주변이 잘 보이지 않는다. 자기 자신을 과신(過信)하지 말고 좋은 협력자의 도움을 구할 때다.

☆ **희망**—여행하는 일이나 교섭하는 일은 잘 이루어진다.

☆ **애정**—여성은 사랑의 결실을 보지만 남성은 보지 못한다.

☆ **금전**—계획한 바대로 큰 이익을 얻는다.

☆ **건강**—생기가 충분한 것은 좋으나 폭음폭식을 주의해야 한다.

풍화가인(風火家人)
35. 넘치는 샘물

```
木   火   土   水   土   木
─   ─ㄹ─  ─   ─   ─ㄷ  ─
兄   孫   才   父   兄   才
```

◇ **기본운**—넘쳐 흐르는 샘물처럼 사람도 마음도 풍요롭게 만들어주
는 은혜를 받고 있는 기본운이다. 재능은 충분하므로 기회를 살려
가면서 행동하면 길하다.

☆ **희망**—대체적으로 성공한다. 수험생에게는 기회, 재삼(再三) 반복
하면 이루어진다.

☆ **애정**—강력한 경쟁자가 있다. 이루어지지 않는다.

☆ **금전**—계획은 기대에 어긋난다.

☆ **건강**—옛 질병의 재발에 주의해야 한다.

풍뢰익(風雷益)
36. 흐르는 구름

木	火	土	土	木	水
━━ㄹ	━━	━━	━━ㄷ	━━	━━
兄	孫	才	才	兄	父

◇ **기본운**—태양이 구름 사이에 가려지는 것처럼 자칫 실수로 인하여 계획했던 일이 생각대로 풀려나가지를 않는다. 기력을 충실히 하여 문제와 맞서 나가는 용기가 절대 필요하다.

☆ **희망**—교섭하는 일은 시간이 걸린다.

☆ **애정**—기혼자에게는 잔물결이 인다. 결혼은 이루어지지 않는다.

☆ **금전**—지출을 억제하면 이익을 얻을 수 있다.

☆ **건강**—내장의 질병에 주의를 요한다.

천뢰무망(天雷无妄)
37. 익은 포도

土	金	火	土	木	水
—	—	—ㄷ	—	—	—ㄹ
才	官	孫	才	兄	父

◇ **기본운**—풍요로운 가을철, 햇빛을 쬐며 성숙된 포도처럼 축적된
당신의 실력이 충분하게 발휘될 수 있는 기본운이다. 부하의 신뢰
를 얻게 되어 하는 일도 순조롭게 풀려나간다.

☆ **희망**—새로운 발상이 플러스와 연관되는데 대체적으로 이루어진
다.

☆ **애정**—만남과 헤어짐이 동시에 진행된다.

☆ **금전**—교섭과 승부하는 일에 이익이 있다.

☆ **건강**—큰 변화는 없다.

화뢰서합(火雷噬嗑)
38. 질풍과 같이

火	土	金	土	木	水
—	—ㄷ	—	—	—ㄹ	—
孫	才	官	才	兄	父

◇ **기본운**—낙엽을 흩날리게 만드는 질풍(疾風)처럼 눈부시게 변화하는 주변의 움직임을 따라갈 수가 없다. 우왕좌왕하는 것은 금물이다. 잠자코 기다리면 길하다.

☆ **희망**—크게 바라면 좌절한다.

☆ **애정**—오해가 생기기 쉬우니 주의해야겠다.

☆ **금전**—새로이 계획을 세우는 것은 손실이 있다.

☆ **건강**—위장을 경계해야 할 필요가 있다. 질병은 가볍다.

산뢰이(山雷頤)

39. 사라지지 않는 파문

```
木   水   土   土   木   水
─   ──  ──  ─ㄷ  ──  ─ㄹ
兄   父   才   才   兄   父
```

◇ **기본운**─작은 못에 던져진 돌멩이 한 개가 차례로 파문을 일으키
　는 것처럼 주위의 대인관계에서 잔잔한 파문이 끊어지지 않는 기
　본운이다. 지는 것이 곧 이기는 것임을 깨닫고 꾹 참을 때이다.

☆ **희망**─수험(受驗)과 승진은 이루어진다. 교섭하는 일은 어렵겠다.

☆ **애정**─남성에게는 좋으나 여성은 뜻대로 되지 않는다.

☆ **금전**─지출이 많아지겠지만 수입도 좋다.

☆ **건강**─옛 질병의 재발에 주의를 해야겠다.

산풍고(山風蠱)
40. 파도치는 바닷가

木	水	土	金	水	土
─ㄹ	──	──	─ㄷ	──	──
兄	父	才	官	父	才

◇ **기본운**─파도 소리가 끊이지 않는 시끄러운 바닷가처럼 주변의 작은 움직임과 잡음으로 고민하는 기본운이다. 작은 목소리에 귀를 기울이면 길하다. 독단으로 전행(專行)하는 것은 마이너스 작용을 한다.

☆ **희망**─명성은 얻지만 실질이 안 따른다.

☆ **애정**─곡절은 있겠지만 사랑은 여물어간다.

☆ **금전**─강인한 행동은 손실을 초래한다. 교섭은 깨지고……

☆ **건강**─스트레스를 경계해야 한다. 질병은 가볍다.

이위화(離爲火)
41. 하얀 난기류(亂氣流)

```
火   土   金   水   土   木
ーー  ーー  ーー  ーー  ーー  ーー
 ㄷ            ㄹ
兄   孫   才   官   孫   父
```

◇ **기본운**—한 점의 구름도 없이 맑게 갠 하늘에서 갑작스럽게 난기
류(亂氣流) 속으로 말려든 것처럼 생각지도 않은 장해에 봉착하는
기본운이다. 순조롭게 나갈 것 같은 때야말로 돌다리도 두드려 보
며 건너는 신중성이 요구된다.

☆ **희망**—초조해 하면 더 깊이 빠진다. 신규계획은 이루어지지 않는
다.

☆ **애정**—마음이 상대방에게 통하지 않는다. 적극적인 행동이 도움
이 된다.

☆ **금전**—지출을 억제하면 이익이 있다.

☆ **건강**—과로가 하반신(下半身)에 영향을 준다.

화산려(火山旅)
42. 꼭두서니 색의 하늘

```
火   土   金   金   火   土
─   ─   ─ㄹ  ─   ─   ─ㄷ
兄   孫   才   才   兄   孫
```

◇ **기본운**─풍요로운 내일을 약속해 주는 꼭두서니 색깔의 구름이 서쪽 하늘에 빗겨 있다. 그처럼 풍족한 기본운이다. 손윗사람의 애정과 도움을 얻어서 무슨 일이든 순조롭게 이루어진다.

☆ **희망**─새로이 계획하고 추진하는 사업은 성공한다.

☆ **애정**─남성에게는 은혜로운 사랑이 이루어지지만 여성에게는 장해가 있다.

☆ **금전**─무상의 봉사가 요구된다.

☆ **건강**─변화가 없다.

화풍정(火風鼎)

43. 들불의 불꽃

火	土	金	金	水	土
—	—ㄹ	—	—	—ㄷ	—
兄	孫	才	才	官	孫

◇ **기본운**—자칫 잘못 저지른 실수로 인하여 불이 나고 퍼져가는 들불처럼 예측이 차례로 빗나가고 궁지에 몰리고 만다. 서두르지 말고 때를 기다리면 다시 푸르름이 싹터 나갈 것이다.

☆ **희망**—비즈니스와 연구는 이루어진다. 여행은 주의를 요한다.

☆ **애정**—여성은 사랑을 받아서 아름다운 인연을 맺는다. 남성은 사랑에 금이 간다.

☆ **금전**—중개자의 출현으로 이익을 얻게 된다.

☆ **건강**—질병은 오래 끈다. 다리와 허리를 단련시켜야겠다.

화수미제(火水未濟)
44. 노랑색의 과실

火	土	金	火	土	木
—ㄹ	—	—	—ㄷ	—	—
兄	孫	才	兄	孫	父

◇ **기본운**─달콤한 성공의 과실을 얻기에는 아직 시기상조이다. 지금은 일을 더 비축할 때인 것이다. 묵묵히 기다리며 실력을 쌓아나간다면 성공하는 기본운이다. 조급하게 서두르는 것은 부상의 원인이 된다.

☆ **희망**─중도에서 좌절한다. 재삼(再三) 반복하면 이루어진다.

☆ **애정**─오해와 중상으로 파국을 맞게 된다.

☆ **금전**─승부하는 일은 흉, 지출을 억제하면 길하다.

☆ **건강**─내장 질병을 주의해야 한다. 질병에 걸리면 오래 간다.

산수몽(山水蒙)

45. 바다의 반짝임

木	火	土	火	土	木
—	—	—ㄷ	—	—	—ㄹ
父	官	孫	兄	孫	父

◇ **기본운**—넓고 넓은 대양(大洋)에서 반짝이는 바닷물과 한낮의 양
광(陽光)과 같이 생각이 머리 속에 가득한 젊은이에게는 만전(万
全)의 기본운이다. 중고령자(中高齡者)는 욕심을 다소 억제하는 것
이 도리어 플러스가 된다.

☆ **희망**—남의 힘을 빌리지 않으면 이루어진다.

☆ **애정**—밀어붙이는 것이 유효하다. 가정에는 다소의 파도가 일겠
다.

☆ **금전**—승부를 거는 일은 길하다. 예정밖의 수입이 있다.

☆ **건강**—여행지에서의 부상에 주의할 것. 질병은 가볍다.

풍수환(風水渙)
46. 피어오르는 안개

木	火	土	火	土	木
—	—ㄷ	—	—	—ㄹ	—
父	兄	孫	兄	孫	父

◇ **기본운**─강가에 피어오르는 안개로 인하여 강 건너가 잘 보이지 않는다. 따라서 상황를 모르는 것은 자기뿐이니 주위의 동정이라든가 상대방의 생각을 알아차리지 못하는 기본운이다. 초조해 하지 말고 안개가 걷히고 맑아지기를 기다릴 때이다.

☆ **희망**─새로운 계획은 이루어지지 않는다.

☆ **애정**─열매 맺지 못한다. 깊이 따라가면 상처만 입을 뿐이다.

☆ **금전**─가정 사정으로 생각지 않았던 임시적 지출이 있나.

☆ **건강**─질병이 뒤를 잇는다. 심로가 건강의 적이다.

천수송(天水訟)

47. 무지개의 프리즘

```
土  金  火  火  土  木
─  ─ ─ㄷ ─  ─ ─ㄹ
孫  才  兄  兄  孫  父
```

◇ **기본운**—하늘에 걸려 있는 일곱 색깔의 무지개처럼 언뜻 보기에
는 화려한 것 같은데 눈부시게 변화하는 프리즘과 같이 초점이 정
해져 있지 않은 기본운이다. 눈앞의 이익에 현혹되지 말고 사물의
본질을 잡을 때이다.

☆ **희망**—이루어지기 어렵다. 뼈빠지게 애쓰나 손실만 있어서 지칠
뿐이다.

☆ **애정**—변덕스러운 것이 화근이고 결혼은 이루어지지 않는다.

☆ **금전**—노력한 만큼 보응이 없다.

☆ **건강**—스트레스성 질병은 오래 간다.

천화동인(天火同人)

48. 여명(黎明)은 멀고

土	金	火	火	土	木
—ㄹ	—	—	—ㄷ	—	—
孫	才	兄	官	孫	父

◇ **기본운**─먼동이 터오는 바다처럼 온화한 기본형인데 여명은 아직
멀어서 목표에 손이 닿을 듯하면서도 닿지 않는, 그런 기본운이다.
친구라든가 후배의 협력이 일을 풀어나가는 열쇠가 된다.

☆ **희망**─곡절은 있지만 이루어진다.

☆ **애정**─잘 풀려 나가겠지만 시간은 걸린다.

☆ **금전**─임시적인 지출과 수입이 쌓인다.

☆ **건강**─체력은 하강의 기미이다.

곤위지(坤爲地)
49. 장마철 중 갠 사이

```
金   水   土   木   火   土
一ㄷ  一   一   一ㄹ  一   一
孫   才   兄   官   父   兄
```

◇ **기본운**─딱 꼬집어서 이렇다 할 장해도 없는데 어쩐지 사물이 잘 풀려 나가지 않고 찌푸린 장마철의 하늘을 연상케 하는 기본운이다. 그러나 대인관계를 잘 살려 나가면 맑은 하늘이 엿보인다. 기회를 놓치지 말아야 한다.

☆ **희망**─계책을 쓰면 오히려 마이너스가 된다.

☆ **애정**─이성운은 서로 좋은데 가정에는 매너리즘이 감돈다.

☆ **금전**─레저에서 지출이 많아진다.

☆ **건강**─체력은 상승 곡선이다.

지뢰복(地雷復)
50. 바람 부는 숲속

金	水	土	土	木	水
―	―	―ㄹ	―	―	―ㄷ
孫	才	兄	兄	官	才

◇ **기본운**―나무들의 가지를 울리는 바람 소리만이 요란한 숲속 깊숙이에서 길을 잃고 헤매는 것 같은 기본운이다. 움직이지 말고 가만히 있으면 이윽고 길도 열리게 된다. 여행, 신규 사업에 요주의. 지금은 기반을 닦고 지킬 때이다.

☆ **희망**―차례로 훼방하는 자가 있어서 이루기 어렵다.

☆ **애정**―상성(相性)이 안 맞고 경쟁자의 출현으로 파국을 맞는다.

☆ **금전**―남의 입에 오르내리다가 손실을 입는다.

☆ **건강**―적당한 운동이 체력, 기력의 회복과 연관된다.

지택림(地澤臨)
51. 모래 언덕의 바람무늬

金	水	土	土	木	火
—	—ㄹ—	—	—	—ㄷ—	—
孫	才	兄	兄	官	父

◇ **기본운**—앞으로 나가고 싶어도 깊은 모래 언덕에 발이 빠져서 좀처럼 나아갈 수가 없다. 자력으로 해결하기에는 아직 역부족이다. 제삼자의 도움이 필요한데 배신자를 주의할 일이다.

☆ **희망**—승진, 시험 등은 기회이고 교섭은 상대방의 양보로 이루어진다.

☆ **애정**—가정은 원만하다. 여성에게는 사랑받을 기회가 찾아온다.

☆ **금전**—계획했던 돈은 들어오지 않는다.

☆ **건강**—질병은 가벼운데 오래 간다.

지천태(地天泰)
52 들어오는 밀물

```
金   水   土   土   木   火
─ㄹ  ──  ──  ─ㄷ  ──  ──
孫   才   兄   兄   官   才
```

◇ **기본운**─찰싹찰싹거리며 바닷가에 밀려들어오는 밀물처럼 상승
  기운(上昇機運)이 가득하다. 친구, 동료의 운도 좋아서 서로 힘을
  합치어 좋은 결과를 가져온다.

☆ **희망**─교섭하는 일은 유리하다. 육친관계(肉親關係)는 원하는 바
  가 이루어진다.

☆ **애정**─보응받지 못하는 사랑이다. 가정의 유대를 끊지 못한다.

☆ **금전**─남을 위하여 기꺼이 지출한다.

☆ **건강**─정신상태가 불안정한 기미를 보인다.

뇌천대장(雷天大壯)
53. 구름의 융단

```
土    金    火    土    木    水
—     —    —ㄷ    —    —    —ㄹ
兄    孫    父    兄    官    才
```

◇ **기본운**──구름 위를 어슬렁거리며 돌아다니는 것처럼 계획이 땅에 닿거나 붙어 있지 아니 하다. 구름의 융단으로부터 발을 헛디디어 전락하지 않는 사이에 계획을 뜯어고칠 일이다. 이도 저도 아닌 것이 대적(大敵)이다.

☆ **희망**──비즈니스와 부동산 관계는 이루어진다. 신규계획은 이루어지지 않는다.

☆ **애정**──마음이 통하지 않으며 경쟁자가 출현한다.

☆ **금전**──승부를 건 일에서 손실이 있다.

☆ **건강**──큰 변화는 없다.

택천쾌(澤天夬)
54. 황금색의 물결

土	金	水	土	木	水
—	—ㄷ	—	—	—ㄹ	—
兄	孫	才	兄	官	才

◇ **기본운**—황금색으로 물결치는 벼이삭을 연상시키는 풍요로운 기
본운이다. 그러나 이 운을 키워나갈 만한 축적도 필요하다. 젊은이
는 아직 힘이 부족하고 고령자일수록 길하다.

☆ **희망**—주변 사람의 도움을 받아가지고 이룬다.

☆ **애정**—받아들일 수 없는 사랑이다.

☆ **금전**—거래, 부동산 등에서 큰 이익이 있다.

☆ **건강**—상승되어 간다. 질병은 있더라도 가볍다.

수천수(水川需)
55. 개척된 대지(大地)

水	土	金	土	木	水
―	―	―ㄷ	―	―	―ㄹ
才	兄	孫	兄	官	才

◇ **기본운**―개척의 노력이 결실되어 풍요로운 수확이 약속된 대지와
　같이 착실하게 비축해 온 당신의 실력이 꽃이 피어 크게 공헌한
　다. 손윗사람과의 대인관계를 잘 하면 더욱 운이 트인다.

☆ **희망**―착실하게 한 가지씩 쌓아 나왔던 것이 좋은 결과를 낳는
　다.

☆ **애정**―스쳐가는 사랑, 열매를 맺지 못한다.

☆ **금전**―거래에 요주의. 어느 정도의 이익은 있다.

☆ **건강**―전신에 생기가 넘친다.

수지비(水地比)
56. 비가 오면서 치는 물보라

水	土	金	木	火	土
—ㄹ	—	—	—ㄷ	—	—
才	兄	孫	官	父	兄

◇ **기본운**—우산을 받치고 있는데 발 밑에서 진흙물이 튀어오른다. 또 토사(土砂)가 섞인 비를 만난 기본운이다. 납득할 수 없는 장해 와 배신하는 사람을 만나겠지만 꾹 참아야 할 때다.

☆ **희망**—이루어지지 않는다. 초조해 하면 더 멀어진다.

☆ **애정**—사랑하고 사랑받으며 결혼도 성립된다.

☆ **금전**—남을 위한 무상(無償)의 지출이 있다.

☆ **건강**—체력은 하강(下降) 기미이며 허리의 고장에 주의해야 한 다.

태위택(兌爲澤)

57. 밤하늘의 화톳불

土	金	水	土	木	火
—ㄷ	—	—	—ㄹ	—	—
父	兄	孫	父	才	官

◇ **기본운**—밤하늘을 붉게 물들이며 타오르는 불길도 1개소만을 비칠 뿐이어서 밤길을 걷는 나그네에게는 아무 소용이 없다. 움직이려고 해도 사방이 캄캄하여 화톳불에서 멀리 갈 수가 없다. 그처럼 운신을 마음대로 못하는 기본운이다.

☆ **희망**—계획만 있을 뿐 행동이 따르지 못하여 이루어지기 어렵다.

☆ **애정**—좋아하는 상대로부터는 사랑받지 못하고 좋아하지 않는 상대로부터 사랑받는다.

☆ **금전**—거래 교섭은 겉돌고 예측은 빗나간다.

☆ **건강**—스트레스가 쌓여 있다. 정양(靜養)이 필요하다.

택수곤(澤水困)
58. 달리는 포장마차

土	金	水	火	土	木
─	─	─ㄹ	─	─	─ㄷ
父	兄	孫	官	父	才

◇ **기본운**─앞길은 결코 평탄하지 않지만 움직이면 움직인 만큼 전
망(展望)이 열린다. 서부의 광야를 달리는 포장마차와 같은 용기가
넘치는 기본운이다. 새로운 발상이 길을 다시 열어 준다.

☆ **희망**─친구의 원조와 협력이 필요하다. 이루어진다.

☆ **애정**─성숙된 애정, 부부의 신뢰가 강한 고삐의 작용을 한다.

☆ **금전**─승부를 거는 일에 이익이 있다. 사업도 호조를 띤다.

☆ **건강**─체력은 상승 템포이다.

택지췌(澤地萃)
59. 다리가 없는 강

土	金	水	木	火	土
─	──ㄹ	─	─	──ㄷ	─
官	兄	孫	才	官	父

◇ **기본운**─한 가지 어려운 일이 해결되면 또 한 가지 어려운 일이
닥쳐온다. 겨우 도달한 목적지건만 다리가 없는 강이니 어떻게 건
너갈까. 힘은 충분한즉, 초조해 하지 말고 강물의 줄기를 기다릴
때다. 이윽고 걸어서 건널 수 있다.

☆ **희망**─가정문제는 이루어진다. 비즈니스는 이루어지기 어렵다.

☆ **애정**─여성에게는 복수(複數)의 경쟁자, 남성은 결혼할 수 있다.

☆ **금전**─곡절은 있지만 예상대로 들어온다.

☆ **건강**─가볍게 보면 와석(臥蓆)하게 된다.

택산함(澤山咸)
60. 언덕 위의 진창

```
土   金   水   金   火   土
──ㄹ ──  ──  ──ㄷ ──  ──
父   兄   孫   兄   官   父
```

◇ **기본운**─해는 지고 갈 길은 멀어서 마음은 초조한데 발이 진창에
  빠지니 생각대로 걸을 수가 없다. 등에 진 짐도 무거워서 어깨가
  쑤시는 괴로운 기본운이다. 남을 의지할 생각 말고 자신의 길을 걸
  어야 할 때다.

☆**희망**─상대방의 힘이 세므로 싸우는 것은 불리하다.

☆**애정**─마음이 들떠 있다가는 함정에 빠진다.

☆**금전**─금전의 대차(貸借)로 불화가 생긴다.

☆**건강**─초조해 하는 것은 건강의 대적(大敵)이다.

수산건(水山蹇)
61. 가을철의 태양

水	土	金	金	火	土
—	—	—ㄷ	—	—	—ㄹ
孫	父	兄	兄	官	父

◇ **기본운**—성하(盛夏)가 지나가고 나무 사이로 비치는 가을철의 태양 빛이 날로 쇠해 가는 것처럼 하강의 기본운이다. 모든 일에 욕심을 부리지 말고 문제를 차분히 풀어나가면 결실이 보장되어 있다.

☆ **희망**—결단의 시기를 잘못 택하면 이루어지기 어렵다.

☆ **애정**—마음이 상대방에게 통하지 않는다.

☆ **금전**—승부를 건 일은 손실을 본다. 교제로 임시 지출이 있다.

☆ **건강**—피로가 쌓이는 시기이다. 안식이 필요하다.

지산겸(地山謙)
62. 움직이지 않는 산

金	火	土	金	火	土
―	―ㄷ	―	―	―ㄹ	―
兄	孫	父	兄	官	父

◇ **기본운**—움직이지 않는 것이 산과 같다. 잠자코 있어도 주위에서
당신을 응접하는데 무슨 일이든 순조롭게 이루어진다. 서투른 움
직임은 모처럼 맞게 된 강운(強運)을 떠나게 하고 만다.

☆ **희망**—싫어하는 상대하고도 타협이 필요하니 한 걸음 후퇴하면
이루어진다.

☆ **애정**—여성에게는 결실되지 않는 사랑이다. 새로 만나게 될 때이
기도 하다.

☆ **금전**—열을 바라면 다섯을 얻는다.

☆ **건강**—심신에 변화가 없다.

뇌산소과(雷山小過)
63. 노랑색 모래태풍

```
土   金   火   金   火   土
—   —  —ㄷ  —   —  —ㄹ
父   兄   官   兄   官   父
```

◇ **기본운**—가릴 것도 막을 것도 없는 사막에서 만난 모래 태풍과 같이 세세한 장해가 차례로 발생하여 눈을 뜰 수조차 없다. 잠자코 있다가는 집어삼킬 듯 당하고 만다. 이쪽에서 용기를 내어 전진할 때다.

☆ **희망**—교섭과 거래는 이루어지지 않으나 새 계획은 이루어진다.

☆ **애정**—여성에게는 이상적인 상대가 나타나지만, 남성에게는 이별할 운명이 기다린다.

☆ **금전**—승부를 건 일은 깨진다. 지출을 억제하면 길하다.

☆ **건강**—질병은 곧 회복된다.

뇌택귀매(雷澤歸妹)
64. 우레 소리가 울리다

土	金	火	土	木	火
—	ㄹ—	—	—ㄷ	—	—
父	兄	官	父	才	官

◇ **기본운**—하늘이 돌연 어두워지며 구름이 덮이더니 천둥소리가 가까워진다. 무슨 일이 일어날는지 예측하기조차 어려운 기본운이다. 삼십육계주위상계(三十六計走爲上計)라 도망치는 것이 이기는 것이며 거래, 교섭 모두 일찍 결단을 내릴 필요가 있다.

☆ **희망**—계획이 무너져서 이루기 어렵다.

☆ **애정**—마음이 통하지 않는다. 때로는 적극적인 수단을 강구할 일이다.

☆ **금전**—집안에서 쓸데없는 지출을 한다. 노력이 결실되지 않는다.

☆ **건강**—질병은 가벼우나 오래 끈다. 식사에 주의해야 한다.

당신도 오행역의 명인

당신도 오행역의 명인(名人)

오행역(五行易) 점은 이렇게 친다

오늘의 운세라든가 이 달의 운세 등을 점칠 때, 예를 들어 건위천
(乾爲天:1)이 나오면,

土	金	火	土	木	水
━ ㄷ	━	━	━ ㄹ	━	━
父	兄	官	父	才	孫

가 되는데, 건위천 : 1을 보면, 그 기본운은 〈부서져 흩어지는 파도〉
이다. 또 희망, 애정, 금전, 건강의 각 항을 보고 판단한다. 결혼이라
든가 취직 등은 따로 괘를 세우기 바란다.

남성운(男性運:여성 쪽에서 보아)을 점칠 때

여성의 의뢰를 받되, 지금 교제하고 있는 남성과 장차 결혼할 수 있는지 어떤지를 판단할 경우, 또 여성 자신이 결혼운을 점칠 경우, 만약 천산둔(天山遯: 3 - 64괘 중 3번)이 나왔다면,

```
土   金   火   金   火   土
━ㄷ  ━   ━   ━ㄹ  ━   ━
父   兄   官   兄   官   父
```

의 괘가 된다. 그 기본운은 〈아득하도다 산들이여〉인데, ㄷ에 부(父)를 가지고 있으므로 그것으로 애정운을 본다. 결혼운은 두 사람이 좋아하지만 결혼은 성립되기 힘들다가 된다. 이것은 여성 쪽에서 판단할 때는 관이 남성의 성(星)이 되며 ㄷ인 자기와 관계가 없으므로 이렇게 판단하게 되는 것이다.

　ㄷ ⇒ 자기, 자신, 의뢰자

　ㄹ ⇒ 상대방

또 천화동인(天火同人:48)이 주사위의 점에서 나왔을 때는 〈여명(黎明)은 멀고〉가 기본운이며, 애정운, 결혼운은 잘 풀려나가겠는데 시간은 걸린다로 판단한다.

```
土   金   火   火   土   木
━ㄹ  ━   ━   ━ㄷ  ━   ━
孫   才   兄   官   孫   父
```

ㄷ에 관귀(官鬼)를 가지고 있으므로 가능성은 많지만 시간이 걸리는 것으로 본다.

수지비(水地比:56)인 때는,

水　土　金　木　火　土
—ㄹ　——　—ㄷ　——
才　兄　孫　官　父　兄

〈비가 오면서 치는 물보라〉가 기본운인데, 애정은 사랑하고 사랑받으며 결혼은 성립된다가 된다. 여성 쪽에서 볼 때는 ㄷ의 관귀(官鬼)는 길상(吉祥)이다.
　지택림(地澤臨:51)이 나왔을 때는,

金　水　土　土　木　火
——　—ㄹ　——　—ㄷ—
孫　才　兄　兄　宮　父

〈모래 언덕의 바람무늬〉가 기본운인데 애정운, 결혼운은 아주 좋은 사랑관계를 이루며 가능성이 많다고 할 수 있다.
　또 천풍구(天風姤:2)가 나왔을 때는,

土　金　火　金　水　土
——　—ㄹ——　——ㄷ
父　兄　官　兄　孫　父

〈광야의 장미〉라는 기본운을 가지고 있으며, 애정운은 균형이 안 잡히고 조화가 안 되는 것은 불연(不緣)의 인연이다이므로 포기하여야 한다.

판단의 요점은 여성 쪽에서 남성운(男性運), 결혼운(結婚運)을 점칠 때는 ㄷ이라고 하는 것은 점치는 사람 자신이므로 그곳에 관귀(官鬼)라는 남성의 성(星)이 붙는 경우 애정운, 결혼운은 좋다는 것을 나타낸다. ㄷ에 관(官)이 있고 또 다른 곳에도 관(官)이 있을 때는 두 명의 남성과 교제를 하든가 프로포즈를 받게 된다는 것을 의미한다. ㄷ에 형(兄)이 붙으면 이 형(兄)은 경쟁자, 즉 경쟁성(競爭星)이므로 경쟁자가 존재함을 의미한다.

취직을 점칠 때

취직을 점칠 때는 ㄷ이 자기 자신, 의뢰자이므로 ㄷ에 취직, 즉 업무성인 관(官)이 붙어 있으면 취직의 가능성이 많다고 본다. 또 지금의 근무지, 직장에서 오래 있을 것인지의 여부도, 이 ㄷ에 관(官)이 붙어 있으면 좋은 결과가 되며 계속성도 있는 것으로 본다.

예컨대 지화명이(地火明夷:15)가 나왔을 경우라면,

```
金   水   土   水   火   木
─   ─   ─ㄷ─   ─   ─ㄹ
父   兄   官   兄   官   孫
```

〈먼 곳의 봉화(烽火)〉가 기본운이며 ㄷ에 관토(官土)가 붙어 있으므로 취직은 곧 되는데 노력이 필요하다.

지수사(地水師:16)가 나왔을 때는,

```
金  水  土  火  土  木
—ㄹ —  —  —ㄷ —  —
父  兄  官  才  官  孫
```

〈가로로 길게 뻗친 안개〉가 기본운으로서 욕심을 내서는 안 되는데, 취직할 때는 ㄷ에 재(才)를 가지고 있고, 관(官)을 가지고 있지 않기 때문에 가능성은 희박한 것으로 본다.

취직은 관(官)이 ㄷ에 붙느냐 안 붙느냐가 좌우한다. ㄷ에 관(官)이 없으면 가능성은 희박한 것으로 생각할 일이다.

질병(疾病)을 점칠 때

질병을 점칠 때는 관(官)을 중심으로 판단한다. ㄷ에 관(官)이 붙어 있을 때는 질병이 무겁다는 것을 나타낸다. 병명(病名)은 맞히기 어려우나 질병의 부위(部位)는 아래 표를 참고하기 바란다.

```
              土   金   火   土   木   水
건위천       —ㄷ  —   —   —ㄹ —   —
(乾爲天)     父   兄   官   父   才   孫
              ↓    ↓    ↓    ↓    ↓    ↓
              목   폐   간장  허리  무릎  발
              머리  팔   위장  부인과
              눈   가슴
```

만약 건위천(乾爲天:1)이 나왔을 때, ㄷ에는 관(官)이 없으므로 그다지 걱정할 필요는 없다. 다만 위장(胃腸)과 간장(肝臟)에는 관(官)이 있으니까 그곳의 건강에 주의를 요한다.

뇌풍항(雷風恒：28)이 나왔을 때는,

土　金　火　金　水　土
—ㄹ— —　—ㄷ— —
才　官　孫　官　父　才

ㄷ에 관(官)이 붙어 있으므로 질병은 중증(重症)이다. 환부(患部)는 네 번째이므로 허리, 산부인과 계통의 질병에 주의를 요한다. 또 두 번째에도 관(官)이 붙어 있으므로 폐, 가슴, 팔도 주의해야겠다.

여성운(女性運：남성 쪽에서 보아)을 점칠 때

남성쪽에서 여성운을 점칠 때는, 여성은 재(才)가 중심이 되므로 ㄷ이라는 자기 자신의 곳에 재(才)가 붙는 경우는 가능성이 아주 많다고 본다.

예컨대 지수사(地水師：16)가 나왔을 경우에는,

金　水　土　火　土　木
—ㄹ— —　—ㄷ— —
父　兄　官　才　官　孫

ㄷ에 재(才)가 붙어 있으므로 길상(吉祥)이다. 희망의 항(項)을 보면 대체적으로 실현된다. 여성의 경우는 특히 좋다고 되어 있고 애정운도 결혼이 성립된다고 되어 있다. ㄷ에 형(兄)이 붙는 경우는 경쟁자가 있어서 어느 정도는 곤란하다고 판단해야 할 것이다.

또 화풍정(火風鼎:43)이 나온 경우 〈들불의 불꽃〉이 기본운으로서 남성은 사랑에 금이 간다고 했으니 애정운은 남성에게 좋지 않다는 것을 시사하고 있다. ㄷ에 재(才)가 없으니 비관적이기도 하다.

택수곤(澤水困:58)이 나왔을 때는 〈달리는 포장마차〉가 기본운으로서, 애정은 성숙된 애정이므로 여성운, 결혼운은 좋다고 판단할 수 있다. 특히 ㄷ이라는 자기 자신에게 여성인 재(才)가 붙어 있는 까닭에 가능성이 크다고 보겠다.

형제나 자매가 가출했을 때

형제 자매가 가출을 하면 돌아올 것인지 여부가 걱정된다.

ㄷ에 형(兄)이 붙어 있으면 형(兄)은 형제 자매를 나타내는 것이므로 돌아올 가능성이 많은데, ㄷ에 형(兄)이 붙어 있지 않을 때는 돌아올 가능성은 아주 희박하다.

예컨대 수산건(水山蹇:61)이 나왔을 경우에는,

水　土　金　金　火　土
—　—　—ㄷ　—　—　—ㄹ
孫　父　兄　兄　官　父

형제 자매의 성(星)인 형(兄)이 ㄷ에 붙어 있으므로 돌아올 가능성은 많다고 판단한다. 기본운이 〈가을철의 태양〉이므로 욕심을 내지 않으면 좋은 결과가 나온다고 판단할 수 있다.

만약 뇌산소과(雷山小過:63)가 나오면,

```
土　金　火　金　火　土
ー　ー　ー　ㄷ　ー　ー　ー　ㄹ
父　兄　官　兄　官　父
```

〈노랑색 모래태풍〉이 기본운으로서 ㄷ에 관(官)이 붙어 있고 형(兄)이 붙어 있지 않으므로 형제 자매는 여간해서 돌아오지 않게 된다.

남편이나 그(남성)가 가출했을 때

남편이나 그(남성)의 성(星)은 관(官)이므로 ㄷ의 곳에 관(官)이 붙어 있으면 돌아올 가능성이 많다고 판단하고 ㄷ에 관(官)이 붙어 있지 않으면 가능성이 희박하다고 판단한다.

예컨대 뇌산소과(雷山小過 : 63)가 나왔을 때는,

```
土　金　火　金　火　土
ー　ー　ㄷ　ー　ー　ー　ㄹ
父　兄　官　兄　官　父
```

ㄷ이 관(官)을 가지고 있으므로 가출인인 남편이나 그는 돌아올 가능성이 많을 것이다.

만약 지산겸(地山謙 : 62)이 나온다면,

```
金　火　土　金　火　土
ー　ㄷ　ー　ー　ー　ㄹ
兄　孫　父　兄　官　父
```

ㄷ에 관(官)이 붙어 있지 않으므로 남편이나 그의 귀가는 절망적이라고 할 수 있겠다.

아내나 그녀(여성)가 가출했을 때

아내나 그녀(여성)의 성(星)은 재(才)이므로 ㄷ에 재(才)가 붙으면 가출한 여성, 즉 아내나 그녀는 반드시 돌아올 가능성이 많다.

예컨대 화뢰서합(火雷噬嗑 : 38)이 나오면 ㄷ에 아내나 여성의 성(星)인 재(才)가 붙어 있으므로 가출인이 돌아올 가능성이 많은 것이다. 기본운에 있는 것처럼 잠자코 기다릴 일이다.

또 천수송(天水訟:47)이 나왔을 때는 ㄷ에 형(兄)이 있고 재(才)가 붙어 있지 않으므로 돌아올 가능성은 희박하다고 판단한다. 기본운에는 초점이 정해져 있지 않다고 했는데 이것도 참고하기 바란다.

```
土  金  火  火  土  木
─   ─  ─ㄷ ─   ─  ─ㄹ
孫  才  兄  兄  孫  父
```

자녀나 조카가 가출했을 때

자녀와 조카의 성(星)은 손(孫)으로 표시한다. ㄷ의 곳에 손(孫)이 붙어 있으면 가출한 자녀나 조카는 돌아올 가능성이 많다.

예컨대 택천쾌(澤天夬:54)가 나오면,

```
土  土  水  土  木  水
─   ─ㄷ ─   ─   ─ㄹ ─
兄  孫  才  兄  官  才
```

ㄷ에 자녀와 조카의 성(星)인 손(孫)이 붙어 있으므로 가출인은 돌아올 가능성이 많다.

그럼 뇌천대장(雷天大壯:53)이 나왔을 때는 어떠한가?

```
土  金  火  土  木  水
—  —  —ㄷ  —  —  —ㄹ
兄  孫  父  兄  官  才
```

ㄷ에 손(孫)이 붙어 있지 않으므로 돌아올 가능성이 적은 것을 의미한다.

돈, 반지 등 값비싼 물건을 분실했을 때

중요한 것으로서 값비싼 물건이나 돈을 잃어버렸을 때, 그것을 찾을 수 있는지 여부를 판단하는 경우는 돈, 재물, 값비싼 물건 등의 성(星)을 재(才)로 본다. ㄷ에 재(才)가 붙어 있으면 잃어버린 돈이나 반지, 값비싼 물건을 찾게 될 가능성이 많다고 판단한다. ㄷ에 재(才)가 안 붙어 있으면 찾기가 매우 어려울 것으로 판단한다.

예컨대 택수곤(澤水困:58)이 나왔을 때는 ㄷ에 재(才)가 붙어 있으므로 찾을 가능성은 많다.

```
土  金  水  火  土  木
—  —  —ㄹ  —  —  —ㄷ
父  兄  孫  官  父  才
```

그러나 만약 택산함(澤山咸:60)이 나왔을 때는,

土　金　水　金　火　土
―ㄹ――　―ㄷ――　―
父　兄　孫　兄　官　父

ㄷ에 재(才)가 붙어 있지 않고 형(兄)이 붙어 있으므로 돈이나 고급 물품은 나오지 않는다. 유감스런 일이지만 단념할 수밖에 없다.

서류나 열쇠 자동차 등을 잃어버렸을 때

서류, 열쇠라든가 자동차의 성(星)은 부(父)이다. ㄷ에 부(父)가 붙어 있으면 잃은 것을 찾을 수 있다고 판단한다. ㄷ에 부(父)가 붙어 있지 않으면 찾기가 곤란하다.

예컨대 태위택(兌爲澤 : 57)이 나왔을 경우에는,

土　金　水　土　木　火
―ㄷ――　―ㄹ――　―
父　兄　孫　父　才　官

ㄷ에 부(父)가 붙어 있으므로 잃은 서류나 열쇠, 자동차 등은 반드시 찾을 수 있다.

택수곤(澤水困 : 58)의 괘(卦)가 나왔을 때는,

土　金　水　火　土　木
――　―ㄹ――　―ㄷ
父　兄　孫　官　父　才

ㄷ에 부(父)가 붙어 있지 않으므로 서류, 열쇠, 자동차 등은 여간해서 찾기가 어려우며 되돌아올 가능성도 희박하다고 판단한다.

주식(株式)과 도박 등을 점칠 때

주식과 경마 등에서 돈을 벌 수 있는지의 여부를 점칠 때는 재(才)를 중심으로 본다. ㄷ에 재(才)가 붙어 있을 때는 돈을 벌 가능성이 많고 ㄷ에 재(才)가 붙어 있지 않을 때는 손해볼 가능성이 많다. 이 주식을 사는 것이 좋은가, 파는 것이 좋은가. 경마의 연승식(連勝式) 1~8을 사면 돈을 딸 수 있을까? 이 사업을 시작하면 돈을 벌 수 있을까를 개별적으로 점치려면 금전운(金錢運)의 항(項)을 참고로 한다.

예컨대 진위뢰(震爲雷:25)의 괘(卦)가 나왔을 때는 ㄷ에 돈의 성(星)인 재(才)가 붙어 있으므로 돈 벌 가능성은 많다. 그런데다가 금전운이 다툼이 있으나 이익을 본다이므로 호조이다.

손(孫)은 기쁨이므로 ㄷ에 손(孫)이 붙어 있을 때도 가능성이 있다.

취직, 입학시험(중, 고등, 대학)을 점칠 때

취직의 성(星)은 관(官)이 맡는다. ㄷ에 관(官)이 붙어 있으면 시험에 합격할 가능성이 크다는 것을 시사한다. ㄷ에 관(官)이 붙어 있지 않으면 불가능, 불합격으로 본다. A학교냐, B학교냐는 별도로 괘를 내어서 보되 역시 ㄷ에 관(官)이 붙어 있는지의 여부로 확인한다. 취직시험도 A회사, B회사로 나누어서 점을 친다. 재학중(在學中) 기말시험(期末試驗) 등도 마찬가지이다.

예컨대 천화동인(天火同人:48)이 나왔을 때는 ㄷ에 관(官)이 붙어 있으므로 합격할 가능성이 많다.

```
土   金   火   火   土   木
—ㄹ—  —   —ㄷ—  —   —
孫   才   兄   官   孫   父
```

만약 천뢰무망(天雷无妄:37)의 괘가 나왔을 때는,

```
土   金   火   土   木   水
—   —   —ㄷ—  —   —   —ㄹ
才   官   孫   才   兄   父
```

ㄷ에 관(官)이 붙어 있지 않으므로 불합격의 가능성이 많다고 할 수 있다.

남성운(여성 쪽에서 보아) 취직, 입시(入試)에 좋은 괘

천산돈(天山遯) 3, 지화명이(地火明夷) 15, 간위산(艮爲山) 17, 산화비(山火賁) 18, 산천대축(山天大畜) 19, 뇌풍항(雷風恒) 28, 산풍고(山風蠱) 40, 화풍정(火風鼎) 43, 천화동인(天火同人) 48, 지택림(地澤臨) 51, 수지비(水地比) 56, 택지췌(澤地萃) 59, 뇌산소과(雷山小過) 63.

여성운(남성 쪽에서 보아) 금전운이 좋은 괘

천지비(天地否) 4, 수택절(水澤節) 10, 지수사(地水師) 16, 진위뢰(震爲雷) 25, 뇌지예(雷地豫) 26, 뇌수해(雷水解) 27, 지풍승(地風升) 29, 수풍정(水風井) 30, 택뢰수(澤雷隨) 32, 풍화가인(風火家人) 35, 풍뢰익(風雷益) 36, 화뢰서합(火雷噬嗑) 38, 산뢰이(山雷頤) 39, 지뢰복(地雷復) 50, 택수곤(澤水困) 58.

삼각관계(여성 쪽에서 보아)가 되기 쉬운 괘

천산돈(天山遯) 3, 천지비(天地否) 4, 풍지관(風地觀) 5, 화지진(火地晋) 7, 감위수(坎爲水) 9, 수택절(水澤節) 10, 수뢰둔(水雷屯) 11, 수화기제(水火旣濟) 12, 택화혁(澤火革) 13, 뇌화풍(雷火豊) 14, 지화명이(地火明夷) 15, 지수사(地水師) 16, 산화비(山火賁) 18, 산천대축(山天大畜) 19, 산택손(山澤損) 20, 풍택중부(風澤中孚) 23, 뇌풍항(雷風恒) 28, 지풍승(地風升) 29, 수풍정(水風井) 30, 택풍대과(澤風大過) 31, 뇌산소과(雷山小過) 63, 뇌택귀매(雷澤歸妹) 64.

삼각관계(남성 쪽에서 보아)가 되기 쉬운 괘

산화비(山火賁) 18, 산천대축(山天大畜) 19, 진위뢰(震爲雷) 25, 뇌지예(雷地豫) 26, 뇌수해(雷水解) 27, 뇌풍항(雷風恒) 28, 지풍승(地風升) 29, 수풍정(水風井) 30, 택풍대과(澤風大過) 31, 택뢰수(澤雷隨) 32, 손위풍(巽爲風) 33, 풍천소축(風天小畜) 34, 풍화가인(風火家人) 35, 풍뢰익(風雷益) 36, 천뢰무망(天雷无妄) 37, 화뢰서합(火雷噬嗑) 38, 산뢰이(山雷頤) 39,

산풍고(山風蠱) 40, 화산려(火山旅) 42, 화풍정(火風鼎) 43, 지뢰복(地雷復) 50, 지천태(地天泰) 52, 택천쾌(澤天夬) 54, 수천수(水天需) 55.

이성관계에서 라이벌이 생기기 쉬운 괘

천지비(天地否) 4, 풍지관(風地觀) 5, 화지진(火地晋) 7, 감위수(坎爲水) 9, 수택절(水澤節) 10, 수화기제(水火旣濟) 12, 택화혁(澤火革) 13, 산천대축(山天大畜) 19, 산택손(山澤損) 20, 천택리(天澤履) 22, 풍택중부(風澤中孚) 23, 뇌풍항(雷風恒) 28, 택풍대과(澤風大過) 31, 손위풍(巽爲風) 33, 천뢰무망(天雷无妄) 37, 산풍고(山風蠱) 40, 이위화(離爲火) 41, 화산려(火山旅) 42, 화수미제(火水未濟) 44, 풍수환(風水渙) 46, 천수송(天水訟) 47, 지택림(地澤臨) 51, 지천태(地天泰) 52, 택천쾌(澤天夬) 54, 택산함(澤山咸) 60, 수산건(水山蹇) 61, 뇌택귀매(雷澤歸妹) 64.

질병을 조심할 괘로서 입시, 취직에 좋은 괘

천산돈(天山遯) 3, 지화명이(地火明夷) 15, 간위산(艮爲山) 17, 산화비(山火賁) 18, 산천대축(山天大畜) 19, 뇌풍항(雷風恒) 28, 산풍고(山風蠱) 40, 화풍정(火風鼎) 43, 천화동인(天火同人) 48, 지택림(地澤臨) 51, 수지비(水地比) 56, 택지췌(澤地萃) 59 , 뇌산소과(雷山小過) 63.

두 가지 이상의 질병에 주의할 괘

천산돈(天山遯) 3, 천지비(天地否) 4, 풍지관(風地觀) 5, 화지진(火地晉) 7, 감위수(坎爲水) 9, 수택절(水澤節) 10, 수뢰둔(水雷屯) 11, 수화기제(水火旣濟) 12, 택화혁(澤火革) 13, 뇌화풍(雷火豊) 14, 지화명이(地火明夷) 15, 지수사(地水師) 16, 산화비(山火賁) 18, 산천대축(山天大畜) 19, 산택손(山澤損) 20, 풍택중부(風澤中孚) 23, 뇌풍항(雷風恒) 28, 지풍승(地風升) 29, 수풍정(水風井) 30, 택풍대과(澤風大過) 31, 뇌산소과(雷山小過) 63, 뇌택귀매(雷澤歸妹) 64.

토지, 가옥, 서류, 여행에 좋은 괘

건위천(乾爲天) 1. 천풍구(天風姤) 2, 풍지관(風地觀) 5, 화천대유(火天大有) 8, 뇌화풍(雷火豊) 14, 택풍대과(澤風大過) 31, 풍천소축(風天小畜) 34, 뇌천대장(雷天大壯) 53, 태위택(兌爲澤) 57.

손실, 지출이 많은 괘

화지진(火地晉) 7, 감위수(坎爲水) 9, 수화기제(水火旣濟) 12, 택화혁(澤火革) 13, 산택손(山澤損) 20, 풍택중부(風澤中孚) 23, 손위풍(巽爲風) 33, 이위화(離爲火) 41, 화수미제(火水未濟) 44, 풍수환(風水渙) 46, 천수송(天水訟) 47, 지천태(地天泰) 52, 택산함(澤山咸) 60, 수산건(水山蹇) 61.

행운을 잡는 괘

산지박(山地剝) 6, 수뢰둔(水雷屯) 11, 화택규(火澤暌) 21, 천택리(天澤履) 22, 풍산점(風山漸) 24, 천뢰무망(天雷无妄) 37, 화산려(火山旅) 42, 산수몽(山水蒙) 45, 곤위지(坤爲地) 49, 수천수(水天需) 55.

실물(失物), 서류, 자동차 등을 찾기 쉬운 괘

건위천(乾爲天) 1. 천풍구(天風姤) 2, 천산돈(天山遯) 3, 풍지관(風地觀) 5, 산지박(山地剝) 6, 화천대유(火天大有) 8, 뇌화풍(雷火豊) 14, 지화명이(地火明夷) 15, 지수사(地水師) 16, 간위산(艮爲山) 17, 진위뢰(震爲雷) 25, 택풍대과(澤風大過) 31, 풍천소축(風天小畜) 34, 천수송(天水訟) 47, 천화동인(天火同人) 48, 뇌천대장(雷天大壯) 53, 태위택(兌爲澤) 57, 택지췌(澤地萃) 59, 지산겸(地山謙) 62, 뇌택귀매(雷澤歸妹) 64.

잃어버린 돈, 귀금속 등을 찾기 쉬운 괘

천지비(天地否) 4, 화지진(火地晋) 7, 화천대유(火天大有) 8, 수택절(水澤節) 10, 지수사(地水師) 16, 진위뢰(震爲雷) 25, 뇌지예(雷地豫) 26, 뇌수해(雷水解) 27, 지풍승(地風升) 29, 수풍정(水風井) 30, 택뢰수(澤雷隨) 32, 풍화가인(風火家人) 35, 풍뢰익(風雷益) 36, 화뢰서합(火雷噬嗑) 38, 산뢰이(山雷頤) 39, 산수미제(山水未濟) 44, 산수몽(山水蒙) 45, 곤위지(坤爲地) 49, 지뢰복(地雷復) 50, 택수곤(澤水困) 58, 택산함(澤山咸) 60, 뇌산소과(雷山小過) 63.

가출한 남편, 남성이 돌아오기 쉬운 괘

건위천(乾爲天) 1, 천풍구(天風姤) 2, 천산돈(天山遯) 3, 수뢰둔(水雷屯) 11, 지화명이(地火明夷) 15, 간위산(艮爲山) 17, 산화비(山火賁) 18, 산천대축(山天大畜) 19, 화택규(火澤睽) 21, 풍산점(風山漸) 24, 뇌풍항(雷風恒) 28, 지풍승(地風升) 29, 풍뢰익(風雷益) 36, 산뢰이(山雷頤) 39, 산풍고(山風蠱) 40, 화풍정(火風鼎) 43, 천화동인(天火同人) 48, 지천태(地天泰) 52, 뇌천대장(雷天大壯) 53, 수지비(水地比) 56, 택수곤(澤水困) 58, 택지췌(澤地萃) 59.

가출한 아내, 여성이 돌아오기 쉬운 괘

천지비(天地否) 4, 화지진(火地晋) 7, 화천대유(火天大有) 8, 수택절(水澤節) 10, 지수사(地水師) 16, 진위뢰(震爲雷) 25, 뇌지예(雷地豫) 26, 뇌수해(雷水解) 27, 지풍승(地風升) 29, 수풍정(水風井) 30, 택뢰수(澤雷隨) 32, 풍화가인(風火家人) 35, 풍뢰익(風雷益) 36, 화뢰서합(火雷噬嗑) 38, 산뢰이(山雷頤) 39, 화수미제(火水未濟) 44, 산수몽(山水蒙) 45, 곤위지(坤爲地) 49, 지뢰복(地雷復) 50, 택수곤(澤水困) 58, 택산함(澤山咸) 60, 뇌산소과(雷山小過) 63.

가출한 자녀, 조카, 손자 등이 돌아오기 쉬운 괘

산지박(山地剝) 6, 수뢰둔(水雷屯) 11, 수화기제(水火旣濟) 12, 택화혁(澤火革) 13, 산택손(山澤損) 20, 화택규(火澤睽) 21, 천택리(天澤履) 22, 풍택중부(風澤中孚) 23, 풍산점(風山漸) 24,

뇌지예(雷地豫) 26, 손위풍(巽爲風) 33, 천뢰무망(天雷无妄) 37, 화산려(火山旅) 42, 화풍정(火風鼎) 43, 풍수환(風水渙) 46, 곤위지(坤爲地) 49, 택천쾌(澤天夬) 54, 수천수(水天需) 55, 수지비(水地比) 56, 태위택(兌爲澤) 57, 지산겸(地山謙) 62.

가출한 형제, 자매가 돌아오기 쉬운 괘

천지비(天地否) 4, 풍지관(風地觀) 5, 화지진(火地晋) 7, 감위수(坎爲水) 9, 수택절(水澤節) 10, 수화기제(水火旣濟) 12, 택화혁(澤火革) 13, 산천대축(山天大畜) 19, 산택손(山澤損) 20, 천택리(天澤履) 22, 풍택중부(風澤中孚) 23, 뇌풍항(雷風恒) 28, 택풍대과(澤風大過) 31, 손위풍(巽爲風) 33, 천뢰무망(天雷无妄) 37, 산풍고(山風坎) 40, 이위화(離爲火) 41, 화산려(火山旅) 42, 화수미제(火水未濟) 44, 풍수환(風水渙) 46, 천수송(天水訟) 47, 지택림(地澤臨) 51, 지천태(地天泰) 52, 택천쾌(澤天夬) 54, 택산함(澤山咸) 60, 수산건(水山蹇) 61, 뇌택귀매(雷澤歸妹) 64.

10

생일이 암시하는 성격

생일이 암시하는 성격

목(木)이 비장하고 있는 성격은

이 장에서는 십간(十干)의 각 성격을 고전에 근거하여 오행역(五行易)이 지니고 있는 본디의 의미로 거슬러 올라가서 풀이하기로 한다. 우선 목화토금수(木火土金水)가 지니고 있는 각기의 발생과 그 본질에 대해서 설명하기로 한다.

첫째는 목(木)이다.

목은 오행의 선두에 있는데 그 이유는 이러하다. 춘기발동(春氣發動)하여 만물이 싹트는 것의 상징이며, 따라서 봄을 나타내는 것이니 오행의 첫번째에 해당한다. 봄은 식물에 있어서는 온난한 일기(日氣)의 혜택을 받는 때이다. 다시 말해서 온화함과 소프트함을 나타낸다. 갑(甲) 을(乙) 모두 이 목의 성격을 가지고 있어서 온후원만(溫厚圓滿), 무슨 일에든지 중용을 지키는 사람이다.

유교(遺敎)에서는 사람이 지켜야 할 항상불변(恒常不變)의 다섯 가지 진리를 가리켜 오상(五常)이라고 했다. 인의예지신(仁義禮知信)이 바로 그것이다.

이 오상 가운데 인(仁)에 해당하는 것이 목(木)이다. 그리하여 인덕(仁德)이라고 하는 중요한 성격을 가지고 있다고 생각되어 온다.

그리고 이 목(木)이라는 글자를 보면 옆으로 그은 一은 토지(土地)를 나타내고 아래의 八은 뿌리를 나타내고 있다. 즉 대지에 뿌리를 튼튼히 박고, 위로 위로 뻗어오르는 형국인데, 함부로 그리고 직선적으로만 올라가는 일은 없다. 구부러진다든가 똑바로 뻗는다든가 하면서 자라난다. 오행에서는 이것을 곡직(曲直)이라는 말로 표현한다.

이와 같이 생각해 보면 목성(木星)인 사람은 온화한 가운데서도 성품이 차분하며 유연하게 뻗어나간다고 보아도 틀림없겠다.

화(火)가 비장하고 있는 성격은

다음으로는 화(火)인데 원시시대 사람들은 나무를 비비거나 마찰을 시켜 가지고 불을 얻었다. 화(火)가 오행에서는 목(木) 다음에 위치하는데 그 이유는 바로 여기서 나온 것이다. 이처럼 화는 목과 뗄래야 뗄 수 없을 만큼 연관성이 깊다.

화(火)는 염상(炎上)이란 말로 나타내는데 활활 타오르는 강세(強勢)로 보아서 오행 가운데 제일 강한 것으로 취급된다. 불타오르는 화(火)는 주변을 밝혀 주고 사물의 이면까지 꿰뚫는다.

화는 예(禮)를 나타낸다. 이 예는 '오곡풍양을 기원하고 수확한 것을 신(神)에게 제사지낸다'는 의미이다. 다시 말해서 제단 앞에 섰을 때의 엄숙하고 숙연한 자세를 예의의 근본이라고 해도 좋을 것이다.

제단이라고 하면 머리에 떠오르는 것이 촛불이다. 조용하게 타오르는 촛불을 상상하면 화(火)가 예(禮)와 통한다는 사실을 긍정할 수 있을 것이다.

이상 설명한 것을 정리하면 화(火)의 날에 태어난 사람은 기력왕성에 정열적이며 정확한 판단력을 갖추고 있다. 그 반면 외견(外見)으로 보아서 화려한 면이 있는 것과는 달리 내측에는 어두운 그림자가 있다. 그 때문에 격한 성격에 스스로 제동을 걸어서 예를 되찾고 있는 것이다.

토(土)가 비장하고 있는 성격은

다음은 토(土)에 대해서 알아보기로 한다.

《서경(書經)》이라는 고전(古典)에 "토(土)에 가색(稼穡)"이라는 표현이 나온다. 가(稼)는 씨앗을 뿌리는 것이고, 색(穡)은 수확하는 것을 가리킨다. 이처럼 토는 식물의 생육(生育)과 끊을래야 끊을 수 없는 관계이다.

토(土)라는 글자를 분석하면 二가 지층(地層)을 나타내고 丨는 초목(草木)의 눈을 나타낸다. 그렇지 않다면 十이 초목이고 一이 대지(大地), 그런 것들을 짜맞춘 것이라는 설도 있다.

어쨌든 씨앗이 흙에 뿌려지고 흙 속에서 자라나며, 토(土)라고 하는 기반 위에서 살아가는 것으로서 말하자면 식물이라고 하는 생명이 살아나가는 곳, 그것이 토(土)란 말이다. 식물뿐이 아니다. 우리네 인간들도 결국은 흙으로 돌아갈 수밖에 없다.

적절한 말로서 '흙으로 돌아간다'는 표현을 사용했지만, 이것은 곧 생명이 흙으로부터 태어난 것임을 암시하고 있는 것이 아닐는지. 즉 토(土)는 생명의 근원인 것이다. 다시 말해서 다른 오행(五行) 역시 이 토(土)를 근거로 삼고 있다. 목(木)은 말할 것도 없고, 화(火)도 흙 위에서 타며 결국에는 흙으로 돌아가고, 금(金)은 흙 속에서 산출된다. 수(水)는 흙을 통해서 흐르고 흙 속에 고인다. 이처럼 토는 오행의 중심에 위치하는 것이다.

한편 토의 색깔은 황색(黃色)이라고 되어 있다. 봄철에 중국대륙으로부터 날아 오는 황사(黃砂)와 황진(黃塵)의 정체는 흙이다. 또 황천(黃泉)이라는 표현도 있다. 죽은 사람이 가는 곳을 뜻함인데, 황천이란 지하에 있는 샘이다. 또 중국 대륙을 흐르는 황하(黃河)는 그 유역(流域)의 흙을 잠식하면서 흐려졌기 때문에 황하라고 부르며 중앙에 있는 강이라는 뜻으로 황하라 부르기도 한다.

고대 중국의 황제(黃帝)는 '짐(朕)이야말로 세상의 중심'이라는 의미로 중앙의 색깔인 황색(黃色)을 호칭에 사용한 것이리라.

이러한 토(土)의 성격을 바탕으로 하여 토(土)의 날에 탄생한 사람의 성격을 살펴보면 다소 신경이 무딜는지는 모르나 중용(中庸)을 지키는 진실한 타입, 사려가 깊고 신용이 있는 인물이다. 우선은 안심하고 사귈 만한 사람인데 토장(土藏)이라는 말 그대로 무엇이든지 집어 넣으면 내놓치를 않는다. 좋게 말한다면 저축성이 강한 반면 그것이 지나치면 구두쇠로 통하기도 한다.

금(金)이 비장하고 있는 성격은

토(土) 다음에는 금(金)이다.

여기서 금(金)은 황금(黃金)이라든가 금전(金錢), 즉 돈을 가리키는 말이 아니라 넓은 의미의 금속(金屬)이라든가 일반 광물(鑛物)을 가리키는 금인 것이다.

금속이라고 하면, 차갑고 딱딱한 감촉 그리고 견고성이 떠오른다. 그러나 음양오행(陰陽五行)에서는 '금은 종혁(從革)'이라 하여, 순종하며 그 모양을 바꾸는 것이라고 하는 성질에 결부시킨다.

금속은 열을 가하면 녹아서 부드러워지며, 실로 온순하여 인간이 생각하는 대로 어떤 모양이든지 만들 수가 있는 것이다.

목(木)은 시간을 가지고 조각(彫刻)을 하여야 하며, 점토(粘土)로 어떤 상(像)을 만들더라도 그것은 견고하지가 못하다. 수(水)나 화(火)로도 어떤 특정한 모양을 만들 수는 있지만, 그것은 순간적이다. 그렇다면 무슨 모양으로든지 바꾸고 그대로 형태를 유지할 수 있는 것은 금(金)밖에 없다.

그러나 금을 종혁(從革)이라고 했던 고대 중국 사람들의 사고방식은 역시 의표를 찌른 것으로서, 상식적으로 생각한다면 뭐니뭐니 해도 금속은 굳은 성질이 있는 것이 당연하다. 그러므로 금에는 극단적인 견고함과 극단적인 부드러움이 동시에 존재하고 있다고 보아야 할 것이다.

한편 금은 방위(方位)에서는 서(西)를 가리킨다. 동서남북(東西南北)을 목화금수(木火金水)로 맞출 때 서쪽에 해당되는데, 서쪽은 태양이 지는 곳, 즉 따뜻함을 잃는 곳이므로 금속이 주는 차디찬 감촉과 어울리는 것으로 생각된다.

금은 인의예지신(仁義禮知信) 가운데 의(義)에 해당한다. 그래서 솔직하여 참지 못하고 직언하는 경골한(硬骨漢), 정의한(正義漢)이라고 보는 견해가 성립되는 것이다.

이러한 금의 특성과 연관지어 볼 때 금의 날에 태어난 사람은 융통성이 없는, 곧은 인물인 반면에 인간이 가지는 어두움 그리고 약함도 잘 알고 있다는 점, 인정에 치우치기 쉽다는 점에서 의리파적(義理派的)인 면이 있다.

의리파적이라고 하면 재물을 가벼이 여기고 의(義)를 존중하며 이상(理想)을 위해서는 타협을 할 줄 모른다.

단 용감한 반면 필요 이상으로 승벽이 강하여 오만하게 되어버리는 결점이 있다.

수(水)가 비장하고 있는 성격은

끝으로 수(水)에 대해서 언급해 보기로 한다.

오행(五行)에서 수(水)를 윤하(潤下)라고 한다. '축축하게 적시며 내린다'든가 '습한 곳으로 구덩이를 통하여 흐른다'는 의미이다.

'흐르는 물은 막을 수 없고 떠나는 사람은 잡을 수 없다'는 옛 속담도 있듯이 물은 높은 곳에서 낮은 곳으로 흐르는 것으로써, 고인 물은 차디차고 흐르는 물은 높은 곳에 그 원천이 있게 마련이다.

높은 곳, 위쪽이라고 하면 방위(方位)로 볼 때 물론 북(北)이다.

계절로는 목(木)이 봄이요, 수(水)는 겨울을 나타낸다. 이는 수(水)가 목(木)을 낳는다는 오행의 순서와도 맞는 말이다.

이처럼 수(水)는 북(北)과 겨울을 나타내는 한편, 하루 가운데서는 심야(深夜), 시각으로 말하면 자시(子時;오후 11시부터 오전 1시까지)의 두 시간이다.

수(水)는 음(陰)의 극(極)이라 하며 검고 어두운 이미지를 주는데 수(水)의 이러한 음침함은 유럽에서 말하는 갈레누스(galenus)의 네 가지 기질(氣質;관능적인 다혈질, 잔인한 담즙질, 지둔한 점액질, 나른한 우울질) 중 우울질에 해당한다. 이 우울질은 흑담즙(黑膽汁)의 기능 때문이라 하여 그로 말미암아 유럽에서는 흑(黑)으로 표시하는데, 이것은 우연의 일치일까? 정말로 이상한 일이다.

그리고 이 우울질이 지식인에게 많은 것처럼 수(水)도 역시 지성(知性)을 나타낸다. 인의예지신(仁義禮知信)의 지(知)에 해당하는 것이 수(水)인 것이다. 머리 회전이 빠른 것을 고여 있는 일없이 흐르는 물에 비유했으며 지성이 다른 사람들보다 높아서 학자로 대성하는 사람이 많다.

십이지(十二支)를 보조수단으로 삼는다

지금까지 설명한 것은 오행(五行)과 성격의 관계를 고찰한 기본이다. 이 오행의 기본을 머리에 넣어두고 자신의 성격을 판단하는 것인데 이 경우 오행으로 판단하는 성격, 그것에 덧붙여서 일지(日支), 즉 자기가 태어난 날의 십이지(十二支)를 보조수단으로 사용하게 되는 것이다.

십이지에 대해서는 보통 자(子)·축(丑)·인(寅)·묘(卯)·진(辰)·사(巳)·오(午)·미(未)·신(申)·유(酉)·술(戌)·해(亥)를 쥐·소·호랑이·토끼·용·뱀·말·양·원숭이·닭·개·돼지만으로 생각하는 사람이 많은데, 실은 이 순서는 십간(十干)을 설명할 때 한 것과 마찬가지로 본래 식물의 생장에서부터 고사(枯死)하기까지를 따라가면서 만들어진 것이다.

이것에 대해서는 역시 중국의 고전(古典)인 《오행대의(五行大義)》에 자세한 설명이 있으므로 그것을 인용하겠다.

자(子)는 새끼칠 자(孶)로서 '낳는다' 또는 '무성하다'라는 의미이다. 양(陽)의 기(氣)가 통하여 만물이 싹트는 것이다.

축(丑)은 맺을 유(紐)로서 뻗는 싹이 끈 따위에 묶여서 아직 뻗어나지 못하는 상태이다.

인(寅)은 지렁이 인(蚓), 참매미 인(螾)에서 나온 것으로, 이 의미는 '식물이 지렁이처럼 길게 뻗어나가는 것'을 뜻한다.

묘(卯)는 무릅쓸 모(冒)와 중국어 발음이 같은 것으로서 모험을 뜻하는데, '어떻게든 열고 전진해 나간다'는 의미이다. 즉 뻗기 시작한 식물이 다시 무성해져 가는 것을 뜻한다.

진(辰)은 '진동할 진(震)'이란 의미이다. 요동을 하면서 활발하게 생각되어 가는 모습이다.

사(巳)는 '무성하게 성장하던 것이 그친 것'을 의미한다.

오(午)는 짝 오(忤)로서 거스른다는 뜻이다. 또 떨어진다는 뜻도 있으므로 '번영과 무성함에서 쇠퇴해 가기 시작하는 것'을 의미한다.

미(未)는 어두울 매(昧)란 뜻이다. 이것은 어두운 것으로서 만물이 쇠하여 어둡게 되었다는 의미가 된다.

신(申)은 펼 신(伸)이다. 이것은 생장하고 뻗는다는 뜻이 아니고 '쇠퇴해 가면서도 아직 남은 생명을 끈다'는 의미이다.

유(酉)는 멈출 유(猶)이다. 이것은 '노쇠하여 축소한다'는 의미이다.

술(戌)은 큰개의 월(戊)로서 살(殺)이란 의미와 통한다. 살(殺)이므로 죽이고 죽음을 당하여 멸망한다는 뜻이다.

해(亥)는 씨 핵(核), 즉 씨앗이다. 단 여기에는 닫힐 애란 뜻이 있으므로 모든 것이 종자 속으로 들어가서 끝이 났다고 생각하면 된다.

식물이 싹트는 것으로부터 생장 그리고 고사(枯死)하기까지의 주기를 문자로 만들어 놓았음을 알게 되었을 것이다.

이처럼 십이지(十二支)에는 인생의 어느 시기의 세(勢)를 암시하고 있는 것이므로 이것을 자기의 십간(十干)과 연결시킴으로써 그 운세의 강약을 알아볼 수 있게 되는 것이다.

그러므로 성격이 어떤 강도(強度)로 떠오르는가에 대하여, 일지(日支)를 보조적으로 사용하여 한층 더 상세하게 판단할 수 있게 됨은 두말 할 나위도 없다.

그러면 이제부터 자신의 생일을 가지고 자신의 성격을 판단해 보기로 하자.

갑(甲)의 날에 태어난 사람의 성격

갑은 목(木) 중에서도 양목(陽木)이다. 목의 특징은 거의 모두 갖추고 있지만 양(陽)인 만큼 약간 강하다.

갑이라는 글자는 실은 눌러놓 압(押)에서 온 것 같으며, 눌려 있었던 것이 봄철이 되자 열린다고 하는 뜻이 내포되어 있다. 갑은 또 갑옷 갑(甲)이라고도 하는데 식물의 종자가 갑옷에 싸여 있으면서 싹이 나오는 것을 기다리고 있는 상태라고 생각할 수도 있다.

나무는 대지(大地)에 그 뿌리를 튼튼하게 박고 위로 뻗어나가는 것인데, 더구나 갑(甲)은 양(陽)이므로 더욱 힘차게 뻗어 올라간다.

그리고 갑의 날에 태어난 사람은 목(木)의 특징인 인덕(人德), 유화(柔和)함을 유지하면서도 하늘을 향하여 뻗어 올라가는 강한 세(勢)의 주인공인 것이다.

때로는 직정경행(直情徑行)하는 단점도 있는 반면 심모원려(深謀遠慮)의 지혜도 갖추고 있으므로 일반적으로는 말수가 적고, 그런 가운데서도 머리 회전이 빠른 사람이 많다.

그런데 갑(甲)의 날에 태어났다 하더라도 십이지(十二支)와의 연관으로 그 성격이 변화된다.

자(子)의 날에 태어난 사람은 어떠할까? 갑과 자가 맞는 날은 육십간지(六十干支)의 서두에 위치한다. 그런 만큼 이 날에 태어난 사람은 모든 사람들의 윗자리에 앉을 그릇이지만, 서글서글한 타입으로서 자기 자신이 독단전횡(獨單專橫)하기보다는 느긋하게 실질적인 이익을 노릴 것이다.

단 이익에 급급하면 성급한 나머지 본전도 이익도 잃고 말 것이다.

술(戌)의 날에 태어난 사람은 이웃과의 교제도 부드럽고 운세 역시 그러한 추이이다. 격한 충돌을 좋아하지 않기 때문에 남으로부터도 강력한 태도의 박해를 받는 일은 거의 없다. 어떤 일이든 사람 됨됨이가 온화하기 때문에 얻는 결과이다.

신(申)의 날에 태어난 사람은 좋지 못한 방향으로 질질 끌려가는 면이 있다. 그러므로 귀에 솔깃한 이야기를 듣더라도 신중하게 판단해야 하며 그 즉석에서 뛰어드는 일은 피해야 한다.

오(午)의 날에 태어난 사람은 적극성이 결여된 면이 있으며, 그 점이 오히려 귀찮은 일거리를 많이 만들어내는 수가 있다. 기회가 찾아오면 기회를 놓치는 일이 없도록 결단을 내리는 일이 중요하다.

진(辰)의 날에 태어난 사람은 휘청거리는 미약한 나무 같은 느낌을 준다. 새로운 일에 손을 대기보다는 종전에 해오던 것을 지키는 성격이다.

인(寅)의 날에 태어난 사람은 독립독보(獨立獨步)로 한 가지 생업을 지키는 기질이 농후한 성격이다. 단 세(勢)가 너무 강하므로 파죽지세(破竹之勢)로부터 절망의 구렁텅이에 빠지고 마는 국면이 생길는지도 모른다.

을(乙)의 날에 태어난 사람의 성격

같은 목(木)의 성(性)이더라도 갑(甲)의 양목(陽木)에 비하여 음목(陰木)의 성질이 나온다. 목(木)이 가지고 있는 온화함, 부드러움은 오히려 을(乙) 쪽에서 두드러지게 나타난다.

을(乙)은 다툴 알(軋)로부터 나온 것으로서, 다투다, 마찰하다의 뜻을 가지고 있다. 봄철, 만물이 껍질을 벗고 마찰하면서 나오는 것을 나타내고 있다.

천문(天文)의 현상으로 말한다면 갑(甲)이 한발(旱魃)의 격렬함을 나타낸다면 을(乙)은 높은 나무 위를 휘몰아치는 바람을 뜻한다.

그러므로 성격을 얼른 생각하자면, 갑은 수목(樹木)이며 을은 그 수목에 휘감긴 칡덩굴과 같다고 하는 편이 훨씬 알기 쉬울 것이다. 다시 말해서 갑이 튼튼하게 똑바로 뻗어오르는 것에 비하여, 을은 부드럽게 몸을 굽히면서 뻗어 올라가는 것이다. 이런 현상은 그대로 성격과 일치된다.

을의 성격은 온화하며, 자기 주장만 내세우는 자아주장을 그다지 안 한다. 무엇인가 문제가 일어나더라도 무리하게 해결하려 들기보다는 조용히 사태를 관망하면서 무리하지 않는 타개책을 발견해 나가는 타입이다. 단 인화(人和)를 중시하는 나머지 예스맨이 되거나 주변의 세(勢)에 따라서 흘러가기 쉬운 단점도 있다.

같은 을(乙)의 날에 태어난 사람의 성격도 그 일지(日支)에 따라 여섯 가지의 종류가 있다.

축(丑)의 날 태생인 사람은 햇빛을 받지 못하는 숲속의 나무와 같은 운세이다. 새로운 일을 시작하는 것보다 지금까지 해오던 일을 충실히 지켜 나가는 보수적인 생활 방법을 좋아할 것이다.

해(亥)의 날에 태어났을 경우는 조용하고 이성적이지만 여러 가지 부질없는 걱정이 많고, 애써 잡은 기회도 놓치는 일이 있을는지 모르겠다.

유(酉)의 날에 탄생한 사람은 머리 회전이 잘 안 되는 경우가 많을는지도 모른다. 돌다리도 두드리며 건너는 신중성과 곤란한 처지를 참아내는 끈기를 남보다 더 기를 필요가 있겠다.

미(未)의 날 태생인 사람은 소극적인 성격의 소유자이다. 남에게서 욕을 먹더라도 웃으며 넘겨버리는 타입이므로, 주위 사람들과의 마찰이란 생각할 수도 없다. 운세적으로는 약간 약하므로 남으로부터 공격을 받지 않는 것이 오히려 강한 무기가 될 것이다.

사(巳)의 날에 태어난 사람은 언뜻 보기에는 얌전한 것 같지만, 남의 충고를 절대로 듣는 일이 없고 자기 주장만 내세우는 면이 있다. 곧 좌절 같은 것은 없겠지만 우연한 기지(機智)에만 의지하다가는 오래 지속할 수가 없을 것이다.

묘(卯)의 날에 태어난 사람은 독립독보(獨立獨步)하며 자신의 길을 가는 타입이다. 신념이 강하고 목표를 향해서 똑바로 나아가는 성격인데, 운세가 너무 강한 것이 오히려 문제가 되는 듯하다. 왜냐 하면 흉이든 길이든 간에 진폭이 큰 것이 마음에 걸리기 때문이다.

병(丙)의 날에 태어난 사람의 성격

병(丙)은 세(勢)가 강한 양화(陽火)이다. 장엄하게 타올라서 쇠도 녹이는 격렬함이 있다.

거기에다가 병일(丙日)에 태어난 사람은 에너지가 넘쳐 세(勢)가 향하여 가는 곳, 즉 권위와 명성을 구해 있는 한도 내에서 최대한의 정열을 쏟으면서 자신의 목적을 추구하는 성격이다.

병(丙)은 불꽃이라는 의미가 있는데 의미 그대로 공명정대(公明正大)한 반면, 어떤 일이든 숨김이 없다. 푸짐하게 떠들어대면서 자기 마음 속을 그대로 노출하고 만다.

그러한 의미에서도 화려하고 시끄러운 성격이다. 단 역시 화(火)의 성격 그대로 잠깐 타오르다가 슬그머니 꺼지고 마는, 일과성(一過性)인 성격도 가지고 있다.

또 '자신에게는 어떤 길이 있을 것'이라고 믿는 면이 있어서 게으름뱅이가 될 지도 모른다. 보통 노력하기보다는 정열에 몸을 맡기기만 하면 될 것으로 생각하기 때문일까?

병(丙)의 날에 태어난 사람도 십이지(十二支)와의 연관으로 성격이 변화된다.

인(寅)의 날에 태어난 사람은 실로 태양과 같이 밝고 명랑한 사람이다. 단 그것이 원인이 되어 주변 사람들과의 마찰도 있을 것으로 생각되는 만큼 오히려 자기 성격을 남의 눈에 뜨이지 않도록 소극적인 행동을 하는 편이 좋겠다.

자(子)의 날에 태어난 사람이라면 남의 손을 빌리지 않고, 독창적인 연구에 열중하는 성격이다. 새로운 분야에 도전해서 가능성을 거는 것을 좋아한다.

술(戌)의 날에 태어난 사람은 화(火)로서는 비교적 온화한 인품이면서 근면성을 중시하는 사람이다. 단 남의 일에 간섭을 많이 하는데, 그것이 흠이라면 흠이다.

신(申)의 날에 태어난 사람은 머리 회전이 빠르고 끊임없이 새로운 것을 추구하여, 경박하다고 할 만큼 어떤 일에든 손을 댄다. 또 우왕좌왕하는 데 비해서 성과가 없는 것 같으며 그러는 동안에 성격이 노출되는 것도 각오해야 할 일이다.

오(午)의 날에 태어난 사람은 어떨까? 성격이 격렬하고, 센 불에 어떤 물건이 탈 때 바깥 쪽은 불타버렸지만 속은 생생하듯이, 외견으로는 명랑하지만 내심(內心)은 음흉하다든가, 멋대로 돈을 쓰는 것처럼 보이지만 실제로는 구두쇠라는 이면성(二面性)이 잠재하고 있다. 친숙해지기 쉬우면서도 헤어지고자 하는 마음이 생기면 나중에는 고독을 씹지 않을 수 없는 경우가 생긴다. 반발을 초래하지 않기 위해서는 권위를 휘두르는 것을 억제하여야 한다.

진(辰)의 날에 태어난 사람은 붙임성은 없지만 무언중(無言中)에 실천하는 타입의 성격이다. 어쨌든 기정사실을 만들어낸 다음에는 그것이 내 것이라고 우기는 성격의 소유자인데 그와 같은 직선성(直線性)이 좋지 못한 평판을 사게 되므로 주의하는 편이 낫다.

정(丁)의 날에 태어난 사람의 성격

옥편(玉篇)을 보면 제일 먼저 나오는 글자가 한일〔一〕자이고 대개는 그 다음에 나오는 글자가 이 고무래 정(丁)자이다. 수만 자나 되는 한자 가운데 어쨌든 특이한 글자라고 해도 좋을 것이다.

이 문자를 해석하여 나무의 줄기 꼭대기에 가지와 잎이 달려 무성하게 된 상태라고 한다. 예나 지금이나 힘이 한창 왕성한 사람을 일컬어서 장정(壯丁)이라고 하거니와, 그 정(丁)의 의미에 해당한다. 정(丁)이란 글자에 이처럼 왕성한 파워를 강조하는 것은 뭐니뭐니 해도 화(火)의 성(性)이기 때문일 것이다.

단 똑같은 화(火)라 해도 병(丙)이 태양임에 비하여 정(丁)은 밤하늘에 빛나는 별이라고 보는 것이 좋을 것이다. 혹은 병(丙)의 양화(陽火)가 용광로에서 이글거리는 불이라면, 정(丁)인 음화(陰火)는 제단(祭壇)에서 타오르는 촛불에 비유된다.

그리하여 이러한 성격의 점(占)은 속에 정열을 비장한 타입이라고나 할까? 머리 회전은 빠르고 진취적 기질도 풍부하다. 또 교활할 정도로 약삭빠른 면도 있다.

단 때로는 내면의 격렬함과 표면의 온화함의 갭을 아무래도 억제하지 못할 때가 있을는지도 모른다. 온화한 사람이라는 평판이 지나치게 정착(定着)되어, 마치 자기 자신이 연기를 하는 것처럼 되어버렸는가 하면 돌연 자기 자신을 드러내고 싶어하는 일도 있을 것이다.

정(丁)의 날에 태어난 사람을 그 일지(日支)로 구별하면 다음과 같다.

묘(卯)의 날에 태어난 사람은 이해득실에 빠르지 못한 만큼, 모르는 사이에 남에게 손실을 주고 상처를 준다. 정신적으로는 기세가 꺾이기 쉽고 육체적으로도 건강하지 못하다. 따라서 운세도 약하다.

축(丑)의 날 태생은 온화한 운세를 가지고 있으며 표현력도 풍부한 한편, 금전에 대한 집착이 강하다.

해(亥)의 날에 태어난 사람은 조용하고 이성적인 성격을 가지고 있다. '어쩌면 저다지도 온후(溫厚)한 사람이 있을까'라는 것이 주변 사람들의 평판이지만, 실은 독립심이 강하고 발전할 징후를 속에 비장하고 있다.

유(酉)의 날에 태어난 사람은 운세의 진폭이 너무 심하다. 이 사람의 경우에는 자기가 중심이 되는 것은 피하고 참모역할에 충실하는 것이 좋다. 그리고 그 쪽이 착실하게 운세도 상승한다.

미(未)의 날에 태어난 사람은 정(丁) 가운데 특히 개방적인 성격을 가진 사람으로서 마음에 생각한 것은 무엇이든지 술술 말해 버리는 성품이다. 또 그렇게 말을 많이 하더라도 강한 운세가 지키고 있으므로 안심할 수 있는 사람이기도 하다. 술은 두주(斗酒)를 사양치 않는 애주가라는 암시가 있다.

사(巳)의 날 태생인 사람은 화성(火星)이 가지는 이중인격적인 면이 증식되기 쉽다는 점이 마음에 걸린다. 겉보기에는 유화한 듯하지만 내심은 시기와 질투가 소용돌이치는 타입이다. 전위를 믿고 으스대는 일이 많아지지 않도록 주의할 일이다.

무(戊)의 날에 태어난 사람의 성격

무(戊)는 같은 토(土)라 해도 양(陽)의 토(土)이다. 어머니인 대지(大地)의 토인 것이다. 강 옆에 쌓아 올린 제방(堤防)의 토라고 해도 좋을 것이다. 혹은 마차(馬車) 길의 울퉁불퉁한 마른 흙이라고 해도 좋을 것 같다.

큰 나무와 밀림을 지탱해 주고 물의 분류(奔流)를 막아주며 인마(人馬)의 통행을 지켜주는 기능을 하는 셈이다.

이 무(戊)의 날에 태어난 사람은 신의를 지키고 절조(節操)를 중시한다. 이른바 대인(大人)의 풍격(風格)을 가진 사람이라 하겠다.

그 반면 남의 눈에 뜨이는 양성(陽性)의 토(土)인 만큼, 외관(外觀)에 치우쳐서 몸치장에 급급하고, 내면은 조잡하여 사려가 결핍되어 있다고도 한다. 즉 표면으로는 흙의 좋은 점을 모두 갖추고 있으면서도 내면적으로는 흙이 가지고 있는 본래의 흙냄새, 썩은 냄새를 내포하고 있다는 것이다.

무(戊)의 날에 태어난 사람을 십이지(十二支)와 연관시키면 다음과 같은 의미의 변화가 생긴다.

진(辰)의 날 태생은 그 운세가 지나치게 강한 탓일까, 자신 과잉 기질의 면이 표면으로 나오고 만다. 가능성조차 없는 일까지 떠맡는다든가 젠체하기 위하여 남과의 충돌이 이따금 일어날 가능성도 있다.

인(寅)의 날에 태어난 사람은 낙천적인 성격과 머리가 좋은 점이 장점이다. 그러나 운세가 지나치게 강한 것이 마음에 걸리어 그 사람은 평소부터 자신이 앞장서서 남의 눈에 뜨이는 일이 없도록 신경을 쓰는 것이 좋다.

또 한 가지 무인(戊寅) 태생은 우연하게 진기한 사건을 만나는 일이 있다고 한다. 예를 들어 공중전화 부스에서 큰 돈을 줍는다든가 하는 것이 그 타입일는지 모르겠다.

자(子)의 날 태생인 사람은, 운세는 그다지 강한 편이 아니지만 흐름에 역행하지 아니 하고 되어가는 대로 맡겨두면서 얌전하게 있으면 생각하지 않았던 출세도 할 수가 있다.

술(戌)의 날에 태어난 사람은 상승(上昇)과 하락(下落)이 적은, 온화한 운세의 타입인데 금전적으로는 어느 정도 두드러지는 특징이 있다. 사치이든 구두쇠이든 극단(極端) 위에 극단이 겹칠 정도로 심한 것이 마음에 걸린다.

신(申)의 날에 태어난 사람은 토성(土星)의 나쁜 면을 강조하기 쉬운 사람이다. 사려가 결핍되어 끈기가 없다는 것이 바로 그것이다. 남으로부터는 새로운 것에 대한 관심이 많고, 호기심이 왕성한 사람으로 보일는지도 모른다.

오(午)의 날 태생도 운세가 지나치게 강하다. 평소부터 고자세인 면이 눈에 뜨이는데, 물론 좋아하고 싫어하는 감정도 극단적으로 발로(發露)된다. 좋아하고 싫어하는 감정을 7할 정도는 억제하는 것이 좋다.

기(己)의 날에 태어난 사람의 성격

기(己)라고 하는 글자는 벼리 기(紀)와 관계가 있으며, 뒤엉킨 실타래를 푸는 실마리로서 혹은 기(起)이기도 한데, 나뭇가지나 잎이 무성한 속에서 특히 뛰어난 것이 머리를 내밀고 뻗어 나가는 모양을 나타내는 것이다. 그래서 기(己)에는 사물의 축(軸)이라든가 기폭제적(起爆制的)인 중심적 역할이 있는 것처럼 느껴진다.

또 자기라든가 극기(克己)라는 말이 있듯이 기(己)는 자기 자신을 가리키는데 이것도 역시 토(土)가 오행(五行)의 중심이라는 점과 관계가 있는 것임을 나타낸다. 단 양(陽)의 토(土)인 무(戊)를 자기라고 한다면, 양(陽)이기에 너무나도 자기 주장이 강한데, 음(陰)의 토(土)인 기(己)는 음의 기(氣)를 가지고 자기를 나타내기에 이르렀다고 생각한다.

한편 음토(陰土)인 기(己)는 삼림에 뒤덮여 그늘진 지면(地面)이라든가, 논밭의 작물(作物)로 말미암아 보이지 않게 된 지면이다. 말하자면 식물이 자라나는 토양으로서의 부드러움이 있는 토(土)인 것이다.

그래서 기(己)의 태생인 사람은 마치 독농가(篤農家)처럼 순직하고 부드러운 인품이라고 한다. 단 숨은 토(土)인 만큼 시야가 좁고 묘하게 의심을 많이 하는지도 모르겠다. 그것이 강하게 표출되면 사람을 혐오하게 되는 것이다.

기(己)의 날에 태어난 사람에게도 십이지(十二支)에 따라 그 성격이 다르게 나타난다.

사(巳)의 날에 태어난 사람은 언뜻 보아서 순직하고 유화하지만 세

(勢)가 지나치게 강하다. 특히 대인관계에서의 충돌을 피할 수 없다. 사양하는 태도를 가지도록 노력하는 마음이 필요하다.

묘(卯)의 날 태생의 경우는 약세(弱勢)이다. 기력, 체력도 떨어지고 상속(相續)에서도 분쟁이 일어나며, 기화(奇禍)를 만날 위험도 있다. 있는 힘을 다해서 운세의 약한 면을 보완하지 않으면 안 된다.

축(丑)의 날에 태어난 사람은 낯가림을 하고 말수가 적으며 어딘지 모르게 어두운 느낌을 주는데, 순직하고 중용(中庸)을 지키는 인품이다. 상승(上昇)과 하락(下落)의 기복이 적은 온화한 운세이기도 하다.

해(亥)의 날 태생은 습지(濕地)의 진흙에 비유될 정도의 진짜 음(陰)의 토(土)이다. 뛰어난 면은 없지만 오리지널 발상에는 두드러진 면이 있다.

유(酉)의 날에 태어난 사람은 언뜻 보아서도 주관이 뚜렷한 사람인 것을 알 수 있는 타입의 사람이다. 모든 일을 자기 본위로 이끌어갈 수 있도록 획책하는 경향이 있는데 가급적 보좌역에 철저를 기하지 않으면 지나친 세(勢)로 말미암아 실수를 하게 된다.

미(未)의 날에 태어난 사람은 운세의 진폭이 너무나도 심하다. 게다가 이지적(理智的)인 면이 두드러져서 쓸데없는 걱정이나 고생, 미혹 등이 많을 것이다.

경(庚)의 날에 태어난 사람의 성격

경(庚)은 양(陽)의 금(金)이다. 땅 속에 있는 금속을 포함하여 모든 광석(鑛石)을 가리킨다. 이러한 광물적인 강직한 성격을 경(庚)의 날에 태어난 사람은 가지고 있다. 또 강철을 가열하여 두드리고 달구어서 만든 칼 종류의 예리한 날, 그것이 특성이라고나 할까? 단 면도날처럼 잘 베어지는 날카로움이 있는 반면 약간 얄팍하다는 단점도 있다.

그 때문일까? 경(庚)의 날에 태어난 사람에게는 인물적으로 볼 때 소인(小人)다운 곳이 있는데 이상하게도 세상에서는 실력 이상으로 높이 평가된다.

그러나 본인이 자신의 결점을 잘 알고 세상의 평판에 맞추도록 노력하는 까닭에 실상(實像)과 허상(虛像)의 차이가 분명하게 나타나는 일은 없다.

역시 경(庚)의 날 태생인 사람은 무의식중에라도 자기 몸을 단련하는 숙명을 가지고 있는 것인지도 모르겠다. 그야 어쨌든 경(庚)의 날에 태어난 사람도 십이지(十二支)에 따라 그 운명이 달라진다.

오(午)의 날 태생은 친숙해지기 쉬운 반면 헤어지기도 쉬운 성질로서 진득한 면이 없다. 단 운세는 온화한 편이어서 성격 때문에 화를 입는 일은 없다.

진(辰)의 날에 태어난 사람은 자신만만하고 강인하게 일을 추진시키는 에너지가 충만한 까닭에, 없는 것만 같지 못한 충돌을 할 지도 모른다. 그렇더라도 운세 그 자체는 그런 일을 보완할 만큼 강하다.

인(寅)의 날 태생은 몸이 가볍고 또 낙천성이 장점이다. 단 자기가 생각하고 있는 것만큼 강한 운세는 아니어서 무엇인가 이루고 말겠다는 생각으로 용기를 잃지 말고 상당한 노력을 경주하지 않으면 안 된다.

자(子)의 날에 태어난 사람은 머리가 좋은 경골한(硬骨漢)인데 유감스럽게도 운세가 강하지를 못하다. 세상에서는 실력 이상으로 평가받지만 도리어 그것이 화근이 되며, 자기 자신의 움직임이 자유롭지 못하게 되어 걱정스럽다.

술(戌)의 날 태생은 언뜻 보아 부드럽고 미약한 느낌을 주지만, 내심(內心)은 마치 군인처럼 성실하기만 하고 강성하며 저돌맹진형이다. 과감한 돌진이 너무 많기 때문에 좌절의 위험이 끊임없이 눈앞에 도사리고 있다.

신(申)의 날에 태어난 사람은 경솔하고 새로운 유행을 잘 따르는 사람이지만, 운세 그 자체는 강하다. 또 욕심이 많기로는 둘째 가라면 서러워할 정도인데 그 보응(報應)으로 도난을 당하는 일도 많을 것 같다.

신(辛)의 날에 태어난 사람의 성격

신(辛)은 음(陰)의 금(金)이다. 그러므로 경(庚)보다는 신(辛) 쪽이 금 중에서도 엄격한 금(金)을 나타내고 있다.

신(辛)은 본디 죄인을 가리켰었다. 가을이 되면 형벌에 사용하는 형구금속(刑具金屬)이 몸에 더욱 자극을 주어 고통스러웠다〔맵다〕하여 이 매울 신(辛)자를 썼던 듯하다.

경(庚)이 철광석 등의 광석을 나타내는 데 비하여 신(辛)은 정제(精製)하고 연마한 귀금속류라든지 주옥과 같이 인공적으로 손을 본 상태를 나타낸다.

다시 말해서 철광석에 비하면 훨씬 부드러우며, 똑같이 정의·공론을 제창하는 금(金)의 성격이라 하더라도 신(辛)에는 온순함과 스마트함을 느낄 수가 있다.

이와 같이 엄격함과 온순함이라는, 대립의 두 가지 요소를 바탕으로 하는 이 신(辛)에는 스스로 파란의 징조를 일으킬 기미가 엿보인다. 그 것은 파괴와 변혁의 암시이다.

경(庚)이 발음에 있어 경(更)과 통하는 것처럼 신(辛)은 신(新)과 통한다. 나중에 말하겠거니와 신유(辛酉)의 해에는 사변(事變)이 많았고, 신년생(辛年生)인 사람에게는 개인적인 유위전변(有爲轉變) 외에 무엇인가의 의미에서 시대의 변화를 상징하는 듯한 처지에 서게 되는 경우가 있다.

신(辛)의 날에 태어난 사람은 사금(砂金)에 비유할 수가 있다. 부드럽고 약하지만, 속에는 굳고 곧음을 간직하고 있다. 따끔하게 찌르는 것 같은 야유를 잘 하는데 그런 의미에서는 독설가가 많다고나 할까?

또 음침하고 한 쪽에 치우치기 쉬운 면이 있는 반면, 단호하게 행동하는 면도 볼 수 있다. 그 행동력이 강하게 나타날 때에는 남들이 두려워할 정도이다.

신(辛)의 날에 태어난 사람도 십이지(十二支)의 일진에 따라서 그 성격이 바뀌기 마련이다.

미(未)의 날에 태어난 사람은 소극적인가 하면 적극적인 행동으로 나오기도 하고, 활동적인가 하면 이번에는 꽁무니를 빼는 타입으로 바뀌는 등 외관(外觀)과 내면(內面)이 상반되는 경향이 많은 것 같다.

사(巳)의 날에 태어난 사람은 의혹과 시기가 쌓이고 쌓여서 꽤나 뒤틀린 성격이다.

묘(卯)의 날에 태어난 사람은 지성(知性)과 미의식(美意識) 혹은 내면에 숨어있는 마음의 강인함 등 좋은 면이 많은 반면, 잘 살리지를 못한다. 운세는 쇠약하다.

축(丑)의 날 태생은 겉보기에는 그저 인종(忍從), 한 마디로 뭉쳐진 사람 같으나, 실은 착실하고 이상적이며 중용(中庸)을 지킨다. 운세는 부드러운 파도라고나 할까?

유(酉)의 날에 태어난 사람은 이른바 신유(辛酉)의 일진을 타고 난 사람이다. 신유의 해라 하여 변혁과 개혁이 많았다 함은 앞에서도 언급한 바 있거니와 돌이켜 보면 1801년 이른바 신유교난(辛酉敎難)이 일어나서 실학자들이 서학(西學)을 연구하다가 수난을 당한 해이다. 1861년 신유년에는 미국에서 남북전쟁이 일어났고, 1921년 신유년에는 이른바 흑하사변(黑河事變)이 일어났다.

한편 이 신유의 날에 태어난 사람은 '자신이야말로 세계의 중심이다'라는 의식이 있어서 무슨 일에든지 자기 본위로 행동하는 경향이 강하다. 운세는 두말 할 나위도 없이 격렬하다.

임(壬)의 날에 태어난 사람의 성격

임(壬)은 양(陽)의 수(水)이다. 물에 비유하면 도도히 흐르는 대하(大河)이다. 넓은 세상을 거침없이 헤엄쳐 가는 재각(才覺)과 담력이 넘쳐 흐른다.

대인관계를 교묘하게 처리해 나가는 능력이라면 이 사람을 따를 만한 사람이 없고 영업이나 외교(外交)와 같은 사교장(社交場)을 득의의 장소로 여기는 것은 어쩌면 당연한 일일 것이다.

던지면 척척 받아 넘기는 총명한 반응성(反應性)을 가지고 있으므로 누구든 이런 사람에게 걸리면 손쓸 사이도 없이 말려들어 가게 마련이다.

임(壬)의 날에 태어난 사람도 십이지(十二支)의 일진에 따라서 성격이 바뀐다.

신(辛)의 날에 태어난 사람은 흐르는 물에 편승을 잘 하여 모든 일을 파죽지세로 이끌어간다. 어떤 일에든지 뛰어드는 적극성이 있다. 단 그것이 경솔하다는 오해를 면키 어려울 것이다. 본디 강한 운세이므로 제동을 걸 수만 있다면 아주 좋다 하겠다.

오(午)의 날 태생인 사람은 머리 회전은 빠르지만, 그것에 비하여 사려가 깊지 못한 흠이 있다. 친숙해지기 쉽고 헤어지기 쉬운 성격인데 운세 그 자체는 온순하다.

진(辰)의 날 태생은 자신을 가지고 세상을 헤쳐나가는 타입이다. 운세는 순조로우나 금전관계로 휘말릴 위험성이 있다.

인(寅)의 날에 태어난 사람은 평탄하게 인생을 살아가는데, 그때문인지 인품까지도 낙천적이 되고 만다. 더구나 인생을 평탄하게 살아가기는 하지만 생각한 만큼의 성과를 올리지 못하는 점이 마음에 걸린다.

자(子)의 날 태생은 양양한 물의 흐름에 어울리는 강운(強運)인데 너무나 두드러지게 강하므로 권위를 함부로 휘두르는 수가 있으며 이로 말미암아 인간관계가 원만하지 못하다.

술(戌)의 날에 태어난 사람은 순풍에 돛을 단 사람이다. 또 자신도 잘 되어야겠지만 남들도 잘 되어야 한다며, 남의 일에 대해서 말을 많이 하게 된다. 운세가 지나치게 강한 것이 난처한 점이다.

계(癸)의 날에 태어난 사람의 성격

계(癸)는 헤아릴 규(揆)와 같은 의미로서 계측(計測)한다는 것이다. 음(陰)의 수(水)를 나타내는 계(癸)는 겨울 중에서도 깊은 겨울이다. 겨울은 초목이 모두 낙엽지므로 측량하기에 편하다는 점에서 이 헤아릴 규(揆)자가 사용되었다고 한다.

임(壬)이 대하(大河)의 성격을 띠고 있다면 계(癸)는 작은 냇물 또는 도랑을 흐르는 물로서, 연못이나 호소(湖沼)에 피어있는 냇물 혹은 초목의 잎에 묻어있는 이슬로 생각해도 좋을 것이다. 한편 표면의 물을 임(壬)이라고 생각한다면 계(癸)는 바닥 속의 물이다.

물의 표면은 맑지만 물의 속에는 빛이 잘 비치지 못하므로 마음 깊은 곳에 신비적인 성격을 비장하고 있다고 생각할 수 있다. 온순하고 순종하며 조용히 노력을 쌓아가는 사람이 바로 이 계(癸)의 날에 태어난 사람이다. 또 그 노력이 받아들여지지 않을 때에는 노력이 컸던 만큼 분노도 크게 작용한다.

상대방의 기분을 잘 관찰하는 그것에 맞추어서 조화시켜 나가려는 마음 씀씀이는 대단한 것이어서 보기에 따라서는 서비스 정신이 왕성한 성격으로도 보일 것이다.

계(癸)의 날에 태어난 사람의 성격은 다시 십이지(十二支)의 일진에 따라서 세분화된다.

유(酉)의 날 태생은 조용히 인생을 살아가는 타입이다. 끈기가 강하다는 뜻은 아니므로 쓸데없이 움직이면 오히려 자기 자신이 걱정거리를 만드는 결과가 많아질 것이다.

미(未)의 날에 태어난 사람은 언뜻 보기에 둥글둥글한 인품이다. 그러나 두뇌는 비상하게 치밀하며 자기 자신도 그 점에는 자신감이 있는 까닭에 여러 가지로 권모술수를 쓰는 경향이 있다.

사(巳)의 날 태생은 어느 정도의 능력을 비장한 사람이다. 주어진 임무를 충실히 해낼 뿐 아니라 한 걸음 더 나아가서 어딘가에서는 독창성을 발휘하는 주인공이다.

묘(卯)의 날에 태어난 사람은 재지(才知)에 뛰어난 재치꾼이다. 그러나 성격적으로는 속된 일에 빠지는 것을 싫어하고 미(美)를 사랑한다. 귀찮은 술책(術策) 따위로 출세하기를 노리기보다는 그런 시간에 미술관(美術館)이라도 찾는 타입이다.

축(丑)의 날 태생은 겉보기에 음침하고 좀 조용한 듯하지만 속은 정반대이다. 양증(陽症)으로서 행동적이다. 오히려 지나치게 행동적이어서 문제를 일으킬 정도의 성격인 것이다.

해(亥)의 날에 태어난 사람은 아주 부드러운 분위기를 감돌게 하는 인물이라고 해도 좋을 것이다. 그런데 태도의 부드러움과는 달리 자신이 아주 강하고, 천하를 취할 정도의 기개에 넘쳐 있다. 자신(自信)의 과잉이라고 할 수 있는 성격이다.

日柱는 바로 자신의 운명

일주(日柱)는 바로 자신의 운명

운명은 그날따라 바뀌는 메뉴

오행역점(五行易占)의 근원에는 사주명리학(四柱命理學)이 있는데 이 사주명리학이란 인간의 생년(生年), 생월(生月), 생일(生日), 생시(生時) 등 사주(四柱), 다시 말해서 네 기둥으로 운명을 점치는 것이다. 예로부터 여러 가지의 점 가운데 이 사주명리학은 '점의 제왕학(帝王學)'으로 불려 왔고, 그 적중률은 가히 경이적이었다.

그런데 이 사주명리학은 십간(十干), 즉 갑(甲), 을(乙), 병(丙), 정(丁), 무(戊), 기(己), 경(庚), 신(辛), 임(壬), 계(癸)와 십이지인 자(子), 축(丑), 인(寅), 묘(卯), 진(辰), 사(巳), 오(午), 미(未), 신(申), 유(酉), 술(戌), 해(亥) 등을 짜맞춘 여러 가지 전문용어와 수많은 성(星)의 이름을 붙여서 풀어나가는 것이므로, 전문가가 아닌 일반인으로서는 풀이하기도 어렵거니와 책을 한 번 읽어도 이해하기 또한 난해하다. 그러므로 사주명리학 가운데서 핵심이라고 할 수 있는 오행역(五行易) 일주론(日柱論)을 소개하기로 한다.

그러면 십간명리(十干命理), 오행역 일주론이란 무엇일까?

인간의 성격이라든가, 한평생의 운명은 그 사람이 태어난 날의 십간(十干)으로 결정된다는 점이다. 이것이 지금부터 설명하는 십간명리, 곧 오행역 일주론의 대전제가 된다.

갑, 을, 병, 정, 무, 기, 경, 신, 임, 계의 십간은 각각 의미를 지니고 있어서 그것이 그날 태어난 사람에게 평생 동안 붙어다닌다는 것이다. 또 같은 십간의 날에 태어났다 하더라도 태어난 해와 태어난 달이 다르면 당연히 그 기능과 작용면도 달라지게 마련이다.

태어난 날의 십간과 태어난 해의 십간이 그 사람의 운명을 좌우한다고 했는데, 다시 말하면 태어난 날의 타입이 십형(十型)이고 태어난 해의 타입이 십형(十型)이므로 합쳐서 100 종류로 나눌 수 있다.

이것을 좀더 자세히 보려면 간(干)에는 독자적인 지(支)가 붙어서 이른바 간지(干支)로 세분되며, 이렇게 되면 일주(日柱)가 60개이고 연주(年柱) 또한 60개이므로 합치면 360 종류나 된다. 사주명리는 이것을 다시 세분하게 되는 것인데 대국적으로는 일(日)과 연(年)의 십간을 사용하는 100 타입으로 충분할 것으로 본다.

그렇다면 왜 일간(日干)을 중요시하는 것일까? 일간은 자기를 나타내고 있기 때문이다. 또 연간(年干)을 사용하는 것은 그 사람의 환경과 대인관계를 의미하기 때문에 연간도 무시할 수 없으므로 일간 및 연간으로 이 장(章)부터는 자기 운세를 판단하도록 집필해 나갈 생각이다. 다시 말해서 태어난 날을 가지고 절대적 상(相)을 풀고, 태어난 해로 상대적 상(相)을 풀어나가는 셈이다.

학교 선생님들이 흔히 하는 이야기로 말수가 적었던 선생님이나 학생이 어떤 특정한 해에 말수가 많아지는 수가 있다는 것이다. 이런 현상은 학생이나 선생님에게 있어 정신적 공통성이 확인된다는 것의 좋은 예이기도 하다.

또 역사나 철학 용어에 시대정신(時代精神)이라는 말이 있는데, 어느 시대에나 특징적인 정신구조라고 하는 것이 존재한다고 할 수 있다.

이처럼 일간(日干)이 자기의 운명이라고 생각하는 것과 연간(年干)을 시대와 환경 등 자기 자신을 둘러싸고 있으면서 강력한 영향을 끼치는 것이라고 생각하는 것이 오행역 일주론의 기본적 사고방식이다.

십간(十干)과 음양오행설(陰陽五行說)

음양오행설에 대해서는 앞에서도 설명한 바 있거니와 여기서 좀더 자세한 내용을 소개하기로 한다. 십간(十干)은 중국 태고 때의 이 음양오행설에서 고안되었던 것이다.

태고 때 중국사람들은 이 광대한 우주(宇宙)는 천(天;하늘)과 지(地;땅)로 성립되어 있다고 생각했다. 또 낮과 밤처럼 시간 역시 대립(對立)하는 두 개로써 성립되어 있다고 생각하였다.

이 대립하는 두 개의 사물(事物)을 음(陰)과 양(陽)으로 생각했던 것이다.

또 그 당시 육안으로 볼 수 있었던 목성(木星), 화성(火星), 토성(土星), 금성(金星), 수성(水星) 등 다섯 개의 혹성(惑星)은 인간의 생활에 큰 영향을 미치는 것으로 생각하고 우주의 모든 것은 목화토금수(木火土金水)의 다섯 가지 원소(元素)로 성립되어 있다고 생각했던 것이다.

이처럼 음양설(陰陽說)과 오행설(五行說)은 본디 별개의 사고방식으로 체계화되었었지만, 시간이 흐르는 사이에 목화토금수도 각기 음양이 있는 형태로 이루어졌다는 생각에서 음양오행설이 생겨나게 되었다.

십간(十干)이란 이 음양오행설의 중심이 되는 것인데 목화토금수의

오행을 음양으로 나누어 생각하기에 이르렀고 이것을 표로 나타내면
다음과 같다.

	목(木)	화(火)	토(土)	금(金)	수(水)
양	甲	丙	戊	庚	壬
음	乙	丁	己	辛	癸

목화토금수는 해[日]와 달[月]을 합해서 우리가 일상생활에서 사용하
는 요일(曜日)과 꼭 같다. 그렇다고 해서 요일처럼 화수목금토(火水木金
土)의 순서로 나열하여 읽으면 안 된다. 어디까지나 목화토금수의 순서
로 보아야 하며 또 읽어야 하는 것이다. 왜냐 하면 목화토금수의 순서에
따라 오행은 차례로 생겨나는 것이기 때문이다.

이것을 좀더 자세하게 설명하면 목(木), 즉 나무를 자르거나 비비거나
태우면 화(火), 곧 불이 생긴다. 불은 태워서 모든 것을 회토(灰土)시킨
다. 토(土), 즉 흙은 그 속에서 금(金)을 산출한다. 금(金)은 대기(大氣)
를 냉각시켜서 물방울, 곧 수(水)를 만들고, 수(水)는 나무, 즉 목(木)을
길러낸다.

갑을병정무기경신임계(甲乙丙丁戊己庚辛壬癸)는 이 오행의 순서에
따라 놓여지는 것이므로 목화토금수(木火土金水)의 순서가 아니면 십
간명리(十干命理), 나아가서는 오행역, 일주론이 성립되지 않는다.

서로 돕는 십간관계(十干關係)

그렇다면 이 십간(十干)에는 각기 어떤 관계가 있는 것일까?

이 관계에는 몇 가지의 패턴이 있다.

첫째로는 상생(相生)이다. 상생이란 것은 낳는 관계요, 돕는 관계이

다. 즉 사이가 좋은 관계인 것이다. 그리고 이 상생에는 두 가지의 타입이 있다.

그 하나는 음양(陰陽)이 같은 경우이다.

예컨대 목생화(木生火)와 같은 것으로서, 목은 화를 낳는데 갑(甲)과 병(丙) 사이는 같은 양(陽)끼리이므로 강력하게 연결되지 못하고 반발하는 요소를 함유하고 있다. 반발이라고 하더라도 충돌하는 것은 아니고, 갑이 병을 낳는 힘이 역(逆)으로 갑 자신에게 되돌아옴으로써 마치 부모 자식의 관계처럼 태어난 병(丙)은 갑(甲)에게 줄곧 붙어다니는 것이다.

갑은 병을 낳은 관계로 에너지를 뺏긴 결과가 되고 병은 에너지를 얻은 입장이 된다.

이러한 관계는 을(乙) 대 정(丁), 병(丙) 대 무(戊) 등 양(陽)과 양(陽)끼리, 음(陰)과 음(陰)끼리에서는 모두가 공통된다.

이것을 그림으로 나타내면 다음과 같다.

양	갑(甲) → 병(丙) → 무(戊) → 경(庚) → 임(壬) → 갑(甲)
음	을(乙) → 정(丁) → 기(己) → 신(辛) → 계(癸) → 을(乙)

이 패턴을 보면 마치 다른 물고기의 배 밑에 붙어서 은혜와 도움을 받고 있는 빨판상어와 같다는 느낌이 든다. 즉 아래의 간(干)이 위의 간(干)에 붙어 있으면서 좋은 것을 흡수하고 있는 것이다.

다음으로 상생(相生)에서 음양이 틀리는 경우를 생각해 보자. 마치 자석의 플러스나 마이너스와 마찬가지로 음과 양은 서로 잡아당기는 까닭에, 물론 사이가 좋고, 위의 간(干)은 아래의 간(干)을 돕는 형태가 된다.

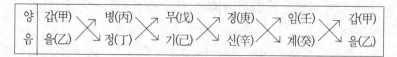

| 양 | 갑(甲) | 병(丙) | 무(戊) | 경(庚) | 임(壬) | 갑(甲) |
| 음 | 을(乙) | 정(丁) | 기(己) | 신(辛) | 계(癸) | 을(乙) |

그림에서 보는 바와 같이 갑은 정을 돕고 을은 병을 돕고, 병은 기를 돕는 관계를 가지고 있다.

이것은 앞에서 말한, 음양이 서로 같은 경우의 상생관계하고는 달라서 위의 간(干)이 아래의 간(干)을 낳고 그 보답을 기대한다든가, 아래의 간(干)이 위의 간(干)에 붙어서 이익을 노리는 것과 같은 고식적(姑息的)인 것은 아니다.

음양이 다른 상관관계는 위의 간(干)이 아래의 간(干)을 철저하게 돕는 것으로서 보답을 기대하는 등의 치사한 일은 없다. 그저 헌신적으로 자신을 희생하며 아래의 간(干)을 돕는 것이다.

이런 관계에서는 위의 간(干)은 스스로를 희생하여 아래의 간(干)을 돕는 한편, 아래의 간(干)은 그저 도움을 철저하게 받는 것으로 해석하면 된다.

대립하는 십간관계(十干關係)

다음에는 상극(相剋)에 대해서 설명하기로 한다.

상극이란 무조건 상대방을 극(剋)하고 억압하며 공격하고자 하는 대립관계이다.

목극토(木剋土), 토극수(土剋水), 수극화(水剋火), 금극목(金剋木)이라는 식의 관계로서, 한 개 걸러 아래의 간(干)을 공격하는 것이다. 이 관계에서는 위의 간(干)이 승자이자 가해자이고, 아래의 간(干)이 패자이자 피해자가 된다.

뱀이 개구리를 공격하고 개구리가 괄태충(括胎虫)을 공격하고 괄태충이 뱀을 공격하는, 이른바 삼각관계의 상태가 이 오행에도 존재하는 셈이다.

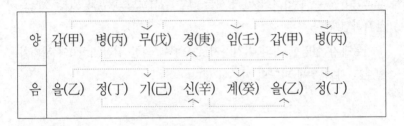

양	갑(甲)	병(丙)	무(戊)	경(庚)	임(壬)	갑(甲)	병(丙)
음	을(乙)	정(丁)	기(己)	신(辛)	계(癸)	을(乙)	정(丁)

이때 음양이 같은 경우인 쪽이 그 대립은 더 심하다. 음과 음, 양과 양은 당연히 부딪치며 서로 배척한다.

상극에는 또 한 가지 음과 양이 틀리는 경우가 있다. 이런 경우에는 음이 양을 공격하는 것과 양이 음을 공격하는 것이 있음을 생각할 수 있다. 음이 양을 공격하는 경우의 공격력은 을이 정을 공격한다거나 정이 기를 공격하는 것만큼 강력하지는 않다.

분명히 공격은 하고 있지만 직접 부딪치는 것은 아니며 거리를 두고 눈을 흘기는 것과 같은 관계이다.

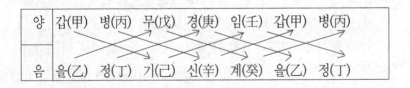

양	갑(甲)	병(丙)	무(戊)	경(庚)	임(壬)	갑(甲)	병(丙)
음	을(乙)	정(丁)	기(己)	신(辛)	계(癸)	을(乙)	정(丁)

음이 양을 공격하는 형태를 눈흘기는 관계라고 하면 양이 음을 공격하는 형태는 어떻게 되는 것일까? 이 경우 음양오행에서는 예로부터 약속되어 온 바와 같이 간합(干合)이라고 해석한다. 이것은 서로 사이좋게 지냄을 뜻하니 공격이란 말이 어색할 정도이다.

예를 들면 갑(甲)이 기(己)를 자기 장중(掌中)에 거두어들이고, 기(己)는 또 그렇게 당하고도 개의치 아니 하는, 의좋은 관계가 되는 것이다. 올챙이가 되기 이전의 개구리 알은 점액이 있는 액체로 둘러싸여서 보호받고 있는데 이 간왕의 관계는 그런 식으로 보호받고 있는 것으로 생각하면 된다.

지금까지 설명한 바와 마찬가지로 오행에 의한 십간(十干)의 관계가 앞으로 자기 운세 판단의 기본이 된다.

운명식(運命式) 만드는 법

자신의 운명을 예지(豫知)하기 위한 운명식을 만들도록 하자. 그 운명식은,

① 태어난 해의 십간(十干)

② 태어난 달의 십이지(十二支)

③ 태어난 날의 십간과 십이지

등 세 가지로 성립된다.

그렇다면 각 십간과 십이지는 어떻게 찾아내는 것일까? 만세력(萬歲曆)을 보고 자신의 생년월일에 해당되는 곳을 찾으면 된다. 만세력(萬歲曆)에는 해〔年〕의 간(干), 월(月)의 지(支)가 나와 있다.

예컨대 양력으로 1952년 12월 8일생인 사람이 있다고 하자. 이 사람의 운명식을 만들기 위하여 만세력(萬歲曆)을 찾으면 다음과 같은 것을 알 수 있게 된다.

연(年)의 난에는 임(壬)

월(月)의 난에는 자(子)

일(日)의 난에는 무자(戊子)

일(日)의 무자(戊子)는 만세력(萬歲曆)의 1952년 12월 난을 보면 그

1일이 신사(辛巳)이므로 8일은 무자(戊子)임을 십간십이지의 순서에 따라 알 수 있게 될 것이다.

이렇게 해서 나온 운명식은 다음과 같다.

日	月	年	
戊		壬	干
子	子		支

그런데 연(年)과 일(日)에 대해서는 십간(十干)을 사용하면서 왜 월(月)에서는 간(干)을 사용하지 않느냐는 의문이 생길 것이다. 그것은 일(日)의 간(干)과 연(年)의 간(干)을 중시하되 월(月)의 간(干)은 생략해도 좋을 것으로 생각되기 때문이다. 그 대신 월(月)에서는 지(支)를 본다. 그것은 또 왜일까?

연(年)과 일(日)을 십진법(十進法), 즉 1에서 10, 11에서 20, 21에서 30으로 세어나가므로 십간(十干)이면 좋겠고, 월(月)은 1에서 12까지 세어야 다음에 또 1월로 돌아오므로 십이진법(十二進法)이 되는 것이다. 그러므로 이 십이진법에 알맞는 십이지(十二支)를 보는 것이야말로 자연스럽다 하겠다.

이렇게 해서 월(月)은 지(支)로 보는 것인데 그것도 지(支)는 어디까지나 보조수단으로 사용하는 것임을 잊어서는 안 되겠다.

갑(甲)으로부터 계(癸)에 이르기까지 열 개의 간(干)은 음양오행(陰陽五行)의 간(幹;줄기)이며 이 간을 보조하는 것이 지(枝;가지)이다. 다시 말해서 줄기를 중시하고 가지는 어디까지나 보조적으로 사용한다는 말이다.

일간(日干)과 월지(月支)로 알아보는 스피드 운세법

그런데 이 십이지(十二支)는 운명의 좋고 나쁨과 강하고 약함을 알아보는 데는 아주 큰 위력을 발휘하게 된다. 왜냐 하면 일간(日干)과 월지(月支)의 관계로 운세의 좋고 나쁨을 알 수가 있고 일간과 월지의 관계로 운세의 강하고 약함을 측정할 수 있기 때문이다.

운세의 좋고 나쁨과 강하고 약함이란 어떤 차이가 있느냐 하면, 가령 월지는 좋은 운세를 타고 났다 하더라도 일지가 약하면 월지의 좋은 운세까지도 별수 없게 된다. 또 이와는 반대로 월지의 운세는 나쁘게 나와 있더라도 일지에 강한 운세를 가지고 있으면 그 나쁜 월지의 운세를 뿌리칠 수가 있다.

그러나 일반적으로는 역시 운세의 좋고 나쁨을 중시하게 된다. 이 경우 오행과 계절의 관계로 판단하게 된다. 각기 오행에는 그에 맞는 계절이 있으며 그 계절에 태어났다면 운이 좋고 그 이외의 계절이라면 운이 나쁘다고 판단하는 것이다.

일(日)	계 절
목(甲乙)	春
화(丙丁)	夏
토(戊己)	土用[환절기]
금(庚辛)	秋
수(壬癸)	冬

좀더 자세히 보려면 다음 표를 참고할 일이다. 다음 표는 일간(日干)과 일지(日支)로 이루어져 있는데 일지를 월지(月支)로 바꾸어 놓고 보면 운세의 좋고 나쁨을 알 수가 있다.

만약을 위해서 부연해 두거니와 십간(十干)에서는 2월의 절(節)에 해

[年]가 바뀌도록 되어 있다. 이 해의 바뀜은 만세력(萬歲曆)에 올바르게
나와 있으니 안심해도 좋다.

◇ 운세의 강약

時支 日干	子 (자)	丑 (축)	寅 (인)	卯 (묘)	辰 (진)	巳 (사)	午 (오)	未 (미)	申 (신)	酉 (유)	戌 (술)	亥 (해)
甲	약	강	강	강	약	약	약	약	약	보통	보통	보통
乙	약	약	강	강	강	약	보통	보통	보통	약	약	약
丙	보통	보통	보통	약	강	강	강	약	약	약	약	약
丁	약	약	약	약	약	강	강	강	약	보통	보통	보통
戊	보통	보통	보통	약	강	강	강	약	약	약	약	약
己	약	약	약	약	약	강	강	강	약	보통	보통	보통
庚	약	약	약	보통	보통	보통	약	강	강	강	약	약
辛	보통	보통	보통	약	약	약	약	약	강	강	강	강
壬	강	약	약	약	약	약	보통	보통	보통	약	강	강
癸	강	강	약	보통	보통	보통	약	약	약	약	약	강

오행역과 능력운, 금전운
건강운, 애정운

오행역과 능력운·금전운·건강운·애정운

오행역(五行易)으로 보는 행복운(幸福雲)

오행역의 일주론(日柱論)으로는 여러 가지 운세를 알아볼 수 있는데 이 장에서는 능력운(能力運)·금전운(金錢運)·건강운(健康運)·애정운(愛情運)을 알아보기로 한다.

갑(甲)의 날에 태어난 사람

◇ 능력운(能力運)

사람을 부드럽게 대하면서 지도력을 유감없이 발휘하는 사람이므로 관리, 인사, 총무 등의 부서에 적합한 것이다. 갑(甲)은 직립(直立)한 나무[木]이므로 벌떡 일어선다는 의미를 고려한다면 독립하여 한 기업을 일으키는 일도 있을 것이다.

'큰 나무에 큰 새가 깃든다'는 말도 있는 것처럼 부탁 받는 일도 많겠고, 의사, 간호사, 교사, 유치원 선생 등이 적합한 직업이다. 보육원의 정원에서 수많은 어린이들에게 둘러싸여 있는 모습을 상상해 보라. 여성에게 인기있는 스튜어디스는 이 갑(甲)의 적성에 맞는 직업이다. 부탁을 받는다는 점에서 보면 법률가라든가 사회사업 방면도 활동의 장소가 될 것이다. 변호사 등은 결국 인생상담자와 같은 면도 다분히 있으니 말이다.

갑(甲)은 심사숙고하는 사람으로서 컨설턴트업에도 적합하며 진학·취직상담 지도 등 인생의 안내적인 비즈니스에도 맞다 하겠다. 본업으로 택하지는 않더라도 사업가로부터 지혜를 빌렸으면 좋겠다는 부탁을 받는 일도 흔히 있을 것이다.

물론 목(木)에 관한 직업을 가지게 되면 다른 직업에 비해 성공의 암시가 있다. 농림업이나 원예는 말할 것도 없고, 목재, 제재업에서 건축업에 이르기까지 나무를 다루는 것이 자연스럽다 하겠다.

같은 목(木)이라 하더라도 을(乙)과 다른 점은, 나무라고 하는 소재 그대로를 사용하는 비즈니스에 적성이 있다는 점이다. 건재(建材), 건구(建具) 등도 재능을 발휘할 수 있는 사업이다.

나무와는 직접 관계가 없지만 난다, 태어난다, 자라난다라는 나무의 성질로 보아서 '털이 난다'는 의미와 연결시키어 모피라든가 피혁 관계도 적당한 직업이라 하겠다.

무(戊)년 태생인 사람은 온건한 리더로서 갑(甲)의 본령을 발휘하게 되므로, 조직에 들어가면 자연히 톱 자리에 오른다. 자기는 그럴 뜻이 없더라도 엘리트 코스를 밟아 올라가게 된다.

◇ 금전운(金錢運)
금전에 대해서는 구애받지 아니하고 재산이 부쩍부쩍 늘어나는 암시가 있다. 돈에 한눈을 팔며 인생의 기준 판단을 돈으로 좌우하는 것 같은 구두쇠 흉내는 내지 않는 사람이다.

왜냐 하면 목(木)에는 인(仁)이라고 하는 의미가 내포되어 있는 까닭에서이다. 인(仁)을 베푸는 데는 손(損)도 득(得)도 있을 수가 없으므로 돈에는 오히려 담담하다.

자기 돈을 써서 남과 남을 사귀게 해 주고, 쓸데없는 낭비인 줄 알면서도 중개의 노력을 하는 등 애를 쓴다. 그러면서도 '한 푼 생기는 것 없이 손해만 보았다'는 생각 따위는 아예 하지 않는다.

계(癸)년에 태어난 사람인 경우에는 아마도 자기 자신은 의식할 수 없겠지만, 필요한 때는 어디선가 돈이 생기게 되어 돈 때문에 고통을 당하는 사태는 없을 것이다.

기(己)년 태생은 부동산 등의 재운이 있는 경우가 많을 것이다. 가지고 있는 토지가 팔려서 높은 값을 받게 되기도 한다.

무(戊)년에 태어난 사람은 돈에 담백한 성격인 갑(甲)의 날 태생 중에서 금전을 잘 운용하는 장점을 가지고 있다. 특별히 신경을 기울여서 축재에 힘쓰는 일은 없겠으나 돈을 벌 수 있는 방법을 묘하게도 잘 선택한다. 임(壬)년에 태어난 사람도 마찬가지이나 적극적으로 활동하며 돈을 벌어서 재물을 모은다는 점이 다르다.

경(庚)년 태생만은 너무 기대하지 않는 편이 좋을 것 같다. 또 신(辛)년에 태어난 사람 역시 재물에는 주의를 요한다.

◇ 건강운(健康運)

원래 자력(自力)이 있는 사람이다. 그 위에 노력을 하는 형(型)이다. 이쯤 되면 무리를 하기가 쉽다. 보통 사람이라면 '피로한 기미가 있으니 좀 쉬자'라고 하겠지만 참고 일을 해내는 성격이므로 일단 쓰러지는 날에는 회복하기가 어려워진다.

특히 황달(黃疸) 등 간장병의 암시가 있으므로 피로의 축적에는 신경을 많이 써야겠다. 또 뇌(腦)에 관한 적신호도 있으니 정신적으로 스트레스가 쌓이지 않도록 휴식 시간을 만들어야 한다.

그리고 경(庚)년에 태어난 사람은 큰 병을 면치 못하겠다. 이 사람에게는 선천적으로 허약성이 있다.

또 병(丙)년에 태어난 사람은 서서히 몸이 좀먹듯 시들어가는 경향이 있을 것이다.

◇ 애정운(愛情運)

이 타입의 남성은 이른바 대쪽 같은 성미의 사람으로서 애정의 표현도 아무런 가식없이 담담하게 하는 것이 특징이다.

따라다니면서 졸라대는 연애는 싫어하는 까닭에 어느 여성을 좋아하게 되더라도 그저 그럴 뿐 고민을 하지 않으며 또 그 여성에게 실연(失戀)은 당하더라도 잊지 못해 애쓰거나 하는 일은 없다. 그런가 하면 실연 당한 상대방에게 나쁜 감정을 갖는 일도 없다.

여성에 대해서 그 정도로 강한 집착심이 없다는 말도 되겠는데, 이런 사람의 사랑은 본질적으로는 자비로운 신의 사랑과 같은 분위기까지 가지고 있다 하겠다.

좀 친근해지기 어려운 면도 있지만 원래 믿을 만한 사람이므로 어쩌면 부친적(父親的)인 면을 사모하여 꽤 연령이 낮은 젊은 여성으로부터 구애를 받게 될는지도 모른다. 그런 경우에도 냉소하는 둔한 태도는 아니고 상냥하게 어깨를 껴안아 줄 것이다.

이 갑(甲)의 날에 태어난 여성은 어느 정도 남성적이다. 언뜻 보기에 마치 연극 속의 남역(男役)과 같다고나 할까. 설령 겉으로 보기에는 그렇지 않다 하더라도 심리적으로는 남성적인 연애관(戀愛觀)의 소유자이다.

원래 갑(甲)은 한 그루 큰 나무이므로 아무래도 여왕 타입의 경향이 있다. 왜냐 하면 남성을 리드하는 입장이 되기가 쉬워서 자신이 자신을 낮추어가며 구애를 한다거나, 상대방의 비위를 맞추면서 연애하는 테크닉은 상상할 수도 없는 여성이기 때문이다.

가령 결혼을 한다면 언제나 자신을 내세워 주는 남성과 할 것이며, 더구나 자기 자신은 결혼 후에도 혼외(婚外) 연애를 만끽할 것이다.

을(乙)의 날에 태어난 사람

◇ 능력운(能力運)

목(木)의 성질인 우수성 그리고 온화한 성품이 있으므로 어떤 분야에서도 유능하게 적응할 수 있는 사람이다. 단 주역보다는 참모로서 시중을 들어주거나 협력하는 일에 적성이 있다.

예컨대 한 과(課)를 이끄는 과장보다는 대리로서 과장을 보좌하는 편이 오히려 능력을 발휘하는 데 낫다는 말이다.

이런 점은 여성도 마찬가지이며 책임이 있는 큰 역할보다 진행(進行)을 맡는다든가 목적 달성을 위해 여러 가지 아이디어를 생각해 내는 쪽이 오히려 득이 될 것이다.

갑(甲)의 경우는 든든하고 실팍하여 믿음직스런 나무의 이미지이지만 을(乙)의 경우는 우아함이 넘치는 초목의 이미지이므로 정서면(情緒面)에 강한 암시가 있다 하겠다.

그렇다면 회화나 음악의 길로 나서는 예술가를 지망하든가 교육가가 되어 정서교육을 하는 편이 득일 것이다. 이런 점으로 볼 때 사람의 마음에 조용히 신앙심을 심어주고 성장시켜 나가는 종교가도 바람직하다 하겠다.

목(木)의 성(性)을 곁들여서 생각한다면 갑(甲)은 목재(木材)를 그대로 사용하는 비즈니스가 적합한 직업이라고 했는데, 을(乙)은 나무를 가공한 것을 취급하는 펄프, 제지업, 지업사 혹은 '나무＝식물전반(植物全般)'이라고 생각해서, 그것을 가공한 섬유를 취급하는 의류품의 제조와 판매도 생각할 수 있다.

쌀이나 잡곡을 취급하는 양곡상, 생화(生花), 청과물, 과실 등의 유통 판매도 이 범위에 든다.

제지품(製紙品) 관계라는 것을 넓게 생각해 보면 사무용품도 관계가 있겠고 또 서적이나 잡지의 출판, 인쇄업도 좋을 것이다.

을(乙)의 본성을 더더욱 전형적으로 나타내고 있는 것이 병(丙)년에 태어난 사람이다. 자신의 우아한 마음을 전부 쏟아서 세상을 위하여, 남을 위하여 봉사하는 복지, 자선사업, 종교, 교육 등의 분야에 알맞는 사람이다. 이런 성격의 사람은 기업체에 취직을 하더라도 곧 그만 두게 되므로 복지후생의 분야가 꼭 알맞는 분야인 것이다.

◇ 금전운(金錢運)

'돈 따위를 입에 올리는 것조차 부끄럽다'고 하는 기개가 있으면서도 내심으로는 곧잘 돈을 꾸어주고 싶어하는 면이 있다. 남으로부터 돈을 꾸어달라고 부탁을 받게 되면 딱 잘라서 거절하지 못하면서도 '거절했더라면 좋았을 것을' 하며 후회하는 타입이다.

을(乙)년에 태어난 사람은 돈 쓰는 요령을 잘 알고 있다. 조금 모인 돈으로 살 것을 산다든가, 선물을 보냈는데 상대방에서 감사하는 나머지 그 이상의 선물을 보내온다든가 한다.

임(壬)년에 태어난 사람인 경우에는 재물을 윤택하게 쓰면서 생활할 것이고, 계(癸)년에 태어난 사람이라면 요령있게 재물을 모을 것이다. 예금, 저축을 이리저리 둘러치는 정도로 손쉽게 돈을 버는 등 그야말로 돈버는 것을 아침 해장하듯 하는 사람이다.

단 무(戊)년 태생은 많은 부동산이 있다 하더라도 그것을 활용하지 못하는 반면, 경(庚)년 태생인 사람은 경제적으로도 사회와 그 화합이 좋은데, 어쨌든 세상사를 중요시하는 나머지 교제비 등을 물쓰듯 하므로 버는 것보다 씀씀이가 많게 된다. 돈이란 천하에서 돌고 도는 것이라는 감각을 가지고 있는 것이리라.

◇ 건강운(健康運)

이 사람은 본래 약한 체질이다. 단 버들가지가 꺾이지 아니 하듯이 몸의 상태가이 나아지면 임기응변으로 대처할 줄 알고 있어서 무리를 하지 않는다. 그 때문에 큰 병의 위험은 의외로 적다고 할 수 있겠다. 질병에 걸리더라도 질병에 대처하는 방법이 아주 훌륭하므로 금방 악화되는 일은 없다.

질병이 발생하기 쉬운 부위는 간장(肝臟)과 인후(咽喉)인데 편도선염이라는 약점도 가지고 있는 듯하다.

한편 신(辛)년과 갑(甲)년에 태어난 사람은 역시 약체임이 두드러진다. 또 정(丁)년에 태어난 사람은 정도가 심하지는 않지만 어떤 질병을 앓게 될 것이다.

◇ 애정운(愛情運)

지나치다고 할 만큼 상냥한 타입이 이 을(乙)의 날에 태어난 남성일 것이다. 상대방에게 자신의 감정을 전할 때에도 직접적으로는 하지 못하고 흔한 방법을 나름대로 열심히 생각하는 타입이라고 하면 적합할 것 같다. 도리어 주변의 친구들이 애가 타서 '태도를 분명히 하라'며 기운을 북돋아 줄는지도 모른다.

결단력이 결여되어서 그런다면 더 할 말이 없겠지만, 이 사람의 경우는 '어쩌면 상대방에게 실례가 될는지도 모르겠다'는 겸양이 앞서서 작용하기 때문인 것이다.

그러므로 선물을 할 때도 나중에 '그랬었어? 그게 선물이었단 말이지? 나는 뭐 그렇게 생각하지 않았었어'라는 등 뒤늦게야 어물거리는 일이 많다. 이렇게 되면 여성 쪽에서 볼 때 믿음성이 없는 사람처럼 보이겠지만, 도리어 그 신뢰감 없는 것이 연애에 관해서만은 이 사람의 큰 무기(武器)가 된다.

'내가 없으면 이 남자는 살아가기 어렵겠어'라는 식으로 여성의 모성본능(母性本能)을 강렬하게 자극시키기 때문이다.

결단력이 있어서 잡아줄 듯한 힘찬 남성에게 매력을 느끼는 것도 여성이지만, 그 반면에 '이 사람은 내가 돌보아주지 않으면……'이라며 보호해 주고 싶어하는 것도 여성이 가지고 있는 마음의 수수께끼이다. 그러한 여성의 마음을 을(乙)의 날에 태어난 남성은 잘 이용한다고나 할까…….

다음으로는 여성의 경우인데, 여성으로서는 이상적(理想的)이라고 할 만큼 온순한 인품 때문에 연애운이 아주 좋은 운세이다. 이 타입의 여성에게서는 관음상(觀音相)을 연상할 수가 있다. 부드럽게 웃는 얼굴로 모든 사람의 마음을 상냥하게 받아들이는 바로 그것이 을(乙)의 날 태생의 여성이다.

과연 그 사람에게 마음을 주면, 다른 사람에게 마음을 뺏기는 일은 결코 없을 것이다. 배신을 해서 상대방을 슬프게 만드는 일은 이 사람 마음 속에 자리한 관음상이 결코 허락하지 아니 한다.

그러나 한편으로는 상대방의 마음에 상처를 주지 않으려고 지나치게 마음을 쓰는 나머지, 두 사람으로부터 구애(求愛)를 받았을 때는 그 일을 잘 처리해 내지 못한다. 상대방의 적극적인 선택이 있으면 '싫어요!'라며 분명하게 거절하지 못하고 끝내 애매한 태도를 취하고 만다.

이렇게 되면 상대방은 그것을 자신에 대한 호의(好意)로 생각하고 진지하게 나오는데 그럴 때도 '실은 그렇지 않다'고 대답을 하지 못하며 질질 끌려가게 된다.

적당하게 한 사람을 사귀면서, 또 한 사람은 결혼을 전제로 해서 사귀는 곡예(曲藝)를 하지 못하는 한, 연애하는 모양 자체가 복잡하게 될는지도 모르겠다.

병(丙)의 날에 태어난 사람
◇ 능력운(能力運)

이 사람은 활활 타오르는 불, 그대로이다. 닿게 되면 부서질 만큼 정열을 불태우고 또 천성적으로 타고난 설득력을 살리는 데 보람을 느끼고 사는 사람이다.

'믿겨야 본전'이라며 뛰어들고, 기회라고 생각되면 강력하게 설득하는 세일즈맨은, 병(丙)의 성질을 그대로 나타내고 있는 직업일 것이다. 정열을 가지고 설득에 임한다는 점에서는 변호사, 교육자, 종교가 등도 적당한 직업일 것임은 두말 할 나위도 없다. 이런 사람들에게 한 번 걸려들면 단단하게 껍질을 닫고 있는 조개라 하더라도 그 열의의 불에 그만 마침내는 껍질을 벌리고 말게 된다.

예술가와 탤런트 등 화려한 재능을 필요로 하는 직업에도 이 성(星)은 한 편이 되어 준다. 하늘 높이 불타 오르는 것처럼 천재적인 활약을 할 수 있기 때문이다. 불의 암시를 들어서 말한다면 불을 활용해서 만드는 조리(調理)도 좋겠다. 음식은 불[火]과 관계가 있지만 불[火]인 사람도 이 업계에서 많이 일하고 있다.

그리고 높은 열로 흙을 굽는 도예가(陶藝家)에도 적성이 있다. 보일러 또는 내연기관을 다루는 것도 성질에 맞는다 하겠다.

'화(火)＝에너지'라고 생각할 때, 가스, 석유, 석탄 등의 업계라든가, 전력(電力) 관계도 좋을 것이다. 전기(電氣)와 광학(光學) 관계도 포함시켜서 화(火)의 적합한 직업을 생각할 일이다.

정열을 있는 그대로 쏟는 일이라면 스포츠맨일 것이다. 그것도 정(丁)년에 태어난 사람이라면 경쟁을 장기로 삼는 터이니 안성맞춤이 아니겠는가?

◇ 금전운(金錢運)

정열에 따라 분방하게 행동하는 것이 운세이니, 아무래도 돈이 안 붙는 면이 있을 것이다. 내일 쓸 돈에 신경쓰는 일없이 그날 밤에 다 써버리는 한량이 있다. 그런데 이 병(丙)의 날에 태어난 사람은 '돈이란 쓰는 것'이라고 생각하는 병폐가 있다. 있으면 있는 만큼 써버리는데 상점에서 눈에 뜨이는 액세서리 따위를 망설이는 일없이 사버린다.

그런데 어떤 경우에는 그러는 편이 오히려 좋은 것이다. 어설프게 재물이 축적되면 자유롭게 행동하던 것이 봉쇄당하거나 세(勢)를 꺾이거나 할 위험이 생긴다. 자연스런 병(丙)의 성질을 살리려고 한다면 자력(自力)을 가지고 지출을 따를 만한 경제력을 벌어들일 것, 이것이 첫째 조건이다. 구두쇠 노릇을 하면 양화(陽火)의 특성이 사라지고 화려함을 잃게 된다.

이런 사람이 금전적으로 궁핍하지 않은 생활을 영위해 나가는 것은 신변에 화려한 분위기가 항상 젖어있기 때문이다. 만약 구두쇠의 근성이라면 교제 등이 결핍되어 이 성(星)이 빛을 잃고 빈핍신(貧乏神)에게 당하고 마는 결과가 된다.

'돈이란 천하를 돌고 도는 것'이라는 자유스런 금전관(金錢觀)이 이런 사람의 생생한 인생을 지탱해 주는 것인지도 모른다.

을(乙)년에 태어난 사람은 나이가 들어감에 따라 자연히 생활력이 붙어서 금고(金庫)도 묵직하게 되리라. 서화의 매매로 금전 회전이 좋아진다든가 승부 기질이 강하여 도박에서 이기는 자도 이 사람이다.

갑(甲)년에 태어난 사람은 다소의 축재가 늘어나더라도 그것으로 인하여 인격이 바뀌거나 돈에 휘말리게 될 걱정은 없다.

임(壬)년에 태어난 사람은 금전상의 문제에 말려들지 않도록 주의해야 할 필요가 있다. 또 쓸 돈을 걱정하지 않는다는 병(丙)의 멋들어진 기질은 특히 기(己)년에 태어난 사람에게서 두드러지게 나타나는 편이라 하겠다.

◇ 건강운(健康運)

건강 상태가 좋아지면 자신을 억제할 줄 모르기 때문에 무리를 해서 몸을 망가뜨리는 경우가 많은 기질이다. 철야를 해가면서 일을 계속한다든가 늦은 밤까지 술을 마신다든가, 무리를 해도 견디어낼 수 있다고 생각하는 사이에 몸을 해치는 타입이다.

걸리기 쉬운 질병으로는 심장병, 위장병, 폐병, 안질(眼疾), 신경병(神經病), 부인병(婦人病) 등이 있는데 특히 임(壬)년에 태어난 사람은 생명의 근원이라고도 할 수 있는 화(火)를 수(水)로 철저하게 흘려버리는 형국이 되므로 큰 병에 걸릴 위험이 있다. 또 무(戊)년에 태어난 사람은 항상 어딘가를 침식당하고 있는 듯하다.

◇ 애정운(愛情運)

작열하는 사랑의 사람, 그것이 곧 병(丙)의 날 태생의 사람이다. 좋아지면 주저하는 일없이 선택하는 적극 과감성이 이 사람의 무기이다. 편지나 전화 등 미적지근한 태도 따위는 생략할 만큼 초대면(初對面)이라도 '내가 좋아하는 타입'이라고 판단되면 곧바로 데이트를 신청할 것이다.

연애를 많이 하는 편이라면 꼭 들어맞는 말이겠지만, 처첩 동거 등 정열을 불태우는 짓이 상식을 벗어나며 그런 일쯤은 식전의 해장 정도로 생각하는 연애관을 가지고 있다. 어쨌든 같은 시기에 여러 타입의 여성과 각각 연애를 하면서 즐기는 테크닉에 대해서는 연애의 명수라고 해도 손색이 없을 것이다. 하루에 두 여인을 사랑해 주며 보내는 일 등 그런 행위를 오히려 즐거워할는지도 모른다.

좋은 점이 있다고 하면 그런대로 평판은 좋은데 역시 도가 지나치면 조절하기 힘든 것이 이 화(火)의 성질이다. 서로가 사랑한다는 경향이 강해지면 대개 흥미도 없어지게 마련인데, 남의 연인에게 손을 내민다거나 상사의 부인에게 말을 걸어보는 등 위험한 장면이 출현된다.

함부로 이곳 저곳에 뿌린 불씨로 말미암아 화상을 입지 않도록 조심하지 않으면 사랑을 위해서 살아가는 인생이 되는지도 모른다.

그런 경향은 여성의 경우도 마찬가지이다. 어쨌든 정열이 지나치게 강렬하여 상대방 남성까지 불태워버리고 만다. 또 남성을 둘러싸고 다른 여성과 연애전쟁을 일으키는 일도 많고, 처자가 있는 남성과 달콤한 사랑에 빠지는 때 등은 정열의 불꽃이 최고에 달한다.

그런데 상대방 남성에 대하여 그토록 격렬한 연심(戀心)을 불태우면서도 연애 기간이 길어지게 되면 불꽃이 사라져버리는 것이 이상하다. 활활 불타오르다가 간단하게 식어가기 때문일까? 희생을 치르면서까지 손에 넣은 연인이더라도 담백하고 조용한 관계로 낙찰되고 마는 일이 허다하다.

그 이유는, 근본적으로 볼 때 불타오를 수 있는 대상이 있으면 그것이 어떤 것이든 상관없다는 성질이기 때문이다. 일이 되었건 취미가 되었건 간에 몸을 던질 대상이 바뀌게 되면 연인 따위는 어떻게 되든 상관이 없다는 경향으로 돌아가 버린다.

이런 사람이 결혼을 해서 아기를 낳게 되면 관심은 어린아이에게로 돌아가게 되어, 남편의 일은 어떻게 되든 관심 밖이라는 타입이 되는지도 모르겠다.

정(丁)의 날에 태어난 사람

◇ 능력운(能力運)

정(丁)에 대해서는 이미 앞에서 촛불과 같은 암시가 있노라고 한 바가 있다. 촛불이란 한들한들 가볍게 춤추는, 그래서 마음 속에 속삭여 오는 듯한 불이다. 그런 점으로 볼 때, 사람들 마음에 신(神)의 음성을 들려주는 종교가라든가 신앙을 직업으로 선택하는 사람이 많은 것 같다. 그것과 관련하여 관혼상제(冠婚喪祭)라든가 복지세계에서 살아가는 경우도 생각할 수 있다.

자기의 직업으로서 복지관계를 선택하지 않는 경우라 하더라도 자진하여 의용(義勇)의 사업에 참여하기를 꺼리지 아니 한다.

화(火)는 예술이라든가 학술 문화의 성(性)이므로 음악가, 화가, 서예가는 물론, 다도(茶道) 등의 길로 나서는 것도 자연스런 행위일 것이다. 또 넓은 의미의 예술활동을 고려한다면 영화계 등도 들 수 있을 것이다. 그 밖에 악기, 레코드 인형, 모형(模型), 완구 등의 취미 오락용품 관계도 생각할 수 있다.

예능이나 흥행(興行), 오락관계는 화(火)의 날에 태어난 사람들이 득의로 하는 분야인데, 병(丙)이 탤런트로서 표면에 나서서 활동하는 사람이 많은 데 반하여, 이 정(丁)은 매니저가 된다든가, 예능 프로덕션 등에서 일하는 것을 염두에 둘 필요가 있다.

같은 정(丁)이라 하더라도 이처럼 사이드에서 매니저 등에 알맞는 사람은 경(庚)년에 태어난 사람이다. 이 사람은 상대방이나 하는 작업에 빠지는 일 없이 냉정하게 일을 처리해 나가기 때문이다.

경(庚)은 조직 속에서 훌륭하게 움직일 수 있는 암시가 있는 프로덕션 경영에 적격자이다.

◇금전운(金錢運)

한 마디로 말해서 금전을 초월한 마음의 소유자이다. 그러나 득실(得失) 관계나 계산이 서투른 관계로 도리어 금전면에서 주변 사람들에게 손해를 줄 위험이 있다.

다른 사람에게 있어서는 꽤 큰 액수의 돈이건만 정(丁)의 날에 태어난 사람에게는 그다지 마음에 걸리지도 않는 돈으로 생각하기 일쑤이고, 긴요하게 받아쓴 돈이건만 잊어버리고 말아서 상대방에게 피해를 주는 경우도 있음을 감안해야 한다.

이런 사태와는 반대로 도리어 금전에 집착하는 타입으로 나타나는 경우도 있다. 본디 금전에는 담백하므로 집착한다고는 하더라도 손등에 불을 켤 정도는 아니다. 그렇지만 '돈으로 모든 것이 해결된다고는 생각하지 않는다' 는 등의 이유로 필요한 예의를 잊을 정도의 궤변이 나옴직하다.

이 정(丁)의 날 태생 중에서 특히 계(癸)년에 태어난 사람은 돈이 원수가 될 만한 문제가 꼭 일어난다고 해도 과언이 아닐 정도로 사건이 발생한다.

갑(甲)이나 을(乙)년 태생에서는 큰 재산이나 금전운은 따른다고 할 수 있지만 균형이 잡힌 재운으로 수지균형이 잡혀진 인생을 살아갈 것이다.

임(壬)년에 태어난 사람도 금전 때문에 궁핍을 느낄 때가 있겠지만 그런 일로 큰 문제에 부닥치는 일은 없을 것이다.

◇ 건강운(健康運)

왕성한 생명력은 아니지만 온화함이 장점으로서 자신을 위로하고 조절해 가며 생활하는 까닭에 비교적 건강한 사람이 많다. '호미로 막을 것을 가래로 막는다'는 속담도 있지만, 이런 사람은 질병의 증세가 가벼운 동안에 퇴치하기를 잘하는 사람이다.

이 성(星)의 사람은 심장질환, 즉 협심증(狹心症)이나 심장판막증(心臟瓣膜症) 등의 암시와 폐렴, 늑막염의 암시가 나와 있다.

특히 계(癸)년에 태어난 사람은 질병에 자주 걸릴 것이고 기(己)년 태생은 만성의 가벼운 질병이 있을 것이다. 또 병(丙)년에 태어난 사람도 질병에 걸리기 쉬운 체질이다.

◇ 애정운(愛情運)

연애 감정을 오래 지속시키는 것이 이 타입의 남성이다. 병(丙)과 같이 순발력으로 승부를 결정하는 연애는 아니고 한 사람에 대하여 연애 감정이 싹트면 마치 빨갛게 된 숯불처럼 마음 속에서 그것을 계속 불태우는데, 불은 여간해서 꺼지지 않는다. 이 사람의 사랑은 육욕(肉慾)으로부터 생긴 것이 아니기 때문에 마치 종교가가 신이나 부처를 믿는 것처럼 상대방의 마음과 통하는 것을 기뻐한다. 비록 짧은 데이트일지라도 눈과 눈이 마주치면서 마음이 짜릿하게 통하면 그것으로 만족하는 것이다.

'천생연분(天生緣分)'이라는 등의 말도 있지만, 일종의 신비성을 믿는 경향이 있는 까닭에 상성(相性)이라든가 만남에 대해서는 꽤 중시하는 편일 것이다.

우연히 들어간 다방에서, 그 다방의 종업원 여성에게 운명적인 만남을 느끼기도 하고, 점술(占術)의 암시에 강한 영향을 받는 것도 이 남성의 특징으로서, 그것이 동물적인 본능과 관련되고 있는 것이다.

이 정(丁)의 날에 태어난 여성은, 여성으로서의 상냥함과 귀여움을 갖춘 사람이다. 온화함과 겸양의 마음을 가진 차분한 여성으로서 분위기가 있다고 할 수 있다.

'한 걸음 뒤처져서……'라고 하면 수십 년 전 옛날의 여성 같다는 놀림을 받게 되겠지만, 이 사람은 남성으로부터 레이디 퍼스트 대접을 받는다면 오히려 거북스러워할 것이다. 그보다는 상대방을 내세우고 자기는 그늘 속에 있겠노라고 하는 타입인데, 그런 생활태도야말로 이 여성에게 맞는 태도라고 하겠다.

그리고 사람들의 눈에 안 보이는 곳에서 남성의 팔에 은근히 자기 팔을 거는 그런 사람이다.

그렇기는 하지만 화(火)의 성(性)이므로 상대방에 대해서는 역시 강렬하게 불타오르는 면을 보이기도 한다. 그것은 자기 자신도 모르는 동안에 셔츠에 루즈라도 칠하는 날에는 그때 뿐만 아니라 두고두고 반복하여 그 책임을 추궁하고 원망하는 타입이다.

역시 그만큼 상대방에게 집착하고 있는 셈인데 '몰라요! 싫어요!'라며 앙탈을 부리면서도 상대방에게서 떠나지 못하는 것도 이 여성이다.

무(戊)의 날에 태어난 사람
◇ 능력운(能力運)

안전, 신용, 신뢰가 밑천이다. 그러므로 어떤 분야에서도 요직의 자리에 앉게 될 것이다. 탄탄하게 토대와 기초를 굳히고 작업상의 중압을 막아내는, 바로 그것이 이 사람의 직업적인 성향이다.

신뢰를 제일로 하는 은행, 보험, 증권업 등에 진출하는 것도 이 무(戊)의 특징일 것이다. 무(戊)의 날에 태어난 사람은 금전적으로 일심을 가지지 아니한다. 야무진 재무능력의 소유자이므로 맡겨도 안심이 된다. 이쪽에서 저쪽으로 재빠르게 재산을 옮겨 놓아서 재산을 배(倍)로 증식하는 등의 위험한 짓은 하지 않는다. 회사 안에서도 당연히 경리(經理)라든가 자금 운용 관계를 맡을 수 있는 적임자가 된다.

어쨌든 묵묵히 기다리며 장기적으로 사업을 성공시키는 것이 득의인 것이다. 정치가나 실업가 중에서도 큰 인물로 꼽히는 사람 가운데 이 무(戊)의 날에 태어난 사람이 꽤 많다. 회사를 재건(再建)시키는 명수, 좀 먹어서 큰 기둥이 쓰러진 상태의 회사를 다시 일으킨 사람들 중에도 이 무(戊)일 태생이 많다.

한편 토(土)의 성(性)이라는 점에서는 흙에 바탕을 둔 농림 관계나 토목공사가 적합한 직업이다.

토목에 관해서 말한다면 가급적 대규모의 사업에 종사하는 것이 좋을 것이다. 크면 클수록 발랄하게 작업을 해나갈 수 있기 때문이다.

토(土)에는 장(藏)의 의미도 있으므로 창고업도 생각해 볼 만하다. 특히 임(壬)년에 태어난 사람은 실로 금융재정(金融財政)을 잘 해냄으로써 기업의 주방을 맡는 경리 담당의 이사직(理事職)과 같은 이미지가 있다.

◇ 금전운(金錢運)

토(土)는 토장(土藏)의 의미로, 재산적으로는 상당한 비축을 암시하며 그것은 곧 부동산을 의미하므로 재운이 좋은 것을 뜻한다.

이런 사람의 경우는 조상 대대로 넓은 토지가 있다든가 장기(長期) 안정주(安定柱)가 있다든지 하여 그것이 아무 노력도 없이 자연적으로 값이 치솟아서 혜택을 보기도 한다.

그쯤 되었으면 대단한 부자로, 돈을 찍어내듯 하는 사람이겠지만, 실은 이 사람은 재산을 활용하는 타입은 아니다. 가만히 내버려 두어도 부동산이 많아서인지 그 이상 증식하려는 생각은 하지 않고 오히려 사치로 흐르는 경향이 있다. 마치 '삼대(三代) 부자는 없다'는 말도 있듯이, 할아버지가 모아 놓은 재산을 그 손자가 '여차하면 팔아치울까' 하며 장롱 속의 옛 패물을 곁눈질하듯 하면서 술을 퍼마시는 타입이라면 좀 지나친 말일까?

병(丙)년 태생은 사람을 이용해서 돈을 버는 재능이 있다. 정(丁)년 태생은 어느 정도까지는 돈을 벌 수 있을 것이다. 경(庚)년에 태어난 사람은 상속받은 재산을 지키지 못하고 축낼 가능성이 있고 갑(甲)년 태생은 재산을 지키기 위한 노력이 필요하다. 을(乙)년 태생은 애써 모은 재산을 유명무실하게 써 버릴는지도 모른다. 특히 신(辛)년 태생의 사람인 경우에는 스스로 복지사업에 재산을 희사할 성격이 있을 것이다.

◇ 건강운(健康運)

침착하고 인격이 원만하여 질병과는 인연이 먼 것 같지만 실은 불룩하게 튀어나온 배속에는 질병의 씨앗이 가득 차 있는지도 모른다. 오행(五行)에서는 배〔腹〕에 주의하라고 되어 있다. 그러므로 위장병, 위암 등에 우선 신경을 쓸 일이다. 또 이것과는 별도로 무릎 밑의 질병이라든가 악취 등의 암시도 있다.

갑(甲)년에 태어난 사람은 '자신이 질병의 소굴'이라는 생각을 하고 절제를 해야 할 일이다. 경(庚)년 태생은 지병(持病)이 있을 운세이다. 그 경우 만성위염(慢性胃炎)일 것으로 생각된다.

◇ 애정운(愛情運)

이 남성의 경우에는 너글너글한 포용력이 연애에 나타날 것이다. 상대방의 행동에 절대로 구애받지 않으며 무사태평하다는 질책을 받더라도 할 말이 없다고 할 정도의 태도이다.

한참 동안 교제해 온 상대이건만 그녀가 자기를 정말로 좋아하고 있는지 어떤지 확인조차 해보려 하지 않는 면이 있다. 어쩌면 상대방의 생일도 분명히 기억하지 못하고 있는지도 모른다. 이런 사람이기에 선물 따위에도 어떤 선물을 보냈는지 모를 일이고……. 여성의 입장에서 본다면 '주변 사람들이 알게 되면 창피스러워서……'라며 안달하게 되겠지만, 이 남성의 입장에서 보면 일부러 그러는 것이 아니고 신경이 무디어서 그럴 뿐이다.

단 연애의 형태로서는 본디 받아들이는 타입이므로 자기 쪽에서 고개를 숙여가며 구애를 하는 일은 적을 것이다. 유유자적하는 점에 이끌리어 여성 쪽으로부터 프로포즈해 오는 기회가 많을 것이다. 또 여성으로부터 강요당하는 경우도 있겠지만, 역시 이 타입의 사나이는 그 성질로 보아 당황하지 아니 하고 천천히 선택할 것이다.

이 사람은 천성 그대로라도 여성을 매혹시킬 수 있으므로 쓸데없이 체면을 차릴 필요는 없다. 지나치게 체면을 생각하면 반대로 상대방에게 자신의 약점을 드러내 보일 위험이 있다. 이 타입의 여성인 경우, 어머니라는 대지(大地)처럼 얄팍한 연애는 싫어한다. 주위의 체면을 중시하는 까닭에 애정 문제가 복잡해지거나 악화되어 묘한 소문이 주위에 퍼지는 것을 경계하기 때문이다.

그룹으로 교제를 하더라도 자신의 감정을 분명히 표면에 나타내므로 커플을 이루는 데는 시간이 걸릴 것이다. 자진해서 이성과 교제할 기회를 만든다는 것은 어려운 일이어서, 결혼은 중매결혼형이며, 주변에서 만반의 준비를 해 놓고 진행시키는데, 그것에 편승하여 결혼을 하게 되는 수가 많을 것이다. 이런 점에서는 무(戊)의 여성이나 남성이나 같은 경향이 있을 것으로 생각된다.

세상 체면에 신경을 쓰다 보니 남성의 애정을 확인하지 않고, 남성쪽에서 바람을 피우더라도 무신경하고 느긋하게 참으면서 일을 시끄럽게 만들지 않는데 그래도 결과는 잘 풀려나가게 되는 것이 이상할 정도이다.

단 자신의 애정 표현이 너무나 애매하면 상대방인 남성이 수상하게 생각하는 경우가 없다고 말할 수는 없다. 때로는 달콤한 사랑의 말을 함으로써 사랑을 느끼도록 하여야 할 일이다.

기(己)의 날에 태어난 사람

◇ 능력운(能力運)

성실하고 정직하며 한 가지 일을 꾸준히 해내는 점에서 이 사람의 경쟁자로 등장할 사람이 없을 정도이다. 날마다 똑같은 일을 반복하더라도 지치는 일이 없다.

일반적으로 사무직이 적당하다 하겠지만, 특정한 기술을 익혀서 기계적으로 구사하는 직종이라면 최고이다. 예를 들자면 경리라든가, 세무, 법률 등의 사무 취급 등을 생각할 수 있다. 또 뒷전에서 일하는 사람으로서 타이피스트, 워드프로세서, 전화교환원 등의 전문직도 좋을 것이다.

연구소의 기사(技士), 연구원 등도 우수하며 착실히 성과를 올리는 기(己)에 적합한 직업이다. 이른바 건실한 경향이 요구되는 전통공예 등의 세계에도 적합한 사람이다.

무(戊)가 토목(土木)이라든가 부동산에 강하다는 것은 앞에서 이야기한 바 있거니와 기(己)는 흙을 가공하는 직업, 즉 도자기, 기와, 벽돌, 내화재료(耐火材料) 등의 요업(窯業) 관계가 활약할 수 있는 분야이다.

또 지하(地下)에 관계하는 직업, 즉 지하철 관계라든가 빌딩 관리, 주차장 관리 등도 생각할 수 있을 것이다.

임(壬)년에 태어났다고 하면 시원스런 인품에 한눈 파는 일없이 꾸준하게 노력하므로 기(己)의 날 성(性)이 가지고 있는 진실성을 발휘할 수 있을 것이다. 금고(金庫) 담당자로는 이처럼 신뢰받을 수 있는 사람도 없을 것이다.

◇ 금전운(金錢運)

같은 토(土)라 하더라도 무(戊)의 경우는 돈을 함부로 쓰는 경향이 있다고 말한 바 있다. 그러나 기(己)의 경우는 지면에 구멍을 뚫고 항아리를 감춘다든가 장롱 속 깊이 돈을 감춘다든가 하여 오로지 저축만 하는 타입이다.

큰 돈을 헐어서 쓰는 일이 없고 작은 돈도 쓰기 싫어하며 생활비를 줄여 나가는 데 능숙한 사람이다. 누가 돈을 꾸어달라고 하면 '우리집도 빚을 갚지 못하고 있다' 운운하며 요령 있게 거절하는 등 금전 관리에 철저한 사람이라 하겠다.

어쨌든 금전관리는 발군(拔群)이어서 은행원의 얼굴이 무색할 정도로 자신의 운용에 뛰어나다. 흔히 말하기를 '증권회사나 우체국의 팸플릿을 보는 것이 기쁘다'라는 사람이 있는데, 그런 사람 중에는 틀림없이 기(己)의 날에 태어난 사람이 많을 것 같다.

'보람없는 여행이나 놀이 등에 사용하는 것보다는……'이라며 차곡차곡 모은 재산이 눈덩이처럼 이자가 늘어나서 노후(老後)에도 평온하게 생활할 수가 있겠다.

정(丁)년에 태어난 사람은 작은 돈의 운용에 발군의 재능을 발휘하여 호주머니를 든든하게 만든다. 복권 따위 등을 멋지게 맞추는 것이다. 병(丙)년 태생은 가만히 있어도 금전운이 트이는 사람이라고 할 수 있을 정도로 행운이 따른다.

이와는 반대로 신(辛)년에 태어난 사람은 남에게 사기당할 기미가 있는 것 같고, 을(乙)년 태생인 사람은 금전상의 불화에 말려들기 쉽다. 그러나 경(庚)년 태생은 여간 어려운 것이 아니어서 자기가 한턱 냄으로써 주위 사람을 기쁘게 해 주기를 좋아하는 경향이 있다.

◇ 건강운(健康運)

동작이 아주 둔하든가 아니면 안색이 나쁘게 보이는 등 원기왕성하다고는 말할 수 없겠으나, 겉 보기와는 달리 저항력이 있으며 병마에 대해서도 끈기가 강하다.

기(己)에는 공통적으로 장(腸)의 병에 대한 암시가 있다. 장염, 장암에 주의해야 한다. 또 기생충으로 고생하는 일이 있을는지도 모르겠다. 그 밖에 간장병, 신경통의 암시도 나와 있다.

을(乙)년에 태어난 사람은 큰병의 위험이 있을 것으로 생각하고 미리 예방하여야겠고, 신(辛)년 태생인 사람은 과민성대장(過敏性大腸)과 같은 지병으로 고민하는 일이 있겠다.

◇ 애정운(愛情運)

순진하며 말재주가 없어서, 자진하여 여성에게 도전하는 것이 서투르다. 한 마디로 말해서 이 기(己)의 날에 태어난 남성은 이런 식이다.

기지를 발휘하여 데이트의 약속을 한다든가 사나이다운 냄새를 피워서 여성의 관심을 끄는 행위 등은 바랄 수가 없다. 그런데 이런 성질이 여성의 모성본능을 자극하여 의외로 염문(艶聞)이 많을는지도 모른다.

아파트에서 혼자 사는 남성의 집에 가서 청소를 해 주거나, 요리를 만들어 주기 위하여 몰래 가는 여성의 이야기를 흔히 듣는데, 이런 경우의 남성은 이처럼 여성 쪽에서 적극성을 띠고 나오는 경우를 잘 잡는 것 같다.

세일즈맨들도 물 흐르듯 잘 지껄이는 쪽보다 눌변(訥辯)인 쪽이 성실하다는 인상을 주게 되어 매상이 더 많다는 이야기를 들은 바 있는데, 그것과 마찬가지로 연애에 있어서도 적극적인 남성보다 소극적인 남성이 의외로 안타(安打)를 많이 치는 것 같다.

단 경(庚)년에 태어난 사람은 자진해서 적극적으로 도전하는 수가 있다.

여성인 경우도 이 기(己)의 날에 태어난 사람은 자진하여 마음 속을 자랑삼아 보이는 일이 있는 성격으로서, 좋아하는 남성에게 자신의 마음을 교묘하게 전하는 데는 서투르다. '자기와 교제하고 싶어'라는 분명한 유혹이 있기까지는 자신의 마음을 노출시키지 아니한다. 그래서 가까스로 친해진 남성을 친구에게 빼앗기는 일까지 있을는지도 모른다.

그런데 이처럼 지나치게 사양하는 면이 있건만 좋은 연분을 맺게 되니 참으로 이상한 일이다. 특히 갑(甲)년에 태어난 여성은 백마를 탄 왕자와 같은 사람으로부터 '꼭 당신과……'라며 프로포즈를 받게 될 가능성이 아주 많다.

경(庚)의 날에 태어난 사람
◇ 능력운(能力運)

경(庚)은 끊는 맛이 예리하고 사리에 맞는 행동을 하는 것이 밑천이다. 특히 견실하지 않으면 안 되는 비즈니스는 최적합하다 하겠다. 또 경찰, 검찰, 국방관계에는 더 말할 나위 없겠다.

이 경(庚)의 날 태생의 사람인 경우는 민간(民間)보다는 관청, 영업보다는 기술 방면, 소프트웨어보다는 하드웨어라는 식으로, 어쨌든 딱딱한 일이 좋을 것이다. 금(金)이라는 성질로 볼 때 철강을 위시하여 금속, 조선(造船), 차량, 동력기계 관계는 안성맞춤이다. 금속이라는 면에서는 전기관계도 직업적인 암시가 있다.

이 경우 그런 관계의 회사가 아니더라도 그것을 취급하는 부서에 있으면 적당한 것으로 생각할 일이다. 어느 기업의 사원으로서 목재 관계의 분야에서 철강 부분으로 이동하자마자 놀랄 만큼 활약하기 시작한 사람이 있었다. 역시 철을 취급하는 것이 생활을 쾌적하게 해 준 것이 아닌가 생각된다.

금속이라는 점에서 칼 종류도 생각할 수 있는데, 예를 들면 외과의나 치과의 등도 경(庚)의 적합한 직업이라고 생각된다.

갑(甲)년에 태어난 사람은 리더가 되는데 엄격한 상관이다. 같은 사장

이더라도 이 타입의 사람은 온정을 베푸는 사장과는 달리 군대식으로
통솔을 한다.

◇ 금전운(金錢運)

금(金)의 성(性)이므로 빈틈없이 저축하는 것을 좋아해야겠지만 실은
그렇지가 않다. 성격은 직장형(職場型)인데 의(義)를 중시한다. '의(義)
를 보고 몸을 도사리는 것은 용기가 없기 때문'이라며 몸과 돈을 던져
남을 도울 정도이며 금전에 구애되지 않는다.

오히려 남으로부터 부탁을 받았을 경우 자기 사정이 여의치 못하면
또 다른 사람에게 꾸어서라도 그 사람의 궁지를 면하게 해 줄 정도의
주인공이 바로 이 경(庚)의 날 태생인 사람이다.

그런 까닭으로 금전운, 재산운과의 인연은 아무래도 멀고, 자신이 마
음을 굳게 먹지 못하면 돈을 모으기란 힘이 들는지도 모르겠다.

또 이 경(庚)의 날에 태어난 사람의 특징은 역시 의(義)로움이 두터
운 데에 있으므로 그것을 억제하면 인품의 양호함을 잃게 되는 것이 난
점이다. 역시 의리만큼은 잃지 않을 정도의 교제를 하는 것이 무난하지
않을는지…….

경(庚)의 날 태생으로 제일 행운인 사람은 기(己)년에 태어난 사람이
다. 기(己)는 재산의 의미가 있으므로 '재산을 만나게 되어 행복해진다'
는 의미이다. 의리를 굳게 맺어둔 것이 뜻밖에도 배반이라는 쓴잔으로
되돌아 온다는 경우도 생각할 수 있다.

한편 유달리 운세가 없는 것이 병(丙)년에 태어난 사람이다. 화(火)는
그다지 돈 모으는 재주가 없고 금(金)의 힘을 봉쇄하기 때문이다. 또 신
(辛)년생은 마시고, 치고, 사들이고…… 모든 것을 마음대로 구사하며
놀아대는 사람이다.

◇ 건강운(健康運)

이 경(庚)의 날에 태어난 사람에게서는 근육질로서 탄력있는 육체가 연상된다. 그와 같이 건강미를 과시하겠는데, 금(金)은 폐장(肺臟)을 지배하며, 사지(四肢), 코, 뼈를 의미하고 있으므로 일단 건강을 상하게 되면 이곳 저곳에 장해가 일어난다.

장염, 장결핵 등 외에 폐렴, 류머티즘 등이 생길 가능성이 있다. 임(壬)년에 태어난 사람은 하찮은 지병(持病)으로 약간의 고생을 하겠지만 병(丙)년생은 큰병의 암시가 있다.

◇ 애정운(愛情運)

남성인 경우는 사나이답다는 면에서는 만점이다. 체격상으로 보면 근육형에 강철과 같은 성격의 소유자이다.

담배를 피우는 모습, 걸음걸이에서 술마시는 자세에 이르기까지 남성의 신중성뿐인 분위기가 있으며, 섹스 어필은 최고이다. 이쯤되면 가만히 있어도 여자 쪽에서 따라오게 될 것이다. 특히 근육형이 아니더라도 마음에 일편단심을 품고 있는 사람은 많을 것이다. 그래서 정이 줄줄 흐르는 것처럼 하지 않는 것이 특징이다.

이 사람은 상대방이 꽤 미인이다 하더라도 그에 관계없이 따귀를 때릴 정도의 행동을 할는지도 모른다.

다음으로 여성인 경우인데, 여성으로서는 꽤 과격한 성격이다. 매사에 착실하지 않으면 참지 못하는 면이 있으므로 제멋대로의 행동을 하는 남성에 대해서는 엄격한 면이 있다.

데이트의 약속 시간을 보더라도 늦게 되는 경우에는 반드시 전화로 사전에 연락을 한다. 자신이 그러는 까닭에 상대방의 구렁이 담 넘어가는 식의 행동은 참지를 못하는 것이다.

그만큼 똑바른 눈으로 상대방을 골라서 정하는 형이므로 일단 사랑의 대상을 결정하면 엄격할 정도로 두 사람의 사랑을 키워 나가려고 한다. 자신의 마음은 정해져 있는 상태이므로 상대방의 부랑기 따위 일체를 인정하거나 용서하지 않는다.

향수 냄새가 난다든지 또는 묘한 전화가 걸려오든지 하면 상대방이 무서워할 만큼 질책하는 일도 많을 것이다. 이 정도로 한계를 분명하게 짓는 사람인 까닭에, 물론 동시에 두 사람을 사랑할 만큼 잔재주를 부리지 아니 한다. 만약 다른 사람을 좋아하게 되었다면 그것은 먼저 사람과의 사이에 사랑이 완전히 종결된 후일 것으로 생각된다.

신(辛)의 날에 태어난 사람
◇ 능력운(能力運)

경(庚)과 마찬가지로 기본적으로는 금(金)의 성질을 가지고 있어 예리하다. 단 신(辛)은 음(陰)이므로 점착력(粘着力)이 있는 예리함이라고나 할까? 그러한 특징을 살려나간다고 하면 교육가, 편집가, 문예가가 우선 떠오른다. 지적이면서 끈기가 강해야 하는 분야이기 때문이다.

금속에 관해 말한다면, 경(庚)은 철(鐵)이나 중공업의 암시가 있지만, 신(辛)은 정밀기계, 화학기계, 계산기계, 광학기계(光學機械) 등 가볍고 세밀한 금(金)의 의미가 있다. 단 알루미늄 따위의 경금속이라든가 비철금속(非鐵金屬)에도 해당이 되니 그러한 분야를 직장으로 선택하는 것은 신(辛)의 성정(性情)에 부합된다.

금속을 가공하는 용접이라든가 도금, 금속잡화(金屬雜貨)의 제조, 귀금속, 장신구 등의 업계에 안성맞춤이다.

신(辛)이라고 하면 견고한 물체의 이미지가 떠오르지만, 병(丙)년에 태어난 사람인 경우는 유연한 면이 있다. 경찰을 예로 든다면 어린이들에게 교통안전교육을 시킨다든가, 노인의 손목을 잡고 횡단보도를 안내하는 여경(女警)의 이미지라고나 할까……

◇ 금전운(金錢運)

경(庚)과 같은 금(金)의 성(性)이므로 정의를 중시하고 의리를 저버리지 아니하는 점에서는 똑같다. 그러나 경(庚)이 곧이곧대로 받아들이는 면이 강한 반면에, 신(辛)은 부드러워서 융통성이 있는 면이 두드러진다. 금전운이 썩 좋지 못한 경(庚)에 비해 그래도 약간은 금전운이 있는 사람이다.

예를 든다면 부동산 면에서 재주를 충분히 발휘할 것이다. 아파트와 주거(住居)를 겸용시킨다거나 조그마한 공간을 자동판매기 코너로 이용하거나 하는 등 요령을 부려서 금전적으로 혜택을 보는 암시가 있다. 자신이 직접 경영에 나서서 수단을 발휘하지 않더라도 남에게 고용당해서 날로 돈을 모아가는 길을 생각하는 머리가 있기 때문이다.

무(戊)년생이라면 토중금(土中金)이 돌므로 돈을 모을 수 있을 것이다. 토중금이니 정원에서 옛 금화(金貨) 등 보물이 나온다거나 하는 일도 반드시 꿈만은 아닐 것이다. 조상 대대로 물려받은 것 중에서 뜻밖에도 큰 돈을 받을 만한 그림이 있다거나 하는 것도 바로 이 타입이다.

계(癸)년생은 친한 친구의 채무보증을 섰다가 손해를 보는 수도 있을 것이고, 또 정(丁)년에 태어난 사람도 지불을 했다느니 안 했다느니 하는 금전상의 문제로 고민하는 일이 많을 것이다.

◇ 건강운(健康運)

신(辛)의 이미지가 깡마르고 기초체력이 결여되어 건강체라고 할 수가 없지만 무(戊)나 기(己)년에 태어난 사람은 건강한 사람도 많을 것 같다.

정(丁)년에 태어난 사람은 무슨 일을 하더라도 건강 제일을 모토로

해야 할 일이다. 무리를 해서 재산을 모은다 하더라도 질병에 걸리면 그 모은 재산은 모두 날려버리고 만다.

또 의리를 저버리더라도 건강을 지켜야 한다는 각오로 임해야 한다.

또 계(癸)년생은 깡마른 이미지를 그림으로 그려 놓은 타입으로서 질병에 걸리기 쉬운 것은 두말 할 나위도 없다 하겠다.

◇ 애정운(愛情運)

이 날 태어난 남성은 소극적인 사람이라고 해야 할 것이다. 좋아하는 타입의 여성이 나타나더라도 여간해서 자기 마음 속을 털어 놓지 못하는 경향이 있다. 왜냐 하면 이 사람은 사랑에 빠지는 일이 없고 연애를 할 경우에도 '그것이 자기 자신의 향상(向上)에 도움이 될까?'라든가, '인생의 목표에 어떤 관계가 있는 것일까?'라는 식의 이론이 우선하기 때문이다.

그런 의미에서 볼 때 반대로 이론만 캐내는 여성에게는 어느 정도 마음이 끌리게 되는지도 모른다. 주의주장이 분명한 캐리어우먼의 타입이라면 그런 경향이 더욱 두드러지게 나타날 것이다.

본디 이 남성은 모성(母性)을 부정한 면에 자신의 존재 의의가 있다. 다시 말해서, 본능적으로 사랑 그 전체를 평가하지 않는 면이 있다. 그리하여 연인에 대해서도 잠자다가 깬 눈으로 보는 면이 있다.

오래도록 교제해 온 상대방에게도 때로는 전연 딴 사람을 대하듯 언중유골의 말을, 비웃는 투로 함으로써 상대방으로 하여금 '정말로 나를 사랑하고 있는 것일까' 하며 의심을 하게 만드는 수도 있다.

또 상대방의 생일을 잊지 아니 하고 선물 등을 하는데, 그것도 사랑의 증거라기보다는 자신의 꼼꼼하고 착실한 면을 보여주기 위함일 것이다.

여성인 경우는 한 마디로 말해서 꽤 뚱뚱한 남성이나 머리회전이 빠

432

른 남성에게는 약할 것이다. 당연한 화제를 당연한 수준으로 얘기하는 사람은 문제 삼지도 아니 한다. 자신과 같은 수준 정도의 남성이라면 어쩐지 바보스럽게 보이고 모자라게 보인다. 그러므로 자신의 완고한 면이라든가 너무나도 예민한 면을 칭찬해 주는 사람보다는 그런 것을 그다지 신경쓰지 않은 채 지나치는 타입과는 사이가 좋을 것이다.

상냥하다든가 한 번에 불타 올라서 접근해 오는 사람, 그런 정도로는 연애가 성립되지 않을 것이다. 자신의 재능을 인정하되 그것을 물끄러미 바라보아 주는 남성이야말로 이 신(辛)의 날에 태어난 여성이 연애하고 결혼할 남성이 될 것이다. 그것은 어쩌면 아버지 또래의 나이 많은, 즉 연령 차이가 많은 남성이 될는지도 모른다.

임(壬)의 날에 태어난 사람
◇ 능력운(能力運)
물(水)의 흐름은 빨라서 지혜의 흐름에 비유된다. 이런 성질은 정통으로 임(壬)의 직업운(職業運)에 잠재하고 있다.

지혜를 똘똘 뭉쳐 놓은 것 같은 존재로서 아이디어라든가 발상의 풍부함이 요구되는 기획, 입안(立案)의 부문에 적합한 인물이다. 기민하게 상황을 판단하여 일 순간에 재치를 찾아내는 두뇌의 소유자이다. 그렇다면 디자이너라든가 카피라이터와 같은 직업은 말할 것도 없고 기획부, 선전부 등 두뇌가 필요한 부분에는 빼놓을 수 없는 존재일 것이다.

이 사람은 또 교육, 문화, 예술면에도 강하여 다른 사람에게서는 볼 수 없는 독창성을 발휘한다.

어쨌든 임(壬)의 날에 태어난 사람은 지혜가 넘치므로 학자나 연구가로서 제 일급의 성과를 올릴 수 있는 사람이다. 그럴 경우 연구소나 사무실에서 조용히 업적을 올리기보다는 매스 커뮤니케이션에 화려하게 등장한다든지 어피니언 리더로 학계(學界)를 리드해 나가는 경향이 있을 것이다.

물론 유통의 심벌인데 임(壬)의 경우는 단순히 유통에 몸을 맡기기보다는 그것을 실업(實業)으로서 성공시키는 재능이 있다.

여자 가운데 임(壬)의 날에 태어난 사람을 보았는데, 그 사람은 이른바 물장사를 하고 있었으며, 여러 점포를 가질 사업가 타입이었다.

그 밖에 대하(大河)라는 암시로 볼 때 수리(水利)라든지 수력(水力) 방면의 직업도 어울릴 것으로 생각된다.

임(壬)의 날에 태어난 사람이 본령(本領)을 발휘하는 것은 임(壬)년생인 경우이다. 세(勢)가 지나치게 강하므로 탈선하는 수도 있지만 재주가 좋아서 본직(本職) 이외의 일을 해도 잘 해내는 점에서는 실로 발군(拔群)으로서 어떤 분야에서도 물을 얻어 활약하고 있다.

◇ 금전운(金錢運)

물이 흐르는 것처럼 돈을 유통시켜서 운용해 나가는 묘를 살리는 것이 임(壬)의 본질이다. 즉 자금을 활용하여 알을 낳게 하고 그것을 병아리로 깨게 하여 길러내는 식으로 증식해 나가는 데는 이 사람의 재능을 따를 자가 없을 것이다.

몇 년 후에 어느 만큼 증식이 될는지 돈의 방향을 금방 머리 속에서 그려낼 수 있으므로, 이처럼 재산증식에 뛰어난 사람은 그다지 많지 않다.

물론 숫자에 밝기도 하거니와 두뇌 회전도 빨라서 갖가지 아이디어의 주인공이므로 견실한 이자 증식만으로는 그다지 만족하지 못할는지도 모른다. 유통이 빠른 주식 따위에 승부를 거는 수도 있을 것이다.

그러나 언제든 아이디어는 금(金)의 알[卵]이라는 행운만 따르는 것은 아니다. 그러므로 이 사람이 주의하지 않으면 안 되는 일은 자기 머리에 대한 과신(過信)이라고 하겠다. 사태를 앞서가는 식으로 거금을 투자하여 사업을 시작하거나 하면 본전은 물론 모든 것을 잃는 일이 일어날는지도 모른다.

이 타입의 사람으로서 신(辛)년에 태어난 사람은 운세가 좋아서 뜻밖의 큰 재산을 얻게 될 찬스에 조우할 가능성이 있다. 길거리에서 거금을 줍는 것도 이 타입의 사람이 많다.

단 무(戊)년생인 사람은 금전감각을 봉쇄 당하지만, 사치스러운 생활만 하지 않는다면 어떻게든 경제생활이 보증될 것이다.

◇ 건강운(健康運)

수(水)는 지성(知性)의 대명사인 만큼 건강관리에 대해서도 평소부터 충분한 주의를 기울일 것이다. 또 예로부터 수(水)의 성(性)은 섹스에 깊이 빠지기 쉽다 하였으므로 그 방면의 질병에 경계하여야 한다.

그렇다면 비뇨기계의 질병이나 성병(性病)은 절대적인 적신호라고 생각할 일이다. 무(戊)년에 태어난 사람은 특히 신경을 쓰는 것이 좋을 것이다. 갑(甲)년에 태어났다면 고질적인 지병(持病)이 암시된다. 그것은 아마 관절염이든가 안질(眼疾)일 것으로 추측된다.

◇ 애정운(愛情運)

지적(知的)으로 섹시하다고 하면 바로 이 남성이다. 약간 수심에 싸인 듯한 분위기는 이성에게 어필하는 데 있어 아주 안성맞춤이다. 이쪽에서 손을 내밀지 않더라도 부자유스런 면이 없다.

찾아오는 복을 마다할 리 만무하므로, 1주일에 일곱 명과의 데이트도 가능하겠는데, 과감한 행동력이 있으므로 자진해서 데이트를 신청하는 경우도 많을 것이다. 하룻밤으로 한정짓는 불장난 따위는 이 사람이 손꼽는 특유의 형태로서, 식사→술→호텔과 지성이 뒷받침된 코스는 최고의 분위기를 만들어낼 것이다.

다만 자유스런 감정이 이 사람의 연애감정이므로 '아무래도 이 여자라야만……'이라는 정도로 한 여성에게만 매달려서 사랑을 속삭이는 일은 적을 것이다.

임(壬)의 날에 태어난 여성도 역시 지적이면서, 성적인 매력이 뛰어나다. 여성인 경우 적극적이고 남성을 리드하는 타입이므로 상대방이 얌전한 사람이라면 잘 어울리는 커플이 된다. '치마를 두른 남편'이란 말도 있듯이 이 여성에게는 그런 남성이 필요한 것이다. 그러므로 가령 열심히 일하는 타입이라고 하면, 똑같이 일을 하는 능력있는 남성보다, 자기 그늘에서 조수(助手) 역할이나 한다든지 비서직을 맡아주는 등의 남성쪽에 본질적으로 마음이 끌리게 될 것이다.

양성(陽性)이므로 남성과의 교제도 아주 개방적이다. 이 사람이 지금 누구를 좋아하고 있다는 것은, 주위에서 보는 사람이면 누구나 금방 눈치챌 수 있을 정도로 마음 속에 묻어두지를 못하는 타입이다.

단 개방적인 이성관이라 하더라도 관능에 빠질 정도의 것은 아니고 또 머리 회전이 빠르기 때문에 한 남성에게 집착하는 일은 그다지 많지 않을 것이다.

계(癸)의 날에 태어난 사람
◇ 능력운(能力運)

임(壬)이 강물의 흐름임에 비하여 계(癸)는 지하수와 같은 물로 생각하면 된다. 사람의 눈에 직접 뜨이지는 않지만 아주 깊은 곳에서 착실하게 활동을 하고 있다. 그저 수수한 연구에 참여하는 연구가 중에는 이 계(癸)의 날에 태어난 사람이 많다.

예컨대 학자가 되었더라도 인기가 높은 학자는 아니고 착실하게 업적과 성과를 쌓아가는 타입인 것이다. 통찰력은 대단히 예리하므로 참 모역으로는 안성맞춤이다. 서클 가운데서도 이 사람을 리더로 앉히면 지혜를 잘 짜내주고 활동을 전개해 준다.

회사라든가 조직 속에서도 앞을 내다보며 계획을 세워서 일을 훌륭히 수행해 내는 타입이다. 또 이 사람은 사전교섭의 기술이 여간 능한 것이 아니어서 앞장 서는 것보다는 오히려 뒤편에 서는 편이 활약을 더 잘하며 이른바 책사(策士)라는 호칭을 받게 될 것이다.

물의 흐름은 유통에 통하는데 그 한 가지가 돈의 흐름이다. 오행(五行)에서 토(土)는 움직일 수 없는 돈을 의미하고 수(水)는 움직이는 돈을 의미한다.

이런 점에서 계(癸)는 금융업에 적합하다고 생각하면 좋을 것이다. 토(土)는 은행예금과 같이 고정된 돈이고, 수(水)는 흐름의 속도가 빠르고 움직임이 빠른 돈이란 말이다.

또 유통이라고 하면 백화점이나 수퍼마켓과 꼭 들어맞는다. 사람의 흐름을 관리하는 교통관계, 여행업도 적합하다. 특히 계(癸)는 남에 대하여 서비스하는 것이 득의이다. 중개나 용역, 신문 판매 등 서비스 주체의 비즈니스 전반에 적성이 맞는다.

서비스란 점에서는 특히 갑(甲)의 해에 태어난 사람이 더더욱 계(癸)의 날에 태어난 사람다운 수단을 발휘한다. 호텔, 여관 등도 그러하지만, 대인업(對人業)이라고도 할 수 있는 이용(理容), 미용(美容)도 이 계(癸)의 날 태생인 사람에게는 득의의 직업이다.

서비스업이라고 하면 수(水)의 성(性)을 이용한 직종으로서 다방, 카페, 스낵, 레스토랑, 요리집은 더 말할 나위 없는 적업(適業)이다. 청량음료나 우유 등의 음료수 관련업도 물을 다루는 업이며 주류업(酒類業)도 물론 이 범주에 들어간다.

그리고 다량으로 물을 필요로 하는 온천, 목욕탕, 사우나 등이 역시 안성맞춤의 직업이다. 또 물을 넓은 의미의 액체로 해석하면 석유라든가 휘발유의 판매도 관련 직종으로 생각할 수 있을 것이다.

그런데 이 계(癸)에는 섹스의 암시가 강하고 그런 점에서 성산업(性産業)에 대한 적성이 꽤 많다. 서비스 정신도 섹스라고 하는 문제와 연관이 있는 것으로 생각된다.

◇ 금전운(金錢運)

수성(水性)이므로 통찰력이 뛰어나다. 그렇지만 통찰력 또는 선견력(先見力)에 의지하기보다는 꾸준히 노력하면서 그 결정으로 돈이나 부동산을 잡는 것이 이 사람의 타입이다.

인간이란 쉽게 번 돈은 쉽게 쓰는 법이다. 그런데 이 타입의 사람은 손안에 한 번 들어온 재산은 아주 착실하게 쓴다. 예를 들어 직장에서 상금으로 받은 돈을 적립해서 결혼자금으로 쓰는 등 결코 낭비하는 일이 없다. 마치 깊은 우물 속에 한방울 한방울 고인 물처럼 돈의 고마움을 터득할 수 있다고나 할까……. 본업 이외에도 여러 가지 아르바이트를 해서 부수입을 올리기도 한다.

정(丁)년생은 실로 무표정의 타입이며 그런 타입의 투기에도 강한 편이다.

경(庚)년생은 노력을 많이 하지 않더라도 돈이 굴러들어오는 행운아이다. 단 신(辛)년에 태어난 사람은 다소 재치를 부려야만 재산을 모을 수 있으며 또 그런 쪽에서 더욱 자기 만족을 느끼게 될 것이다.

또 기(己)년에 태어난 사람은 돈에 대해서 신중 제일로 대처하지 않으면 큰 피해를 보겠다. 솔깃한 말에 경거망동하지 말 일이다.

◇ 건강운(健康運)

계(癸)는 십간(十干)의 맨 끝에 해당하며 건강운으로 보면 지칠 대로

지친 상태라고 할 수 있다. 그러나 그와 동시에 십간의 톱인 갑(甲)을 낳을 만큼 안으로는 에너지가 비장(秘藏)되어 있을 것이다. 연약하게 보이더라도 꽤 만만치 않은 건강운을 가지고 있다 하겠다.

계(癸)의 날에 태어난 사람 가운데서도 을(乙)년생인 사람은 무리하지 않는 편이 좋다. 피로하다는 느낌이 오면 즉시로 쉬도록 할 일이다. 이들은 대체로 신장계(腎臟系)의 질병에 걸리기 쉬울 것이다. 거무튀튀한 안색(顔色)을 띠고 있는 사람은 특히 주의를 하여야 한다.

◇ 애정운(愛情運)

남성은 나약한 면이 있으며 그것이 연애에 복잡한 그림자를 던져주게 된다. 나약함이 여성의 눈에는 견딜 수 없는 매력이 되기도 한다. '보호해 주고 싶어'라는 마음을 불러일으키게 하고 그것이 연애감정으로 연결된다. 이 점이 이 패턴의 남성에게서 두드러진다.

이 사람은 자기 쪽에서는 직접적인 애정을 표시하지는 않을 것이다. 만나는 여성 모두가 연인이라고 할 정도로 애정에 대한 집착이 있지만, 그것은 마음 속으로만 추구할 뿐인 타입이기 때문이다. '무뚝뚝하면서 한 쪽으로는 호박씨 깐다'는 면도 있다.

또 이 사람의 경우 섹스에는 몹시 구애받게 된다. 그리고 상대방을 심히 뒤좇는 경향이 있다. 그런가 하면 다소 도착된 관능(官能)의 면도 있어서 성(性)을 바꾸어서 여성이 되고 싶어하는 경향까지 나올는지도 모른다.

그렇다면 여성의 경우는 어떠한가? 넘칠 것 같은 여성미(女性美)로 남성의 마음을 사로잡게 될 것이다. 그것도 활짝 피어서 사랑하는 장미꽃과 같은 화려함이 아니라 그늘에 핀 꽃처럼 베일에 싸인 매력이 말이다.

건강한 여성이라고 하기보다는 약간 흐트러진 듯한 정신상태, 그런

고뇌스러움이 참을 수 없는 분위기로 승화되는 것이다. 그처럼 비밀스런 곳이 '들여다 보고 싶다'는 남성의 마음을 자극하는 것일까? 섹스의 대상으로 선택되기 쉬운지도 모르겠다.

또 자신도 분명 섹스에 빠지고 싶어하는 면을 다분히 가지고 있는 까닭에 관능적인 연애가 많이 일어난다고 한다. 오피스 러브처럼 사람들의 눈을 피해야 하는 사이에서, 특히 육체적으로 깊게 맺어지는 경우도 이 타입의 사람에게서 상상해 볼 수 있다.

사랑의 상성(相性)

이상 위에서 알아본 바를 바탕으로 하여 다음과 같이 각기의 상성(相+性)에 대해서 설명해 보기로 한다. 이것은 자기가 태어난 날과 상대방이 태어난 날의 십간(十干)으로 사랑의 상성을 알아내는 것이다.

◇ 사랑의 상성(相性)

상대방생일 / 자신의 생일	甲	乙	丙	丁	戊	己	庚	辛	壬	癸
甲	A	D	C	D	E	Ⓕ	G	H	I	J
乙	B	A	D	C	Ⓗ	E	F	G	J	I
丙	I	J	A	D	C	D	E	Ⓕ	G	H
丁	J	I	B	A	D	C	Ⓗ	E	F	G
戊	G	H	I	J	A	B	C	D	E	Ⓕ
己	F	G	J	I	B	A	D	C	Ⓗ	E
庚	E	Ⓕ	G	H	I	J	A	B	C	D
辛	Ⓗ	E	F	G	J	I	B	A	D	C
壬	C	D	E	Ⓕ	G	H	I	J	A	B
癸	D	C	Ⓗ	E	F	G	J	I	B	A

자신이 태어난 날과 상대방이 태어난 날이 합치되는 곳의 A에서 J까지가 상성(相性)의 형(型)이 된다.

예를 들면 자신이 기(己)의 날에 태어났고 상대방이 경(庚)의 날에 태어났다면 D가 두 사람의 '사랑의 상성'이 되는 것이다. 그 알파벳의 형(型)이 두 사람의 상성 패턴이 되는 것인데 잘못 보지 않도록 주의해서 판단할 일이다.

▷ A의 상성은 비슷한 자끼리 만난 부부의 상성이다. 활기가 있는 시기에는 좋겠지만 일단 그것이 떨어져 가면 두 사람 모두 원기가 없어지고 만다는 점도 비슷하다.

재미있는 일은, 운세가 약한 사람끼리 짝을 지었을 때는 서로 돕고 도움을 받게 되지만, 두 사람 모두 강한 운세인 경우에는 기력(氣力)과 정력이 격렬하게 맞부딪쳐서 자주 의견이 대립되고 집안이 분열되는 수도 있다. 어차피 같은 기성(氣性)임을 잘 알게 되었으니 지금부터라도 머리를 써서 충돌을 피해야 한다.

▷ B의 상성은 본질적으로는 비슷한 사람끼리 만난 셈인데 이웃 사이끼리 의외로 사이가 나쁜 것처럼 반발하는 수가 있다. '그렇게 해도 상관없겠구나'라고 생각할 때에도 상대방이 그런 말을 하게 되면 화를 내며 반발을 하는 날이 계속된다.

단 남성이 양(陽)의 날 태생이고 여성이 음(陰)의 날에 태어났다면 마음이 통한다. 그러나 그 반대인 경우에는 의견이 맞지 않는 경향이 있다.

▷ C의 상성은 이쪽이 좋아하는 약점을 잘 이용하는 기질이 엿보인다. 상대방에게 봉사를 하면 분명 어떤 보답이 있을 것이다. 또 상대방에 대해서도 '요구만 하는 뻔뻔스런 사람'이라고는 생각하지 않을는지

모른다.

그런 점으로 볼 때 상식적으로는 나쁘지 않다. 말하자면 서로 봉사하는 타입인데 서로 봉사를 하면 힘을 소모하게 되므로 자기의 힘이 강한 편이 좋다.

힘이 강한 숙명(宿命)의 패턴이라고 하면 구득수어(求得水魚), 즉 물을 얻은 물고기라든가 보응대기(報應待期), 곧 보응을 기다리는 형(型)이 생각된다. 특히 이쪽이 피이용형(被利用型)의 패턴인 사람이라면 좋은 커플이 될 것이다.

단 당신이 유아독존형(唯我獨尊型)의 패턴일 때는, 당신의 성격 중 격렬한 면이 중화되어 서로 돕는 관계가 될 것이다.

▷ D의 상성에서는 당신은 상대방에게 철저히 힘을 빌려주고 싶어질 것이다. 그리고 도움을 받는 상대방도 그것을 충분히 느끼고 감사하므로 커플로서는 최고이다.

당신이 남성이라면 상대방 여성을 마치 애완동물을 귀여워하듯 다루겠지만, 당신이 여성인 때는 철저한 내조의 공을 세우는 스타일이 될 것이다. 남성이 비즈니스에서 자신의 영역을 충분히 해내지 못하는 때에는 내조의 공을 크게 발휘하여 원만하게 풀어나갈 것이다. 그것도 지나치면 남성을 과보호하기 때문에 도리어 성장을 봉쇄할 위험이 있다.

이쪽에서 힘을 내야 하므로 역시 자기 자신은 강한 숙명의 패턴이어야 하는 것이 바람직스럽다.

▷ E의 상성에서는 당신은 아무래도 상대방을 억압하게 될 것이다. 그리하여 이른바 폭군과 같은 남편이 되는 것을 이상으로 생각하고, 남성의 경우 상대방은 절호(絶好)의 여성으로 보일 것이다. 특히 상대방이 피해자(被害者) 패턴의 사람인 때는 정말로 일치되는 상성(相性)이 된다.

단 상대방을 억압한다는 것이 이 패턴이므로 상성으로는 결코 좋다고만 할 수가 없다.

▷ F⑲의 상성은 남녀 상성으로는 더 이상 좋을 수 없는 커플이다. 득(得)을 본다든가 손(損)을 본다든가 하는 식의 이해득실이 없는 화합의 관계이다. 이 경우에서는 ⑲일 경우 자기가 리드하는 쪽이 되고 F일 경우라면 상대방에게 리드당한다.

▷ G의 상성인 때는 상대방으로부터 머리를 아프게 하므로 커플로서는 그다지 좋다고 할 수 없다. 단 이 커플인데도 잘 살아가는 경우도 있다. 이 경우 당신이 피해자 측에서 당하는 것을 싫어하지 아니 하고 오히려 기쁘게 느끼는, 그런 경우일 때다. 또 그것은 어느 정도 변태적인 사람이 되겠지만, 당신에게 있어서는 마음 설레이는 것 같은 연애 게임을 즐길 수 있다는 말이다.

남성에 있어서는 머리를 아프게 하는 여성은 성가실는지도 모른다. 그러나 당신이 여성이라면 이 상대방은 그토록 부담을 느끼지 않아도 좋을 것이다.

▷ H⑭의 상성은 돕고 도움을 받는 것이 아니고 또 괴롭히거나 괴로움을 당하는 경우도 아니다. 이른바 무관심한 두 사람이라는 패턴이다.

그런데 세상에는 무연(無緣)의 연(緣)이라고나 할까, 이런 커플이 꽤 많이 있는 게 실로 이상한 일이다. 분명 부부관계는 차가워서 서로가 사랑을 하기는 해야겠는데, 그런 일없이 각자 자기 페이스대로 치닫는 듯하다.

그렇기는 하지만 너무나 차갑기 때문에 당신이 이용당하는 피이용형 (被利用型)의 패턴이라든가 일념봉사형(一念奉仕型)의 패턴과 같이 상대방에게 최선을 다하는 숙명을 타고 났는데, H의 상대방과 결혼할 경우에는 추방당하는 일이 많을 것이다. 그리고 욕구불만에 빠지기도 하리라.

덧붙여서 말한다면 ⓗ인 때는 이쪽에서 상대방을 멀리 하고자 하겠지만, H형(型)일 때는 이쪽에서는 친숙해지려고 하나 상대방 쪽에서 박정하게 대해 오는 경향이 많을 것이다.

▷ I의 상성인 때는 이것 저것 무리하게 말하더라도 잠자코 들어주며 의지할 만한 상대인데, 특히 당신이 피해자(被害者) 패턴인 때에는 하느님과 같은 존재가 될 것이다. 이럴 경우 당신은 에너지를 상대방으로부터 나누어 받게 되므로 상대방이 강력한 힘을 가지고 있어야 하는 것이 커다란 조건이 된다. 다시 말해서 상대방이 강한 숙명의 패턴인 사람인지 아닌지가 중요하다 하겠다.

▷ J의 상성은 이성간의 상성으로서는 제일 좋은 상대이다. I의 상성인 때는 좋든 싫든 간에 당신의 에너지를 빼앗아 갔지만, J의 경우는 오순도순 사랑을 하며 당신에게 여러 가지로 도움을 주기 때문이다.

특히 눈에 뜨이는 도움은 주지 않는다 하더라도 '이 사람이 있다'는 안심만으로도 당신에게는 크게 도움이 된다.

그러나 상대방 쪽이 힘을 발휘하는 것만은 틀림없는 일이니, 가급적 힘있는 사람 쪽이 믿음직할 것이다. 구득수어(求得水魚), 곧 물을 얻은 물고기의 패턴인 상대라면 감정의 갈등이 적어서 발군(拔群)의 한 쌍이라고 할 수 있겠다.

오행역과 인간 관계

오행역과 인간관계

인간관계에도 십간(十干)의 상성(相性)이 잠재

학교를 졸업하고 처음으로 직장생활을 하게 되면 상사(上司)와 어울리는 사람도 있는가 하면, 서먹서먹하여 어울리지 못하는 사람도 있다. 그처럼 상사와 서먹서먹하던 사람도 상사가 바뀌어 새 상사를 받들게 되면 언제 그랬느냐는 듯 부드러운 분위기 속에서 일을 하게 된다.

이처럼 인간관계에 따라서 직장의 분위기가 정반대로 바뀌는 수도 있음을 우리는 흔히 본다.

인간관계란 이처럼 실로 이상한 움직임을 보여주는 것이다. 10명의 인간이 모여서 얼마 동안 시간이 흐르게 되면 3명 정도로 그룹이 형성되어 간다. 학교나 직장에서의 이런 추세는 거의 마찬가지라 하겠다.

그리고 이 작은 그룹 중에서도 각자의 역할이 자연스럽게 분담되어 정해져 간다. 어떤 사람은 한결같이 남을 위해서 봉사하고 어떤 사람은 교묘하게 그것을 이용만 한다. 그렇게 행동하면서도 서로 불편하게 생각하지 않으므로 '이유 여하를 막론하고 인간이란 감정의 흐름을 지배하는 무엇인가가 있다'고밖에 생각할 수가 없다.

인간은 누구에게나 태어나면서부터 가지고 있는 성격이 있는데, 예를 들어 같은 사물이나 사건을 보고 '좋다'고 느끼는 사람이 있는가 하면, 반대로 '도저히 참을 수 없다'고 느끼는 사람도 있다.

또 여기 죽도록 미워하는 사람이 있다고 하자. 그만큼 가까이 지내기를 싫어하는 상대방이라 하더라도 그 사람에게는 나름대로 교제하는 범위가 있을 것이다. 그리고 세상에는 그 사람을 일컬어 '좋은 녀석'이라며 사랑하고 좋아하는 사람도 있을는지 모른다.

이와 같이 감정의 바닥에 깔려있는 것, 그것을 십간(十干)에 의한 상성(相性)으로 보아야 한다.

이 상성의 법칙에 대하여, 학교와 직장 그리고 친구 사귀는 경우 등을 들어 오행(五行)을 바탕으로 삼아 생각해 보도록 하자.

우선 일반적인 교제인데 그것을 알아보기 위해서는 다음의 〈인간관계를 점친다〉의 표를 보고 두 사람의 관계가 알파벳의 어느 형에 해당하는지를 찾아야 한다.

당신이 태어난 날이 경(庚)이고 상대방이 태어난 날이 신(辛)이라고 하면 두 사람의 관계는 B가 된다.

이렇게 해서 나온 것이 두 사람의 상성 패턴이 되는 것이다.

당신이 움직이는 상성 패턴

▷ A의 관계인 때는 같은 오행(五行) 사이이므로 일심동체의 사이이다. 입는 것, 먹는 것으로부터 생각하는 것까지가 같은 까닭에 그런 의미에서는 좋은 상성이다. 그런데 당신의 숙명 패턴이 구득수어(求得水

魚), 즉 물을 얻은 물고기인 때는 목화토금수(木火土金水)의 같은 오행이 모두 잘 맞는 까닭에 오히려 지나칠 만큼 강렬해진다.

따라서 이런 때에는 C라든가 D의 관계에 있는 사람이 합해지면 좋은 조직이 될 것이다. 당신의 지나친 힘을 억제해 줌으로써 부드럽게 해 주기 때문이다.

◇ 인간관계를 점친다

자기생일＼상대방생일	甲	乙	丙	丁	戊	己	庚	辛	壬	癸
甲	A	B	C	D	E	Ⓕ	G	H	I	J
乙	B	A	D	C	Ⓗ	E	F	G	J	I
丙	I	J	A	B	C	D	G	Ⓕ	G	H
丁	J	I	B	A	D	C	Ⓗ	E	F	G
戊	G	H	I	J	A	B	C	D	E	Ⓕ
己	F	G	J	I	B	A	D	C	Ⓗ	E
庚	E	Ⓕ	G	H	I	J	A	B	C	D
辛	Ⓗ	E	F	G	J	I	B	A	D	C
壬	C	D	E	Ⓕ	G	H	I	J	A	B
癸	D	C	Ⓗ	E	F	G	J	I	B	A

▷ B의 관계인 때는 같은 오행(五行)으로서 음양(陰陽)이 다른 경우이다. 음과 양이 반대로 향하고 있는 까닭에 가족과 같은 사이이겠지만 일심동체라고는 할 수 없을 것이다. 의견이 잘 맞지 않는 경우도 있고, 양웅병립(兩雄並立)하는 관계와 비슷하다.

그래도 같은 오행이라는 점에서 힘이 되어 주는 수도 있으므로 서로가 절차탁마(切磋琢磨)하는 경쟁 사이라고 생각할 일이다.

▷ C의 관계인 때는 자기 쪽의 정력을 빼앗기고, 또 이용당하기 쉬운 상성이다. 또 자기 자신은 깨닫지 못하더라도 결과적으로는 상대방을 위하여 최선을 다해 주는 셈이 된다.

물론 이용당한다는 것은 상대방으로부터 감사하다는 사례를 받을 수도 있으므로 상호간에 돕는 관계라고도 할 수 있을 것이다.

▷ D의 관계인 때는 당신의 경우, 이 상대방에게 자신의 이해득실(利害得失)을 잊은 채 그저 서비스하게 된다. C형(型)인 때는 강인하게 이용당하는 것이지만, D형의 관계는 자신이 자진해서 상대방에게 봉사하는 것이다.

대가 따위는 전혀 기대하지 않으면서도 '자기 마음에 들기만 하면 좋겠다'며 상대방을 돕는다. 상대를 원조하고 있다는 만족만으로도 아주 행복할 것이다.

▷ E의 관계인 때는 당신이 오히려 상대방을 억제하게 될 것이다. 그것도 있는 힘을 다해서 상대방을 복종시키고자 한다.

이렇게 되면 당신 자신은 위에 서서 기분이 좋을는지 모르지만 언제나 억압을 당하는 쪽에서는 폭군과 같이 보일 것이다. 상대방은 차츰 욕구불만이 쌓이게 되어 생각지도 않은 때에 극단적으로 폭발을 일으키게 될 듯하다.

이런 상대에 대해서는 넓은 아량으로 대해 주고 적당히 억압하는 마음을 기울이도록 해야 한다.

▷ F(F)의 관계인 때는 마음이 맞는 사이이다. 좋아하는 음식이라든가 취미, 사고방식까지 맞아떨어지는 사이이다. 직장에서도 학교에서도 어느 사이엔가 밀착되어 떨어질 줄 모르는 사이가 바로 이 관계인 경우이

다.

이렇게 되면 남녀의 상성으로서는 꼭 들어맞는 셈인데, 이성(異性)이 아니더라도 Ⓕ인 때는 당신 쪽이 적극적으로 손을 쓸 것이지만 F인 때에는 상대방 쪽에서 리드하는 타입이 될 것이다.

▷ G의 관계인 때는 당신은 이 상대에 대해서 피해자의 입장에 서게 된다. 일방적으로 요구를 당하게 되고 그것에 대하여 이쪽은 아무런 주장도 할 수가 없는 것이 기본 패턴인 것 같다.

▷ HⒽ의 관계인 때는 실로 차가운 상성이다. 이것이 부부관계인 때에는 서로 간섭을 하지 않으면서 원만하게 살아간다. 그러므로 어느 쪽인가가 상대방이 하는 일에 주문을 한다거나 공격을 하지 않는 한, 서로의 입장을 침해당하는 일 없이 타인과 타인이라는 관계가 유지될 것이다. H의 경우는 당신 자신은 그처럼 생각하고 있지 않는데도 자연히 그렇게 되어 갈 것이고, Ⓗ라면 의식적으로 상대방을 무시하는 경향이 있을 것이다. 어쨌든 차가운 관계임에는 틀림이 없다.

▷ I의 관계인 때는 당신이 상대방을 이용하는 형국이다. 즉 상대방으로부터 이익을 받아들이는 형국이어서 이쪽의 입장으로 볼 때는 유리한 관계이다.

이런 상대인 때는, 당신은 꽤 요령있게 조르거나 요구하거나 해서 이득을 얻는다. 당신 쪽은 이렇다 할 노력도 하지 않을 뿐더러 이익을 얻겠다고 원하지 않는 상성(相性)인지도 모른다. 또 상대방도 일방적으로 이용만 당한다고 생각하는 것이 아니라 그저 기뻐하고 있을는지도 모른다.

▷ J의 관계인 경우는 최고의 상대이다. 상대방으로부터 당신이 일방적으로 원조를 받게 될 것이다. 만일 당신이 그것을 거절했다손 치더라도 강제성을 띠면서까지 상대방이 원조의 손길을 뻗쳐오는 것이다.

이쪽에서는 그처럼 상대방을 생각하고 있지도 않는데, 승진을 시켜준다거나 단골 거래선(去來先)을 소개해 주는 사람이 있는데 아마도 이 타입의 상성(相性)일 것이다.

가족관계를 결정짓는 상성(相性)

다음으로는 가족관계에 대해서 생각해 보도록 하자. 이 관계도 물론 〈인간관계를 점친다〉의 표로 판단을 한다. 이 경우에는 어디까지나 아버지를 중심으로 해서 고찰한다.

우선 ①아버지로부터 보아서 어머니와는 어떤 형(型)인지를 판단한다. ②아버지를 먼저 보고 자녀와는 어떤 형인가를 판단한다.

가령 아버지로부터 보아서 어머니와의 관계가 A라고 하자. 그리고 아버지로부터 보아서 자녀와의 관계가 C인 때라면, 〈아버지로부터 보아서 어머니가 A인 때〉의 항목 중 C의 자녀를 보면 된다.

이 자녀에 대해서는 한 명이건 두 명이건 모두 각기 자녀에 대해서, 아버지·어머니·자녀의 삼자(三者) 관계로 판단하도록 한다. 단 이 설명 속에는 아버지가 양(陽)인 때라는 표현이 있는데 이것은 양의 날, 즉 갑병무경임(甲丙戊庚壬) 태생을 가리키는 것이고, 아버지가 음(陰)인 때라고 하는 것은 음(陰)의 날, 즉 을정기신계(乙丁己辛癸) 태생을 가리키는 것이다.

◇ 아버지로부터 보아서 어머니가 A인 때

• A의 자녀—부모 자녀가 일심동체의 분위기이다. 더구나 부모도 자

녀도 에너지에는 부족함이 없는 혜택을 가지고 있을 것이다.

•B의 자녀—이 자녀는 양친에게 어느 정도 경쟁심을 가지고 있겠지만 부모 쪽이 한 단계 위의 존재이다.

•C의 자녀—부모의 힘을 자신의 영양분으로 해서 자라나는데 그렇게 흡수당해도 부모에게는 여력이 충분히 남아 있다.

•D의 자녀—자녀에 대해서 부모의 익애(溺愛)가 두드러진다. 자녀란 독립심 우선으로 키우지 않으면 실패한다.

•E의 자녀—아버지도 어머니도 이 자녀를 강인하게 굴복시키고 있다. 부모가 이 자녀를 친절하게 대해 주지 않으면 안 된다.

•F(F)의 자녀—속 마음을 알고 있는 부모 자녀 관계인데, 아버지가 양(陽)인 때는 부모가 귀찮도록 간섭하기 쉽다.

•G의 자녀—자녀의 세(勢)가 꽤 강하지만, 부모 역시 단단히 무장하고 여유를 갖는다. 또 자녀와 부모 사이에 충돌을 피하도록 교육시켜야 한다.

•H(H)의 자녀—자녀와 부모가 아주 담담한 관계이다. 부부는 일심동체, 자녀는 다른 차원에 있는 것 같은 사이이다.

•I의 자녀—부모는 이 자녀를 끝까지 의지하고 있다. 부모가 자녀의 에너지를 지나치게 흡수하지 못하도록 제동을 걸 필요가 있다.

•J의 자녀—마치 효행의 대명사처럼 성심성의껏 부모에게 봉사한다.

◇ 아버지로부터 보아서 어머니가 B인 때

•A의 자녀—이 자녀는 아버지 편에 서게 되므로 어머니와는 마음이 잘 맞지 않는다.

•B의 자녀—이 자녀는 어머니 편에 서는 경향이 강한 반면, 아버지와는 말도 하지 않는 상태일 것이다.

•C의 자녀—아버지는 이 자녀에게 에너지를 빼앗기지만, 어머니는 이 자녀에게 큰 힘을 준다.

•D의 자녀—아버지로부터 여러 가지의 도움을 받고, 어머니에게서 도 에너지를 빼앗는다.

•E의 자녀—아버지가 양(陽)이라면 아버지로부터는 압박을 받게 되고 어머니에게 의지해도 모른 체하여 비참한 처지에 놓인다. 그러나 아버지가 음(陰)이라면 어머니가 어떻게든 보완한다.

•FⒻ의 자녀—어머니로부터는 억압당하지만, 아버지가 많이 도와줄 것이다. 아버지가 음(陰)인 경우 이 자녀는 어머니를 억압하게 된다.

•G의 자녀—아버지가 양(陽)인 때, 이 자녀는 아버지를 압박하지만 어머니와는 마음이 일치된다. 아버지가 음(陰)인 때는 어머니와도 쌀쌀한 사이가 될 것이다.

•HⒽ의 자녀—아버지와는 이른바 무연(無緣)의 사이이지만, 아버지가 양(陽)인 때에는 어머니가 이 자녀에게 압박당한다. 반대로 아버지가 음(陰)인 때는 어머니가 이 자녀를 억압하기 쉽다.

•I의 자녀—어머니를 돕고 아버지도 이익을 볼 수 있는 자녀이다.

•J의 자녀—아버지를 원조하고 어머니에게도 생활에 걱정 없을 만큼 도와줄 자녀이다.

◇ 아버지로부터 보아서 어머니가 C인 때

•A의 자녀—아버지는 어머니에게 힘을 빼앗기지만 그 아버지를 이 자녀가 돕는다.

•B의 자녀—여러 가지로 어머니를 돕지만 아버지와는 라이벌 관계이다.

•C의 자녀—이 자녀는 어머니와 짝을 지어 아버지의 정력을 목표로 삼을 것이다.

• D의 자녀—어머니와는 경쟁자가 될 것이다. 그러나 아버지로부터는 충분한 혜택을 입게 된다.

• E의 자녀—자신을 억압하는 아버지와 충돌하기 쉽겠지만 어머니가 쿠션 역할을 해 주어서 무사하다.

• FⒻ의 자녀—아버지와는 서로 호흡이 잘 맞는 사이이며, 어머니에게도 귀여움을 받게 된다. 아버지가 음(陰)이라면 자녀와 어머니 사이는 서먹서먹해질 것이다.

• G의 자녀—자녀가 아버지를 억누르고 그 자녀를 어머니가 억누르는 형국이다. 부모 대 자녀의 충돌이 많을 것이다. 물론 부모 쪽에서 손을 써가지고 사이가 좋아지도록 바로잡을 일이다.

• HⒽ의 자녀—아버지와는 무연(無緣)의 관계이다. 그러나 어머니가 이 자녀와 마음을 통하게 하고 있으므로 가정에 금이 가는 일은 없을 것이다.

• I의 자녀—트리오와 마찬가지로 부모와 자녀 세 사람의 호흡이 딱 들어맞을 것이다.

• J의 자녀—아버지는 오로지 이 자녀로부터 도움을 받겠는데 아버지가 양(陽)인 때는 모자 사이가 차가워지고 음(陰)인 때는 모자의 감정이 서로 통할 것이다.

◇ 아버지로부터 보아서 어머니가 D인 때

• A의 자녀—아버지와 일체가 되어 여러 가지로 어머니를 원조한다.

• B의 자녀—이 자녀는 아버지와는 경쟁 관계이다. 그러나 어머니는 이 자녀에게 의지하게 될 것이다.

• C의 자녀—어머니와 경쟁하면서 아버지에게 의지하는 형국이다.

• D의 자녀—어머니와는 일심동체이다. 또 아버지의 은혜도 충분히

받는다.

• E의 자녀—이 자녀는 아무리 아버지로부터 억압당하더라도 어머니의 원조가 아주 강하므로 아버지에게 지는 일은 없을 것이다.

• F⑤의 자녀—아버지와는 기호가 일치된다. 아버지가 음(陰)인 때는 어머니에게 억압당하지만 큰 문제는 생기지 않을 것이다.

• G의 자녀—아버지는 이 자녀에게 억압당하는데, 아버지가 양(陽)이라면 모자는 냉담한 사이가 되고, 음(陰)이라면 모자 사이가 무언중에도 마음이 통하게 된다.

• H⑪의 자녀—아버지와는 거의 대화조차도 없는 사이인데, 아버지가 양(陽)인 때는 어머니가 이 자녀를 억압하고 반대로 음(陰)인 때는 이 자녀가 어머니에게 의지할 것이다.

• I의 자녀—아버지에게 있어서는 의지하기 좋은 자녀이다. 아버지가 양(陽)이라면 어머니와 자녀가 일치되고, 음(陰)이라면 어머니와 자녀 사이가 서먹서먹해질 것이다.

• J의 자녀—아버지에 대해서는 어쨌든 최선을 다 하는데 어머니에 대해서는 강압적이다.

◇ 아버지로부터 보아서 어머니가 E인 때

• A의 자녀—이 자녀는 아버지와 함께 어머니를 억압한다. 어머니가 겸허한 인품이라든가 가족 중 C나 D의 사람이 있으면 안전하다.

• B의 자녀—아무래도 아버지와 다투기 쉬운 관계이다. 아버지가 양(陽)인 때는 어머니와 자녀 사이가 냉랭하고, 음(陰)인 때는 어머니와 자녀 사이는 호흡이 맞는다.

• C의 자녀—실로 자식은 꺾쇠라는 형국이나 이 자녀는 아버지와 어머니 사이에서 교량 역할을 한다.

• D의 자녀—아버지는 이 자녀를 몹시 귀여워한다. 또 자녀는 자녀

나름대로 어머니를 돕는다. 그리고 아버지가 어머니를 압박할 때 그것을 경감시켜 준다.

•E의 자녀—어머니와 함께 아버지에게 강력히 저항한다. 그것이 가정 내에 풍파를 일으키게 되는 경우가 있는데, 부모는 지혜를 짜내지 않으면 안 된다.

•FⒻ의 자녀—아버지하고는 마음이 일치되지만 아버지가 양(陽)인 때는 어머니와 자녀 사이가 좋지 못하고, 음(陰)인 때는 어머니가 자녀를 돕는다.

•G의 자녀—가정 내에 불화가 일어나는 불씨와 같은 존재이다. 어머니가 인내하는 정도에 따라 원만한 가정이 되기도 하고 안 되기도 한다.

•HⒽ의 자녀—아버지하고는 무연(無緣)의 연(緣)인데 아버지가 양(陽)인 때는 어머니가 자녀를 감싸고 음(陰)인 때는 모자의 감정이 맞지 않는다.

•I의 자녀—이 자녀는 밟히거나 발로 차임을 당하거나 할 듯하다. 어머니에게는 상냥함이 아버지에게는 절도(節度)가 요구된다. 가족 중에 G의 사람이 있으면 무사할 것이다.

•J의 자녀—아버지를 위해 온갖 정성을 다할 것이다. 그 아버지가 양(陽)인 경우에는 모자관계가 잘 맞겠지만 음(陰)인 경우에는 모자관계가 냉랭하겠다.

◇ 아버지로부터 보아서 어머니가 FⒻ인 때

•A의 자녀—부모와 자녀 세 사람의 관계는 밀착되어 있는데 아버지가 양(陽)인 때는 어머니가 수동적인 자세가 되고 음(陰)인 때는 어머니에게 주도권이 있을 것이다.

•B의 자녀—아버지와는 서로 으르렁대기 쉬운 관계이다. 아버지가

양(陽)인 때에는 어머니를 억압한다. 반대로 아버지가 음(陰)인 때에는 어머니로부터 억압을 당하게 된다.

• C의 자녀—아버지에게 의존하는 자녀인데 아버지가 양(陽)이라면 자녀는 어머니를 힘껏 돕고 음(陰)이라면 모자관계는 서먹서먹하게 된다.

• D의 자녀—아버지는 무조건 자녀에게 서비스한다. 아버지가 양(陽)인 경우, 이 자녀는 어머니로부터 신뢰를 받겠지만, 아버지가 음(陰)인 경우 자녀가 어머니를 억압한다.

• E의 자녀—아버지로부터 완전히 억압당한다. 아버지가 양(陽)인 경우 어머니와 자녀 사이에는 분쟁이 일어나지 않겠고 음(陰)인 때는 그 자녀가 어머니에게 힘이 되어 준다.

• F(F)의 자녀—부모와 자녀 세 사람의 호흡이 딱 들어맞는다. 아버지가 양(陽)인 때, 그 아버지는 적극적이지만, 음(陰)인 때는 아버지가 수동적인 관계가 된다.

• G의 관계—아버지를 완전히 억압한다. 아버지가 양(陽)인 때는 어머니가 자녀를 오로지 돕지만, 음(陰)인 때는 모자 사이가 양웅·병립형(兩雄並立型)이 될 것이다.

• H(H)의 자녀—아버지하고는 관계가 없다는 사이인데 아버지가 양(陽)인 때는 자녀가 어머니에게 의지하고, 음(陰)인 때는 어머니가 자녀에게 업힐 것이다.

• I의 자녀—아버지는 이 자녀를 여간 믿는 것이 아니다. 아버지가 양(陽)인 때는 어머니와 자녀 관계가 서먹서먹하겠고, 음(陰)인 때는 어머니가 도와준다.

• J의 자녀—무조건 아버지를 원조하는 자녀인데 아버지가 양(陽)인 때는 어머니가 자녀를 억압하고, 음(陰)인 때는 자녀가 어머니에게 의존한다.

◇ 아버지로부터 보아서 어머니가 G인 때

•A의 자녀—이 자녀는 아버지와 함께 어머니의 억압을 견디어 낸다. 어머니는 자신의 힘을 억제해야 한다.

•B의 자녀—이 자녀는 아버지하고는 충돌하지만, 아버지가 양(陽)인 때는 어머니와 자녀가 잘 화합한다. 아버지가 음(陰)인 때는 모자가 서먹서먹한 사이가 될 것이다.

•C의 자녀—아버지의 힘을 빼앗는 반면, 어머니의 강력한 힘을 억압하므로 파란을 면하기가 어렵다. 가족 중에 E의 사람이 있는 것이 바람직하다.

•D의 자녀—이 자녀에 대하여 아버지는 무조건 최선을 다해 준다. 아버지가 양(陽)인 때는 모자 사이가 좋을 것이다.

•E의 자녀—아버지는 자녀에게 덮치는 태도이지만 어머니는 이 자녀를 몹시 의지하게 된다. 이런 관계가 진행되면 이 자녀는 짓밟히는 피해자가 되기 쉽다. 우선 자녀의 숨통이 트이도록 해 주는 일이 중요하다.

•F(F)의 자녀—아버지하고는 호흡이 잘 맞는다. 아버지가 양(陽)인 때는 자녀가 어머니를 돌보아 주지만, 음(陰)인 때는 어머니와 자녀는 어색한 관계가 된다.

•G의 자녀—이 자녀는 어머니와 함께 아버지에게 대들 것이다. 아버지에게 압력을 너무 가하는 것을 자제하지 않으면 가정이 붕괴되기 쉽다.

•H(H)의 자녀—아버지하고는 냉랭한 사이가 된다. 아버지가 양(陽)인 때는 어머니와 자녀가 충돌하지만, 음(陰)인 때는 자녀가 어머니를 커버한다.

•I의 자녀—다행스럽게도 이 자녀가 들어섰기 때문에 부모가 화합하게 된다.

• J의 자녀─이 자녀는 어머니로부터 전면적으로 힘을 얻게 되고 그 힘으로 이번에는 아버지를 돕게 된다. 이른바 자식은 꺾쇠의 관계라고 할 수 있다.

◇ 아버지로부터 보아서 어머니가 H ㉻인 때

• A의 자녀─이 자녀는 아버지하고는 마음이 꼭 맞는데 어머니하고는 냉담한 사이이다.

• B의 자녀─아버지와는 충돌이 많을 것이다. 아버지가 양(陽)인 때는 어머니가 자녀를 억압하고 음(陰)인 때는 자녀가 어머니를 억압하게 된다.

• C의 자녀─아버지에게 의지할 것이다. 아버지가 양(陽)인 때는 모자가 잘 어울릴 것이다. 또 음(陰)인 때는 자녀가 어머니를 힘껏 도울 것이다.

• D의 자녀─아버지의 혜택을 충분히 받겠는데 아버지가 양(陽)인 때는 자녀가 어머니를 억압하고, 음(陰)인 때는 자녀가 어머니에게 의지하게 된다.

• E의 자녀─철두철미하게 아버지로부터 억압을 당하겠지만 아버지가 양(陽)인 때는 자녀가 어머니를 오로지 돕고, 음(陰)인 때는 모자간에 충돌을 하게 될 것이다.

• F㋫의 자녀─잘 어울리는 부자 사이인데 아버지가 양(陽)인 때는 어머니는 그 자녀에게 의지하고, 음(陰)인 때는 자녀가 어머니에게 의지하게 된다.

• G의 자녀─아버지는 이 자녀에게 몹시 억압당하게 되는데 아버지가 양(陽)인 경우 어머니와 자녀가 언제나 충돌하게 되고 음(陰)인 때는 어머니가 자녀에게 최선을 다해 준다.

• H㉻의 자녀─어머니와는 일심동체이지만 아버지와는 무연(無緣)

의 연(緣)이다. 아버지가 양(陽)이라면 어머니와 자녀의 입장이 강하고, 음(陰)이라면 아버지가 강하게 된다.

• I의 자녀—아버지는 이 자녀에게 의지하게 된다. 아버지가 양(陽) 인 경우, 어머니는 자녀를 무조건 돕고, 음(陰)인 때는 모자(母子) 사이 의 마음이 딱 들어맞는다.

• F의 자녀—이 자녀는 아버지에게 그저 봉사만 하는데 아버지가 양 (陽)인 때는 자녀가 어머니에게 의지하고, 음(陰)인 때는 어머니가 자녀 를 억압하게 된다.

◇ 아버지로부터 보아서 어머니가 I인 때

• A의 자녀—아버지하고는 끊으려 해도 끊을 수 없는 연관이 있으 며, 또 어머니에게 의존하기 쉽다. 그만큼 의지를 받아야 하는 어머니는 자신의 힘을 강하게 하지 않으면 안 된다.

• B의 자녀—이 자녀는 아버지와의 사이는 좋지 못하지만 어머니로 부터 원조는 아주 많을 것이다.

• C의 자녀—아버지, 어머니 그리고 자녀가 서로 도우면서 원만한 생활을 한다.

• D의 자녀—아버지의 은혜는 지나치도록 많을 정도이다. 아버지가 양(陽)이라면 어머니와 자녀가 화합하고, 반대로 음(陰)이라면 어머니와 자녀 사이가 냉랭한 관계가 되고 말 것이다.

• E의 자녀—아버지는 이 자녀를 억압하고 이 자녀는 어머니를 억압 하므로 어머니는 큰 짐을 진 형국이 되어 버린다.

• FⒻ의 자녀—아버지하고는 대단히 좋은 관계이다. 그러나 아버지 가 양(陽)인 때에는 어머니와 자녀 사이가 서먹서먹하게 되고, 음(陰)인 때에는 자녀가 어머니에게 오로지 봉사만 할 것이다.

• G의 자녀—아버지하고는 가까이 하기에 거북한 존재이지만 어머

니가 중간 역할을 하여 가족이 서로 돕는다.

•H⑪의 자녀—아버지와는 모르는 척하는 사이이지만, 아버지가 양(陽)인 때는 자녀가 어머니를 정성껏 돕고, 음(陰)인 때는 모자의 관계가 잘 어울리게 된다.

•I의 자녀—어머니와는 감정이 일치되고 아버지로부터는 믿음을 받게 될 것이다.

•J의 자녀—아버지에게는 여러 가지로 서비스를 하는데, 어머니하고는 으르렁대는 관계이다.

◇ 아버지로부터 보아서 어머니가 J인 때

•A의 자녀—아버지하고는 감정이 완전 일치가 된다. 그리고 어머니로부터는 지나칠 만큼 은혜를 받게 될 것이다.

•B의 자녀—아버지하고는 이따금 충돌하는 일이 있는데 그때에는 반드시 어머니가 힘이 되어 줄 것이다.

•C의 자녀—아버지는 크게 의지가 된다. 아버지가 양(陽)인 때는 모자의 관계가 냉담하겠고 음(陰)인 때는 모자가 아주 화합한다.

•D의 자녀—아버지로부터 은혜를 듬뿍 받건만 어머니는 존경하지 않는다. 그렇더라도 결정적인 대립은 일어나지 않을 것이다.

•E의 자녀—아버지에게는 이유없이 억압당하겠지만, 아버지가 양(陽)인 때에는 어머니와 자녀 사이가 좋겠고, 음(陰)인 때에는 어머니와 자녀는 마치 아무 관계도 없는 상태가 된다.

•F⑪의 자녀—아버지하고는 잘 맞는 사이인데 아버지가 양(陽)인 때는 자녀가 어머니를 억압하고, 음(陰)인 때는 자녀가 어머니에게 의지한다.

•G의 자녀—아버지에게는 엄격한 자녀이지만 어머니에게는 일방적으로 봉사한다.

• H⑪의 자녀—아버지와는 서먹서먹한 사이이지만 아버지가 양(陽)인 경우에는 어머니가 자녀에게 의지하고, 음(陰)인 때는 자녀가 어머니를 억압한다.

• I의 자녀—아버지로부터는 신임을 받고 어머니와는 충돌이 많은 사이이다.

• F의 자녀—어머니하고는 마음이 통하고 아버지에게는 오로지 최선을 다하여 봉사할 것이다.

당신의 행복과 불행

당신의 행복과 불행

　인생에 있어서 불행한 일 없이 행복만 있다면 얼마나 좋은 일인가?
그러나 본인이 원하든 원치 않든 간에 인생에는 행복과 불행이 엇갈리
면서 찾아오게 마련이다. 그러한 주기를 예지(豫知)하는 것은 불행을 다
소라도 막기 위하여 꼭 필요하다 하겠다.
　참고로 먼저 앞으로 30년 간의 태세(太歲), 즉 그 해의 간지(干支)를
표로 소개한다. 이 표를 보고 자신의 운명, 즉 행복과 불행을 알아보도
록 하자.

◇ 앞으로의 30년, 그 해의 간지(干支)

1991년	1992년	1993년	1994년	1995년	1996년	1997년	1998년	1999년	2000년
辛未	壬申	癸酉	甲戌	乙亥	丙子	丁丑	戊寅	己卯	庚辰
2001년	2002년	2003년	2004년	2005년	2006년	2007년	2008년	2009년	2010년
辛巳	壬牛	癸未	甲申	乙酉	丙戌	丁亥	戊子	己丑	庚寅
2011년	2012년	2013년	2014년	2015년	2016년	2017년	2018년	2019년	2020년
辛卯	壬辰	癸巳	甲牛	乙未	丙申	丁酉	戊戌	己亥	庚子

—— 갑일(甲日)·갑년(甲年) 생(生) ——

- 갑(甲)의 해—기세가 너무 강하므로 궤도 수정이 있을는지도 모르겠다. 어쨌든 신중 제일로 나가야 한다.
- 을(乙)의 해—생각하지도 않았던 언쟁이 있겠지만 자기 주장이 통하게 된다.
- 병(丙)의 해—너무 지나치게 강(强)한 세(勢)가 빗나가는 느낌이 있다. 하지만 그 정도가 제일 좋은 것이다.
- 정(丁)의 해—여력을 가지고 남을 도우니 그 사람이 감사한다.
- 무(戊)의 해—기세를 타고 상대방을 억압하겠는데 그래도 힘은 충분히 남는다.
- 기(己)의 해—봄바람이 화창하게 부니 아주 온화한 해이다.
- 경(庚)의 해—충돌과 방해가 많겠으나 그것을 이겨낼 만한 저력이 있다.
- 신(辛)의 해—다른 일에 구애됨이 없이 남은 남이요, 나는 나라는 식으로 자신의 길을 전진할 것이다.
- 임(壬)의 해—요령있게 행동하여 이익이 있는 해가 되겠다.
- 계(癸)의 해—곱상스럽게 굴지 아니하고 유유히 참아내서 번영한다.

―――― 갑일(甲日)·을년(乙年) 생(生) ――――

- 갑(甲)의 해―자아를 지나치게 내세워서 주위 사람들을 어렵게 만든다.
- 을(乙)의 해―대인관계에 있어 균열이 심하고 자기 생각이 잘 통하지 않게 될 것이다.
- 병(丙)의 해―자신이 너무 이용당한다고 느껴지는 해이다.
- 정(丁)의 해―남의 일만 보살피고 자기 일을 소홀히 하게 되며 결국에는 후회하게 된다.
- 무(戊)의 해―어쩐지 언쟁이 그치지 않고 자신의 유리한 입장도 진퇴양난이 된다.
- 기(己)의 해―어색한 관계는 개의치도 않고 유유자적하는 태도이다.
- 경(庚)의 해―어색한 관계는 사라지고 부드럽게 자신의 의지가 통하겠다.
- 신(辛)의 해―자기 주장을 내세워도 수월하게 통하겠다.
- 임(壬)의 해―자신의 신변에 위협을 받고 농락당하는 해가 되겠다.
- 계(癸)의 해―어색한 관계는 계속되더라도 자력이 생겨서 자아를 관철시킨다.

─────── 갑일(甲日)·병년(丙年) 생(生) ───────

- 갑(甲)의 해—자신을 이용하는 사람이 있더라도 관여치 아니 하고 자신의 길을 간다.
- 을(乙)의 해—남에게 이용당하는 것을 참지 못하여 언쟁이 일어난다.
- 병(丙)의 해—물고 늘어지는 사람이 있어서 자아를 잃을는지도 모른다.
- 정(丁)의 해—자력(自力)이 손실된다.
- 무(戊)의 해—충돌하는 해이지만 무사하게 끝날 것이다.
- 기(己)의 해—다소는 이용을 당하더라도 호위가 든든한 까닭에 본인은 꼼짝도 않고 안정한다.
- 경(庚)의 해—밟히고 채이고 하여 몸을 지탱하기가 어렵다. 몸을 지키는 것이 우선이다.
- 신(辛)의 해—차꼬가 풀린 것처럼 자기 본위로 움직일 수가 있다.
- 임(壬)의 해—남에게 이용당한다는 부담 의식이 풀려서 가볍게 움직일 수 있다.
- 계(癸)의 해—자력(自力)이 붙게 되므로 다소 힘을 낭비하더라도 상관이 없다.

- 갑(甲)의 해—봉사만 할 뿐 아니라 내 길도 개척해 나간다.
- 을(乙)의 해—행랑채를 빌려주고 본채까지 빼앗기는 형국이다.
- 병(丙)의 해—세(勢)가 쇠진해 있다. 자력(自力)을 길러야겠다.
- 정(丁)의 해—지나친 봉사로 몸이 견딜 수가 없다. 주의를 요한다.
- 무(戊)의 해—파란이 있는 해이다. 너무 바쁘게 일하는 까닭으로 에너지 배분에 고심할 것이다.
- 기(己)의 해—좌우의 일에 너무 신경쓰지 말고 자기 페이스를 지키는 것이 좋겠다.
- 경(庚)의 해—심한 외부의 압력을 받게 되므로 봉사할 여지가 없을 것이다. 우선 자신을 지킬 일이다.
- 신(辛)의 해—일념(一念)으로 봉사하는 이 사람 본래의 성품이 그대로 작용한다.
- 임(壬)의 해—에너지를 소비할 곳이 없고 자의식이 강렬해진다.
- 계(癸)의 해—여력이 충분한 형국으로서 남을 위해 봉사하더라도 여유가 있다.

───── 갑일(甲日) · 무년(戊年) 생(生) ─────

- 갑(甲)의 해—파란 속에서도 여력이 있으며 승자로 군림할 것이다.
- 을(乙)의 해—자력(自力)을 제대로 발휘하지 못한다. 우선은 힘을 비축하는 것이 선결문제이다.
- 병(丙)의 해—유아독존형으로서는 원만하고 부드러운 해가 찾아왔다.
- 정(丁)의 해—파란중에 좋지 않은 해가 찾아왔다.
- 무(戊)의 해—자력(自力)으로 맞설 수 없고 은인자중해야 할 해이다.
- 기(己)의 해—망중한의 해이다. 파란이 있었던 일은 잊고 유유히 지내는 해이다.
- 경(庚)의 해—앞뒤로 적을 상대해야 하므로 교착상태가 계속된다. 포기하지 말고 기다려야 한다.
- 신(辛)의 해—상대방의 거짓을 책하여 공격하는 데는 절호의 찬스이다.
- 임(壬)의 해—배후에서 내 편이 되어주고 도와주는 유리한 형국이다.
- 계(癸)의 해—아군도 없으려니와 적군도 없고 일시 휴전(一時休戰), 자력(自力)을 비축할 때이다. 충실한 나날을 보낼 것이다.

─── 갑일(甲日) · 기년(己年) 생(生) ───

- 갑(甲)의 해—개성이 두드러진 만큼 눈에 띄는 연운(年運)이다.
- 을(乙)의 해—다소 어색한 일이 있을는지 모르지만 우선은 안태(安泰)한 해이다.
- 병(丙)의 해—다소 세(勢)를 빼앗길 것이다. 그러나 유유자적할 일이다.
- 정(丁)의 해—남의 귀찮은 일을 돌보아 주는 일이 있어도 자기 페이스는 어지럽히지 아니 한다.
- 무(戊)의 해—처리하지 않으면 안 될 문제가 있겠지만 휘둘림을 당하지는 않는다.
- 기(己)의 해—유유하게 준비하면서 무엇인가 억눌리는 듯한 느낌을 받을 것이다.
- 경(庚)의 해—원래는 괴로운 해가 되겠지만 어떻게든 타개하고 길을 개척할 것이다.
- 신(辛)의 해—유유자적하며 자기 나름대로의 페이스로 진행한다.
- 임(壬)의 해—만사가 막히는 일 없이 진행되겠다. 세(勢)가 붙어 있으므로 다소의 실수는 그대로 넘어가겠다.
- 계(癸)의 해—뜻하지 않게 외부로부터 은혜를 입겠다.

- 갑(甲)의 해—강력한 외부의 압력이 있더라도 자력(自力)으로 참아낸다.
- 을(乙)의 해—자주적(自主的)으로 움직일 수 있게 된다.
- 병(丙)의 해—파란 속에서 피해가 심해진다.
- 정(丁)의 해—기력이 쇠진해 있는데도 남에게 힘을 빌려 주려고 한다. 주의를 하여야겠다.
- 무(戊)의 해—공격의 힘이 일단 강해지며 이쪽의 저항력이 약해진다.
- 기(己)의 해—공격받을 소지는 남아 있을는지 모르지만 호위가 든든하여 무사하다.
- 경(庚)의 해—완전한 패배를 각오하고 있지 않으면 안 된다. 마무리와 패전처리(敗戰處理)에 실수가 없도록 해야겠다.
- 신(辛)의 해—억압해 오는 상대방에게 힘의 분열이 생기게 되어서 피해는 가벼울 것이다.
- 임(壬)의 해—억압해 오는 자와 자기 사이에 여유가 생겨서 평온하게 되겠다.
- 계(癸)의 해—피해를 받는 패턴은 남아있으나 위협은 가벼울 것이다.

―――― 갑일(甲日)·신년(辛年) 생(生) ――――

- 갑(甲)의 해―자아가 강렬하게 나타나서, 자신의 일에만 전념하게 될 것이다.
- 을(乙)의 해―자력(自力)이 발휘되지 못하여 욕구불만으로 끝난다.
- 병(丙)의 해―본래는 소모의 해인데 어떻게든 자아를 주장할 수 있을 것이다.
- 정(丁)의 해―교섭이란 있을 수 없는 세상일 것이지만, 그 세상에 대하여 오로지 봉사에 열중한다.
- 무(戊)의 해―파란의 해인데 힘에 벅찬 큰 문제는 일어나지 않는다.
- 기(己)의 해―유연하게 지낼 수 있는 평온의 해이다.
- 경(庚)의 해―외부의 압력이 가해지는 해이지만 자기 힘이 약하므로 무난하다.
- 신(辛)의 해―드러나기 시작한 자신의 위치가 유달리 돋보인다.
- 임(壬)의 해―요령 좋게 흐름에 편승하여 호조(好調)를 이룰 때이다. 상사(上司)도 믿고 의지할 것이다.
- 계(癸)의 해―세상과는 교섭을 끊고 있으면서 남으로부터의 은혜를 많이 받게 되는 절호의 운세이다.

─── 갑일(甲日) · 임년(壬年) 생(生) ───

- 갑(甲)의 해—자기 주장이 강하여 사사건건 남에 대해서 요구하는 것이 많아진다.
- 을(乙)의 해—본디 자기가 받아야 할 은혜가 남에게 돌아가고 만다.
- 병(丙)의 해—도움을 받기도 하고 돕기도 하며 상호 의존으로 밸런스가 잡힌다. 평온무사하다.
- 정(丁)의 해—의지하고 있던 상대방이 실은 의지할 만한 처지가 못되어서 기대에 어긋난다.
- 무(戊)의 해—천우신조로 파란을 무사히 넘긴다.
- 기(己)의 해—여유를 가지고 자신이 갈 길을 간다.
- 경(庚)의 해—외부에서 압력이 가해오지만 위기를 넘겨서 큰 사건 없이 끝난다.
- 신(辛)의 해—의지할 가치가 있는 후원자가 된 듯한 안정감이 있다.
- 임(壬)의 해—큰 배에 올라탄 격으로 한가로이 지낼 때이다.
- 계(癸)의 해—상대방의 거짓말로 어부지리를 얻게 된다.

───── 갑일(甲日)·계년(癸年) 생(生) ─────

- 갑(甲)의 해—은혜로 알았던 그 힘을 제대로 가동하고 개성이 꽃으로 피게 된다.
- 을(乙)의 해—혜택이 모두 자기의 것이 되지 못하고 라이벌에게로 흘러간다.
- 병(丙)의 해—자력(自力)을 발휘하지 못할 때도 있지만 충분히 지탱할 수 있다.
- 정(丁)의 해—남으로부터 받은 은혜를 남에게 줄 수밖에 없는 일종의 중간 역할을 하는 해이다.
- 무(戊)의 해—보응(報應)을 기다려도 돌아오지 않는 해이다. 노력할 수밖에 없다.
- 기(己)의 해—보응(報應)의 힘을 기다리지 않더라도 유연한 생활 태도를 취할 수 있을 것이다.
- 경(庚)의 해—외부 압력에 견디어낼 만한 역량을 가지는 해이다.
- 신(辛)의 해—뜻밖의 풍부한 보응(報應)이 찾아온다.
- 임(壬)의 해—보응(報應)이 돌아오기를 누워서 기다리지 않으며 적극적으로 활동하여 내 것으로 만든다.
- 계(癸)의 해—분에 넘칠 만큼 은혜가 돌아올 해이다.

───── 을일(乙日)·갑년(甲年) 생(生) ─────

- 갑(甲)의 해—힘이 분산되어 실력을 발휘할 수 없는 한(恨)이 있다.
- 을(乙)의 해—위기를 용케도 뛰어넘고 자기 주장이 통한다.
- 병(丙)의 해—남의 일에 매달리게 되어 자기의 일을 소홀하게 하는 해이다.
- 정(丁)의 해—전혀 갈피를 잡을 수 없는 해이다.
- 무(戊)의 해—주변 사람들과 어떻게든 의사가 통하게 되는 해이다.
- 기(己)의 해—자신이 대장이 되고자 하는 나머지 트러블이 끊이지 아니 한다.
- 경(庚)의 해—트러블 따위는 개의치도 않고 자기 페이스로 나가는 해이다.
- 신(辛)의 해—대인관계가 어색해지는 위에 몸도 마음대로 움직이지 못하니 어쨌든 참아야 할 때이다.
- 임(壬)의 해—어색한 관계가 있더라도 해결해 나갈 세(勢)가 있다.
- 계(癸)의 해—하찮은 실수가 있을지라도 요령있게 넘기므로 트러블은 일어나지 않을 것이다.

─── 을일(乙日)·을년(乙年) 생(生) ───

- 갑(甲)의 해―분방한 움직임에 그림자가 드리우고 침체하기 쉽다.
- 을(乙)의 해―자아가 너무 강렬하게 작용한다. 신중을 기할 필요가 있다.
- 병(丙)의 해―여력을 남기면서 남을 위해 최선을 다한다.
- 정(丁)의 해―남으로부터 이용당하더라도 그 일로 자신이 흔들리거나 좌절하지는 않는다.
- 무(戊)의 해―시류(時流)에 좌우되지 아니 하고 자기의 의지를 관철시킨다.
- 기(己)의 해―파란을 만나더라도 여유를 가지고 승리자로서 남게 된다. 박력이 넘치는 해이다.
- 경(庚)의 해―개성이 뚜렷하게 발휘되고 더구나 주위와 조화를 잘 이루어 나간다.
- 신(辛)의 해―격심한 외부의 압력을 받게 되지만, 그것을 참아내고 물리칠 자력(自力)이 있다.
- 임(壬)의 해―문자 그대로 물을 얻은 물고기처럼 활약하는 해이다.
- 계(癸)의 해―이용할 수 있는 것이라면 모두 다 이용하며 자신의 에너지원으로 만든다.

─── 을일(乙日)·병년(丙年) 생(生) ───

- 갑(甲)의 해—쓸데없는 참견을 해서 손해를 면치 못한다.
- 을(乙)의 해—봉사를 하면서도 자신의 의지는 강력하게 관철한다.
- 병(丙)의 해—상대방에게 최선을 다해 주는 것은 좋지만 그 보응은 조롱을 받게 될 뿐이다.
- 정(丁)의 해—남을 위하여 최선을 다해 줌으로써 자기의 힘이 소모 당하게 될는지도 모른다.
- 무(戊)의 해—남에게 힘을 빌려 주어도 부담이 되지 아니 한다.
- 기(己)의 해—파란투성이로 남으로부터 힘을 빌리지 않으면 안 되고, 몸을 지탱하기조차 어렵다.
- 경(庚)의 해—유연하게 대처하되 남에게 쏟는 봉사로 자신이 할 일을 하지 못한다.
- 신(辛)의 해—봉사를 하고 싶어도 자력(自力)이 쇠진해서 늘 서 있는 듯한 느낌을 받는 해이다.
- 임(壬)의 해—도움을 받거나 돕는 해이다.
- 계(癸)의 해—봉사하더라도 후원부대가 대기하고 있으므로 여유가 있는 해이다.

480

- 갑(甲)의 해─불화가 속출하는 해가 될 것이다.
- 을(乙)의 해─비록 사람에게 이용당하더라도 자신의 본령(本領)은 잃지 않는다.
- 병(丙)의 해─이용당하는 데다가 또 봉사도 해야 하므로 몸을 지탱하기 어렵다.
- 정(丁)의 해─약한 데다가 운기(運氣)도 쇠약해지는 해이다.
- 무(戊)의 해─묵묵히 이용만 당하고 있을 뿐이다. 세상과 관계를 맺고자 하는 생각은 없다.
- 기(己)의 해─싸움이 그치지 않는 해이지만, 밸런스가 잡혀서 부드럽게 끝난다.
- 경(庚)의 해─약간 이용을 당하더라도 유연하게 대처할 일이다.
- 신(辛)의 해─격심한 외부 압력이 가해져서 자력(自力)도 잃게 되어 짓밟히고 걷어채게 된다.
- 임(壬)의 해─남으로부터 이용당하는 일 없이 자력(自力)을 충분히 발휘한다.
- 계(癸)의 해─이용당하거나 이용하거나 하여, 어쨌든 균형이 잡혀 나간다.

• 갑(甲)의 해—자력(自力)을 충분히 발휘하지 못하는 수도 있을 것이다.

• 을(乙)의 해—자력(自力)이 충분히 붙어있기 때문에 두드러지게 행동적인 사람이 된다.

• 병(丙)의 해—간접적이기는 하지만 남에게 봉사하게 된다.

• 정(丁)의 해—자신에게는 직접 관계가 없는 일에 손을 대게 될 것이다.

• 무(戊)의 해—주변에서는 소요스런 일이 일어나겠으나 관계없다는 식의 해가 될 것이다.

• 기(己)의 해—파란의 해이지만 승리는 자기 것이 된다.

• 경(庚)의 해—나는 나, 너는 너라며 유유자적하는 해이다.

• 신(辛)의 해—외부 압력의 세(勢)가 강해진다. 내 몸을 중요하게 지킬 일이다.

• 임(壬)의 해—큰 은혜를 입겠고 만사가 뜻대로 된다.

• 계(癸)의 해—요령있게 일을 풀어나가고 싶지만 마무리 단계에서 잘 안 될 것이다.

───── 을일(乙日)·기년(己年) 생(生) ─────

• 갑(甲)의 해—억압해야 할 상대방이 사라져 버려서 불끈 쥔 주먹을 써먹을 데가 없다.

• 을(乙)의 해—파란을 극복하고도 여력을 가지고 내 길을 걸어간다.

• 병(丙)의 해—원수를 사랑하는 해이다. 불화는 있 어도 파국(破局)에까지 이르지는 않는다.

• 정(丁)의 해—파란과 대결을 피하여 성과를 올린다.

• 무(戊)의 해—적(敵)에게 붙었던 상대방이 분열하여 유유히 승리하는 해이다.

• 기(己)의 해—적(敵)도 풋내기가 아니니 세(勢)를 갖추고 덤빈다. 방심은 금물이다.

• 경(庚)의 해—분쟁(紛爭) 따위는 초월하고 천하의 형세를 엿보며 여유있게 지내는 해이다.

• 신(辛)의 해—압력을 가하거나 압력을 받거나 하여 삼자(三者)가 서로 견제하는 상태이다.

• 임(壬)의 해—땅의 이(利)를 얻고 하늘의 시(詩)를 얻으며 성과가 아주 크다.

• 계(癸)의 해—노력하지 아니 하고 승리를 얻게 되는 해이다.

─── 을일(乙日) · 경년(庚年) 생(生) ───

- 갑(甲)의 해—다소는 어색한 점이 있더라도 걱정할 것이 못된다.
- 을(乙)의 해—개성이 강하게 나타나더라도 캡슐로 지키게 되니 사고없이 끝나겠다.
- 병(丙)의 해—남에게 봉사한다 하더라도 담담하게 자기 페이스는 지킨다.
- 정(丁)의 해—남에게 이용을 당하더라도 개의치 않고 유연하게 대처하는 해이다.
- 무(戊)의 해—세상사에 아주 무관심하고 오로지 내 길을 걸어갈 것이다.
- 기(己)의 해—분쟁과 충돌의 기미가 농후한데 어떻게든 용케 헤쳐나갈 것이다.
- 경(庚)의 해—적극적으로 살아나가는 억센 한 해가 될 것이다.
- 신(辛)의 해—가혹한 해이지만 화는 크게 입지 아니 한다. 견실한 호위가 불행을 퇴치시켜 준다.
- 임(壬)의 해—여유있는 생활을 순조롭게 할 수 있다.
- 계(癸)의 해—반들반들할 만큼 윤기가 있고 그리고 여유가 있는 하루하루를 보내는 해이다.

―――― 을일(乙日)·신년(辛年) 생(生) ――――

- 갑(甲)의 해―자신의 파워는 사라지고 무리를 하게 되지만, 그 무리는 통하지 않는다.
- 을(乙)의 해―자력(自力)이 강하므로 닥쳐오는 압력에는 어떻게든 대처할 수 있다.
- 병(丙)의 해―압력이 사라지고 해방이 되는 해이다.
- 정(丁)의 해―큰 파란에 휩쓸리게 되어 자신을 잃게 된다.
- 무(戊)의 해―외부의 압력이 일단 힘을 비축했다가 달려든다. 주의가 필요하다.
- 기(己)의 해―억압하거나 억압을 받거나 하여 움직임조차 부자유스럽다. 다소의 피해는 각오해야 한다.
- 경(庚)의 해―외부로부터 공격을 받더라도 자연히 벽이 생기게 되어 사고 없이 끝나겠다.
- 신(辛)의 해―그렇지 않아도 세(勢)가 약해진 터에 격심한 압력이 가해질 것이니 엄중한 주의가 필요하다.
- 임(壬)의 해―저항력이 생겼다 하더라도 주의하는 것 이상의 것은 없다.
- 계(癸)의 해―외부로부터 걸려오는 압력을 막아주는 쿠션이 생겨서 안정되고 온화한 해가 되겠다.

- 갑(甲)의 해―라이벌과 이익 문제로 심히 다투겠다.
- 을(乙)의 해―파죽지세(破竹之勢)의 해가 되겠다.
- 병(丙)의 해―자기에게 주어진 은혜를 남에게 베푸는, 이른바 파이프 구실을 하겠다.
- 정(丁)의 해―은혜가 사라지고 무방비(無防備)의 형국이다.
- 무(戊)의 해―천혜(天惠)를 모두 기대하는 것은 좀 무리일 듯하다. 대인관계도 소극적으로 된다.
- 기(己)의 해―파란의 해를 충분한 여력으로 뛰어넘는 성과를 올린다. 충실한 승리감을 맛볼 수 있겠다.
- 경(庚)의 해―주변에서 쏟는 도움은 그다지 기대할 수 없겠으나 어쨌든 본인은 유유히 지낼 일이다.
- 신(辛)의 해―외부로부터 압력이 강하게 가해지겠지만 자신의 힘도 강하므로 견디어낼 수 있겠다.
- 임(壬)의 해―원래 은혜를 받게 될 운세인데 거기에다가 더하여 하늘의 힘까지 가세하니 행운이 깃든다.
- 계(癸)의 해―은혜로운 운세에 더하여 스스로 적극적인 성과를 올리려고 한다.

• 갑(甲)의 해—도와주던 사람이 라이벌에게도 손을 빌려 주는 형국이다.

• 을(乙)의 해—요령있게 돌아다니면서 자기가 주장해야 할 것을 주장한다.

• 병(丙)의 해—남을 위해 봉사하더라도 자기 주머니는 손해가 없을 것이다.

• 정(丁)의 해—도움을 받을 뿐만 아니라 시중드는 일이나 중개하는 일 등을 해낼 것이다.

• 무(戊)의 해—이용코자 생각했던 상대방의 힘이 아무런 도움도 되지 못한다. 독립독보(獨立獨步)의 해이다.

• 기(己)의 해—파란의 해를 유유히 뛰어넘는다.

• 경(庚)의 해—사람을 이용하는 것까지도 자기 유형이다.

• 신(辛)의 해—본래는 외부의 압력을 심하게 받는 해이지만 영향을 받지 않고 넘어간다.

• 임(壬)의 해—요령만이 좋아서가 아니라 자력(自力)도 붙어서 흐름에 편승한다.

• 계(癸)의 해—낭비하는 일 없이 움직이게 되어 이익이 클 것이다.

- 갑(甲)의 해—되어 가는 대로 내버려 두면 안태(安泰)하겠다.
- 을(乙)의 해—요령있게 움직일 뿐만 아니라 주위에서 많은 은혜를 받겠다.
- 병(丙)의 해—남에게 맡기지만 않고 자신이 리드해 나가는 해이다.
- 정(丁)의 해—경합(競合)하는 자의 출현으로 말미암아 움직임이 둔해진다.
- 무(戊)의 해—이용하는 편에만 서 있는 것이 아니고, 이용도 당하면서 분방한 성격이 온화해진다.
- 기(己)의 해—그다지 원조를 기대할 수 없고 오로지 자기만을 의지해야 하겠다.
- 경(庚)의 해—분쟁의 해인데 그래도 여유를 가지고 승리하겠다.
- 신(辛)의 해—한가로운 태도의 형국이고 더구나 이익까지도 얻을 수 있다.
- 임(壬)의 해—외부의 압력이 강한 해인데 밸런스가 잘 잡혀서 무사히 넘어갈 것이다.
- 계(癸)의 해—강력한 후원자가 있어서 도와줄 것이다.

─── 병일(丙日)·을년(乙年) 생(生) ───

- 갑(甲)의 해—요령이 좋아서 은인을 만나게 되고 한층 더 상승(上乘)하는 기미가 있다.
- 을(乙)의 해—보응이 찾아오되 멈추는 일이 없다.
- 병(丙)의 해—그렇지 않아도 세(勢)가 강한데, 강한 불이 활활 타올라서 강운(強運)이다.
- 정(丁)의 해—경합관계(競合關係)가 되며 은혜를 많이 받지는 못하겠다.
- 무(戊)의 해—지나치게 강한 세(勢)가 약간 온화해지겠다.
- 기(己)의 해—도움을 받기도 하고 도와주기도 하며, 에너지를 분배(分配)하는, 이른바 파이프 역할을 하는 해이다.
- 경(庚)의 해—남의 힘을 의지하다가는 성과가 오르지 않는다.
- 신(辛)의 해—보응이 허공에 떠 있는 형국이지만, 자기 페이스의 생활태도로 나가면 된다.
- 임(壬)의 해—세(勢)가 쇠진하지 않을 수 없겠지만 자력(自力)이 남아 있으므로 견디어 낼 수가 있다.
- 계(癸)의 해—은혜가 풍성하므로 세(勢)에 불이 붙는 느낌이다. 그러나 자기본위이다.

• 갑(甲)의 해—하고자 하는 일에 전념하여 매진하는 까닭에 요령도 좋아지는 면이 있다.

• 을(乙)의 해—타오르는 불에 장작을 더 넣으니 정열이 억제되지 아니 한다.

• 병(丙)의 해—화세(火勢)가 일단 더해져서 손을 쓸 수가 없다. 자중(自重)함이 제일 중요하다.

• 정(丁)의 해—어색한 일이 일어나기 쉬운데 실수는 없을 것이다.

• 무(戊)의 해—강약의 균형이 잡혀서 중용을 얻게 된다.

• 기(己)의 해—남을 돕는 데도 철저하다. 또 여력을 가지고 봉사한다.

• 경(庚)의 해—분쟁이 일어날 해인데, 정면으로 상대방을 봉쇄한다.

• 신(辛)의 해—격렬한 정열이 중화(中和)되어 가라앉지만 개성적인 점은 남는다.

• 임(壬)의 해—파란에 휩싸여 흔들리게 되지만 자신의 정열이 강하기 때문에 참고 이겨낸다.

• 계(癸)의 해—세상사에 개념치 않고 자신의 정열을 중요시하며 혼자서 자신의 길을 걸어가는 해이다.

- 갑(甲)의 해—요령있게 움직이지만, 이익이 모두 자기의 것은 되지 않는다.
- 을(乙)의 해—장해가 있지만 다소 자기 쪽이 유리할 것이다.
- 병(丙)의 해—다소의 불화를 배제시키고 자아를 통하게 만든다.
- 정(丁)의 해—궁지에 서게 될 것이다.
- 무(戊)의 해—이용당하는 일이 많고 자력(自力)을 발휘하지 못한다.
- 기(己)의 해—자기 일만으로도 최대한의 노력을 해야 할 해이다.
- 경(庚)의 해—파란의 해이다. 일단은 자기가 승리하겠지만 완승은 아니다.
- 신(辛)의 해—다소의 장해는 있더라도 자기 페이스는 흔들리지 아니 한다.
- 임(壬)의 해—어색한 관계가 사라지고 자력(自力)을 발휘할 수가 있다.
- 계(癸)의 해—라이벌의 움직임이 봉쇄당하는 형국이다. 한편 어색한 관계가 적어지는 해이기도 하다.

────── 병일(丙日) · 무년(戊年) 생(生) ──────

- 갑(甲)의 해—도움을 받기도 하고 도움을 주기도 하는 해이다.
- 을(乙)의 해—이용을 당하더라도 그 이상의 에너지가 보충된다.
- 병(丙)의 해—이용을 당하더라도 흔들리는 일은 없는데 남에게 부탁받는 일이 많겠다.
- 정(丁)의 해—이쪽에서 기꺼이 이용당하고 만다.
- 무(戊)의 해—기력(氣力)과 체력이 눈에 뜨이게 쇠진해 간다.
- 기(己)의 해—힘이 약한데 아직도 남에게 봉사코자 하여 더욱 쇠약해진다.
- 경(庚)의 해—분쟁의 해인데 모든 일이 순조롭게 풀려 나간다.
- 신(辛)의 해—남에게 이용당하기 쉬우나 어떻게든 임기응변으로 넘어간다.
- 임(壬)의 해—자신이 약해져 있는데 가혹하게도 외부의 압력이 가해진다.
- 계(癸)의 해—이 해는 남으로부터 이용당하는 일도 없고, 독립독보(獨立獨步)로 몸의 컨디션도 순조롭겠다.

───── 병일(丙日)·기년(己年) 생(生) ─────

- 갑(甲)의 해―봉사를 하려고 해도 그것을 받아들일 사람이 없다. 노력은 하지만 모두가 헛수고에 지나지 않는다.
- 을(乙)의 해―남을 위해서 최선을 다하지만 이쪽의 힘이 소모되는 일이 없으며 여력 또한 충분하다.
- 병(丙)의 해―남들이 의지해 오더라도 끄떡없을 만큼 힘이 강한 해이다.
- 정(丁)의 해―애써서 남에게 봉사하건만 어색한 관계가 되고 만다.
- 무(戊)의 해―에너지를 빼앗기게 되어 애써서 당긴 불이 꺼질 것 같다.
- 기(己)의 해―좋은 면으로 우롱당할 해이다.
- 경(庚)의 해―분쟁이 일어나겠으며 그것도 고전을 면치 못하겠다.
- 신(辛)의 해―남에게 봉사를 하기보다는 내 몸이 제일이라며 유연하게 대처해 나간다.
- 임(壬)의 해―남의 일에만 매어 있으면 손해가 될 것이다.
- 계(癸)의 해―애써 손을 뻗더라도 상대방은 자기 일에만 매달리어 거들떠 보지도 않는다.

- 갑(甲)의 해—여유를 가지고 싸우며 승리할 해이다.
- 을(乙)의 해—혼자서 씨름을 하는 격이 될 듯하다.
- 병(丙)의 해—강력한 힘을 발휘해서 유아독존형(唯我獨尊型)으로 군림하겠다.
- 정(丁)의 해—적(敵)을 억압할 수가 없다.
- 무(戊)의 해—싸우더라도 중개인이 끼어들어서 사건은 벌어지지 않는다. 균형이 잡힌 해이다.
- 기(己)의 해—파란이 많은 해이다. 힘겨운 상대방으로부터 우롱당할 수밖에 없다.
- 경(庚)의 해—상대방이 너무 강하므로 대장의 자리도 안전하다고 할 수 없다. 방심은 금물이다.
- 신(辛)의 해—유아독존형(唯我獨尊型)이면서도 주위 사람들과는 언제나 화기애애하다.
- 임(壬)의 해—억압을 당하기도 하고 억압하기도 하여 동작이 자유롭지 못하다.
- 계(癸)의 해—충돌이 일어날 해인데, 상대방이 한눈을 팔고 있다.

- 갑(甲)의 해—요령있게 움직일 수는 없겠지만, 유연한 기미가 있다.
- 을(乙)의 해—은혜 받기를 기대할 수가 없지만 느긋하게 지낼 해이다.
- 병(丙)의 해—충분한 자력(自力)을 배경으로 하여 자기 페이스로 나아갈 해가 될 것이다.
- 정(丁)의 해—어색한 인간관계가 되겠으나, 남의 일은 그다지 신경을 쓰지 않는다.
- 무(戊)의 해—파워가 결여되는 수가 있더라도 능히 뛰어 넘을 수 있을 것이다.
- 기(己)의 해—비록 남에게 힘을 빌려 주더라도 자기 페이스가 붕괴될 위험은 없다.
- 경(庚)의 해—유아독존형(唯我獨尊型)으로 군림하기는 어렵겠으나 자기 페이스는 유지된다.
- 신(辛)의 해—유유하게 지낼 해이다.
- 임(壬)의 해—외부의 압력이 심하더라도 대과(大過)없이 지낼 해이다.
- 계(癸)의 해—외부와는 절연하다시피 하고 유유자적하는 해이다.

—— 병일(丙日)·임년(壬年) 생(生) ——

- 갑(甲)의 해—중개자가 나서서 파란을 방지해 준다.
- 을(乙)의 해—외부의 압력에 견디어 낼 수 있는 강력한 도움을 기대할 수 있을 것이다. 전면적인 피해는 입지 않는다.
- 병(丙)의 해—파란은 면키 어려워도 자력(自力)이 강하므로 걱정할 것 없다.
- 정(丁)의 해—외부의 압력이 운좋게 사라지고 마음이 가벼워진다.
- 무(戊)의 해—외부의 압력이 가해지고 자기의 힘이 약해져서 어떻게든 몸을 보호하고 싶다.
- 기(己)의 해—남을 위해서 봉사하는 것은 좋겠지만, 자신의 힘이 없어진다.
- 경(庚)의 해—남으로부터 억압당하거나 자기 쪽에서 억압하거나 하는데, 이런 일이 자주 반복되므로 그 몸이 견디어 내지 못한다.
- 신(辛)의 해—외부의 압력을 멋지게 피해 나간다.
- 임(壬)의 해—외부의 압력이 강력하다. 움직일 수 없는 국면에 부닥친다.
- 계(癸)의 해—상대방의 힘이 분산되어 큰 사건은 일어나지 않을는지 모르지만 피해는 각오해야 한다.

──── 병일(丙日)·계년(癸年) 생(生) ────

• 갑(甲)의 해─타인의 힘을 빌려 쓰기 원하며, 더구나 상대방은 힘
이 되어 주는 것을 기뻐한다.

• 을(乙)의 해─자유로이 활동할 수 있는 해이다.

• 병(丙)의 해─주위에 한눈을 팔지 아니 하고 오로지 자신의 길을
걸어 나간다.

• 정(丁)의 해─냉랭하던 사이가 지속되다가 충돌이 일게 될는지도
모른다. 상대방은 강하지 못하다.

• 무(戊)의 해─원래는 소모의 해이지만, 낭비 없이 지낼 수가 있을
것이다.

• 기(己)의 해─실로 오로지 봉사만 하는 해이다.

• 경(庚)의 해─자기만이 사람들을 리드해 나갈 수 있다고 기개에
넘쳐 있다.

• 신(辛)의 해─오로지 자기 방법대로 전진하는 해이다.

• 임(壬)의 해─공격당하게 되더라도 그 위협은 대단치 않을 것이
다.

• 계(癸)의 해─외부는 시끄럽겠지만, 오불관언(吾不關焉)의 해이
다.

- 갑(甲)의 해—은혜의 원천이 강력한 만큼 이익을 많이 얻겠다.
- 을(乙)의 해—행동을 멋지게 하고 그 보수도 분수껏 받을 수 있는 은혜로운 해이다.
- 병(丙)의 해—라이벌의 등장으로 힘이 빠지고, 마음에 걸리는 일이 많을 것이다.
- 정(丁)의 해—천혜(天惠)와 자력(自力)의 충실함으로 안 되는 일이 없는 운세이다.
- 무(戊)의 해—축복받은 힘을 오로지 봉사에 돌리고 마는 중개자 역할을 하는 해가 되겠다.
- 기(己)의 해—외부로부터의 원조는 없어지지만, 독립독보(獨立獨步)의 기개가 넘친다.
- 경(庚)의 해—남을 의지하지 말 일이다. 의지해야 할 사람의 힘이 약해져 있다.
- 신(辛)의 해—조력에 축복하고 승리자로서 군림한다.
- 임(壬)의 해—남으로부터의 원조는 없어지겠지만, 유유히 지내며 기가 죽지 않는다.
- 계(癸)의 해—거센 파도가 닥쳐 오더라도 참아내고 위기를 넘기겠다.

──── 정일(丁日) · 을년(乙年) 생(生) ────

- 갑(甲)의 해—자력(自力)이 붙는 데다가 요령있게 활동해서 이익을 올린다.
- 을(乙)의 해—도와주려는 상대방을 만나게 되어 축복받게 된다.
- 병(丙)의 해—라이벌이 출현하며, 그 라이벌과 둘이서 같은 상대방으로부터 이익을 침해당하는 형국이다. 약한 운세이다.
- 정(丁)의 해—사람을 이용할 뿐 아니라 자력(自力)이 붙어서 왕성한 운세이다.
- 무(戊)의 해—남에게 서비스를 하더라도 없어지지 않을 만큼 힘이 충분하다.
- 기(己)의 해—도움을 받기도 하고 주기도 하며 인간관계가 부드럽게 된다.
- 경(庚)의 해—오로지 실력만으로 승부를 할 해이다.
- 신(辛)의 해—가볍게 활동을 하되 승리할 해이다.
- 임(壬)의 해—남을 의지하지 않고 유유자적하면서도 순조롭게 보낼 수 있는 해이다.
- 계(癸)의 해—외부로부터 압력이 있어도 끄떡 없겠다.

──── 정일(丁日)·병년(丙年) 생(生) ────

- 갑(甲)의 해—보응을 누워서 기다릴 수는 없다. 서둘러야 한다.
- 을(乙)의 해—라이벌에게 세(勢)가 생겨서 장해가 발생한다.
- 병(丙)의 해—자력(自力)을 발휘할 수 없다.
- 정(丁)의 해—대인관계에 차질이 생기더라도 이쪽이 강력한 입장이다.
- 무(戊)의 해—남을 위하여 봉사하려고 하지만 전력투구는 무리이다.
- 기(己)의 해—자기가 이용당하게 될 입장이다. 더구나 상대방이 강력하게 착취하는 입장이다.
- 경(庚)의 해—라이벌이 다른 일에 한눈을 팔고 있는 까닭에 자유로이 움직일 수 있다.
- 신(辛)의 해—어색했던 입장이 사라지고 자기의 의지대로 풀려나가겠다.
- 임(壬)의 해—귀찮은 일에는 눈을 감고 유연하게 있을 때이다. 라이벌은 사라진 것이나 마찬가지이다.
- 계(癸)의 해—머리는 억눌리고 발에는 족쇄가 채일 운세이니, 고생이 많겠다.

- 갑(甲)의 해—탄력이 붙어서 손을 댈 수 없을 만큼 강운(强運)이다.

- 을(乙)의 해—상대방을 이용하여 착취하는 세(勢)이다. 너무 착취하지 않도록 주의해야 한다.

- 병(丙)의 해—힘이 약해지지만 그래도 무사하다.

- 정(丁)의 해—세(勢)가 지나치게 강하여 자아가 너무 노출된다. 도리어 자중할 때이다.

- 무(戊)의 해—오로지 봉사함으로써 넘치는 에너지를 상대방에게 쏟는다.

- 기(己)의 해—다소 이용을 당하더라도 끄떡도 하지 않을 만큼 파워가 붙어 있다.

- 경(庚)의 해—주위 일에 한눈을 팔지 아니 하고 자신의 길을 걷는다.

- 신(辛)의 해—힘이 왕성하므로 유아독존형(唯我獨尊型)으로서 의기양양하다.

- 임(壬)의 해—강력한 세(勢)로 비장한 태도의 생활을 할 수가 있다.

- 계(癸)의 해—외부의 압력으로 고통을 받게 되겠으나 자기의 파워가 강하여 견디어 낼 수 있다.

─────── 정일(丁日)·무년(戊年) 생(生) ───────

• 갑(甲)의 해—봉사를 하거나 또 남으로부터 봉사를 받거나 하여 파이프의 역할을 해 낸다.

• 을(乙)의 해—힘을 축적하고 있으므로 유유히 남의 일을 돌보아 주게 될 것이다.

• 병(丙)의 해—남을 도울 만한 힘은 있다.

• 정(丁)의 해—남에게 봉사할 뿐 아니라 자신의 주장도 잊지 않는다.

• 무(戊)의 해—에너지가 소모된다.

• 기(己)의 해—이용당하거나 봉사하거나 하여 몸을 지탱할 수가 있다. 자력(自力)을 비축하는 것이 제일이다.

• 경(庚)의 해—힘이 약해져 있는 상대방에게 봉사하는 형국으로서 그쪽에서는 기뻐한다.

• 신(辛)의 해—분쟁이 있는 때이며, 상대방에게 힘이 있어서 고전을 하게 된다.

• 임(壬)의 해—유유하게 지내며 자기 페이스를 유지한다.

• 계(癸)의 해—행동이 봉쇄될 때인데 상대방이 온화하므로 무사히 끝난다.

- 갑(甲)의 해―외부로부터 도움이 있어서 소모하는 힘을 보충해 줄 것이다.
- 을(乙)의 해―주고 받는 등 균형이 잡히는 해이다.
- 병(丙)의 해―자신을 이용하려는 사람에게 우롱당한다.
- 정(丁)의 해―이용을 당하더라도 끄떡도 하지 않을 만큼 힘이 붙어 있다. 남의 일을 돌보아 줄 운세이다.
- 무(戊)의 해―봉사하기도 하고 이용당하기도 하여 소모가 격심할 것이다.
- 기(己)의 해―상대방이 적극적으로 이용하기 때문에 참아내기 어렵다. 억지로 달라붙게 될 위험도 있다.
- 경(庚)의 해―이용당하되, 연고도 아무것도 없는 사람에게 이용당한다.
- 신(辛)의 해―분쟁의 해이다. 그러나 유연하게 추진되어 나갈 것이다.
- 임(壬)의 해―비록 이용을 당하더라도 유연하게 자기의 길을 걸어나가는 케이스는 변치 않을 것이다.
- 계(癸)의 해―이용당해서 지친 터인데 또 외부의 압력이 가해져 온다.

- 갑(甲)의 해—주위로부터 원조를 풍성하게 받고 자기의 길을 돌진해 나갈 것이다.
- 을(乙)의 해—상대방을 이용코자 하지만 그 상대방의 힘이 없어지고 만다.
- 병(丙)의 해—어색한 인간관계가 형성된다. 얼마 되지는 않지만 자신에게 이익이 있다.
- 정(丁)의 해—자아가 강렬하게 노출되며, 오로지 자기의 길을 걸어가는 해이다.
- 무(戊)의 해—남을 위해 도와주지 않을 수 없는 운세이다.
- 기(己)의 해—누군가에게 이용당하는 한편, 간접적으로 남을 위해 최선을 다하게 된다.
- 경(庚)의 해—시끄러운 주변의 일에도 냉정하게 대처해 나간다.
- 신(辛)의 해—파란이 있는 해이지만, 상대방을 억눌러서 승리하는 해이기도 하다.
- 임(壬)의 해—너는 너, 나는 나라는 식으로 세상사에 전혀 무관심한 해이다.
- 계(癸)의 해—강력한 적에게 억눌리어 움직일 수조차 없다.

- 갑(甲)의 해—외부로부터 힘을 얻어서 파란을 극복하고 보기 좋게 승리한다.
- 을(乙)의 해—요령있게 돌아다니면서 승리의 자리를 점유한다.
- 병(丙)의 해—억압해야 할 상대방이 없어졌기 때문에 할 일이 없어서 따분하다.
- 정(丁)의 해—파란을 극복하고 오직 자기의 길을 걸어가는 여유가 있다.
- 무(戊)의 해—힘겨운 상대가 나타나서 유유히 승리하기란 쉽지 않을 것이다.
- 기(己)의 해—만사가 순조롭게 진행되고 항상 승리자가 된다.
- 경(庚)의 해—적(敵)의 힘이 분산되어 손쉽게 승기(勝機)를 잡는다.
- 신(辛)의 해—파란의 해이다. 더구나 굴복시키려고 하는 상대방이 힘겨울 것이다.
- 임(壬)의 해—주변의 일에 개입하는 것이 귀찮아서 자기 구멍 속에서 숨어 지내는 해이다.
- 계(癸)의 해—남의 일에 간섭을 하고자 하나 자신이 오히려 간섭을 받게 되고 잘 움직이지 못한다.

──── 정일(丁日)·임년(壬年) 생(生) ────

• 갑(甲)의 해—보응을 기다리는 해이지만 큰 기대는 무리이다. 자기 페이스를 흐트러뜨리지 말 일이다.

• 을(乙)의 해—요령있게 행동할 필요도 없이 만족함을 알고 유유히 지내는 해이다.

• 병(丙)의 해—하는 일이 잘 안 되더라도 무사하게 지낸다.

• 정(丁)의 해—자력(自力)이 있다 하더라도 자기 페이스가 바람직한 때이다.

• 무(戊)의 해—오로지 봉사하고 싶은 충동이 있다 하더라도 내 몸이 제일이니 조심해야 한다.

• 기(己)의 해—원래는 소모되는 해인데 원조를 받기도 하겠다.

• 경(庚)의 해—다른 일에 한눈 파는 일 없이 자신의 길을 담담하게 걸어가는 해이다.

• 신(辛)의 해—유유자적하더라도 어딘지 유아독존형(唯我獨尊型)이 엿보인다.

• 임(壬)의 해—다른 사람의 충실함이 그대로 자신의 충실함이 된다.

• 계(癸)의 해—외부의 압력은 가혹하지만 무사안태(無事安泰)할 추이(推移)이다.

―――― 정일(丁日)·계년(癸年) 생(生) ――――

- 갑(甲)의 해—원군(援軍)을 얻어서 어떻게든 외부의 압력에 견디어낸다.
- 을(乙)의 해—이 해는 안태(安泰)하고 원만하지만 피해의식은 남는다.
- 병(丙)의 해—충돌과 중압(重壓)으로 사면초가의 해이다.
- 정(丁)의 해—자력(自力)이 붙어 있기 때문에 다소의 압력은 헤치고 나간다.
- 무(戊)의 해—의기양양해 하고 자신의 주장이 통하는 해이다.
- 기(己)의 해—외부의 압력이 가해 오고 세(勢)는 쇠진해 가니 걷어차이고 짓밟히는 해이기도 하다.
- 경(庚)의 해—외부의 압력이 일단 힘을 재정비해서 가해 온다. 무정할 정도의 압력이다.
- 신(辛)의 해—억압하기도 하고 억압을 당하기도 하여 역경에서 헤어나지를 못한다.
- 임(壬)의 해—외부의 압력을 잘 넘기게 되어 유연한 생활을 할 수가 있다.
- 계(癸)의 해—주위로부터의 압력이 가해져 오므로 엄중한 주의가 요망된다.

• 갑(甲)의 해—압력이 이중으로 가해져서 곤란한 문제가 자꾸 생긴다. 주의를 요하는 해이다.

• 을(乙)의 해—공격해 오는 상대쪽에 내란(內亂)이 일어나서 위협은 그다지 받지 않고 끝나게 된다.

• 병(丙)의 해—안일하고 원만한 해가 된다.

• 정(丁)의 해—도움을 얻어서 외부의 압력에 대항할 수 있다.

• 무(戊)의 해—장해를 제거하고 최후까지 자기 주장을 관철시킨다.

• 기(己)의 해—압력이 사라지고 자신의 뜻이 쉽게 이루어진다.

• 경(庚)의 해—문제 해결을 강요당하더라도 자신에게 그 힘이 없기 때문에 소모만 심할 뿐이다.

• 신(辛)의 해—자신의 행동도 봉쇄당한 터인데, 남에게 정력을 쏟으려고 하니 몸이 견디어 내지 못하겠다.

• 임(壬)의 해—셋이서 서로 견제하기 때문에 행동이 자유롭지 못하다.

• 계(癸)의 해—외부로부터 파도가 밀려 오더라도 그것을 방지할 만한 태도가 준비되어 있다.

―――― 무일(戊日) · 을년(乙年) 생(生) ――――

• 갑(甲)의 해—외부의 압력에 억압당할 때이지만 그 압력이 분산되므로 안태(安泰)하다.
• 을(乙)의 해—외계(外界)는 시끄럽더라도 자신의 길을 걸어간다.
• 병(丙)의 해—요령있게 움직여서 큰 이익을 얻게 될 것이다.
• 정(丁)의 해—외부로부터의 도움을 많이 받아 가지고 자신의 의지를 관철시킨다.
• 무(戊)의 해—착실하고 묵묵히 자기의 길을 걸어가는 해이다.
• 기(己)의 해—곤란한 일이 일어나는 경우가 있더라도 자신감을 잃게 되는 일은 없다.
• 경(庚)의 해—힘이 약해지는 해인데, 그렇다고 걱정할 필요는 없다.
• 신(辛)의 해—에너지를 쏟더라도 그 대가를 기대할 수는 없다. 도리어 자신이 버림을 받게 된다.
• 임(壬)의 해—시원스럽게 승리자로서 군림하게 된다.
• 계(癸)의 해—오불관언(吾不關焉)을 바탕으로 하여 걸어가는 듯한 자기 페이스의 생활을 한다.

────── 무일(戊日)·병년(丙年) 생(生) ──────

- 갑(甲)의 해—원래는 외부의 압력이 심할 때인데 이 사람만은 안태(安泰)하다.
- 을(乙)의 해—남을 이용해서 요령있게 자력(自力)을 비축해 나간다.
- 병(丙)의 해—이용해야 할 상대방이 의지하기에 충분한 힘을 가지고 있다.
- 정(丁)의 해—외부로부터 도움도 가해져서 만사가 순조롭게 진행된다.
- 무(戊)의 해—강력한 충실함을 가지고 자기 주장을 관철시킬 수 있다.
- 기(己)의 해—이용해야 할 상대방이 라이벌에게 손을 빌려 주어 의지할 수가 없고 어색한 관계가 된다.
- 경(庚)의 해—이용하거나 이용당하거나 하여 균형이 잡힌 관계가 생긴다.
- 신(辛)의 해—의지해야 할 상대방의 힘이 약해져서 독립독보(獨立獨步)를 해야 하는 해이다.
- 임(壬)의 해—남을 잘 이용하여 천하를 취할 때이다. 대범하게 추진할 일이다.
- 계(癸)의 해—주위 사람들과 마음이 맞아서 자기 페이스로 된다.

─── 무일(戊日) · 정년(丁年) 생(生) ───

• 갑(甲)의 해—외부의 압력이 가해지는 시기인데 원조를 받게 되어 무사히 넘어가겠다.

• 을(乙)의 해—보응을 누워서 기다리는 해이므로 많은 은혜를 받겠다.

• 병(丙)의 해—남으로부터 많은 은혜를 받게 될 뿐 아니라 요령있게 행동하면 좋은 일이 있을 운세이다.

• 정(丁)의 해—아주 풍부한 보응의 혜택을 받게 되는 해이다.

• 무(戊)의 해—은혜를 베풀고 자신도 적극적으로 행동하는 해이다.

• 기(己)의 해—은혜를 라이벌에게 빼앗길 것 같다.

• 경(庚)의 해—여러 가지 은혜는 있지만 한편으로는 남에게 이용당하여 소모되는 면도 있다.

• 신(辛)의 해—은혜를 입은 자신이 보답을 하는 해이다. 에너지 분배역(分配役)을 하게 된다.

• 임(壬)의 해—외부로부터의 도움이 일시 정지된 형국으로서, 독자적인 힘으로 추진해 나가야 한다.

• 계(癸)의 해—외부로부터의 원조가 허공에 뜨겠으나 유유하게 자기 길을 걸어나간다.

—— 무일(戊日) · 무년(戊年) 생(生) ——

• 갑(甲)의 해—큰 공격의 파란에 휘말리겠으나 감당할 만한 파워가 있다.

• 을(乙)의 해—세상에서 무슨 일이 일어나든, 전혀 무관심하게 자신의 길을 걸어나갈 뿐이다.

• 병(丙)의 해—자력(自力)이 충분한 데다가 요령있게 활동하여 남을 이용한다.

• 정(丁)의 해—많은 원조를 받아서 다시 힘을 발휘한다.

• 무(戊)의 해—자신의 의견을 강력하게 관철시키고 싶겠지만 신중을 기하는 것이 좋겠다.

• 기(己)의 해—자기의 힘이 약해지기는 했지만 아직 남아 있다. 불화가 있겠으나 겁나지 않는다.

• 경(庚)의 해—에너지를 빼앗기겠지만 그 이상으로 자력이 강할 것이다.

• 신(辛)의 해—있는 힘을 모두 쏟아서 남을 위해 최선을 다하고 있으나, 그래도 아직 여력이 있다.

• 임(壬)의 해—환란이 일게 되는 해이지만, 그래도 손쉽게 승리한다.

• 계(癸)의 해—자기 주장이 강하기는 하지만 주위와 조화를 이룬다.

• 갑(甲)의 해―라이벌의 힘이 사라지고 자기 자신을 충분히 발휘할 수 있을 때이다.

• 을(乙)의 해―라이벌의 행동이 주춤해지면서 지금까지 보다 가볍게 움직일 수 있게 된다.

• 병(丙)의 해―트러블에 불이 붙는다. 분쟁이 있을 해이다.

• 정(丁)의 해―같은 분쟁의 해인데 이쪽에 어느 정도의 이익이 있다.

• 무(戊)의 해―자기 의지와 주변 사람들과 뜻이 맞지 않는 일이 많겠지만 행동력은 뛰어나다.

• 기(己)의 해―라이벌이 힘을 길러서 억눌려 오는 기미가 보인다.

• 경(庚)의 해―힘이 부족하다. 건강에도 주의가 필요하다.

• 신(辛)의 해―남에게 은혜를 베풀면서도 뜻이 전해지지 않는 관계가 계속된다.

• 임(壬)의 해―파란이 있어 적(敵)에게 대처하려고 해도 자력이 너무 약하다.

• 계(癸)의 해―온화한 자신으로 되돌아 오고 자기 페이스로 나아간다. 라이벌은 무력하게 된다.

- 갑(甲)의 해—외부의 압력은 심해지고 에너지 낭비가 많아서 피로해진다.
- 을(乙)의 해—이쪽을 사용하고자 하는 상대방의 힘이 쇠퇴해져서 몸은 무사하다.
- 병(丙)의 해—주고 받아서 밸런스가 잡히는 해이다.
- 정(丁)의 해—외부로부터의 원조가 있기 때문에 남에게 이용당하더라도 여력이 있다.
- 무(戊)의 해—이용당하더라도 충분한 파워가 있다.
- 기(己)의 해—어쨌든 소모하기 쉬운 해이다.
- 경(庚)의 해—자신을 이용하고자 하는 상대방의 힘이 너무 강한 까닭에 흔들린다.
- 신(辛)의 해—남에게 이용당하는 데다가 여러 가지 지출이 많기 때문에 몸이 견디기 힘들다.
- 임(壬)의 해—원래는 파란의 해인데 온화한 가운데 승자가 된다.
- 계(癸)의 해—호위가 든든하여 남으로부터 이용당하는 일이 없을 것이다.

―――― 무일(戊日) · 신년(辛年) 생(生) ――――

- 갑(甲)의 해―봉사하려고 해도 내 몸이 억압당하여 행동하지 못한다.
- 을(乙)의 해―세상과는 인연을 끊고 오로지 자기 일에만 열중하지만 성과가 없다.
- 병(丙)의 해―오로지 자기 주장의 해이다.
- 정(丁)의 해―남의 도움을 받으면서 자신도 남에게 봉사한다.
- 무(戊)의 해―자신을 위해서도 활동을 하는 해이다.
- 기(己)의 해―봉사하면서 대인관계에 마찰이 많고 소모도 많은 해이다.
- 경(庚)의 해―그저 에너지를 소모하고, 기력도 모자라는 해이다.
- 신(辛)의 해―오로지 봉사에 열중하지만, 그 상대방으로부터 우롱당한다.
- 임(壬)의 해―파란의 해이다. 승자로 남게 된 상대방에게 휘둘리게 된다.
- 계(癸)의 해―남을 위해 일을 한다기보다 자신을 중요시할 뿐으로 날이 가는 해이다.

• 갑(甲)의 해—억압하거나 억압당하거나 서로가 견제하여 활동이 자유롭지 못하다.

• 을(乙)의 해—세상과는 교섭을 끊고 오로지 승리자로서 군림할 뿐이다.

• 병(丙)의 해—남의 힘을 이용해서 상대방을 굴복시킨다.

• 정(丁)의 해—충돌해야 할텐데, 그 상대가 없어서 할 일이 없는 느낌이다.

• 무(戊)의 해—마력(馬力)으로 상대방을 압도하는 듯한 박력이 치솟는다.

• 기(己)의 해—고전(苦戰)을 강요당할는지도 모른다.

• 경(庚)의 해—파란이 끝나고 최후에는 자기가 승자로 남는다.

• 신(辛)의 해—왕자(王者)의 입장에 변함은 없다 하더라도 정력의 낭비가 심할 것이다.

• 임(壬)의 해—상대방을 굴복시키려고 해도 상대방이 너무 강하므로 고전을 하게 된다.

• 계(癸)의 해—승리자로서 군림하기보다는 자기 페이스를 지키는 것이 바람직하다. 온화한 해이다.

─── 무일(戊日)·계년(癸年) 생(生) ───

- 갑(甲)의 해―외부의 압력이 무서운 해이기는 하지만, 무사히 지내게 된다.
- 을(乙)의 해―극히 냉랭하게 그리고 그저 자기 페이스로 지낸다.
- 병(丙)의 해―여유를 가지고 자기 길을 걸어가는 해이다.
- 정(丁)의 해―남의 도움에 의지하지 않고 자기 페이스로 나아간다.
- 무(戊)의 해―자신을 주장하는 면은 있지만, 주위와는 조화를 이루어 나간다.
- 기(己)의 해―시종일관 부드러운 분위기로 지내는 해이다.
- 경(庚)의 해―원래는 소모가 많은 해이지만, 원만하게 넘어갈 수 있겠다.
- 신(辛)의 해―남의 일 따위는 관계하지 아니 하고 자기 본위로 나날을 보낸다.
- 임(壬)의 해―승리자가 되기보다는 자기 만족을 구하는 것이 앞서는 해이다.
- 계(癸)의 해―소극적인 공격을 받는 해이지만 어디까지나 자기 페이스로 아주 안태(安泰)한 해이다.

────── 기일(己日)·갑년(甲年) 생(生) ──────

• 갑(甲)의 해 – 다소 수동적으로 움직이겠지만 충실한 해이다.
• 을(乙)의 해 – 외부의 압력이 가해져 오더라도 호위가 든든하여 반격할 수 있다.
• 병(丙)의 해 – 외부로부터 오는 도움도 허공에 뜨고 해서 유연하게 자기 페이스로 지내는 해이다.
• 정(丁)의 해 – 남을 이용코자 하는데, 시시한 것은 생각하지도 않는다.
• 무(戊)의 해 – 어색하지 않고 아주 온화한 해이다.
• 기(己)의 해 – 자기 페이스이지만 충실함에 가득 차 있다.
• 경(庚)의 해 – 남에게 봉사하기보다 자신의 몸이 중요하다는 이기적인 면이 엿보인다.
• 신(辛)의 해 – 원래는 소모하는 해이겠지만, 든든한 호위가 있어서 무사하다.
• 임(壬)의 해 – 세상 사는 세상사라며 냉정하게 잘라버리듯하며, 자기 자신의 태도를 분명히 나타낸다.
• 계(癸)의 해 – 사람을 굴복시키는 야심은 없어지고 대범한 면을 보인다.

518

- 갑(甲)의 해 – 행동의 제약을 받을 듯하게 되지만, 자기의 페이스를 지킨다.
- 을(乙)의 해 – 억압해 오는 힘이 강대하니 각오가 필요하다.
- 병(丙)의 해 – 외부로부터의 도움으로 자신의 힘이 강해지며, 공격을 뿌리칠 수 있다.
- 정(丁)의 해 – 외부로부터의 압력 사이에 쿠션이 생겨서 안태(安泰)하다.
- 무(戊)의 해 – 자신의 힘이 분산되어 몰아쳐 오는 파도에 대항하지 못한다.
- 기(己)의 해 – 내부에 힘이 생겨서 다소의 공격에는 끄떡도 하지 않는다.
- 경(庚)의 해 – 외부의 힘은 사라지고 해방된 듯 활발하게 활동한다.
- 신(辛)의 해 – 외부로부터의 공격에 들볶이고 있는 데다가 자기의 힘도 빼앗기게 된다.
- 임(壬)의 해 – 일단 가혹한 공격을 받게 될 것이다.
- 계(癸)의 해 – 억압을 당할 뿐 아니라 자기도 억압을 하는 등 서로 견제하여 움직이지 못하게 된다.

- 갑(甲)의 해 – 자기 페이스를 지키는 해이다.
- 을(乙)의 해 – 외부의 압력이 가해지겠으나 외부의 도움을 얻어서 견디어 낼 수 있다.
- 병(丙)의 해 – 넘치는 은혜를 남으로부터 받게 된다.
- 정(丁)의 해 – 은혜를 입을 뿐 아니라 요령있게 남을 이용한다.
- 무(戊)의 해 – 남으로부터 받는 은혜를 그다지 기대할 수 없게 된다. 라이벌에게 빼앗기기 때문이다.
- 기(己)의 해 – 강한 자아가 한층 더 돋보이나 그렇다고 해서 폭주(暴走)라고까지는 할 수 없다.
- 경(庚)의 해 – 남으로부터 도움을 받고 자기 또한 남을 돕는 상호부조의 해이다.
- 신(辛)의 해 – 그 어디에서도 원조의 손을 뻗치지 않고 독립해서 움직일 수밖에 없다.
- 임(壬)의 해 – 상대방을 복종시키고자 하는 세가 더욱 강렬하여 본인에게 유리하게 된다.
- 계(癸)의 해 – 상대방을 복종시키고자 하는 세가 강렬하다.

—— 기일(己日) · 정년(丁年) 생(生) ——

• 갑(甲)의 해 – 요령있게 활동하던 것을 중지하고 자기 페이스로 유유자적하겠다.

• 을(乙)의 해 – 외부의 압력을 받는 해이지만, 이 타입은 별 사고 없이 지내겠다.

• 병(丙)의 해 – 외부의 원조를 많이 받아서 의기양양하겠다.

• 정(丁)의 해 – 의지하는 사람에게 힘이 생겨서 이용할 가치가 있겠다.

• 무(戊)의 해 – 라이벌이 나타나고, 그 라이벌이 힘을 기르고 있으니 주의해야 한다.

• 기(己)의 해 – 남을 이용할 수가 있고, 또 자력도 생겨서 더할 나위 없겠다.

• 경(庚)의 해 – 여력을 가지고 남에게 봉사할 수 있는 해이다.

• 신(辛)의 해 – 이용하고 이용당하는 가운데 부드러운 해가 된다. 밸런스가 잡힌 운세이다.

• 임(壬)의 해 – 이용할 수 있는 사람이 사라짐으로써 자력에 의지할 수밖에 없겠다.

• 계(癸)의 해 – 요령있게 힘을 비축해서 파란이 일어나더라도 미묘한 면에서 승리할 수 있다.

- 갑(甲)의 해 ─ 어색한 관계는 사라지고 유유자적하는 해이다
- 을(乙)의 해 ─ 자력이 분산되며, 그곳으로 외부의 파도가 밀려 들어온다.
- 병(丙)의 해 ─ 인간관계가 조화되지 않고, 애써서 얻은 은혜도 제 구실을 하지 못하게 된다.
- 정(丁)의 해 ─ 어색한 관계가 한층 더 심해진다.
- 무(戊)의 해 ─ 라이벌의 힘이 강해지고 어색한 가운데 무력감이 나타난다.
- 기(己)의 해 ─ 자력이 강한 까닭에 무리를 하더라도 이것이 통하게 된다.
- 경(庚)의 해 ─ 자력이 분산되고 남에게 은혜를 베풀게 되어 소모만이 있을 뿐이다.
- 신(辛)의 해 ─ 어색한 분위기 속에서 힘이 낭비되고 만다.
- 임(壬)의 해 ─ 세상과는 교섭을 끊고 어색한 인간관계만 남는다.
- 계(癸)의 해 ─ 억압해야 할 상대방이 사라져서 자기 일에만 얽매이게 된다.

—— 기일(己日)·기년(己年) 생(生) ——

- 갑(甲)의 해 – 여유를 가지고 세상과 조화를 이루고 유유자적하는 나날을 보낸다. 자력도 충실하다.
- 을(乙)의 해 – 외부의 압력이 가해지겠지만, 약한 상대이므로 이쪽은 자력으로 충분히 막아낸다.
- 병(丙)의 해 – 외부로부터의 도움도 있어서 불이 붙은 것처럼 자아(自我)가 불타 오른다.
- 정(丁)의 해 – 여력이 충분한데도 다시 남을 이용코자 하는 세이다.
- 무(戊)의 해 – 부드러운 무드이지만 인간관계는 어색한 사이이다.
- 기(己)의 해 – 자기 주장이 지나치게 강해서 신중을 기할 필요가 있다.
- 경(庚)의 해 – 여력을 경주하여 남에게 서비스할 때이다.
- 신(辛)의 해 – 원래는 소모할 때인데 파워가 강해서 무난하다.
- 임(壬)의 해 – 세상사에는 아주 무관심하고 오로지 자아를 전면(前面)에 내세우기만 한다.
- 계(癸)의 해 – 파란의 때이지만 여유를 가지고 승리를 얻는다.

- 갑(甲)의 해 — 서비스 정신을 잊고 자기 일에만 얽매인다.
- 을(乙)의 해 — 장해가 덮쳐 와서 남의 일을 생각할 여유가 없다.
- 병(丙)의 해 — 외부로부터의 도움을 많이 받고 자신도 남에게 봉사하는 해이다.
- 정(丁)의 해 — 상대방의 힘을 흡수하고 남에게 그것을 쏟는 해이다.
- 무(戊)의 해 — 자력이 분산되어 남에게 서비스조차 할 수가 없다.
- 기(己)의 해 — 봉사 뿐만 아니라 자신의 주장도 잊지 않는다.
- 경(庚)의 해 — 애써서 봉사를 하고 있건만 상대방으로부터 우롱당하게 된다.
- 신(辛)의 해 — 에너지를 소모한다. 건강에 주의해야 할 일이다.
- 임(壬)의 해 — 욕심없이 보답을 기대하지 않은 채 봉사하는 해이다.
- 계(癸)의 해 — 남의 위에 서 보려고 하지만, 적(敵)은 만만치 않으니 주의를 해야 한다.

- 갑(甲)의 해 – 이용당하는 일이 있어도 동요되지 않을 만큼 호위가 든든할 것이다.
- 을(乙)의 해 – 소모하고 있는 데다가 외부의 압력이 가해져서 참기 어려울 것이다.
- 병(丙)의 해 – 이용하고자 하는 상대방의 힘이 대단치 않으니 자신의 힘을 마음껏 발휘할 일이다.
- 정(丁)의 해 – 도움을 받기도 하고 도움을 주기도 하며 대립하는 것을 연결지어 주는 중개역도 한다.
- 무(戊)의 해 – 대인관계에 어색하여 힘을 소모하게 된다.
- 기(己)의 해 – 자력이 붙어서 남으로부터 이용당하더라도 충분히 견디어낼 것이다.
- 경(庚)의 해 – 주위로부터 휘둘림을 당하게 되는 해이다.
- 신(辛)의 해 – 이용당하기도 하고 힘이 소모되는 등 마이너스를 강요당하는 운세이다.
- 임(壬)의 해 – 이용당하더라도 간접적으로 사람을 돕는다.
- 계(癸)의 해 – 대장(大將)이 될 기회가 있더라도 너무나 원만해서 우수한 리더로 만족한다.

• 갑(甲)의 해 – 세상과는 아주 교섭을 끊고 자신의 껍질 속으로 숨어 버리는 해이다.
• 을(乙)의 해 – 덮쳐오는 외부의 압력에 힘을 얻어서 더욱 강해진다.
• 병(丙)의 해 – 외부로부터 도움이 있기는 하지만 강력한 도움은 되지 못한다.
• 정(丁)의 해 – 원래는 사람을 이용할 수 있겠으나 그 상대를 발견하지 못한다.
• 무(戊)의 해 – 주위와 엇갈림이 많은 해이다.
• 기(己)의 해 – 자아가 강하게 나타나서 마치 한 마리의 이리와 같은 세이다.
• 경(庚)의 해 – 오로지 서비스하는 일에 열중하므로 해서 자연히 세상과도 인연을 맺게 되는 해이다.
• 신(辛)의 해 – 시원스런 인품이건만 이용만 당해서 피곤해진다.
• 임(壬)의 해 – 세상의 소동과는 관계없이 지내게 된다.
• 계(癸)의 해 – 파란의 해인데 가볍게 넘기고 승리자로 군림하게 된다.

- 갑(甲)의 해 – 분쟁을 잊고 한숨 돌리는 해이다.
- 을(乙)의 해 – 억압당하고 억압을 하는 등 파란의 소용돌이 속에서 행동도 자유롭지 못하다.
- 병(丙)의 해 – 외부로부터의 원조가 있는 까닭에 파란이 있더라도 이겨낼 수 있다.
- 정(丁)의 해 – 남을 이용해서 자력을 기르고, 승자로서 군림한다.
- 무(戊)의 해 – 억압해야 할 상대가 사라져서 우두머리의 위용(威容)도 발휘할 곳이 없다.
- 기(己)의 해 – 여유를 가지고 상대를 제압하는 가운데, 자아를 주장한다.
- 경(庚)의 해 – 억압해야 할 상대방이 힘을 길렀기 때문에 고전을 면치 못한다.
- 신(辛)의 해 – 유아독존형(唯我獨尊型)의 기질이 심했으나 다소 완화된다.
- 임(壬)의 해 – 억압해야 할 상대방의 힘이 분산되어 어렵지 않게 승리를 얻는다.
- 계(癸)의 해 – 억압해야 할 상대방의 힘이 갑자기 강해져서 일어나게 될 파란을 각오해야 한다.

──── 경일(庚日) · 갑년(甲年) 생(生) ────

- 갑(甲)의 해 — 상대방이 눈에 뜨이도록 자력(自力)을 기르고 있다. 힘겨운 상대인 만큼 피하는 것이 상책이다.
- 을(乙)의 해 — 자신을 내세우지 않는 부드러운 해이다.
- 병(丙)의 해 — 외부의 압력이 엄습해 와서 행동이 봉쇄당한다.
- 정(丁)의 해 — 주위에서 무슨 일이 일어나든 자기는 유아독존(唯我獨尊)으로 지낸다. 그러나 고독을 느낀다.
- 무(戊)의 해 — 남을 이용해서 힘을 증폭하고, 그 힘으로 상대방에게 급습을 가하여 상당한 파괴력을 지닌다.
- 기(己)의 해 — 남으로부터 은혜를 많이 받아서 유유히 승리자의 자리에 앉는다.
- 경(庚)의 해 — 자력(自力)이 붙어서 당당하게 승리자임을 자처한다.
- 신(辛)의 해 — 파란을 타고 상대방을 압도하려고 하지만, 역부족이니 주의해야 한다.
- 임(壬)의 해 — 밸런스가 잡힌 온화한 해이므로 냉정하고 원만하게 일을 처리하게 된다.
- 계(癸)의 해 — 굴복시키려고 하지만, 상대방이 힘을 기르고 있기 때문에 마음을 놓을 수가 없다.

- 갑(甲)의 해 – 승리자로서 군림하기보다는 자기 만족으로 충분하다는 생각을 한다.
- 을(乙)의 해 – 미지근한 목욕탕 속에서 수동적으로 서 있는 느낌이다.
- 병(丙)의 해 – 불꽃처럼 외부의 압력이 가해지지만 호위가 든든해서 무사하겠다.
- 정(丁)의 해 – 세상은 세상이고, 나는 나라는 식으로 완전히 끊고 살아간다.
- 무(戊)의 해 – 안태(安泰)의 경지이므로 사람을 이용코자 하는 생각 따위는 하지를 않는다.
- 기(己)의 해 – 모처럼 얻은 하늘의 도움이 허공에 떠 있다.
- 경(庚)의 해 – 여유를 가지고 자기 만족에 살아간다.
- 신(辛)의 해 – 시시한 트러블 따위에는 눈을 감아버릴 수 있는 여유가 있다.
- 임(壬)의 해 – 지출이 심하지만 호위가 든든하여 무난하다.
- 계(癸)의 해 – 남의 일에 얽매이는 것보다 자신의 일이 더 중요하다면서 신중을 기한다.

• 갑(甲)의 해 — 외부에 압력을 가하든가, 또는 외부의 압력을 받아서 세력이 봉쇄되어 있다.
• 을(乙)의 해 — 외부의 압력을 막을 만한 호위가 있어서 다행스럽다.
• 병(丙)의 해 — 외부의 압력이 강해지는 까닭에 주의를 요한다. 정면으로는 대결할 수 없는 상대이다.
• 정(丁)의 해 — 외부의 압력이 분산되므로, 가해져 오는 압력은 약해질 것이다.
• 무(戊)의 해 — 외부의 압력이 누그러져서 온화한 해이다.
• 기(己)의 해 — 외부로부터의 도움이 있어서 자력(自力)이 붙고, 외부의 압력에 견디어낼 수가 있다.
• 경(庚)의 해 — 자신의 힘이 강력하므로 외부의 압력을 두려워하지 않는다.
• 신(辛)의 해 — 이때는 억압하는 외부의 압력이 약해지고 자력(自力)이 생긴다.
• 임(壬)의 해 — 힘이 약해져 있는 데다가 다시 억압이 가해진다.
• 계(癸)의 해 — 세상에 봉사하고 싶어하는 충동을 일으키기는 하지만 안전을 기하기는 어려울 것이다.

─── 경일(庚日) · 정년(丁年) 생(生) ───

• 갑(甲)의 해 ─ 스스로를 그렇게 생각하지 않지만, 남을 억압하는 일이 있을 것이다.
• 을(乙)의 해 ─ 세상과는 완전히 교섭을 끊고 유유자적하는 해가 될 것이다.
• 병(丙)의 해 ─ 외부의 압력이 가해져 오지만, 그 힘이 분산되어 있어서 그다지 가혹하지는 않다.
• 정(丁)의 해 ─ 주위가 시끄럽더라도 자기에게는 상관없다며 딱 잘라 버린다.
• 무(戊)의 해 ─ 남을 이용할 수가 있어서 큰 이익을 보게 된다.
• 기(己)의 해 ─ 은혜를 온통 많이 받게 되는 해이다.
• 경(庚)의 해 ─ 자기 주장이 강렬해지지만, 그만큼 자력(自力)도 붙어 있다.
• 신(辛)의 해 ─ 시원시원한 상태이겠는데, 어쩐지 어색한 관계가 생긴다.
• 임(壬)의 해 ─ 심히 피곤한 해인데 어떻게든 무사히 넘어갈 것이다.
• 계(癸)의 해 ─ 남을 위해서 봉사하고 싶다는 충동이 용솟음치는 해이다.

- 갑(甲)의 해 – 파란이 일더라도 여력이 충분하여 승리하게 된다.
- 을(乙)의 해 – 남에게 의지하고자 하고 마음 따위는 잊어버리고 자기 페이스로 유유자적하는 해이다.
- 병(丙)의 해 – 원래는 외부의 압력을 받지만 온화하게 지나간다.
- 정(丁)의 해 – 이용해야 할 상대방이 이용할 가치가 상당히 있음을 보여준다.
- 무(戊)의 해 – 전년(前年)에 이어서 이용하고자 하는 사람이 있어서 안태(安泰)하며 의지가 되는 동시에 큰 도움이 된다.
- 기(己)의 해 – 은혜로운 일만 일어나니 크게 고마움을 느끼는 해이다.
- 경(庚)의 해 – 여유를 가지고 자기 주장을 펴며, 그것이 잘 통하는 해이다.
- 신(辛)의 해 – 요령있게 행동하지 못하는데, 그에 따라 인간관계 역시 어색해지는 해이다.
- 임(壬)의 해 – 이용하기도 하고 이용을 당하기도 하며 평온무사한 해이다.
- 계(癸)의 해 – 이용코자 하는 사람이 그다지 믿음직스럽지 못하다.

- 갑(甲)의 해 — 은혜가 일시적으로 사라져서 자력(自力)으로 활동해야 한다.
- 을(乙)의 해 — 은혜가 허공에 떠 있어서 혜택을 받기 힘들다.
- 병(丙)의 해 — 외부의 압력이 가해지는 해이지만, 자신의 힘도 강하므로 무난할 것이다
- 정(丁)의 해 — 입는 은혜가 실로 풍부하다.
- 무(戊)의 해 — 남의 도움을 많이 받고 요령있게 행동한다.
- 기(己)의 해 — 애쓸 필요조차 없을 만큼 은혜를 풍부하게 입을 것이다.
- 경(庚)의 해 — 남으로부터 도움을 받지 않아도 좋을 정도로 자력(自力)이 충분하게 붙어있다.
- 신(辛)의 해 — 애써서 얻은 은혜도 라이벌에게 날치기 당하는 형국이다. 그러므로 욕구불만이 남겠다.
- 임(壬)의 해 — 여러 면으로 이용당하여 소모가 많은 해이겠으나 아직도 여력은 충분하다.
- 계(癸)의 해 — 도움만 받는 편이 아니라 돕기도 하는 입장에 선다.

- 갑(甲)의 해 — 파란을 만나게 되겠지만, 자력(自力)을 발휘해서 승리를 하게 된다.
- 을(乙)의 해 — 유유자적하며 더구나 충실함이 넘치는 해이다.
- 병(丙)의 해 — 외부로부터 파도가 밀려 오겠지만 자력(自力)이 있으므로 감내한다.
- 정(丁)의 해 — 남은 남이고 나는 나임을 강렬하게 주장한다.
- 무(戊)의 해 — 자력(自力)의 혜택으로 요령있게 활동하여 이익을 얻게 된다.
- 기(己)의 해 — 남으로부터 입는 은혜가 많고 마침내 힘을 발휘한다.
- 경(庚)의 해 — 개성이 강렬하게 그리고 지나치게 나타난다. 신중을 기해야겠다.
- 신(辛)의 해 — 라이벌이 출현하겠는데, 아직은 자력(自力)이 있으므로 무사하다.
- 임(壬)의 해 — 지출이 심한 반면 자력(自力)이 강하므로 어떻게든 고비를 넘길 수 있다.
- 계(癸)의 해 — 여력이 충분하므로 오로지 봉사에 힘쓴다.

- 갑(甲)의 해 - 상대방을 굴복시키려고 하지만 역부족이다.
- 을(乙)의 해 - 어색했던 관계도 일시 해소되고 마음 먹은 대로 일이 되어간다.
- 병(丙)의 해 - 외부의 압력이 사라지고 모든 일이 뜻대로 되어간다.
- 정(丁)의 해 - 라이벌의 힘이 약해져 있는 것 같다.
- 무(戊)의 해 - 의지할 만한 사람을 애써 찾아냈건만 완전히 이용할 수는 없다.
- 기(己)의 해 - 라이벌이 있어서 많은 은혜를 입을 수가 없다.
- 경(庚)의 해 - 어색한 관계일지라도 아랑곳없이 돌진할 만한 힘이 있다.
- 신(辛)의 해 - 어색한 관계가 더 심화되며 자기 주장이 통하지 않게 된다.
- 임(壬)의 해 - 원래 자력(自力)이 분산되어 있기도 하지만 소모가 극심하다.
- 계(癸)의 해 - 오로지 남에게 봉사하고 싶지만 힘이 부족하다.

─── 경일(庚日)·임년(壬年) 생(生) ───

- 갑(甲)의 해 – 파란 속에서 승리자가 될 때이며 원만하게 일어선다.
- 을(乙)의 해 – 소모시키는 자, 이용하려는 자로부터 자신을 지켜냄으로써 안태(安泰)하다.
- 병(丙)의 해 – 원래 지출을 많이 하고 있는 데다가 외부의 압력이 가해지고 있으므로 주의를 해야 한다.
- 정(丁)의 해 – 자력(自力)을 발휘할 수 있는 해이다.
- 무(戊)의 해 – 이용당하고 있는 자신이 남을 이용하는 등 상호부조를 하는 해이다.
- 기(己)의 해 – 이용을 당하기도 하지만, 은혜를 입어서 파워는 충분하다. 소모당하는 일은 없을 것이다.
- 경(庚)의 해 – 착취당하더라도 그리고 이용을 당하더라도 끄떡도 하지 않을 만큼 자력(自力)이 붙어 있다.
- 신(辛)의 해 – 소모당하고 있다. 주의를 요하는 해이다.
- 임(壬)의 해 – 소모가 격심하니 특별한 주의가 필요하다.
- 계(癸)의 해 – 힘이 부족되고 있다. 남에게 봉사하는 것도 정도에 맞도록 해야 할 일이다.

———— 경일(庚日) · 계년(癸年) 생(生) ————

- 갑(甲)의 해 — 파란 속에서 승리를 얻더라도 상대방이 강하므로 고전하게 될 것이다. 봉사하는 것이 도리어 원수가 된다.
- 을(乙)의 해 — 사람을 돌보기보다 자기 일에 얽매인다.
- 병(丙)의 해 — 남에게 봉사하고 있는 틈을 타서 공격해 오는 자가 있어서 위기를 면치 못하겠다.
- 정(丁)의 해 — 남에게 봉사는 하지만 실은 세상에는 무관심하다.
- 무(戊)의 해 — 한때 남에게 봉사할 것을 잊고 오로지 내 길을 걸어 나간다. 꽤 분방할 것이다.
- 기(己)의 해 — 외부로부터의 도움을 얻어서 여력을 가지고 남에게 봉사할 수 있는 해이다.
- 경(庚)의 해 — 봉사하면서 자기가 갈 길로 나가는 것도 잊지 않는다.
- 신(辛)의 해 — 오로지 최선을 다하려고 하지만 힘이 충분치가 못하다.
- 임(壬)의 해 — 내 몸의 소모로 인하여 남에게 봉사할 수도 있다.
- 계(癸)의 해 — 애써서 서비스를 하면서도, 그 상대방에게 우롱을 당하게 된다.

—— 신일(辛日)·갑년(甲年) 생(生) ——

- 갑(甲)의 해 – 세상에 동요가 있더라도 오불관언(吾不關焉)이다.
- 을(乙)의 해 – 파란의 때이지만, 상대방의 힘이 약하므로 쉽게 승리한다.
- 병(丙)의 해 – 주변의 영향을 전혀 받지 아니 하고 자신의 밸런스도 흐트러뜨리지 아니 한다.
- 정(丁)의 해 – 강력한 외부의 압력이 가해져 오는 해이다.
- 무(戊)의 해 – 남으로부터 은혜를 입겠으나, 은혜 그 자체가 약체(弱體)이다.
- 기(己)의 해 – 이용해야 할 상대방이 의지할 만한 것이 못되어 자력에 호소할 수밖에 없다.
- 경(庚)의 해 – 인간관계가 어색하여 점점 주변과 소원해진다.
- 신(辛)의 해 – 세상과 교섭을 끊고 지내지만, 기세가 등등한 해이다.
- 임(壬)의 해 – 자신은 그럴 생각이 없건만 봉사에 열중하여 간접적으로 주위에 이익을 준다.
- 계(癸)의 해 – 이용당하여 소모되기는 하지만 역시 주위에 이익을 주기도 한다.

———— 신일(辛日) · 을년(乙年) 생(生) ————

• 갑(甲)의 해 – 라이벌의 힘이 약해져 있으므로 쉽게 승리를 얻게 된다.

• 을(乙)의 해 – 유아독존(唯我獨尊)으로 군림코자 해도 상대방이 너무 강하다.

• 병(丙)의 해 – 분쟁이나 파란이 가라앉아서 온화한 해가 된다.

• 정(丁)의 해 – 상당히 가혹한 외부의 압력이 가해짐으로써 행동이 부자유스럽다. 서로 견제하는 해이다.

• 무(戊)의 해 – 은혜를 많이 받아서 여유를 가지고 승리를 얻는다.

• 기(己)의 해 – 요령있게 행동하여 승리를 손에 넣는 해이다.

• 경(庚)의 해 – 억압해야 할 상대가 갑자기 사라져서 아무래도 힘이 주체스럽다.

• 신(辛)의 해 – 원래는 유아독존형(唯我獨尊型)이지만 자력이 붙어서 더욱 의기양양해진다.

• 임(壬)의 해 – 라이벌에게 힘이 붙어서 고전(苦戰)이 강요된다.

• 계(癸)의 해 – 분쟁할 숙명(宿命)이지만, 상호협조를 얻어서 부드럽게 풀어질 추이(推移)이다.

─────── 신일(辛日)·병년(丙年) 생(生) ───────

- 갑(甲)의 해 – 세상사에 유혹당하지 않고, 여유있게 하고자 하는 일을 해나가는 해이다.
- 을(乙)의 해 – 사람 위에 서야겠다는 격렬한 기력(氣力)은 보이지 않고 온화하겠다.
- 병(丙)의 해 – 자기 페이스의 부드러움 속에서도 어딘지 우롱당한다는 느낌이 남게 될 것이다.
- 정(丁)의 해 – 가혹스런 해의 운세인데 호위가 든든하여 별일 없이 끝나겠다.
- 무(戊)의 해 – 은혜가 있더라도 눈을 감으며 받지 않는다.
- 기(己)의 해 – 요령있게 행동하는 재주는 있지만, 그저 자기 페이스가 낫겠다.
- 경(庚)의 해 – 원래는 인간관계까지도 어색하게 되겠지만 부드럽게 끝나겠다.
- 신(辛)의 해 – 온화함 속에서도 충실(充實)함이 넘치는 해이다.
- 임(壬)의 해 – 자기 페이스를 지키는 것이 고작이며, 남을 돌볼 처지가 아니다.
- 계(癸)의 해 – 소모하는 때이지만 호위가 든든하여 무사하다.

- 갑(甲)의 해─상대방에게 강력한 후원자가 생겨서 외부의 압력이 강하기 때문에 상당한 고통을 각오해야 할 때이다.
- 을(乙)의 해─피해자이면서 가해자도 되려 하기 때문에 행동조차 부자유스럽다.
- 병(丙)의 해─외부로부터 밀려오는 파도에 대항할 만한 호위가 있어서 무사한 해이다.
- 정(丁)의 해─외부의 압력이 너무 심하다. 패자가 되는 것을 감수할 수밖에 없겠다.
- 무(戊)의 해─외부로부터 원조가 있어서 외부의 압력에 견디어 낸다.
- 기(己)의 해─공격의 손길이 완화되어 한숨 돌리겠다.
- 경(庚)의 해─라이벌에게 방해를 받는 결과가 되어, 자신의 힘이 약해짐으로써 외부의 압력이 있더라도 저항하지 못한다.
- 신(辛)의 해─거친 파도에 견디어 낼 만한 자력이 붙어 있어서 무사하게 지낸다.
- 임(壬)의 해─외부로부터의 압력이 사라지고 자력을 발휘할 수 있는 해이다.
- 계(癸)의 해─뜻밖의 피해를 받는다거나 사람들로부터 휘둘림을 받아서 소모가 많겠다.

─── 신일(辛日)·무년(戊年) 생(生) ───

- 갑(甲)의 해 – 외부로부터의 도움이 얼마 되지는 않겠지만, 있기는 있을
것이다.
- 을(乙)의 해 – 외부로부터의 원조를 배경 삼아서 승리를 얻게 된다.
- 병(丙)의 해 – 천혜(天惠)가 허공에 떠버리므로 그 은혜의 혜택을 받을
수 없다.
- 정(丁)의 해 – 외부 압력의 공격을 받지만 천혜를 입어서 피할 수 있다.
- 무(戊)의 해 – 넘치는 은혜가 있어서 풍요로운 해이다. 모든 일에 적극
적으로 나서도 좋겠다.
- 기(己)의 해 – 하늘에서 내리는 은혜에 더하여 자신도 요령있게 행동하
여 이익을 얻겠다.
- 경(庚)의 해 – 남으로부터 받게 될 원조에 차질이 생기고, 인간관계까지
도 어색하게 된다.
- 신(辛)의 해 – 남으로부터 받은 지원(支援)에 더하여 자력도 붙으므로
두려울 것이 없는 해이다.
- 임(壬)의 해 – 천혜를 받고 그 은혜를 다시 남에게 나누어 준다. 이른바
중개자 역할을 하는 것이다.
- 계(癸)의 해 – 자력으로 살아나갈 수밖에 없는 해이다.

- 갑(甲)의 해 - 이용하고자 생각하는 상대방이 의지할 바가 못되어 자력으로 나아갈 수밖에 없는 해이다.
- 을(乙)의 해 - 파란이 일 해인데, 여력이 있으므로 쉽게 승리를 얻는 해이다.
- 병(丙)의 해 - 남을 의지할 것도 없이 자기 페이스로 서서히 나아가는 해이다.
- 정(丁)의 해 - 외부의 압력이 습격해 오는 해인데 완화제(緩和劑)가 들어가서 무사하겠다.
- 무(戊)의 해 - 요령있게 행동할 수가 있어서 풍요로운 해가 되겠다.
- 기(己)의 해 - 의지해야 할 상대를 기대했던 대로 의지할 수 있다. 큰 배에 올라 탄 안도감이 있는 해이다.
- 경(庚)의 해 - 의지해야 할 상대가 힘이 약해지고 대인관계도 어색해진다.
- 신(辛)의 해 - 상대방을 이용코자 하는 적극성이 생긴다.
- 임(壬)의 해 - 남에게 은혜를 베푸는 해이다.
- 계(癸)의 해 - 이용하기도 하고 이용을 당하기도 하며 서로 도와서 균형이 잡힌 온화한 해이다.

- 갑(甲)의 해 — 남은 남이고, 나는 나라고 하는 대인관계로 불화가 일어난다.
- 을(乙)의 해 — 남과의 어색한 관계가 일시적으로 가라앉는 해이다.
- 병(丙)의 해 — 장해가 일어나지 아니 하여 한가로우며 안태(安泰)한 해이다.
- 정(丁)의 해 — 자력이 감소되어 있는 데다가 외부의 압력이 가혹하다.
- 무(戊)의 해 — 라이벌에게 방해를 받아서 은혜를 많이 받을 수가 없다.
- 기(己)의 해 — 남을 이용하고자 하지만 마음먹은 대로 잘 되지 아니 한다.
- 경(庚)의 해 — 대인관계에서 질질 끌려가게 된다. 상대방이 너무 강하므로 자신감을 잃게 된다.
- 신(辛)의 해 — 어느 정도 장해가 있더라도 강인하게 뛰어넘을 힘이 있다.
- 임(壬)의 해 — 트러블이 있으므로 남에게 최선을 다할 만큼의 힘은 나오지 아니 한다.
- 계(癸)의 해 — 약한 힘 때문에 피로할 뿐이다.

──── 신일(辛日) · 신년(辛年) 생(生) ────

- 갑(甲)의 해 – 세상사에 얽매이지 아니 하고 오로지 자기를 주장하는 해이다.
- 을(乙)의 해 – 파란 속에서 여유를 찾아가며 살다가 승리자가 되겠다.
- 병(丙)의 해 – 충실(充實)함을 즐기면서 자기 페이스로 생활하는 해이다.
- 정(丁)의 해 – 외부의 압력이 걸려 오더라도 견디어 낼 만한 파워가 있다.
- 무(戊)의 해 – 자력이 있는 데다가 천혜(天惠)를 입어 대적할 적(敵)이 있을 수 없다.
- 기(己)의 해 – 남을 이용해서 힘을 기른다.
- 경(庚)의 해 – 어색한 관계가 일어나지만 세(勢)가 강하므로 이쪽의 의견이 통하게 된다.
- 신(辛)의 해 – 그렇지 않아도 강한 자기 주장이 더 한층 격렬해진다. 억제해야 할 필요가 있다.
- 임(壬)의 해 – 여력을 가지고 남을 위하여 성심성의껏 봉사한다.
- 계(癸)의 해 – 이용당하거나 소모당하는데, 자기에게 힘이 있으므로 견디어 낸다.

• 갑(甲)의 해 – 남에게 봉사함으로써 모르는 사이에 세상과의 관계가 깊어진다.
• 을(乙)의 해 – 상대방이 강하므로 고전이 강요된다.
• 병(丙)의 해 – 남을 위해 봉사하기보다 오로지 자기 일에만 얽매인다.
• 정(丁)의 해 – 여러 가지의 제약을 받게 되어 남을 위해 힘을 쓰기는 어려울 것이다.
• 무(戊)의 해 – 은혜를 받을 뿐만 아니라 자기도 베푼다.
• 기(己)의 해 – 요령있게 행동하여 힘이 생기게 되면 그것을 봉사하는 데로 돌리게 되는 해이다.
• 경(庚)의 해 – 자력이 분산되어 있으면서도 남에게 서비스해야 하는 까닭에 몸이 견디어 내기 어렵다.
• 신(辛)의 해 – 여유를 가지고 대상(對象)에 부닥친다. 남에게 큰 은혜를 베푼다.
• 임(壬)의 해 – 상대방이 너무 강하므로 이쪽이 우롱당한다.
• 계(癸)의 해 – 남에게 너무나 서비스를 하는 까닭에 지치고 만다.

- 갑(甲)의 해 — 남으로부터 이용을 당함으로써 간접적으로 세상에 봉사한다.
- 을(乙)의 해 — 파란을 만나게 될 운세인데, 사이에 들어있는 것이 작용하여 무사하게 넘긴다.
- 병(丙)의 해 — 이용하고자 하는 상대방이 있어도 별 도움이 안 되는 자기 페이스이다.
- 정(丁)의 해 — 억압하려는 힘에 대항할 수 없으므로 아무쪼록 주의하는 것이 좋겠다.
- 무(戊)의 해 — 비록 소모하는 일은 있어도 원조를 받아서 안태(安泰)하다.
- 기(己)의 해 — 중개역을 맡기도 하고, 주고 받는 등 원만한 관계가 이루어진다.
- 경(庚)의 해 — 피로가 너무나도 심하여 소모에 견디지를 못한다.
- 신(辛)의 해 — 소모당할 숙명이지만, 자력이 붙어 있으므로 임기응변이 가능하다.
- 임(壬)의 해 — 지친 몸으로 남을 돕기에 최선을 다 하니, 자신의 몸은 견디어 내기가 힘들다.
- 계(癸)의 해 — 남에게 봉사하는 것은 좋지만 적당하게 할 일이다.

- 갑(甲)의 해 — 소모당하는 힘이 강력하므로 상당히 고생하는 국면이다.
- 을(乙)의 해 — 남에게 봉사하려고 해도 자기가 피로하기 때문에 뜻한 대로 되지 않는다.
- 병(丙)의 해 — 파란이 일 해인데 주위와 심한 충돌은 일어나지 않는다.
- 정(丁)의 해 — 호위가 든든하여 소모당할 두려움은 없다. 제멋대로 행동하게 될는지도 모른다.
- 무(戊)의 해 — 어쨌든 행동이 자유롭지 못하다.
- 기(己)의 해 — 소모당하는 일이 없어져서 자력을 부지한다.
- 경(庚)의 해 — 이용하기도 하고 이용을 당하기도 하는 등 밸런스가 잡히는 해이다.
- 신(辛)의 해 — 숙명적으로는 소모당하는 해인데, 외부로부터 은혜를 받고 자력이 붙게 된다.
- 임(壬)의 해 — 소모당하더라도 요동하지 않을 정도로 자신이 완강하게 된다.
- 계(癸)의 해 — 자력이 분산되어 쓰라린 한 해가 되겠다.

―――― 임일(壬日) · 을년(乙年) 생(生) ――――

- 갑(甲)의 해 – 남에게 봉사하려고 해도 자신이 피로해 있다.
- 을(乙)의 해 – 봉사하는 한편 은혜를 주는 상대방에게 자력이 붙어서 우롱당한다.
- 병(丙)의 해 – 파란의 해가 될 뿐만 아니라 상대방에게 힘이 붙어서 고전을 면치 못한다.
- 정(丁)의 해 – 남의 일보다 자기가 우선이라며 추진해 나간다.
- 무(戊)의 해 – 억압을 당하므로 남의 일에 신경쓸 때가 아니다. 밟히고 걷어 차이는 형국이다.
- 기(己)의 해 – 오불관언(吾不關焉)이라며 냉랭한 반면 남을 위하여 최선을 다하는 일도 있겠다.
- 경(庚)의 해 – 남으로부터 힘을 빼앗아 가지고 그것으로 남을 위해 봉사하는 데 사용하는 해이다.
- 신(辛)의 해 – 중개역이 많이 있을 해이다.
- 임(壬)의 해 – 힘이 있으므로 남에게 서비스하기 쉬워진다.
- 계(癸)의 해 – 힘이 분산되는 어색한 관계 때문에 봉사하려고 해도 뜻과 같이 되지가 않는다.

• 갑(甲)의 해 – 이 해만은 파란이라든지 충돌 따위와는 아무 관계가 없겠다.

• 을(乙)의 해 – 굴복시켜야 할 상대방에게 힘이 붙어 있어서 고전을 하게 될 것이다.

• 병(丙)의 해 – 상대방에게 힘이 붙어 있어서 싸움을 하는 것은 위험하다. 신중을 기해야 한다.

• 정(丁)의 해 – 대장으로서 남들의 위에 서는 것보다는 자신의 껍질 속에 숨어 있는 것이 좋은 해이다.

• 무(戊)의 해 – 그다지 자유롭게 헤어나지는 못할 해이다.

• 기(己)의 해 – 주변에서 뭐라고 하든 유아독존(唯我獨尊)으로 지낼 것이다.

• 경(庚)의 해 – 사람들의 힘을 잘 이용하면서 교묘하게 승리한다. 원군(援軍)이 찾아오는 해이다.

• 신(辛)의 해 – 파란이 일 해인데 외부로부터의 도움도 있어서 승리자의 자리에 앉는다.

• 임(壬)의 해 – 자신에게 힘이 붙어서 강하게 되므로 쉽게 승리할 수 있다.

• 계(癸)의 해 – 유아독존(唯我獨尊)으로 지내지 않으려고 해도 고전을 하겠다.

─── 임일(壬日) · 정년(丁年) 생(生) ───

- 갑(甲)의 해 – 소모하는 운세인데 호위가 든든하므로 무난히 끝나 겠다.
- 을(乙)의 해 – 남에게 혜택을 주기보다는 자기 본위로 시종(始終) 하겠다.
- 병(丙)의 해 – 파란중이지만 남을 해치고자 하지 아니 하고 유유 자적하며 살아간다.
- 정(丁)의 해 – 소극적인 자세로 여유있게 지내지만 어쩐지 남에게 서 우롱당하는 느낌이다.
- 무(戊)의 해 – 어려운 문제가 외부로부터 닥쳐오더라도 신경을 쓰지 않고 자신의 리듬을 흐트러뜨리지 않는다.
- 기(己)의 해 – 세상사 따위는 전혀 염두에 두지도 않고, 그저 자기 페이스로 나간다.
- 경(庚)의 해 – 사람을 이용하기보다는 유유하게 지낼 일이다.
- 신(辛)의 해 – 외부로부터의 혜택에 의지하지 말고 자기 페이스로 살아나갈 수밖에 다른 길이 없겠다.
- 임(壬)의 해 – 유유자적하지만 충실(充實)함이 넘치는 해이다.
- 계(癸)의 해 – 경쟁자가 나타나기도 하고 마찰이 일어나기도 하지만, 그래도 뜻한 바대로 풀려 나간다.

- 갑(甲)의 해 – 문제가 속출하여 몸이 견디어 내지를 못한다.
- 을(乙)의 해 – 외부의 압력이 걸려오므로 남에게 봉사하려고 해도 그 행동이 봉쇄당한다.
- 병(丙)의 해 – 남을 억압할 뿐만 아니라 남에게서 억압을 당하기도 해서 행동이 봉쇄당하고 만다.
- 정(丁)의 해 – 문제가 일어나더라도 자기류(自己流)로 처리할 수 있다.
- 무(戊)의 해 – 트러블이 일어날 조짐이 있다. 각별한 주의를 해야겠다.
- 기(己)의 해 – 이쪽에 압력을 가해 오는 상대방의 힘이 약해져서 위력이 없어지므로 무사하겠다.
- 경(庚)의 해 – 심했던 외부의 압력이 완화되어 온화스런 해가 되겠다.
- 신(辛)의 해 – 외부로부터의 엄격한 주문(注文)도 같은 외부의 도움을 얻어서 어떻게든 견디어 내겠다.
- 임(壬)의 해 – 자기 자신에게 힘이 붙어서 문제를 퇴치하겠다.
- 계(癸)의 해 – 자기를 억압하던 외부의 힘이 사라지므로 자기 주장을 마음대로 할 수 있는 때이다.

―――― 임일(壬日)·기년(己年) 생(生) ――――

- 갑(甲)의 해 — 힘을 낭비하여 소모하더라도 무사하게 지낸다.
- 을(乙)의 해 — 남의 일 따위는 관계하지 않겠다고 다짐을 하기는
하지만 곧잘 남의 일에 뛰어들어 최선을 다하곤 한다.
- 병(丙)의 해 — 파란이 있는 해이다. 주변의 일에 눈을 감고 강인하
게 대처한다.
- 정(丁)의 해 — 남의 눈에 신경을 쓰지 않고 자기 페이스로 나가는
해이다.
- 무(戊)의 해 — 외부로부터의 압력이 있는 해인데 상대방의 파워가
분산되어 무사히 지낸다.
- 기(己)의 해 — 주변에서 여러 가지 일이 있더라도 실로 자기 자신
을 불태워 나아가는 해이다.
- 경(庚)의 해 — 상당히 의지할 만한 사람을 용케 이용하는 해이다.
- 신(辛)의 해 — 세상과 교섭을 끊었는데도 어쩐지 은혜를 많이 입
는다.
- 임(壬)의 해 — 주변에서는 어떻게 생각하든 간에 오로지 자기 주
장에 철저하다.
- 계(癸)의 해 — 시원시원한 생활을 할 수 있을 터인데도 불구하고
어쩐지 작은 지장이 생기는 해이다.

- 갑(甲)의 해 ─ 이용을 당하기도 할 뿐만 아니라 이용을 하기도 하는 등 아주 안정감이 있는 해이다.
- 을(乙)의 해 ─ 이용할 수 있는 사람이 없어져서 모두를 자력으로 해결해 나갈 수밖에 없다.
- 병(丙)의 해 ─ 파란이 일게 될 해인데 여력을 가지고 넘겨서 승리하는 해이다.
- 정(丁)의 해 ─ 남을 이용하는 일 따위는 잊고 오로지 자기 페이스뿐이다.
- 무(戊)의 해 ─ 파도를 뒤집어 쓰지만 밸런스가 잡혀서 무사하게 지낸다.
- 기(己)의 해 ─ 의지하고자 하는 상대방의 힘은 충분하다.
- 경(庚)의 해 ─ 의지하고자 하는 상대방에게 안심하고 의지할 수 있다.
- 신(辛)의 해 ─ 오로지 남의 힘을 이용코자 하는 숙원이 이루어져서 쉽게 넘기는 해이다.
- 임(壬)의 해 ─ 자력이 횡일(橫溢)하고 더구나 남의 힘을 이용하여 탄력이 붙는 해이다.
- 계(癸)의 해 ─ 자기가 이용해야 할 상대방이 라이벌에게 이용당하게 되는 즉 마음 먹은 대로 일이 풀려 나가지 않는다.

─── 임일(壬日)·신년(辛年) 생(生) ───

• 갑(甲)의 해 – 애써 은혜를 받더라도 남에게 이용당하여 소모하고 만다.

• 을(乙)의 해 – 외부로부터 이익을 얻겠으나 그것을 다시 남에게 바치는 해이다.

• 병(丙)의 해 – 은혜가 사라지고 독자적인 힘으로 나아갈 수밖에 없는 해이다.

• 정(丁)의 해 – 받아야 할 이익이 허공에 뜨겠으나 자신은 자기 페이스로 유유히 지내야 할 것이다.

• 무(戊)의 해 – 외부의 압력이 걸려 와서 고통스럽겠으나 자기 힘이 붙어서 무사하겠다.

• 기(己)의 해 – 남과의 교제는 그다지 없겠지만, 은혜는 넘치게 받는다.

• 경(庚)의 해 – 은혜를 받기도 하고 때로는 이용하기도 하여 오로지 남의 힘으로 평안한 해를 보내겠다.

• 신(辛)의 해 – 은혜가 듬뿍 쏟아져서 풍요롭고 행운이 넘치는 한 해가 되겠다.

• 임(壬)의 해 – 은혜를 받는 한편 자력도 붙는 해이다.

• 계(癸)의 해 – 외부로부터 이익을 충만하게 받지 못할 뿐 아니라 인간관계 역시 어색하게 되는 해이다.

──── 임일(壬日) · 임년(壬年) 생(生) ────

- 갑(甲)의 해 ─ 소모하는 해인데 자력이 넘칠 정도로 강하므로 무사히 끝나는 해이다.
- 을(乙)의 해 ─ 여유를 가지고 남에게 은혜를 베푼다.
- 병(丙)의 해 ─ 파란이 일게 될 해인데 느긋하게 대처하여 승리를 거둔다.
- 정(丁)의 해 ─ 평온하면서도 충실(充實)함이 가득한 해이다.
- 무(戊)의 해 ─ 난처한 문제가 생기겠지만 그것에 견디어낼 만한 힘이 붙어 있다.
- 기(己)의 해 ─ 주변의 정세가 어찌되든, 그저 자신의 길을 걸어가는 담대함이 있다.
- 경(庚)의 해 ─ 자력도 충분하려니와 그 위에 남의 힘을 이용하고자 하는 적극성도 있다.
- 신(辛)의 해 ─ 자신의 힘이 충분한 데다가 남의 원조까지 충분하게 받아서 크게 비약하는 해이다.
- 임(壬)의 해 ─ 더 이상 없을 만큼 강한 운세이다. 신중하게 대처하여 행동할 필요가 있다.
- 계(癸)의 해 ─ 힘은 약해졌지만 그래도 아직 임기응변으로 대처해 나갈 수 있을 것이다.

───── 임일(壬日)·계년(癸年) 생(生) ─────

- 갑(甲)의 해 — 주위에 휘둘려서 소모가 많겠다.
- 을(乙)의 해 — 남에게 봉사하고자 하지만 자신의 힘이 분산상태이므로 충분한 서비스를 하지 못한다.
- 병(丙)의 해 — 파란 속에서 승리를 하겠지만 상당히 고전을 하게 될 것이다.
- 정(丁)의 해 — 인간관계의 길이 막혀서 자신의 의지가 통하지 않겠다.
- 무(戊)의 해 — 억압당하고 있던 힘이 서서히 발휘된다.
- 기(己)의 해 — 충돌을 하면서도 어떻게든 자신의 의지가 통하게 될 것이다.
- 경(庚)의 해 — 활동을 아주 잘 하건만 그래도 인간관계가 잘 이루어지지 않는다.
- 신(辛)의 해 — 대인관계가 어색하므로 주어지는 은혜도 완전히 이용할 수가 없다.
- 임(壬)의 해 — 주변과 의견이 맞지 않는데 그래도 어떻게든 자기 주장을 관철하게 된다.
- 계(癸)의 해 — 인간관계에서 우롱을 당하게 된다.

─── 계일(癸日) · 갑년(甲年) 생(生) ───

- 갑(甲)의 해 — 최선을 다해서 도와준 사람으로부터 우롱당하게 될 낌새가 엿보인다.
- 을(乙)의 해 — 지쳐 있는 고로 남을 충분히 도울 수가 없다.
- 병(丙)의 해 — 시원시원하게 주변 사람들을 위해 서비스한다.
- 정(丁)의 해 — 일국(一國), 일성(一城)을 목표로 삼는다 해도 싸우는 상대방에게 자력이 붙어 있어서 고전(苦戰)을 하게 된다.
- 무(戊)의 해 — 남의 일에 얽매이기보다는 자신의 길을 걸어가는 해이다.
- 기(己)의 해 — 외부의 압력이 걸려오겠으나 용케도 그것이 사라져 간다.
- 경(庚)의 해 — 돕고 도움을 받는 등 온화함으로 시종(始終)되는 해이다.
- 신(辛)의 해 — 오로지 남을 위해 최선을 다하는 때인데 요령있게 자력도 붙는다.
- 임(壬)의 해 — 남에게 서비스를 하려고 해도 힘이 분산되어 충분히 발휘하지 못한다.
- 계(癸)의 해 — 힘은 넘친다. 남을 위하여 봉사하고도 아직 힘이 남아 있다.

- 갑(甲)의 해 — 남을 돕는 해이지만, 자신이 지쳐 있어서 충분히 하지는 못한다.
- 을(乙)의 해 — 건강에 아무쪼록 주의해야겠다. 바쁜 한 해가 될 것이다.
- 병(丙)의 해 — 세상과는 교섭을 끊겠으나 이익은 생긴다.
- 정(丁)의 해 — 파란이 있는 해인데 다투는 일은 없겠고 이익도 얻을 수 있다.
- 무(戊)의 해 — 호위가 든든하므로 이익이 있겠고 소모하더라도 무사하겠다.
- 기(己)의 해 — 힘이 떨어져 있는 데다가 외부의 압력이 걸려 와서 행동이 부자유스럽게 된다.
- 경(庚)의 해 — 남에게서 은혜를 입게 되므로 소모당하더라도 견디어 낸다.
- 신(辛)의 해 — 이용당하는 자신이 남도 이용한다. 즉 주고 받는 해이다.
- 임(壬)의 해 — 피곤함을 떨구어 버릴 만한 힘이 없다.
- 계(癸)의 해 — 에너지가 배증되어 다소의 소모에는 끄떡도 하지 않는다.

• 갑(甲)의 해 — 남에게 봉사함으로써 세상과의 연결이 이루어지는 해이다.

• 을(乙)의 해 — 남에게 이용당함으로써 세상과의 접촉이 이루어진다.

• 병(丙)의 해 — 우롱을 당하면서도 자기의 길을 걸어간다.

• 정(丁)의 해 — 파란이 일어날 해인데 상대방의 힘이 분산되는 까닭에 어렵지 않게 승리한다.

• 무(戊)의 해 — 세상과는 아주 인연이 없으며 느긋하게 자기 페이스를 지켜 나간다.

• 기(己)의 해 — 외부에서 압력이 걸려오지만 이것이 상당히 강력한 힘이 된다.

• 경(庚)의 해 — 은혜가 있을 해인데 기대할 만한 것은 못될 것이다.

• 신(辛)의 해 — 독립독보(獨立獨步)할 해이다.

• 임(壬)의 해 — 인간관계에서 어색한 면이 생기겠다. 그로 인하여 세상과 등지게 되겠다.

• 계(癸)의 해 — 힘이 생기며 자기 주장도 적극적으로 하겠다.

———— 계일(癸日) · 정년(丁年) 생(生) ————

• 갑(甲)의 해 — 적(敵)에게 외부로부터 힘이 들어가게 되어 자신은 고전을 하게 된다.
• 을(乙)의 해 — 충돌이 미연에 방지되어 원만하고 안태(安泰)해진다.
• 병(丙)의 해 — 상대방의 힘이 분산되어 유유히 승리하겠다.
• 정(丁)의 해 — 상대방에게 자력이 붙겠다. 그것을 억제하기에 고전을 한다.
• 무(戊)의 해 — 싸우던 것을 잊고 유유히 자기 페이스로 나아가겠다.
• 기(己)의 해 — 억압을 당할 뿐만 아니라 복잡하게 얽히어서 편안함을 기대할 수는 없다.
• 경(庚)의 해 — 남으로부터 도움을 넉넉하게 받아서 여유를 가지고 승리하겠다.
• 신(辛)의 해 — 요령있게 활동을 하여 승리를 얻게 되는 해이다.
• 임(壬)의 해 — 적(敵)의 모습이 사라지고 휘두르던 주먹이 허공을 가르니 여력이 생긴다.
• 계(癸)의 해 — 자력이 붙어서 적(敵)을 유유히 압도한다.

- 갑(甲)의 해 – 남에게 봉사하는 것은 잊은 채 자기 일에만 시종(始終) 노력하겠다.
- 을(乙)의 해 – 소모하는 해인데 든든한 호위가 지켜 준다.
- 병(丙)의 해 – 세상사와는 완전히 담을 쌓고 오로지 자기 길을 걸어간다.
- 정(丁)의 해 – 파란이 일게 되는 해인데 오로지 자기 페이스를 지킨다.
- 무(戊)의 해 – 다소간 남에게 휘둘림을 당하기는 하지만 자기 주의주장대로 나아간다.
- 기(己)의 해 – 외부의 압력이 걸려오더라도 용케 자신을 지켜 나간다.
- 경(庚)의 해 – 원조의 손이 뻗치는 데도 받으려 하지 않는다.
- 신(辛)의 해 – 남을 이용할 찬스는 있지만 눈을 감고 자기 페이스대로 나아간다.
- 임(壬)의 해 – 대인관계에 장해가 있겠지만, 무사하게 끝나겠다.
- 계(癸)의 해 – 충실(充實)함을 지키며 자기 페이스로 나아가는 해이다.

───── 계일(癸日)·기년(己年) 생(生) ─────

• 갑(甲)의 해 ─ 외부의 압력이 슬그머니 사라져서 한숨 돌릴 때이다. 자유로이 움직일 수 있다.

• 을(乙)의 해 ─ 어려운 문제가 속출하여 자기 몸을 지탱하기가 힘들겠다.

• 병(丙)의 해 ─ 외부의 압력이 점차 강해져서 피해자 의식이 강해진다.

• 정(丁)의 해 ─ 모든 방향에 손을 대고 있으나 결과는 미지수이다.

• 무(戊)의 해 ─ 외부의 압력이 허공에 뜨고 자기의 몸은 호위 받고 있는 형국이다.

• 기(己)의 해 ─ 큰 파도가 밀려 와서 위험한 때이다.

• 경(庚)의 해 ─ 남으로부터 은혜를 입어서 어떤 공격에도 능히 견디어 낼 수 있다.

• 신(辛)의 해 ─ 외부의 압력은 기가 막히게 완화되어 온화한 해가 될 것이다.

• 임(壬)의 해 ─ 외부의 압력을 전면적으로 받겠다.

• 계(癸)의 해 ─ 자력이 점점 붙어서 외부의 압력에 견디어 낼 수 있겠다.

- 갑(甲)의 해 – 때로는 은혜를 받기도 하고 또 때로는 남에게 은혜를 주기도 하는 즉 상부상조하는 온화한 해이다.
- 을(乙)의 해 – 소모하는 해인데, 하늘로부터 은혜를 받아서 무사하다. 자유로이 행동할 수 있다.
- 병(丙)의 해 – 모처럼의 은혜이건만 다소의 그늘이 지겠다.
- 정(丁)의 해 – 파란의 해가 되겠는데 남으로부터의 원조가 있으므로 유유하게 이기겠다.
- 무(戊)의 해 – 완고해지기 쉬우므로 은혜가 들어올 여지가 없다.
- 기(己)의 해 – 무서운 파도가 밀려오겠으나 은혜를 입어 무사히 이겨내겠다.
- 경(庚)의 해 – 큰 은혜를 입어서 행복한 해가 되겠다.
- 신(辛)의 해 – 큰 은혜를 입기는 하나 행복이 경감되겠다.
- 임(壬)의 해 – 애써 은혜를 받더라도 어색한 인간관계로 도움이 되지 못하겠다.
- 계(癸)의 해 – 은혜에 더하여 자기의 힘이 붙음으로써 금상첨화의 해가 되겠다.

━━━ 계일(癸日) · 신년(辛年) 생(生) ━━━

• 갑(甲)의 해 ─ 남에게 은혜를 듬뿍 주는 해이다. 그만큼 자력이 충분하다.

• 을(乙)의 해 ─ 이용도 하고 이용을 당하기도 하는 등 서로 돕는 해이며 자신의 활동이 원활하다.

• 병(丙)의 해 ─ 이용해야 할 상대방이 사라져서 자력만이 의지해야 할 모든 것이다.

• 정(丁)의 해 ─ 활동을 잘해서 적(敵)을 쳐부수고 승리자가 된다.

• 무(戊)의 해 ─ 남을 이용할 것도 없이 자기 페이스로 유유자적한다.

• 기(己)의 해 ─ 외부의 압력을 받는 해이지만 어떻게든 무사할 것이다.

• 경(庚)의 해 ─ 은혜를 입기만 하는 식으로 크게 행운이 깃드는 해이다.

• 신(辛)의 해 ─ 이용하는 상대방에게 힘이 붙어서 이용할 가치가 충분히 있다.

• 임(壬)의 해 ─ 자신의 힘이 분산되고 만다.

• 계(癸)의 해 ─ 자신의 힘이 붙어 있는 가운데 상대방을 잘 이용한다.

—— 계일(癸日) · 임년(壬年) 생(生) ——

• 갑(甲)의 해 — 여러 가지 시행착오를 범하는 까닭에 은혜를 남에게 베풀고자 해도 잘 되지 않는다.

• 을(乙)의 해 — 낭비가 많고 피로해지는 해이다.

• 병(丙)의 해 — 냉랭한 태도를 취하고 있는데 결국에는 충돌이 일어나게 될 것이다.

• 정(丁)의 해 — 고고하게 살고 있으나 결국은 혼자 뛰어서 일 등을 하는 형국이다.

• 무(戊)의 해 — 라이벌이 있더라도 의연하게 자신의 페이스를 지켜 나간다.

• 기(己)의 해 — 자기 힘이 분산되어 있으므로 외부 압력의 위력에는 약한 해이다. 주의를 요한다.

• 경(庚)의 해 — 남으로부터 받은 은혜도 라이벌에게 빼앗기고 충실(充實)함이 없다.

• 신(辛)의 해 — 사람을 잘 이용해 보려고 해도 어색하게 되어 발목을 잡히게 될 것이다.

• 임(壬)의 해 — 라이벌에게 힘이 붙어서 충돌이 있을 것이다.

• 계(癸)의 해 — 대인관계에서 트러블이 있더라도 자기의 주장이 통하게 된다.

──── 계일(癸日)·계년(癸年) 생(生) ────

- 갑(甲)의 해 - 여유를 가지고 남에게 이익을 돌려 주는 해이다.
- 을(乙)의 해 - 소모하는 해인데 그 이상의 에너지가 있다.
- 병(丙)의 해 - 세상과는 교섭을 끊고 자신의 길을 걸어나간다.
- 정(丁)의 해 - 파란이 일게 될 해이지만 자기 힘을 끈기 있고 강하게 발휘하여 충실히 이겨낸다.
- 무(戊)의 해 - 충실(充實)함이 넘쳐 자기 페이스로 나아간다.
- 기(己)의 해 - 어려운 문제가 닥쳐오게 될 해이지만 힘이 충실하여 무사히 넘기게 된다.
- 경(庚)의 해 - 자력이 붙어 있는 데다가 천혜(天惠)도 입게 되므로 박력이 충분하다.
- 신(辛)의 해 - 그렇지 않아도 자력이 붙어 있는 데다가 남을 이용하는 적극성까지 두드러진다.
- 임(壬)의 해 - 약간의 문제가 생기더라도 자신의 의견이 잘 통하게 된다.
- 계(癸)의 해 - 그렇지 않아도 자력이 있는데 다시 힘이 더해져서 지나치게 강해지므로 세심한 주의가 필요하다.

관음 역서 시리즈

알기쉬운
기초 음양오행의 원리

초판인쇄 : 2005년 4월 10일
초판발행 : 2005년 4월 20일

엮은이 / 김백만
펴낸이 / 소광호
펴낸곳 / 관음출판사

130-170 서울시 동대문구 용두동 751-14 광성빌딩 3층
전화 / 921-8434 · 929-3470
팩스 / 929-3470
등록 / 1993. 4. 8 제1-150호

ⓒ 관음출판사 2005

값 25,000원

ISBN 89-7711-109-9 04140